Hans-Ludwig Grabowski / Wolfgang J. Mehlhausen

Handbuch Geldscheinsammeln

Hans-Ludwig Grabowski / Wolfgang J. Mehlhausen

Handbuch Geldscheinsammeln

Ein Leitfaden für Geldscheinsammler und solche, die es werden wollen

Tipps, Tricks und Infos vom Fachmann

2. Auflage 2024
Battenberg Gietl Verlag GmbH, Regenstauf

Bibliografische Information der Deutschen Bibliothek

Die Deutsche Bibliothek verzeichnet diese Publikation in der Deutschen Nationalbibliografie; detaillierte bibliografische Daten sind im Internet über http://dnb.ddb.de abrufbar.

ISBN 978-3-86646-249-6

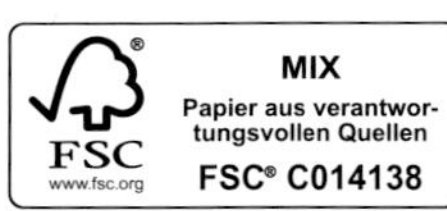

Für uns, die Battenberg Gietl Verlag GmbH mit all ihren Imprint-Verlagen, ist Nachhaltigkeit ein wichtiger Teil unserer Unternehmensphilosophie. Daher achten wir bei allen unseren Produkten auf den Einsatz umweltschonender Ressourcen und Materialien.
Dieses Buch wurde auf FSC®-zertifiziertem Papier gedruckt. FSC (Forest Stewardship Council®) ist eine nicht staatliche, gemeinnützige Organisation, die sich für die verantwortungsvolle und ökologische Nutzung der Wälder unserer Erde einsetzt.

Unsere Partnerdruckerei kann zudem für den gesamten Herstellungsprozess nachfolgende Zertifikate vorweisen:

- Zertifizierung für FOGRA PSO
- Zertifizierungssystem FSC®
- Leitlinien zur klimaneutralen Produktion (Carbon Footprint)
- Zertifizierung EcoVadis (die Methodik besteht aus 21 Kriterien in den Bereichen Umwelt, Einhaltung menschlicher Rechte und Ethik)
- Zertifikat zum Energieverbrauch aus 100 % erneuerbaren Quellen
- Teilnahme am Projekt „Grünes Unternehmen“ zum Schutz von Naturressourcen und der menschlichen Gesundheit

2. Auflage 2024

www.battenberg-gietl.de

Dieses Buch enthält Texte, die mittels „Künstlicher Intelligenz“ (KI) überarbeitet wurden.
ISBN 978-3-86646-249-6

GELDSCHEINSAMMELN

Inhaltsverzeichnis

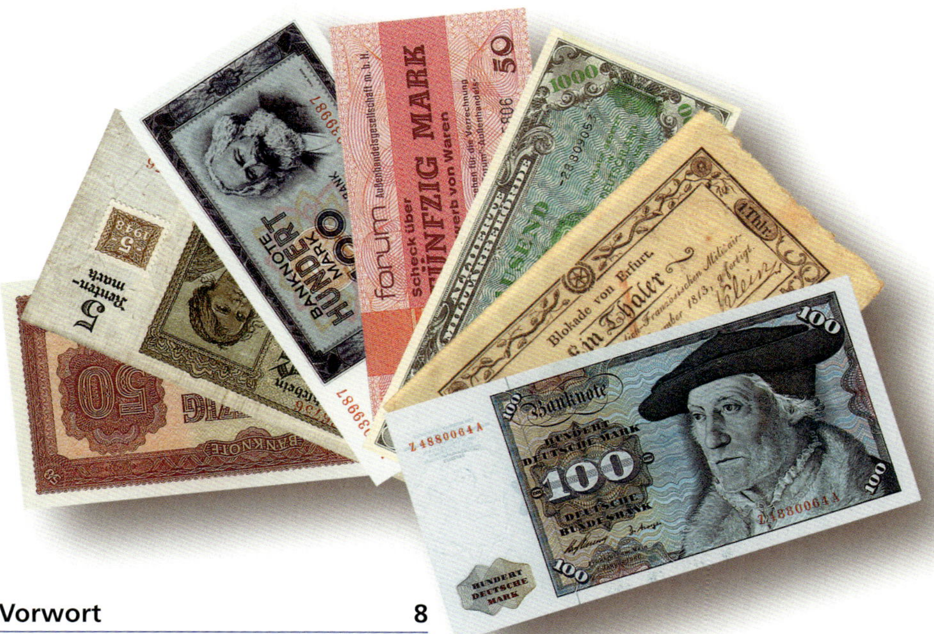

Vorwort zur Neuauflage

Zwanzig Jahre nach der ersten Auflage dieses Handbuchs war es höchste Zeit für eine Überarbeitung und Neuauflage. Vieles hat sich in der Zwischenzeit verändert, das Internet ist heute auch für Sammler nicht mehr wegzudenken. Ein großer Teil des Handels mit historischen und modernen Banknoten findet heute über Auktionen und Shops im Internet statt. Neue Sammelgebiete wie Gedenk- und Polymerbanknoten sind entstanden und werden von Sammlern auf der ganzen Welt geschätzt. Nicht zuletzt durch die Corona-Pandemie fielen viele Vereinstreffen und Sammlerbörsen aus und auch deshalb wurde der Computer für Sammler immer wichtiger.

Seit der ersten Auflage des Handbuchs für Geldscheinsammler hat sich das Angebot an Fachliteratur stark erweitert. Man denke nur an die Katalogreihe zum deutschen Notgeld, die inzwischen 13 Bände umfasst. Leider sind aber auch mit den Katalogen „World Paper Money" wichtige Standardwerke für Papiergeldsammler in aller Welt inzwischen eingestellt worden. Dafür gibt es mit den mittlerweile über 300 Kapiteln von „The Banknote Book" eine hervorragende digitale Alternative.

Die Neuauflage versucht den Spagat, die ursprüngliche Zielsetzung und damit die wesentliche Struktur und den Inhalt beizubehalten und gleichzeitig den Sprung in die Gegenwart und Zukunft des Geldscheinsammelns zu schaffen. Alle Texte - jedes Wort - wurden überprüft, angepasst und umformuliert, um sie für den Leser noch verständlicher zu machen und den Einstieg in die Materie zu erleichtern. Hier und da kam deshalb auch die vielbeschworene KI (Künstliche Intelligenz) zum Einsatz, die nach dem Internet die nächste technische Revolution auslösen wird.

Die Autoren hoffen, mit dieser Neuauflage sowohl den Einsteiger als auch den erfahrenen Geldscheinsammler anzusprechen und wünschen viel Freude bei der Lektüre.

Die Autoren,
Regenstauf und Berlin im März 2024

Vorwort zur ersten Auflage

Im Büchlein „HANDBUCH MÜNZENSAMMELN", das erstmals 2002 erschien, wurde an vielen Stellen auf Geldscheine eingegangen, denn sie sind nicht nur in Deutschland spätestens seit Anfang des Ersten Weltkriegs zum Hauptzahlungsmittel geworden. Dieses Handbuch liegt nun schon in 2. Auflage vor, was Verlag und Autoren ermutigt hat, etwas ähnliches auch für Geldscheinsammler und solche, die es werden wollen, anzubieten.

Bei der Gestaltung wurden Erfahrungen aus dem Münzbuch übernommen, beispielsweise was das Herausstellen von Tips und Querverweisen innerhalb des Buchs sowie zu Literaturquellen angeht. Ein Literaturverzeichnis zum Thema Papiergeld gibt es zusätzlich im Anhang, dort sind auch die im Text vorgeschlagenen Bücher noch einmal aufgeführt. Sie werden also immer wieder zu einigen Gebieten einen solchen „Literaturtip" mit einem Logo finden. Empfohlen werden hier nur Titel, die aktuell im Fach- und Buchhandel angeboten werden. Schwierig war die Entscheidung, ob ein „Buch zum Durchlesen" oder ein „Handbuch mit Faktensammlung" entstehen sollte. Ob es gelungen ist, beide Ansprüche sinnvoll zu vereinen, soll der Nutzer selbst beurteilen. Zugleich mußten Grenzen gezogen werden, zu einigen Themen wurde vielleicht zu wenig geschrieben. Wiederholungen waren gelegentlich unvermeidlich, ebenso wie thematische Überschneidungen. Es hat sich bewährt, im Text Hinweise auf Themen in späteren Kapiteln zu geben. Auch bei einem Tip finden Sie dann einen „Fingerzeig".

In keinem Fall war beabsichtigt, ein „Papiergeldlexikon" zu schaffen.

Ähnlich wie bei den Handbüchern „Münzensammeln" und „Münzenpflege" wurden praktische Sammlerfragen in den Vordergrund gestellt. Viele interessante theoretische Probleme wurden folglich nur knapp behandelt.

Das Papiergeldsammeln hat in den letzten Jahrzehnten in Deutschland und weltweit einen enormen Aufschwung genommen und immer mehr Anhänger gefunden. Die „alten Hasen" werden bestätigen, daß Geldscheinsammler in den sechziger und siebziger Jahren des vergangenen Jahrhunderts auf Börsen und in den Vereinen nur in geringer Zahl vertreten waren. Nicht selten wurden sie sogar von passionierten Münzsammlern belächelt, weil sie keine Münzen aus Edelmetallen sondern nur „wertloses Papier" sammelten.

Bis heute steigt die Zahl der Geldscheinsammler stetig an. Auch immer mehr Münzhandlungen führen nun „gedrucktes" und nicht nur „geprägtes" Geld. Zugleich gibt es heute zu vielen Sammelgebieten hervorragende Kataloge, ebenso wie die Fachzeitschrift „DER GELDSCHEINSAMMLER", die mit „MÜNZEN & PAPIERGELD" vereinigt ist. Eigene Sammlervereine und Börsen für Papiergeld existieren bereits seit vielen Jahren.

Viele Geldscheinsammler sammeln historisches Papiergeld. Man kann aber auch modernes Papiergeld der letzten Jahrzehnte sammeln. Die sog. Weltbanknoten – also Banknoten aus aller Welt – erfreuen sich großer Beliebtheit und sind oftmals recht günstig zu bekommen. In vielen Ländern gab und gibt es bis heute drastische Geldentwertungen. Dank des starken Euro kosten selbst höhere Werte von vielen Ländern nicht viel und man kann so auch mit einem kleinen Budget eine interessante Geldscheinsammlung aufbauen.

Erfreulich wäre, wenn dieses kleine Büchlein mit dazu beitragen kann, beim Leser das Interesse an Papiergeld zu wecken. Es soll ein Buch von Sammlern für Sammler sein.

Die Autoren,
Berlin und Regenstauf im Sept. 2004

Faszination „Geldschein“

Alte Geldscheine sind papierene Zeugen unserer Kultur – einst begehrt, hart verdient, geschätzt, gespart, gestohlen und gefälscht. Kaum ein anderes Stück Papier war dem Menschen jemals so wertvoll wie ein Geldschein. Kaum ein anderes Stück Papier atmet so viel Geschichte und Geschichten. Kaum ein anderes Stück Papier ging so oft von Hand zu Hand und trägt die Spuren seiner Nutzung so selbstlos. Als Wertpapier mit höchsten Druckqualitäten unübertroffen, ist der Geldschein immer auch Spiegel seiner Zeit – künstlerisch vollendet, aber auch politisch missbraucht. Der Wert alter Geldscheine liegt in ihrem Wesen und ihrer Geschichte als Kunstwerk und Wertpapier zugleich. Wer alte Geldscheine bewahrt und sie der Nachwelt erhält, bewahrt ein wichtiges Stück unserer eigenen Kultur vor dem Untergang.

Hans-Ludwig Grabowski

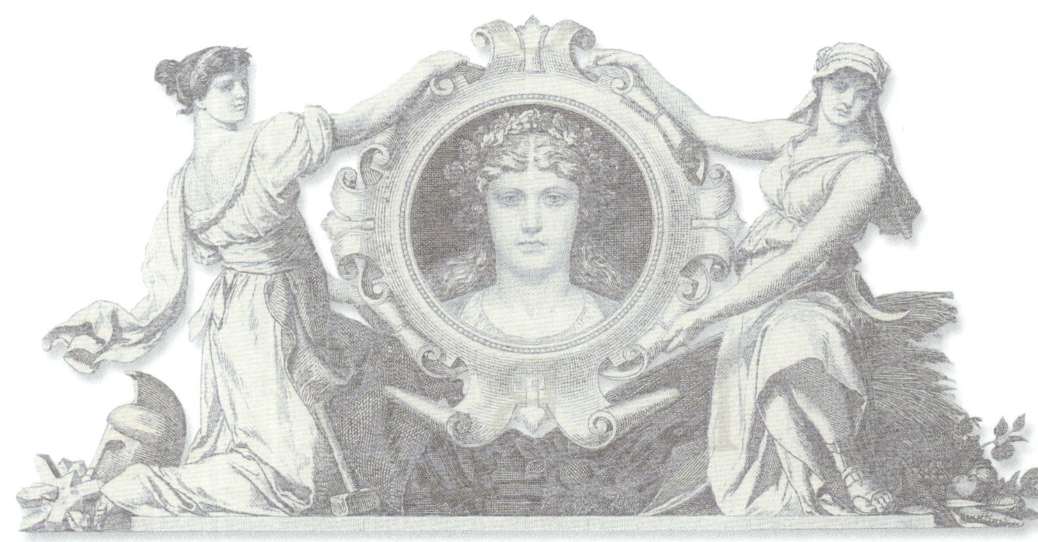

Zur Geschichte des Geldes

Die Bücher, die zum Thema Geld geschrieben wurden, füllen ganze Bibliotheken. Die theoretische Betrachtung des Phänomens Geld überlassen wir den Ökonomen, die Numismatiker interessieren sich für das gegenständliche Geld in Form von Münzen und Geldscheinen. Das wiederum kann man unter vielen Aspekten betrachten, etwa historisch, kulturgeschichtlich oder materialwissenschaftlich. Münzen sind heute nur noch „Kleingeld", aber das war zu Beginn des 20. Jahrhunderts noch ganz anders. Um das Phänomen Papiergeld besser verstehen zu können, wollen wir kurz auf die Entstehung des Geldes selbst eingehen. Geld ist keine Erfindung, sondern das Produkt einer gesellschaftlichen Entwicklung, die mit dem Tauschhandel mittels Muscheln, Mühlsteinen, Waffen, Werkzeugen und ähnlichem begann und über genormte Edelmetallmengen und Buchgeld zum Geldschein und schließlich zum „elektronischen Geld" unserer Tage führte.

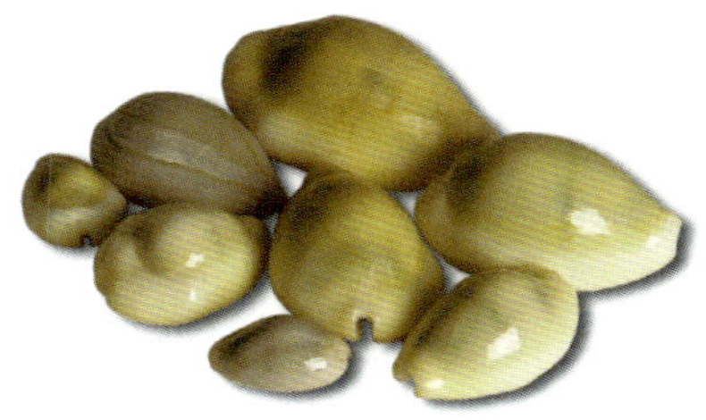

Kauri-Schnecken zählen zu den bekanntesten vormünzlichen Zahlungsmitteln.

Tauschhandel und Geld

In grauer Vorzeit begann die Arbeitsteilung unter den Menschen, man jagte oder sammelte mehr als man brauchte und tauschte Ware gegen Ware oder Leistung. Lange Zeit kamen die Menschen ohne Geld als allgemeines Tauschmittel aus. Das Geld wurde nicht „erfunden" wie die Dampfmaschine, die Briefmarke oder das Fahrrad, es entstand in einem gesellschaftlichen Entwicklungsprozess in verschiedenen Teilen der Welt.

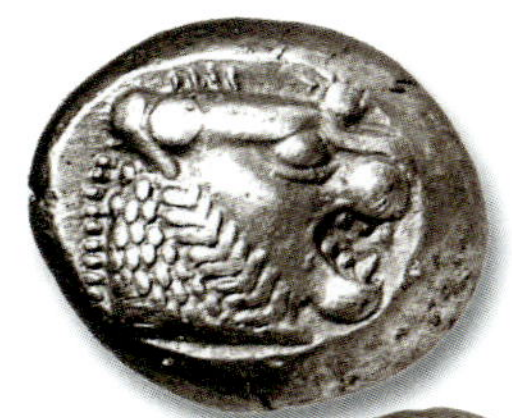

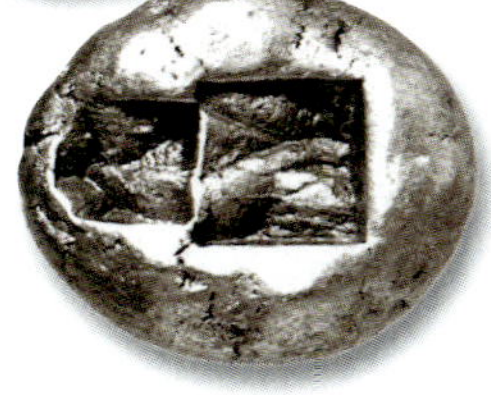

Halber Elektron-Stater um 625 v. u. Z. aus Lydien mit einem Löwenkopf als Symbol der Lyder-Könige.

Es wird angenommen, dass die ersten Münzen im 7. Jahrhundert v. u. Z. in Lydien (Kleinasien) aus Klümpchen von Elektron, einer natürlich vorkommenden Silber-Gold-Legierung, mit einer Prägung von König Kroisos entstanden. Die alten Griechen verfügten bereits über ein gut organisiertes Geldwesen.

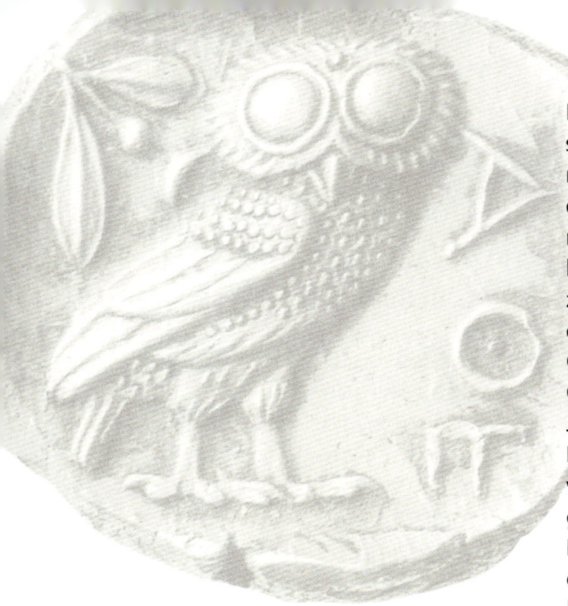

Mit der Ausweitung des Handels verbreitete sich auch das Münzgeld als Tauschmittel, und so schufen die Römer nicht nur ein Weltreich, sondern auch ein ausgezeichnetes Währungssystem.

Geld, Gold und Münzen

Nachdem man gelernt hatte, Metalle zu gewinnen und zu schmelzen, entstanden bald Barren und Stangen, von denen man Stücke abschneiden oder besser „hacken" konnte, um damit zu bezahlen. So leitet sich der Währungsname Rubel vom russischen Wort „rubic" (schlagen; hacken) ab. Im antiken Griechenland wurden Bratspieße als Geld verwendet, sie hießen Obole. Eine Handvoll dieser Spieße nannte man Drachmai. Die „Drachme" hat sich als Währungsbezeichnung bis in die Neuzeit erhalten.

Ziel der Münzprägung war es, genormte Metallmengen in Umlauf zu bringen. Es sollte nicht mehr dem Zufall überlassen bleiben, wie viel Metall man von einer Stange abschlug, auch ein aufwendiges Abwiegen des Metalls war nicht mehr nötig, wenn man an die Redlichkeit des Münzherrn glaubte. Eine Münze verkörperte einen bestimmten Wert, der sich aus ihrem Materialwert ergab. Gold und Silber wurden schließlich zum Geld an sich und blieben es über viele Jahrhunderte.

Die Herstellung von Geld, das Prägen von Münzen, wurde bald zur Staatsangelegenheit. Die Münzhoheit, also das Recht, Münzen zu prägen, war Ausdruck der souveränen Macht eines Herrschers oder eines Staates. Der „Münzherr" bestimmte das Metall, die Legierung, den Feingehalt der Edelmetalle und das Gewicht der Münzen. Die Prägung hatte nach einem bestimmten „Münzfuß" zu erfolgen. Dieser bestimmte, wie viele Münzen aus einer bestimmten Menge Edelmetall hergestellt werden durften. Die Einhaltung der erlassenen Münzgesetze wurde streng kontrolliert und Falschmünzer, die es wahrscheinlich schon so lange gibt wie das Geld selbst, mussten mit drastischen Strafen rechnen. Gold und Silber wurden zum Wertmaßstab des Geldes selbst.

Belassen wir es bei diesem kleinen Ausflug in die „Frühgeschichte des Geldes", es gäbe noch viel zu erzählen über vormünzliche Geldformen, über Münzfuß, Schrot und Korn, über Gold als „Weltgeld", aber auch über private und staatliche Falschmünzer.

Bargeldlose Zahlung – keine Erfindung der Neuzeit

Mit dem Geld als allgemein anerkanntes Tauschmittel in Form von Münzen entwickelte sich auch der weltweite Handel. Als es im Laufe der Jahrhunderte immer schwieriger wurde, die schweren Münzen, die die Kaufleute auf ihren zum Teil langen und nicht ungefährlichen Reisen durch verschiedene Länder mit sich führten, zu transportieren, entstanden die ersten Vorformen des Papiergeldes.

Reiche Kaufleute, denen ihr Geld auf Reisen zu schwer wurde und die es nicht Räuberbanden und Wegelagerern überlassen wollten, erfanden schon früh eine Art bargeldlosen Zahlungsverkehr. Statt barer Münze trug man Wachs- und Tontafeln, aber auch Pergament- oder Papierdokumente mit sich, die Zahlungsversprechen an den Inhaber waren. Ein Räuber konnte damit nichts anfangen. Das „echte" Geld lag derweil gut verwahrt in den Kellern eines Kaufmanns oder einer Bank.

Aus den ersten unscheinbaren Zetteln mit hingekritzelten Informationen wurden bald stattliche, mit Siegeln und Unterschriften versehene Dokumente, die auf bestimmte Geldbeträge lauteten. Eine wichtige Rolle spielten dabei die Banken. Bereits 1587 wurden in Venedig sogenannte „Girobanken" gegründet. 1609 folgten weitere in Amsterdam und 1619 in Hamburg. Innerhalb kurzer Zeit gab es überall von Nürnberg über Rotterdam bis Stockholm, Leipzig und Wien solche Institute. Die von diesen Banken ausgegebenen Überweisungsscheine zirkulierten bald wie Geld. Giro kommt aus dem Lateinischen und bedeutet wörtlich „Kreislauf". Das Geld wanderte also im Kreis von einem Kaufmann zum anderen nur durch die Bücher, ohne zum Beispiel selbst von Amsterdam nach Leipzig und dann nach Wien gebracht zu werden. Sogenannte „Handelswechsel" zirkulierten wie das Geld selbst. Solche Zahlungsversprechen konnten bei Bedarf „vor Ort", also fast überall in Europa, in Bargeld umgetauscht werden. So entstand der Vorläufer der Banknote, wie wir sie bis heute kennen und benutzen.

„Fliegendes Geld" der Chinesen

Bevor wir uns der weiteren Geschichte des Papiergeldes in Europa zuwenden, machen wir einen kleinen Ausflug in das Reich der Mitte, wo bereits zu Beginn des 7. Jahrhunderts „Papiergeld" genutzt wurde. Zu diesen frühen Geldscheinen gehören die während der T'ang-Dynastie in China (618 – 906 u.Z.) ausgegebenen Depositenscheine. Im Tausch gegen diese Scheine konnten Händler ihr Metallgeld an verschiedenen Orten wieder abheben. Auch das

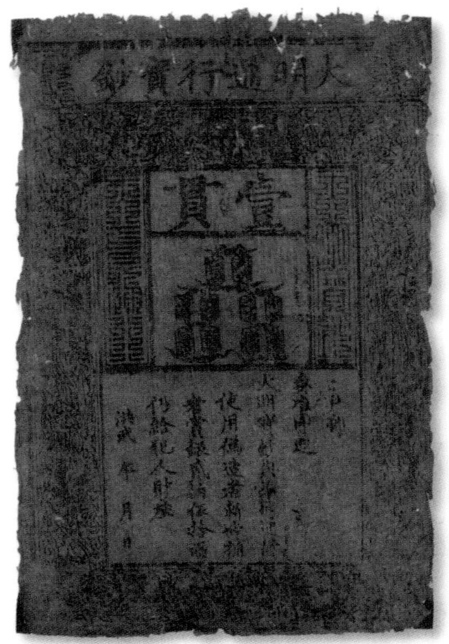

China, Staatspapiergeld des Reichsschatzamts der großen Ming-Dynastie nach 1375 zu 1 Kuan (= 1000 Käsch in Kupfermünzen oder 1 Tael in Silber), Originalgröße 215 mm x 335 mm (ältester Geldschein aus der Sammlung der Deutschen Bundesbank).

erste echte Papiergeld entstand in China. Zu Beginn der Sung-Dynastie (960-1279 u.Z.) veranlasste der Gouverneur der Provinz Sichuan 16 angesehene Handelshäuser, sich zu einer Art Gilde zusammenzuschließen und sogenannte Kiao-tsu (Umlaufmittel) herauszugeben. Diese Geldscheine lösten das wegen seines hohen Gewichts sehr unpraktische Eisengeld der Provinz ab. Bereits um das 10. Jahrhundert hatten die Chinesen damit ein hervorragendes Geldwesen geschaffen, in dem Papiergeld bereits eine wichtige Rolle spielte. Die sogenannten „Ming-Scheine" aus der Zeit der Ming-Dynastie (1368 bis 1398) sind interessant gestaltet, weil z.B. auf einem 1000-Käsch-Schein sogar der Wert in Form von Münzzeichnungen abgebildet ist. Auch wer nicht lesen konnte, verstand so, welchen Wert dieser Schein repräsentierte.

Diese frühe Entwicklung blieb jedoch ohne Einfluss auf den Rest der Welt. Als Marco Polo, der sich im 13. Jahrhundert über 20 Jahre am Hof des Kublai Khan in Peking aufgehalten hatte, nach seiner Rückkehr nach Europa von seinen Abenteuern und Reisen berichtete und dabei auch die Herstellung und Verwendung von Papiergeld in China beschrieb, schenkte man ihm keinen Glauben, denn die Verwendung von „wertlosem Papier" als Geld war zu dieser Zeit in der westlichen Welt unvorstellbar. Später erinnerte er sich: „All dieses Geld aus Papier wird mit großem Gepränge und Aufsehen gemacht, als wenn es lauter lötig Silber oder reines Gold wäre".

Marco Polo schrieb über die Herstellung des frühen chinesischen Papiergeldes: „Von Zweigen der Maulbeerbäume ... lässt er (der große Khan) die Rinde abstreifen, das Innere – den Bast – aber einweichen und im Mörser zu Brei zerquetschen. Daraus wird dann Papier gemacht, das bis auf die kohlenschwarze Farbe dem aus Baumwolle hergestellten völlig gleicht. Es wird nun in rechteckige Stücke verschiedener Größen zerschnitten, je nach dem Wert, den es haben soll ... Auf jedes Stück schreiben einige besonders dafür angestellte Beamte nicht nur ihren Namen, sondern drücken auch noch ihr Siegel drauf. Dann kommt das Geld zum obersten

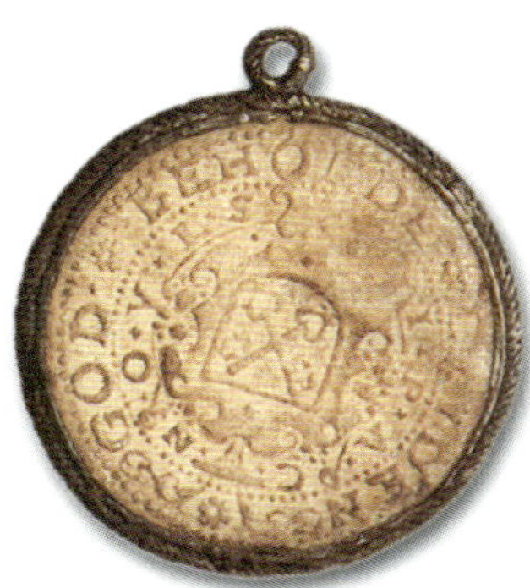

Europas ältestes erhaltenes Geld aus Papier: Als Anhänger gefasste Pappmünze der Stadt Leyden über 20 Stuiver aus dem Jahr 1574.

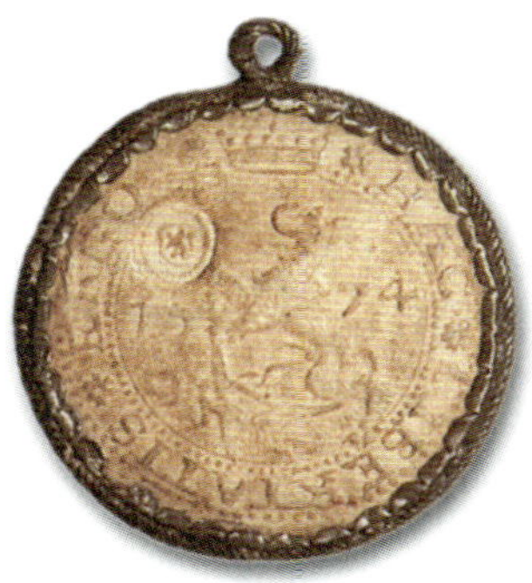

Münzmeister, und dieser taucht nun das ihm anvertraute Siegel in Zinnober und stempelt alle Scheine damit."

Die Chinesen selbst nannten diese naturgemäß leichten Papierscheine „Fliegendes Geld".

Not macht erfinderisch – Frühes europäisches Papiergeld

In Europa gab es das erste Papiergeld im 15. Jahrhundert. Es entstand aus der Not heraus. Immer wieder wurden Kriege geführt, Festungen belagert und oft wurden Kirchenglocken oder Messgeschirr eingeschmolzen und dann vermünzt, weil es an Geld fehlte. Die sogenannten Belagerungsmünzen bilden ein eigenes Sammelgebiet der Numismatik.

1483 gaben die Spanier in Alhama (Alhama de Aragón) in Ermangelung von Metall das erste europäische Papiergeld aus, als die Stadt von den Mauren belagert wurde. Um den Sold der spanischen Truppen bezahlen zu können, wurden im Namen des Königs Scheine in Umlauf gebracht, zu deren Annahme er die Bürger der Stadt verpflichtete, mit der Garantie, sie nach Ende der Belagerung in Gold und Silber einzulösen. Leider ist heute kein einziger dieser Scheine mehr erhalten, sodass wir uns nur auf die Überlieferung aus dieser Zeit verlassen können.

Das älteste Papiergeld auf ehemals deutschem Reichsgebiet und zugleich das älteste erhaltene Papiergeld Europas sind die Pappmünzen der niederländischen Städte Leyden und Middelburg aus dem Jahr 1574. Auch sie waren Notgeld. Sie entstanden während der spanischen Belagerung der Städte, als kein Silber mehr für die Münzprägung zur Verfügung stand, aus Buchdeckeln katholischer Kirchenbücher.

Der Dreißigjährige Krieg von 1618 bis 1648 brachte eine Vielzahl von handgeschriebenen und gedruckten Notgeldscheinen hervor, die meist als Truppen- oder Heeresscheine oder als Belagerungsgeld verwendet wurden.

Mit der Gründung von Girobanken in ganz Europa im 16. und 17. Jahrhundert wurde der bargeldlose Zahlungsverkehr wesentlich gefördert. Für hin-

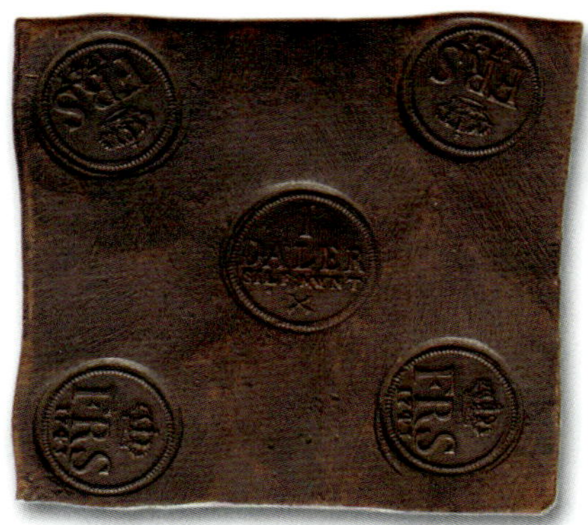

Schweden, Kupferplattenmünze zu 1 Daler aus dem Jahr 1743 im Wert eines Silbertalers. Die 10-Daler-Platte wog 19,7 Kilogramm.

terlegte Edelmetalle gewährten die Banken Kredite, über die per Anweisungen verfügt werden konnte.

Die ersten Banknoten Europas kamen aus Skandinavien

Die ersten europäischen Banknoten kamen aus Schweden. Wenn von Banknoten die Rede ist, handelt es sich – wie der Name schon sagt – immer um Noten einer Bank. Die bereits erwähnten älteren Papiergeldausgaben aus Spanien und den Niederlanden waren jedoch Notgeld und keine Banknoten.

Das vom Dreißigjährigen Krieg erschöpfte Schweden führte 1644 Kupfer als Münzmetall ein. Tischgroße Kupferplatten ersetzten die Silbertaler, aber diese Währung war natürlich unpraktisch. Eine einzelne 10-Daler-Platte war 30 cm x 70 cm groß, da der Kupfergehalt der Platte dem angegebenen Wert (Nominal- oder Nennwert) der Münze entsprechen musste.

Bereits 1652 schlug deshalb der aus Riga stammende Kaufmann Johann Palmstruch die Einführung von Papiergeld vor, nachdem das sogenannte Kupferplattengeld immer mehr entwertet wurde. 1656 erhielt die von ihm gegründete Königliche Wechselbank in Stockholm das Recht, Zettel auf bestimmte Talerbeträge auszustellen. 1661 gab „Stockholms Banco" dann die ersten sogenannten „Kreditivsedlar" (Kreditivzettel oder auch Vertrauensscheine) auf Daler-Silbermünze oder Daler-Kupfermünze aus, von denen sich aber leider keine Scheine erhalten haben. Mangels „richtigen" Geldes sollten sie im ganzen Reich gültig sein und kursierten bald als einziges Zahlungsmittel im Land. Weitere Ausgaben folgten 1666 in verschiedenen Wertstufen auf Daler-Silbermünze lautend.

Der anfängliche Erfolg des Papiergelds ließ jedoch schnell nach, da die Scheine ohne gesicherte Edelmetalldeckung in viel zu großen Mengen ausgegeben wurden. Palmstruch wurde dafür haftbar gemacht und vor Gericht gestellt. Die gegen ihn beantragte Todesstrafe wurde jedoch in Gefängnishaft umgewandelt. Er wurde 1670 aus dem Gefängnis entlassen und starb bereits ein Jahr später.

Im Jahr 1695 wagte der Kaufmann und Reedereibesitzer Jørgen Thor Møhlen aus Bergen den Versuch, Papiergeld in der damals dänischen Provinz Norwegen einzuführen. Durch die Pacht der Insel St. Thomas in Dänisch-Westindien und Schiffsverluste geriet er in große Zahlungsschwierigkeiten und erhielt deshalb 1695 vom dänischen König Christian V. die Erlaubnis, zinslose Geld-

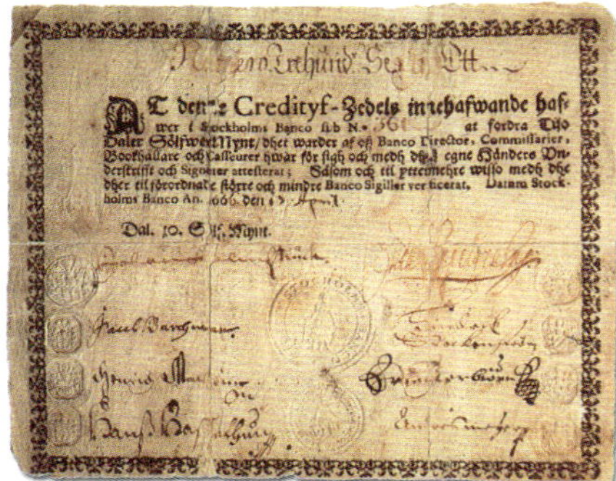

Schweden, Kreditivzettel der Stockholms Banco über 10 Daler, Silbermünze vom 17. April 1666.

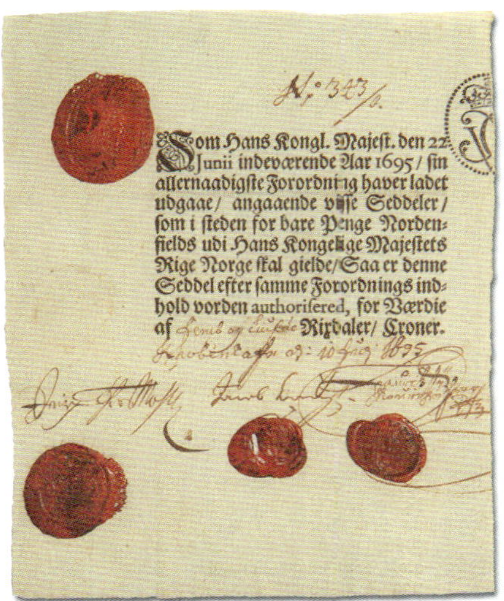

Norwegen (bis 1814 mit Dänemark vereinigt), 25 Rixdaler von 1695.

scheine mit der Auflage auszugeben, diese spätestens nach fünf Jahren wieder einzulösen. Die Bevölkerung misstraute diesen Scheinen jedoch so sehr, dass sie gleich zur Einlösung präsentiert wurden und daher kaum in Umlauf waren. Bereits ein Jahr später verbot man Thor Møhlen, seine Scheine auszugeben, sodass er auch seine alten nicht mehr einlösen konnte. Er starb 1709 völlig verarmt in Dänemark.

Die ersten Banknoten Englands

1694 brauchte England viel Geld für den Krieg gegen Frankreich. Eine Gruppe kapitalkräftiger Kaufleute tat sich zusammen. Sie waren bereit, dem Staat die damals astronomische Summe von 1 200 000 Pfund Sterling im Tausch gegen verzinsliche Staatsscheine zu leihen. So kam es zur Gründung der ersten unabhängigen Notenbank – der „Bank of England" – durch William Peterson. Sie erhielt von der Regierung das Recht, Banknoten auszugeben, die zunächst nur in London gültig waren, aber von allen staatlichen Stellen in England angenommen wurden. Im Jahr 1797 wurden sie dann gesetzliches Zahlungsmittel im ganzen Land.

Die ersten ausgegebenen Banknoten waren noch handgeschrieben und ähnelten den sog. Depotscheinen der englischen Goldschmiede, die bereits als Wechsel oder Schuldscheine in Form von Zahlungsversprechen fungierten. Diese sogenannten „Goldsmith-Notes" sind somit als Vorläufer des englischen Papiergelds anzusehen.

Kurz nach England beschloss auch das schottische Parlament die Einrichtung einer eigenen Bank, die 1695 als „Bank of Scotland" gegründet wurde und eigene Banknoten herausgab. Da die Bank es versäumte, sich ihr alleiniges Recht zur Notenausgabe in Schottland verlängern zu lassen, endete ihr Notenmonopol bereits 1716. Im Jahr 1727

Note der Bank of Scotland über 12 Pfund vom 25. Juni 1723.

wurde die „Royal Bank of Scotland" gegründet, die ebenfalls das Recht zur Notenausgabe erhielt.

Übrigens gibt die „Bank of Scotland" auch heute noch eigene Banknoten heraus, für die allerdings kein Annahmezwang mehr besteht. Man kann sie also als Geld annehmen oder auch deren Annahme verweigern und stattdessen z. B. Noten der „Bank of England" verlangen.

John Laws katastrophale Idee

Zwei bedeutende Ereignisse der Papiergeldgeschichte sind eng mit Frankreich verbunden und trugen wesentlich dazu bei, dass die meisten europäischen Länder bis zur Mitte des 19. Jahrhunderts dem Papiergeld ablehnend gegenüber standen. Dies waren zum einen die Experimente mit Aktien und Banknoten nach den Theorien des Schotten John Law zu Beginn des 18. Jahrhunderts und zum anderen die Ausgabe von staatlichen Papiergeldscheinen während der Französischen Revolution. Die damals ausgegebenen „Assignaten", die durch enteignete und zu verkaufende Kirchengüter gedeckt werden sollten, lösten eine große Inflation aus.

Bereits 1705 hatte der Schotte John Law die abenteuerliche Idee, die Armut seines Landes durch eine Vermehrung der Geldmenge zu beseitigen. Dazu sollte eine Notenbank gegründet werden, deren Banknoten nicht mehr durch Metallgeld, sondern ausschließlich durch Grund und Boden gedeckt sein sollten. In seiner schottischen Heimat lehnte man diese haarsträubenden Pläne ab, die er später aber in Frankreich verwirklichen sollte.

Die Tragödie begann, als der verschwenderische König Ludwig XIV. – der „Sonnenkönig" – wieder einmal in Geldnot geriet. Er tat, was schon viele Herrscher vor ihm getan hatten: Er nannte es „Reformation" und zog gutes Geld ein, ließ es überprägen und zu einem höheren Kurs wieder ausgeben. Für die eingezogenen Münzen gab es „Münzzettel", die zu Zahlungsmitteln erklärt wurden. Nach dem Tod des Sonnenkönigs 1715 versuchte John Law, den neuen Regenten Philippe d'Orléans, der bestrebt war, die ihm hinterlassenen Schulden abzubauen, von seinen Plänen zu überzeugen, und erhielt bereits 1716 die Genehmigung zur Gründung einer Bank mit deren Banknoten, für die eine Deckung von nur 50 % durch Metallgeld ausreichen sollte, er den Geldumlauf in Frankreich erhöhen und Kredite schöpfen wollte. Obwohl

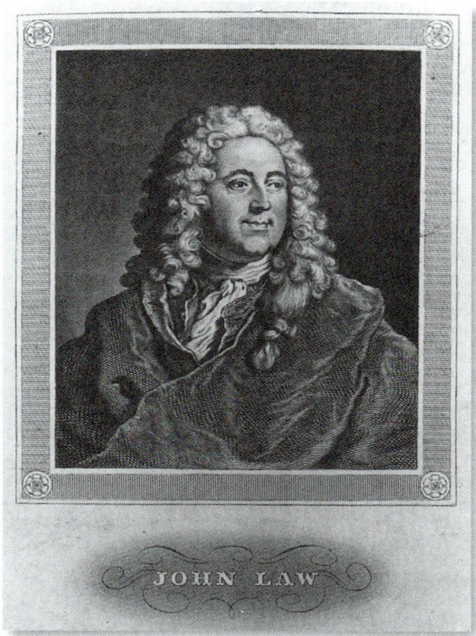

John Law (1671 – 1729) gründete 1716 die erste Notenbank Frankreichs.

Law die Gründung einer Staatsbank forderte, erhielt er zunächst nur die Genehmigung zur Gründung einer Privatbank, der „Banque Générale“, die dann aber 1718 vom Staat übernommen wurde. Als Finanzminister Frankreichs verkaufte er die Aktien der Bank mit hohem Aufschlag und stürzte das ganze Land in ein Spekulationsfieber. Doch das Experiment des Schotten endete in einem Desaster. Banknoten und Aktien wurden völlig wertlos.

Aber waren Laws Ideen wirklich so abwegig? John Law ging davon aus, dass Frankreich ein riesiges Kolonialreich besaß und in Übersee unerschöpfliche Quellen des Reichtums lagen. Würde man auf diese Reichtümer Schuldverschreibungen ausgeben, so müssten diese so gut wie geprägtes Gold sein.

Unmengen von Noten verließen die Bank, zugleich setzte ein fieberhaftes Börsenspiel mit Aktien der neu gegründeten „Gesellschaft beider Indien“ ein. Der Kurs stieg in traumhafte Höhen, und etwa ein Jahr lang dauerte das Fieber und der Zahlenrausch an. Aktien, die auf 500 Livres lauteten, wurden bis auf 10 000 Livres hinaufgesteigert. Der Geldumlauf erreichte die unglaubliche Summe von 3 Milliarden Livres, ohne dass eine echte Deckung vorhanden war. Die ganze Spekulation mit Aktien und Banknoten zielte nur auf noch zu erarbeitende Werte ab, eine reale Wirtschaftsleistung stand nicht dahinter.

Hier drängt sich ein Vergleich mit dem Börsengeschehen der 1990er-Jahre auf. Die Aktienwerte manch neu gegründeter Internetfirmen stiegen in traumhafte Höhen. Als dann im Jahr 2000 die Börse im Bereich der sogenannten „New Economy“ zusammenbrach und die Kurse ins Bodenlose fielen, sprach man zunächst von Marktbereinigung und dann im Klartext von Geldvernichtung. Die Seifenblase des 18. Jahrhunderts platzte 1721, die königliche Bank stellte ihre Zahlungen ein, viele Men-

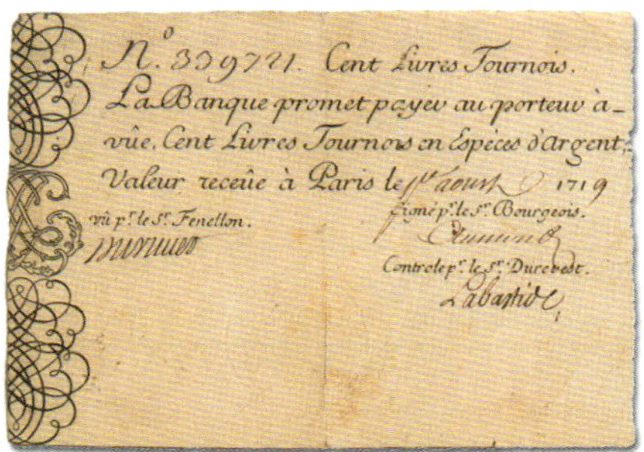

Frankreich, Note der Erstausgabe der ersten französischen Staatsbank über 100 Livres aus dem Jahre 1719.

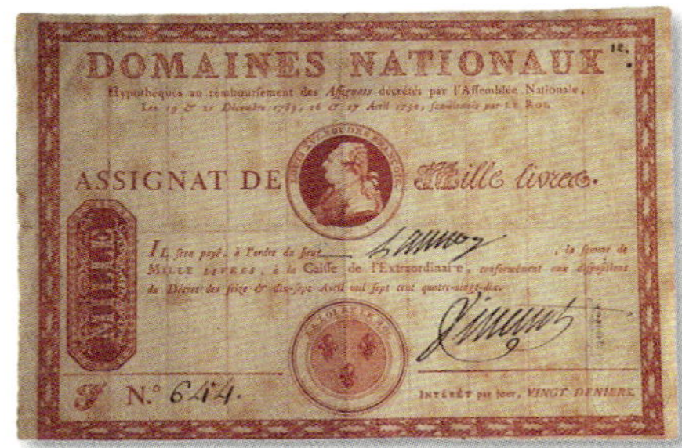

Frankreich, sog. „Königsassignat“ über 1000 Livres vom 19. Dezember 1789 der ersten Ausgabe, die noch unter der Herrschaft des Königs herausgegeben wurde und heute als Papiergeldrarität gilt.

schen verloren ihr gesamtes Vermögen. Für sie wird es kaum ein Trost gewesen sein, dass John Law Hals über Kopf nach Italien fliehen musste. Dort starb er acht Jahre später völlig verarmt.

Frankreichs zweiter Anlauf

Ende des 18. Jahrhunderts brauchten die Franzosen eine zweite Lektion in Sachen Papiergeld, als ob man nichts aus dem Desaster von John Law gelernt hatte. Wieder einmal waren die öffentlichen Kassen leer, und die revolutionäre Nationalversammlung beschloss den Verkauf von staatlichen Domänen und Kirchenbesitz.

Auf Vorschuss der zu erwartenden Erträge wurden von 1789 bis 1796 die berühmten „Assignaten“ ausgegeben, dies waren Anweisungen auf die französischen Nationalgüter. Anfänglich wurden noch die sog. „Königsassignaten“ in Umlauf gebracht (1789 – 1792), die auch nach der Absetzung und Hinrichtung des Königs im Jahr 1793 ihre Gültigkeit behielten. Die neu gegründete Republik gab jedoch zunehmend eigene Assignaten heraus, und auch die Einführung des Franc im Jahr 1795 konnte die rasante Inflation nicht stoppen. Schließlich war der Materialwert des Papiers der Assignaten höher als der auf ihnen angegebene Geldwert, und die Scheine waren so wertlos geworden, dass ganze Bögen zum Tapezieren von Wänden verwendet wurden. Was damals geschah, erinnert peinlich an moderne Versuche, Staats- oder Kommunalfinanzen zu sanieren. Die Verkaufserlöse blieben weit hinter den Erwartungen zurück, das Ganze war ein riesiger Flop. Die Kosten überstiegen die Einnahmen, doch die Druckerpressen liefen weiter. Im Februar 1796 wurden schließlich die Druckplatten zerstört, und die völlig wertlosen Scheine gingen in Flammen auf. Nicht wenige dieser „Assignaten“ haben jedoch zur Freude der Banknotensammler bis heute überlebt. Sie sind oft für wenig Geld zu haben. Zugleich sind diese Scheine in ihrer Ausführung bereits wie Banknoten gestaltet, mit Zierleisten, allegorischen Darstellungen und Siegeln.

Die Moral von der Geschichte

Es gibt noch einige andere interessante Beispiele für Papiergeldexperimente in der Geschichte. Es sollte keineswegs nur bei diesen Rückschlägen in Schweden, Norwegen und Frankreich bleiben. Von noch gigantischeren Geldvernichtungen und Inflationen wird noch zu berichten sein, ebenso von positiven Erfahrungen mit Papiergeld, die es zweifellos auch schon im 18. und 19. Jahrhundert gab. Doch es war ein langer Weg, bis sich das Papiergeld allmählich durchsetzte und schließlich zum eigentlichen Geld wurde.

Bei den genannten Beispielen aus der frühen europäischen Papiergeldgeschichte wurden grundlegende ökonomische Gesetze verletzt. Geld als Zahlungsmittel und allgemein anerkanntes Tauschäquivalent darf nicht in unbegrenzter Menge ausgegeben werden. Beim Metallgeld (z. B. Gold) war die Geldsumme immer durch die vorhandene Metallmenge begrenzt. Die Bindung des gesamten Wirtschaftskreislaufs an die Metallmenge ist jedoch nicht unproblematisch. So hätte um 1900 eine gesamte Ernte im Deutschen Reich, die naturgemäß im Herbst eingebracht wird, mit den vorhandenen Goldmünzen gar nicht bezahlt werden können. Große Investitionen erforderten zunehmend Geldbeträge, die in Gold gar nicht mehr zu beschaffen waren. Kreditschöpfung mit Augenmaß ist deshalb für jede Volkswirtschaft notwendig.

Bis heute gibt es nur sehr wenige Staaten, die nicht „auf Pump" leben und mehr oder weniger hoch verschuldet sind. Geld wird in der Erwartung künftiger Steuereinnahmen ausgegeben. Bleiben diese aus, steigt die Staatsverschuldung. Wenn der Staat selbst nach Belieben Geld drucken kann, kommt es zwangsläufig zu einer Geldentwertung in mehr oder weniger großem Ausmaß. Selbst Staatsbankrotte kennt die Geschichte zu Genüge.

Papiergeld in den altdeutschen Staaten

Wenn man heute in Sammlerkreisen vom Papiergeld der altdeutschen Staaten spricht, so meint man in der Regel die Geldscheine der Staaten auf dem Gebiet des Norddeutschen Bundes, die sich 1871 zum Deutschen Reich zusammenschlossen. Dies ist jedoch historisch nicht korrekt, denn bis zum Einmarsch französischer Truppen unter Napoleon I. im Jahr 1806 bestand das Heilige Römische Reich deutscher Nation, das bis nach Italien reichte. Nach dem Sieg über Napoleon und dem Wiener Kongress von 1815 wurde die Landkarte Europas neu gezeichnet und der Deutsche Bund gegründet, zu dessen Teilstaaten unter anderem auch Österreich, Böhmen und Mähren sowie das heutige Slowenien und Luxemburg gehörten. Erst der sich verschärfende Konflikt zwischen den Österreichern und Preußen führte nach dem Deutschen Krieg von 1866 zur Abspaltung Österreichs und zur Gründung des Norddeutschen Bundes. Nach dem Sieg Deutschlands im Krieg gegen Frankreich von

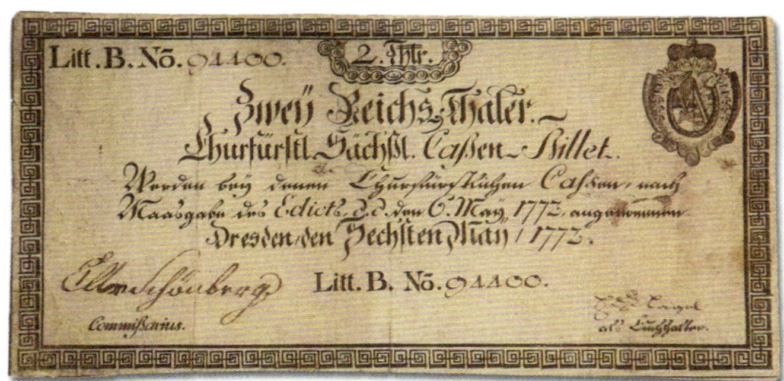

Sachsen, kurfürstliches Cassen-Billet über 2 Thaler vom 1. Oktober 1772.

1870/71 kam es dann bekanntlich zur Gründung des Deutschen Reiches unter preußischer Führung und zur Krönung des preußischen Königs Wilhelm I. zum Deutschen Kaiser.

Auf das Gebiet des Deutschen Reiches von 1871 bezogen, waren die ersten deutschen Geldscheine die ab 1705 vom Kurfürsten von der Pfalz ausgegebenen Bancozettel. In der Folgezeit kam es auch in anderen altdeutschen Staaten zu den unterschiedlichsten Papiergeldausgaben. So wurden bereits ab 1759 die sogenannten Wiener Stadt-Banco-Zettel im alten Reich ausgegeben und die kursächsischen Cassen-Billets ab 1772 waren die ersten deutschen Geldscheine, die tatsächlich auch als Zahlungsmittel zirkulierten.

Anfang des 19. Jahrhunderts wurden auch immer mehr Privatbanken mit dem Recht zur Ausgabe eigener Banknoten privilegiert. Ausgehend von der deutschen Kleinstaaterei und den verschiedenen privaten Notenbanken war im Gebiet des Deutschen Bundes bald eine Vielzahl unterschiedlicher Papiergeldausgaben im Umlauf, auf die hier nicht näher eingegangen werden kann.

Am Ende des 18. und zu Beginn des 19. Jahrhunderts waren Banknoten in ganz Europa noch recht einfach gestaltet. Sicherheitsmerkmale, wie wir sie heute kennen, waren damals noch nicht entwickelt. Oft wurde das Geld sogar auf einfachem Büttenpapier ohne Wasserzeichen gedruckt und nur mit einer handgeschriebenen Kontrollnummer und Unterschriften versehen, wie bei den bereits vorgestellten kursächsischen Cassen-Billets. Dies erleichterte natürlich den schon damals fleißigen Geldfälschern ihr Handwerk, sodass die Anforderungen an die grafische Gestaltung und Verbesserung der Fälschungssicherheit immer höher wurden.

Als größtes deutsches Land spielte Preußen in der Papiergeldgeschichte bis zur Gründung einer deutschen Zentralnotenbank die wichtigste Rolle. Auch die nach der Reichsgründung 1871 neu gegründete Deutsche Reichsbank ging aus der ehemaligen Preußischen Bank hervor. Die Geschichte des Papiergeldes in Preußen begann mit der Gründung der Königlichen Giro- und Lehnbank zu Berlin im Jahr 1765 auf Anordnung Friedrichs II., des Großen. Gegen Hinterlegung von Bargeld (Gold- und Silbermünzen) wurden staatlich beglaubigte

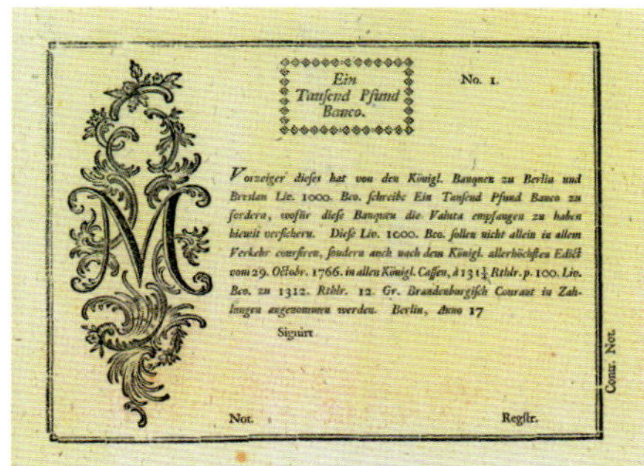
Ein Tausend Pfund Banco.

No. 1.

Vorzeiger dieses hat von den Königl. Banquen zu Berlin und Breslau Liv. 1000. Bco. schreibe Ein Tausend Pfund Banco zu fordern, wofür diese Banquen die Valuta empfangen zu haben hiemit versichern. Diese Liv. 1000. Bco. sollen nicht allein in allem Verkehr coursiren, sondern auch nach dem Königl. allerhöchsten Edict vom 29. Octobr. 1766. in allen Königl. Cassen, à 131¼ Rthlr. p. 100. Liv. Bco. zu 1312. Rthlr. 12. Gr. Brandenburgisch Courant in Zahlungen angenommen werden. Berlin, Anno 17

Signirt

Not.

Regstr.

Contr. Not.

Preußen, Banco-Zettel der Königlichen Giro- und Lehnbank über 1000 Pfund Banco vom 29. Oktober 1766.

Quittungen gedruckt, um den umständlichen Zahlungsverkehr mit den schweren Münzen zu erleichtern. Zumindest dieses Motiv war nicht neu, man kannte Ähnliches schon von den alten Chinesen tausend Jahre zuvor. Tatsächlich aber wollte man in Preußen mit den ausgegebenen „Banco-Zetteln" die Edelmetalle in der königlichen Schatzkammer horten. Schließlich wusste man nie, wann der nächste Krieg kommen würde, und der „Alte Fritz" hatte schon so manche Schlacht geschlagen.

Das einfach gestaltete erste preußische Papiergeld aus dem Jahr 1766 über verschiedene Werte in „Pfund Banco" war beim Volk nicht sehr beliebt, sodass man bereits 1798 mit den Bankkassenscheinen (übertragbare Quittungen über hinterlegtes Silbergeld) zur vertrauten Währungsangabe in „Thaler" überging.

Seit 1806 waren zusätzlich sogenannte Tresorscheine in Umlauf und später kamen dann auch noch Kassen-Anweisungen der Hauptverwaltung der Staatsschulden, Darlehns-Kassenscheine und ab 1846 Noten der Preußischen Haupt-Bank hinzu. Daneben gab es auch noch Geldscheinausgaben von Privatbanken in verschiedenen Regionen Preußens. Von einem einheitlichen Papiergeld war man also noch weit entfernt und wenn man bedenkt, dass auch in den anderen deutschen Ländern ähnliche Verhältnisse herrschten, so kann man sich ein wenig vorstellen, welche kaum noch überschaubare Vielfalt von verschiedenen deutschen Münz- und Papiergeldausgaben in noch dazu unterschiedlichen Währungen vor der Reichsgründung 1871 herrschte, die Menschen verwirrte und die Entwicklung von Handel und Wirtschaft in Deutschland hemmte.

Natürlich können an dieser Stelle nicht alle sogenannten altdeutschen Geldscheinausgaben aufgeführt und behandelt werden, dies bleibt einem speziellen Sammlerkatalog vorbehalten. Wir werden aber auf dieses Thema zurückkommen, wenn wir etwas später über die verschiedenen Sammelgebiete deutschen und ausländischen Papiergeldes sprechen. Einige interessante Besonderheiten unter den altdeutschen Geldscheinen sollen hier dennoch vorgestellt werden. Es handelt sich um die sogenannten „Blockadescheine", die als Notgeld unter Belagerung ausgegeben wurden, sowie um das Privatgeld eines anhaltischen Unternehmers, die sogenannten „Lutze-Thaler".

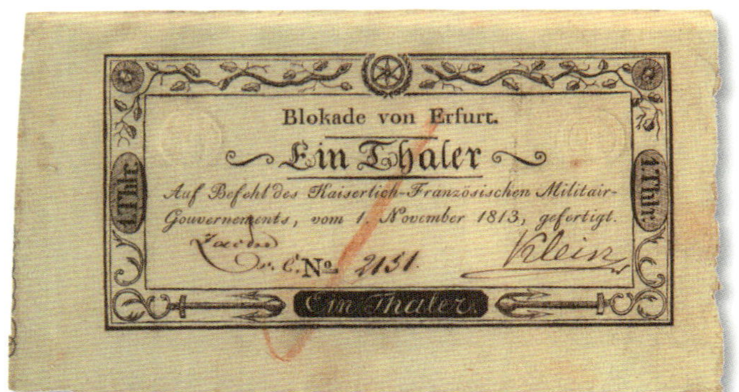

Erfurt, Blockadeschein über 1 Thaler vom 1. November 1813 während der Belagerung der von Franzosen besetzten Stadt durch preußische Truppen nach der Völkerschlacht bei Leipzig.

„Blockadescheine"

Unmittelbar nach seinem Sieg über die Preußen in der Doppelschlacht bei Jena und Auerstedt 1806 hatte Napoleon in der nahe gelegenen Festungsstadt Erfurt Truppen stationiert, die nach der Völkerschlacht von 1813 von den Preußen eingeschlossen wurden. Als das Geld in der Stadt knapp wurde, druckte man auf Befehl des „Kaiserlichen Französischen Militär-Gouvernements" Geldscheine, die als sog. „Blockadescheine" in die deutsche Papiergeldgeschichte eingegangen sind. Insgesamt wurden 15 200 Scheine in verschiedenen Wertstufen angefertigt, die jedoch bei der Bevölkerung unbeliebt waren. Sie blieben nur kurze Zeit im Umlauf, da die Stadt bereits Anfang Januar 1814 von den Preußen eingenommen wurde und nur noch die Zitadelle Petersberg in französischer Hand war.

Belagerungsausgaben unter französischer Besatzung gab es auch von Mainz 1793 auf den Rückseiten von Assignaten und in Form eigens hergestellter Scheine sowie von der Stadt und Festung Kolberg in Pommern 1807.

Die „Lutze-Thaler"

Private Geldscheinausgaben sind in Zeiten der Inflation nichts Besonderes, aber „Privatgeld" unter „normalen" Währungshältnissen ist heute undenkbar. Man stelle sich nur vor, jeder könnte seine eigenen Münzen und Geldscheine herstellen lassen und mit seinem Häuschen, seinem Grundstück, seiner Münzsammlung oder einer noch zu erwartenden Erbschaft dafür bürgen. Das Chaos wäre vorprogrammiert. Aber im 19. Jahrhundert, als das Geldwesen noch lange nicht so zentralisiert war wie heute, war auch das möglich. Der ehemalige Postsekretär Arthur Lutze aus Köthen in Anhalt war als Heil-

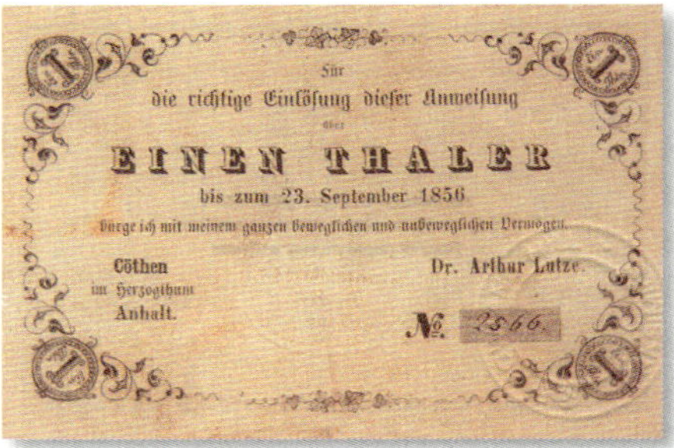

Köthen, Privatgeld des Dr. Arthur Lutze über 1 Thaler vom 23. September 1856.

praktiker tätig und promovierte später an der Universität Jena zum Doktor der Medizin. Seine Heilmethoden waren so erfolgreich, dass er bald die Eröffnung eines Sanatoriums plante. Um seine Pläne in die Tat umsetzen zu können, ließ er sich in mehreren Auflagen private Papiergeldausgaben genehmigen.
Das Geld verwendete er für den Bau des Sanatoriums und konnte nach dessen Fertigstellung alle vorgelegten Scheine zu den aufgedruckten Verfallsdaten in „richtiges" Geld umtauschen.
Das Privatgeld von Dr. Arthur Lutze war also nichts anderes als ein Zahlungsversprechen, das zu einem bestimmten Zeitpunkt eingelöst wurde. In der Zwischenzeit diente es als Geld und wanderte von Hand zu Hand. So viel Unterschied zum staatlichen Papiergeld gab es also doch nicht, außer dass hier ein Privatmann und dort der Staat für die Einlösung haftete.
Lutze selbst erinnerte sich zum Bau des Sanatoriums und die Ausgabe seiner Taler: „Man hatte Anfangs der Sache wohl nur eine geringe Bedeutung beigelegt, indem man glaubte, diese Anweisungen würden unbeachtet bleiben; doch fanden sie solches Interesse, dass sie von Reisenden in die fernsten Gegenden mitgenommen wurden ... Als ich später die Einlösung derselben bekanntmachte, bekam ich meine Thaler aus Preußen, Sachsen, Baiern und Oesterreich zurückgesandt."
Dr. Lutze hat damit eindrucksvoll bewiesen, dass auch private Papiergeldausgaben erfolgreich sein können, und noch heute sind die „Lutze-Thaler" in den Alben der Geldscheinsammler gern gesehen.

Papiergeld im deutschen Kaiserreich 1871 bis 1918

Es ist unmöglich, die Geldgeschichte des Kaiserreichs im Rahmen eines solchen Büchleins ausführlich zu behandeln.
Die technische Revolution des 19. Jahrhunderts erforderte große Geldmengen für Investitionen, die von einzelnen Kaufleuten oder Banken allein nicht mehr aufgebracht werden konnten.
Bis dahin unvorstellbare Summen wurden weltweit als Kredite aufgenommen und vergeben, Jahrhundertbauwerke begonnen und vollendet und neue Weltwunder geschaffen. Man denke nur an Projekte wie den Suezkanal oder an den Ausbau des Eisenbahnnetzes in Europa und der ganzen Welt.
Während England bereits 1816 eine einheitliche nationale Währung auf Goldbasis eingeführt hatte, herrschten in Deutschland vor der Reichsgründung 1871 kaum überschaubare Währungsverhältnisse, die auch in der Kleinstaaterei begründet waren.
Die Reichseinigung und die Einführung einer einheitlichen Währung wurden schließlich nach dem Krieg von 1870/71 gegen Frankreich Wirklichkeit. Dem unterlegenen Kriegsgegner Frankreich wurden 5 Milliarden Goldfrancs als Kontribution auferlegt. Dieses Geld führte nicht nur zu einem enormen wirtschaftlichen Aufschwung im jungen Kaiserreich, sondern bildete auch eine gute Grundlage für die Schaffung einer deutschen Goldwährung.
Zur Vereinheitlichung des Bankwesens als Grundlage für die Schaffung eines nationalen Marktes hatte der Norddeutsche Bund bereits im März 1870 ein

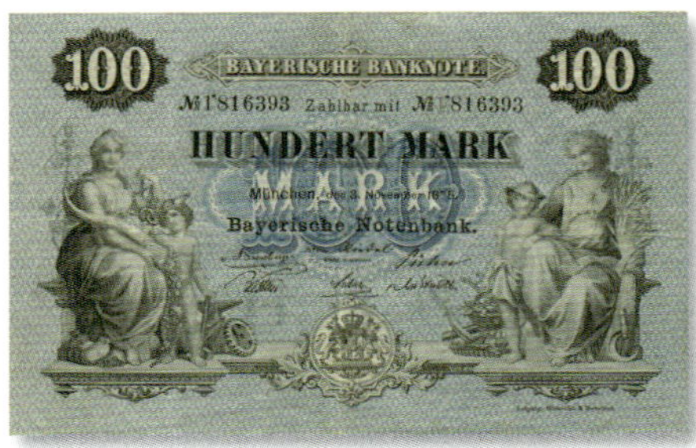

Länderbanknote der Bayerischen Notenbank über 100 Mark vom 3. November 1875.

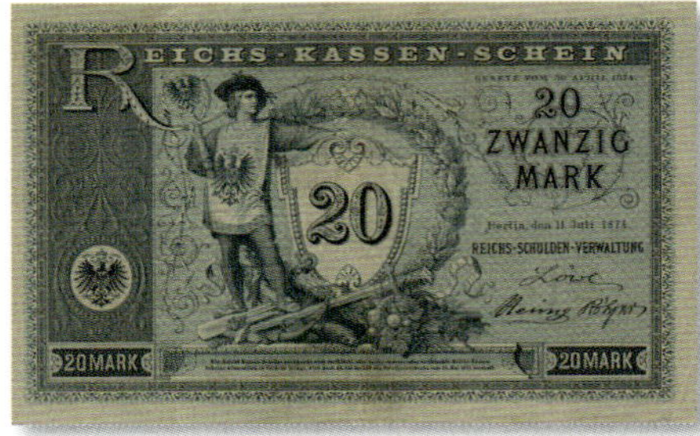

Reichskassenschein über 20 Mark vom 11. Juli 1874 mit Reichsherold.

Banknotensperrgesetz vorgesehen, wonach die Ausweitung regionalstaatlicher Notenbanken von einem Bundesgesetz abhängig gemacht werden sollte. Doch erst nach der Reichsgründung konnte das Gesetz nach anfänglichem Widerstand einiger süddeutscher Staaten Anfang 1872 für das ganze Reich eingeführt werden. Da weder die nördlichen Länder ihre Talerwährung noch die südlichen Länder ihre Guldenwährung aufgeben wollten, wurde mit den Gesetzen von 1871 und 1873 eine einheitliche Reichswährung, die Mark, geschaffen. Mit der Mark erfolgte auch die Umstellung der Währung auf Gold, bis dahin hatte nur das kleine Bremen eine Goldwährung gehabt.

Da es zunächst noch keine zentrale Notenbank gab, gab die Preußische Bank im Auftrag der Reichsschuldenverwaltung Reichskassenscheine als Staatspapiergeld mit Zwangskurs aus.

Preußen war der mächtigste Bundesstaat des Reiches und spielte auch bei der Neuordnung des Geldwesens eine führende Rolle. Wie bereits erwähnt, ging die Deutsche Reichsbank am 1. Januar 1876 aus der bereits 1765 gegründeten Königlichen Giro- und Lehnbank hervor, die seit 1847 Preußische Bank hieß. Die Reichsbank unterstand bis 1924 direkt der Reichsregierung und begleitete die Papiergeldgeschichte Deutschlands bis nach dem Ende des Zweiten Weltkriegs.

Bei der Einführung des auf Mark lautenden Papiergeldes gab es noch eine Vielzahl von Geldscheinen der einzelnen Länder, die nach und nach eingezogen und durch die Reichskassenscheine ersetzt wurden. Hinzu kamen verschiedene Banknoten privater Banken, deren Rechte in der Folgezeit stark eingeschränkt wurden. Die bisherigen Taler- und Guldenbanknoten wurden eingezogen, und die Banken durften nur noch Banknoten in Mark-Währung ab einem Nennwert von 100 Mark ausgeben, die durch Gold oder Reichsbanknoten gedeckt sein mussten. Die gesetzliche Bevorzugung der Reichsbank gegenüber den Länderbanken führte schließlich dazu, dass deren Zahl stetig abnahm. Bis 1906 besaßen von den ehemals 32 privaten Notenbanken nur

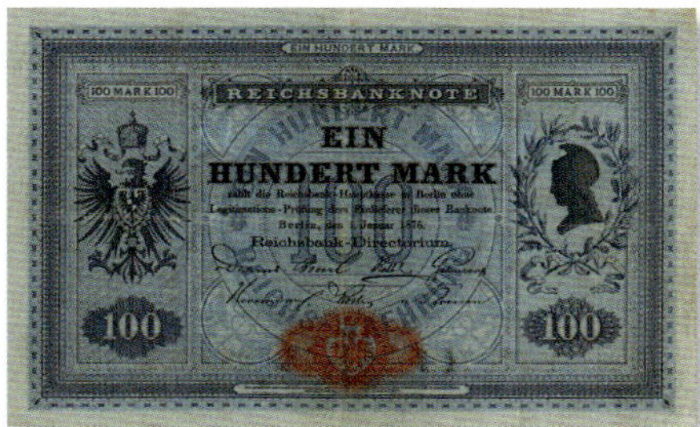

Die erste Reichsbanknote überhaupt war ein Hunderter vom 1. Januar 1876 und ähnelt in ihrer Gestaltung noch sehr den Noten der Preußischen Bank.

noch die vier großen Ländernotenbanken von Baden, Bayern, Sachsen und Württemberg ihr Notenprivileg, das schließlich erst mit der Kündigung durch das Reichswirtschaftsministerium zum 1. Januar 1935 erlosch.

Die Geldpolitik der Reichsbank wurde in verschiedenen deutschen Ländern lange Zeit kritisiert. In Preußen und Bayern war die Papiergeldemission seit Jahrzehnten konservativ und maßvoll. Die Zurückhaltung der dortigen Notenbanken eröffnete aber den kleineren Ländern ein immenses Geschäftspotenzial, das letztlich der Währungsstabilität abträglich war. Verständlicherweise stemmte sich die Reichsbank mit allen Mitteln gegen diese Entwicklung.

Die Deckung der Reichsbanknoten erfolgte nicht zu 100 % durch Gold. Die Reichsbank war verpflichtet, die von ihr ausgegebenen Banknoten nur zu einem Drittel durch kursfähiges deutsches Geld, Reichskassenscheine, Goldbarren oder ausländische Münzen zu decken. Die restlichen zwei Drittel wurden durch diskontierte Wechsel gedeckt. Reichskassenscheine mussten – dies entspricht auch dem ursprünglichen Sinn der Banknote als Zahlungsversprechen – auf Wunsch ohne Legitimationsprüfung bei der Reichsbank in Berlin in Goldmünzen eingelöst werden. Erst am 1. Januar 1910 erhielten die Reichsbanknoten den Status eines vollwertigen Zahlungsmittels, das von jedermann akzeptiert werden musste.

Auch die Reichsbank durfte vor 1906 nur Banknoten im Wert von 100 Mark und darüber ausgeben. Deshalb kursierten neben den Reichsbanknoten die bereits erwähnten Reichskassenscheine in kleineren Nennwerten, die der Reichskanzler nach dem Gesetz von 1874 in Höhe von 120 Millionen Mark (aufgeteilt nach der Einwohnerzahl der 22 deutschen Bundesstaaten) herstellen lassen konnte. Diese Summe entsprach dem im Reichskriegsschatz zinslos angelegten Betrag. Gleichzeitig durfte das Reichspapiergeld in dem Maße ausgegeben werden, wie das alte Staatspapiergeld der deutschen Länder eingezogen wurde.

Nachdem die Reichsbank ab 1906 auch Reichsbanknoten zu 20 und 50 Mark in Umlauf gebracht hatte, wurde die Ausgabe von Reichskassenscheinen auf Nennwerte von 5 und 10 Mark beschränkt. Die Bevölkerung hatte sich schon lange vor 1900 an die Reichsbanknoten gewöhnt und vertraute diesem „stoffwertlosen" Geld wie den Goldmünzen selbst. Auch in vielen anderen Staaten hatte die Banknote zu dieser Zeit längst ihren Siegeszug im Geldverkehr angetreten.

Ab 1900 bemühte sich die Reichsbank verstärkt um die Einbehaltung der Goldmünzen aus dem Umlauf. Die Kon-

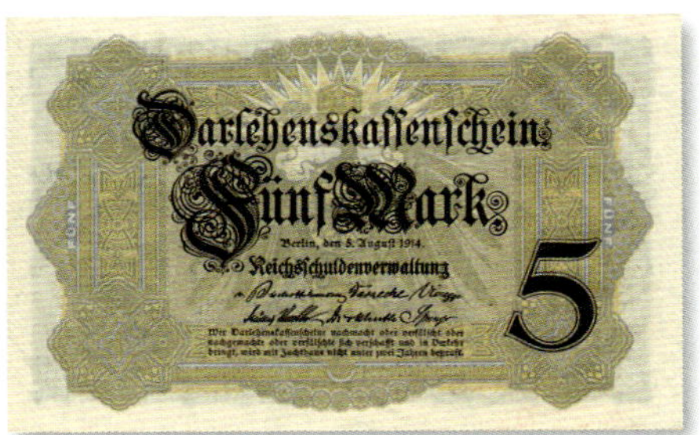

Darlehnskassenschein der Erstausgabe 1914 über 5 Mark.

zentration des Goldschatzes in den Tresoren der Reichsbank hatte nicht nur wirtschaftliche, sondern auch politische Gründe. Im Kriegsfall war „Bares" in Form von Goldbarren oder -münzen notwendig, um Waren und Rohstoffe im Ausland kaufen zu können.

Um die Jahrhundertwende hatte sich die umlaufende Geldmenge bereits beträchtlich erhöht, Einkommen und Preise waren im Zuge des Wirtschaftswachstums im Kaiserreich deutlich gestiegen, und Reichsbanknoten und Reichskassenscheine bestimmten längst den Zahlungsverkehr. Gleichzeitig nahm auch das Giral- oder Buchgeld zu. Auch im Kaiserreich und lange davor wurden Konten geführt, Schecks und Wechsel ausgegeben, und selbst telegrafische Geldanweisungen waren schon Ende des 19. Jahrhunderts üblich.

Am 31. Juli 1914, dem Tag der Erklärung des „Zustandes der drohenden Kriegsgefahr", stellte die Reichsbank die Einlösung der Reichsbanknoten in Gold ein. Nur wenige Tage später wurde die Darlehnskasse gegründet, um die Reichsbank zu entlasten und die gestiegene Nachfrage nach privaten, kommunalen und staatlichen Krediten zu befriedigen. Die Filialen der Darlehnskasse, die den Reichsbankstellen angegliedert waren, reichten Darlehnskassenscheine bei der Reichsbank ein und erhielten im Gegenzug Banknoten, mit denen Kredite gewährt werden konnten. Die Darlehnskassenscheine wurden von der Reichsbank zur Deckung des Notenumlaufs verwendet, aber auch in den Zahlungsverkehr gegeben.

Der Nachteil dieser Form der Geldschöpfung zeigte sich jedoch bald in einer zunehmenden Überfrachtung des Zahlungsverkehrs mit Zahlungsmitteln, die auch die Ursache für die beginnende Entwertung der Mark im Ersten Weltkrieg war. Hinzu kam, dass ab Mitte des Krieges Kriegsanleihen und andere Staatspapiere den Hauptteil der Deckung ausmachten, sodass die Darlehnskassenscheine immer mehr zu reinen staatlichen Zahlungsversprechen wurden, die als uneinlösbares Papiergeld dem staatlichen Zwangskurs unterlagen und daher von allen Staatskassen in Zahlung genommen wurden. Obwohl die Darlehnskassenscheine kein gesetzliches Zahlungsmittel waren, kursierten sie dennoch in großen Mengen in der Bevölkerung, da ihre kleinen Nennwerte ab einer Mark im Einzelhandel eine wichtige Rolle spielten.

Mit dem Ausbruch des Ersten Weltkriegs endete nicht nur in Deutschland die Zeit der Goldwährungen. Die meisten National- und Zentralbanken gaben keine Goldmünzen mehr aus und hoben die Einlösungspflicht für Banknoten in Gold auf. Es begann nun endgültig das Zeitalter des Papiergelds, allerdings unter schlechten Vorzeichen. Die Goldmünzen verschwanden sehr schnell aus dem Geldverkehr, wurden von der Reichsbank eingezogen, aber auch privat gehortet. Schließlich wurden auch Silbermünzen und sogar Münzen aus unedlen Metallen knapp. Wer konnte, hortete nun auch das Silbergeld, denn Silber hatte im Gegensatz zu Papier ja immerhin noch einen Materialwert. Die Ausprägung von Goldmünzen im Reich wurde 1915 endgültig eingestellt, während Silbermünzen noch bis 1919 weiter geprägt wurden, zum Teil gleich von der Münzstätte geschwärzt, in der trügerischen Hoffnung, die Bevölkerung würde diese dann nicht zurückbehalten. Der allgemeine Kleingeldmangel wurde so schlimm, dass es während des Ersten Weltkriegs zu einer Vielzahl von lokalen Notgeldausgaben kam, auf die noch später eingegangen werden soll.

Die große Inflation

Ende 1918 waren die Völker Europas kriegsmüde. Der jahrelange Stellungskrieg hatte Millionen Menschenleben gekostet, halb Europa war verwüstet und in Deutschland verhungerten die Menschen. Ein Waffenstillstand beendete schließlich die Urkatastrophe des 20. Jahrhunderts, in Deutschland kam es zur Revolution, die Monarchie brach zusammen. Der jungen „Weimarer Republik", die mit dem Versailler Vertrag politisch ohnmächtig die Willkür der ehemaligen Gegner über sich ergehen lassen musste, wurden nicht nur Verluste an Gebieten und Bevölkerung abverlangt, sondern auch unzumutbare Forderungen wirtschaftlicher und finanzieller Art. Deutschland sollte von einer einstigen Großmacht in ein unterentwickeltes Agrarland zurückkatapultiert werden. Die gigantischen Kriegsreparationen ließen die deutsche Währung bald zusammenbrechen. Aus dem Zahlungsverkehr verschwanden die Reichsmünzen und bald gab es nur noch Papiergeld, das immer weniger Wert war. Die Preise waren schon während des Kriegs kräftig gestiegen, doch durch die Rationierung von fast allen Waren und Lebensmitteln war der Wertverlust der Mark nicht sofort für jeden offenkundig geworden. Am Ende des Ersten Weltkriegs hatte aber die Mark schon die Hälfte ihrer Kaufkraft verloren. Schließlich kam es zu einer gigantischen Inflation, die Ende 1923 ihren Höhepunkt fand und Deutschland eine derart große Zahl an regionalen, kommunalen und privaten Notgeldausgaben bescherte, dass selbst das Wort „Notgeld" bei Sammlern in aller Welt zu einem festen Begriff wurde. Die zur Kaiserzeit in Goldmark ersparten Vermögen auf Konten oder als Papiergeld wurden völlig wertlos, genauso wie die während des Kriegs massenhaft in der Bevölkerung angekauften Kriegsanleihen. Nur die alten Goldstükke und Sachwerte, Grund und Boden oder „harte Devisen" hatten Bestand. Der Staat selbst entledigte sich seiner Schulden mit der Druckpresse.

Mit der wachsenden Inflation war die Reichsbank bald nicht mehr in der Lage, ausreichende Mengen an Geldscheinen zu drucken. Hatte man anfangs die lokalen Notgeldausgaben noch bekämpft

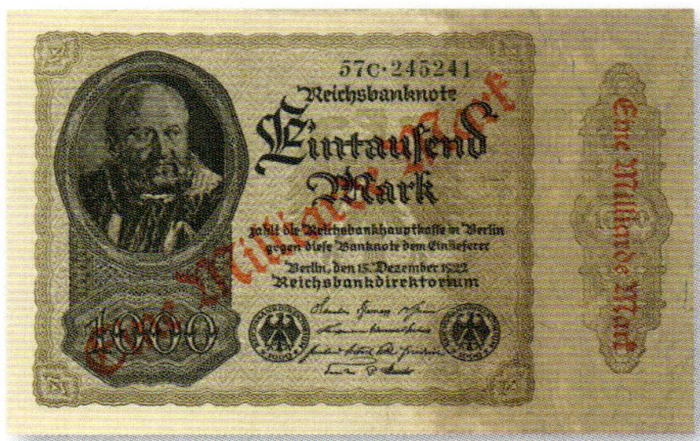

Überdruckprovisorium zu 1 Milliarde Mark auf einem nicht ausgegebenen 1000-Mark-Schein vom 15. Februar 1922.

oder toleriert, so wurde dieses Notgeld bald zur Regel und im Einvernehmen mit der Regierung und Reichsbank ausgegeben. Unterdessen liefen die Notenpressen auf Hochdruck. Ende 1923 arbeiteten schließlich 133 Druckereien und 30 Papierfabriken an der Herstellung von Reichsbanknoten. 29 galvanoplastische Anstalten stellten 400 000 Druckplatten her und mit dem produzierten Banknotenpapier hätte man 1700 Eisenbahnwaggons beladen können. Aus diesem Papier fertigten die Druckereien 10,1 Milliarden Reichsbanknoten mit einem Gesamtwert von 3877 Trillionen Mark.

Die Reichsbank konnte trotz gewaltiger Anstrengungen den immer größeren Bedarf an Banknoten nicht abdecken. Schließlich waren Ende 1923 mehr als 30 000 Menschen in allen Großdruckereien im gesamten Reich nur noch mit der Herstellung von immer wertloser werdenden Reichsbanknoten beschäftigt. Die Nullen auf den Geldscheinen wurden immer mehr und Löhne und Gehälter wurden täglich gezahlt, da das Geld bereits am nächsten Tag nicht mehr viel wert war. Menschen rannten mit Wäschekörben voller Geldscheinen zum Einkauf. Jedermann war plötzlich Millionär und bald schon Milliardär.

Im Jahr 1923 soll allein an Reichsbanknoten die unvorstellbare Summe von 456 507 424 771 974 000 000 Mark im Verkehr gewesen sein, dazu kam das Doppelte an Notgeldscheinen. Mit den „kleinen Scheinen" unter 10 Milliarden Mark Nennwert konnte man bald nur noch den Ofen heizen, zu kaufen gab es für sie nichts mehr. Zugleich stiegen die Preise für alle Waren und für ausländische Währungen immer rasanter. Ein US-Dollar stand im Januar 1919 noch bei 7,95 Mark, im Januar 1921 waren es schon 74,50 Mark und im November 1923 kostete er dann schließlich 4,2 Billionen Mark.

Die finanzielle Katastrophe hatte aber bereits mit dem Ausbruch des Ersten Weltkriegs begonnen. Jeder Kriegsmonat kostete anfangs 1,2 Milliarden Goldmark. Schnell war der Reichskriegsschatz aufgebraucht und die Ausgabe an Darlehnskassenscheinen wurde mehrfach erhöht. Gegen Ende des Kriegs kostete jeder Monat schon 5 Milliarden Goldmark! Bereits in den ersten zwei Kriegswochen des Jahres 1914 stieg der Notenumlauf um rund 2 Milliarden Mark, also um ein Drittel des gesamten Friedensgeldumlaufs. Bis Kriegsende schwoll er nochmals um 20 Milliarden Mark an. Vom November 1918 bis November 1922 versiebenfachte er sich und kletterte dann 1923 um mehr als das Hundertmillionenfache! Diese nüchternen Zahlen geben allerdings keinen Aufschluss darüber, wie viel Leid diese Inflation den Menschen gebracht hat. Wer keine Waren oder

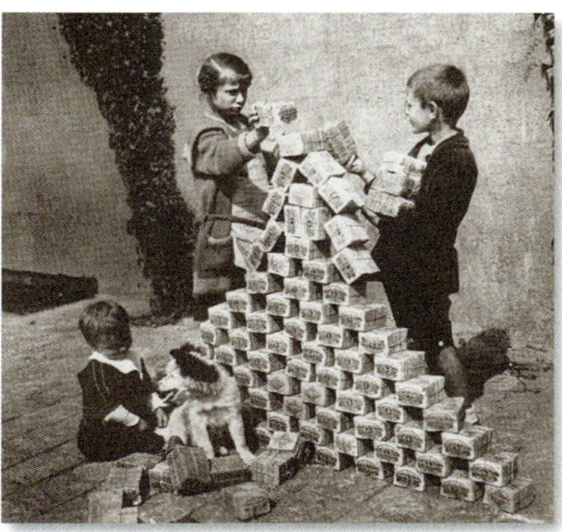

Kinder spielen mit Bündeln wertlos gewordenen Papiergelds.

Werte besaß, war dieser Entwicklung schutzlos ausgeliefert. Die Menschen hungerten und froren und die Selbstmordrate stieg rapide an. Das Land wurde von Streiks, Unruhen und Aufständen überzogen. Politisch radikale Parteien von links wie rechts nutzten diesen Nährboden, aus dem später mit dem Nationalsozialismus eine neue Menschheitskatastrophe ihren Anfang nehmen sollte. Zum Ende der Hochinflation lautete der höchste je ausgegebene Wert einer Reichsbanknote auf 100 Billionen Mark. Der höchste Nennwert der Inflation überhaupt war ein

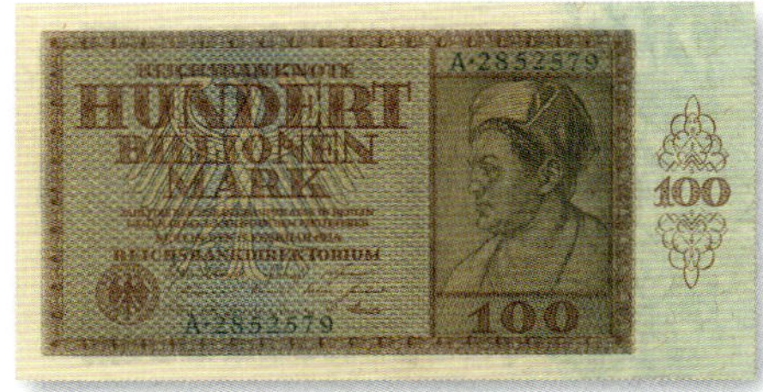

Der höchste Nennwert einer Reichsbanknote über 100 Billionen Mark vom 15. Februar 1924.

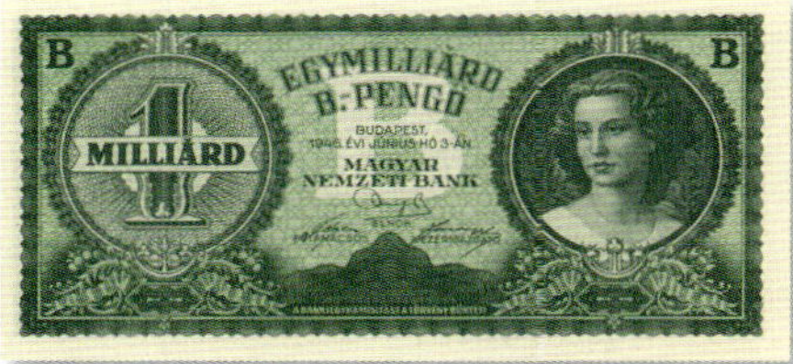

Note der ungarischen Inflation von 1946 über 1 Milliarde Billionen Pengö.

Notgeldschein der Stadt Duderstadt über 1 Billiarde Mark.

Um derartige Zahlen, mit denen wir im täglichen Leben kaum zu tun haben, besser verstehen zu können, nur noch eine kleine Anmerkung zum Thema Inflation. 100 Billionen Mark ist eine Summe, die man sich eigentlich nicht vorstellen kann. In Ziffern sieht das so aus: 100 000 000 000 000. Doch in Ungarn sollte es und während sowjetischer Besetzung nach dem Zweiten Weltkriegnoch viel „dicker" kommen. Im Mai 1946 wurde ein Schein über 100 Millionen Adópengö (Steuerpengö) ausgegeben. Ein Adópengö waren 2 Trillionen Pengö. In Pengö ausgedrückt waren dies also 200 Quadrillionen Pengö – eine „2" mit 26 Nullen: 200 000 000 000 000 000 000 000 000.

Damit brachte die ungarische Inflation die höchsten Nennwerte hervor, die es jemals in einer Inflation gegeben hat.

Doch kehren wir wieder in das Deutschland der 1920er-Jahre zurück. Wenn die ungarische Inflation nach dem Zweiten Weltkrieg die Zahlen mit den meisten Nullen bringen sollte, so bescherte die deutsche Inflation nach dem Ersten Weltkrieg die meisten Notgeldausgaben der Welt.

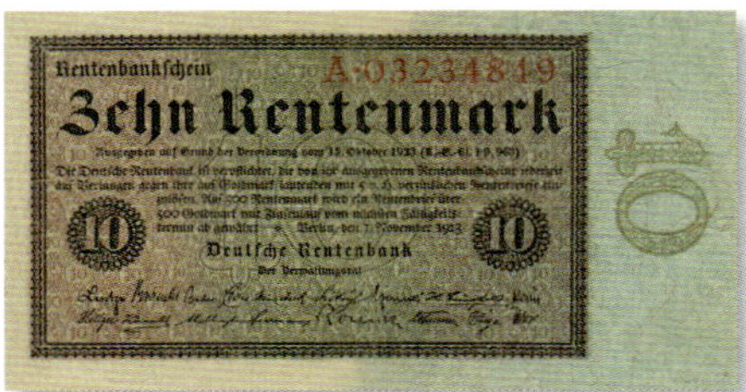

Rentenbankschein der Erstausgabe vom 1. November 1923 über 10 Rentenmark.

Die Geldscheine der Inflationszeit, also von 1919 bis Anfang 1924, sind ein sehr interessantes Sammelgebiet, vermitteln sie doch noch heute einen Eindruck von einer Zeit, die auch als „Tollhaus der Proportionen" bezeichnet wird.

„Goldene Zwanziger Jahre"

Die wirtschaftliche Lage Deutschlands war in Anbetracht der zerrütteten Währungsverhältnisse 1923 fast aussichtslos. Im November 1923 wurde die Inflation zum Stehen gebracht und eine neue Währung eingeführt. Man setzte alles auf eine Karte und wiederholte das, was in Frankreich im 18. Jahrhundert zweimal in die finanzielle Katastrophe geführt hatte: Die Schaffung einer Währung auf Grundlage von Sachwerten, nämlich Grund und Boden sowie Industrieanlagen. Dies war die Geburtsstunde der Rentenmark, wie sie nach Vorschlag von Finanzminister Luther heißen sollte. Ihr Wertverhältnis war 1 Rentenmark = 1 Billion Papiermark. Gedeckt war diese Währung nicht durch Gold, sondern durch den gesamten deutschen land- und forstwirtschaftlichen Besitz. Zugleich wurde ein Außenkurs zum US-Dollar im Vorkriegsstandard 1:4,20 fixiert.

Im August 1924 wurde die Reichsbank wieder als Währungs- und Emissionsbank eingesetzt, die nun erneut Reichsbanknoten ausgab. Die Rentenbankscheine kursierten aber lange Zeit noch nebenher als gleichwertiges Geld.

Diesmal gelang das, was Frankreich zweifach zum Verhängnis wurde. Man hatte die gigantische Inflation gestoppt und wertbeständiges Geld ohne Golddeckung und Devisenreserven eingeführt. Die neben der Rentenmark eingeführte neue Reichsmark wurde wieder zur Goldwährung. Doch Goldmünzen gab es nicht mehr für den Zahlungsverkehr. Die neue Währung war eine „Goldkernwährung", was bedeutet, dass Privatpersonen keinen Anspruch auf Einlösung von Papiergeld in Gold mehr hatten. Eine Einlösepflicht in Gold oder Devisen bestand nur gegenüber anderen Zentral- und Notenbanken.

Es folgten die viel gepriesenen und oft besungenen „Goldenen Zwanziger Jahre", die so golden nicht waren, obwohl es bald zu einer konjunkturellen Belebung der Wirtschaft kam. Die Wohnverhältnisse für die meisten Menschen waren mit heute verglichen unvorstellbar

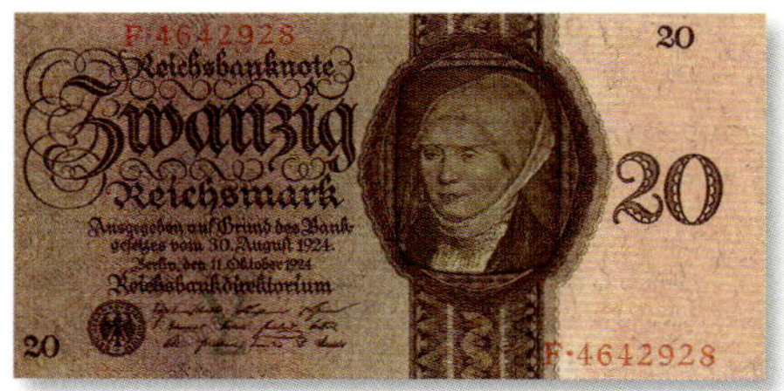

Reichsbanknote über 20 Reichsmark der Ausgabe vom 11. Oktober 1924.

schlecht, die Löhne niedrig und der Arbeitstag lang. Die „Deflation" am Ende des Jahrzehnts war so schlimm wie die Inflation zu dessen Beginn. Die Preise fielen, aber ebenso die Löhne und die Nachfrage.

Die Wirtschaftskrise, die in den USA begonnen hatte, war zur Weltwirtschaftskrise geworden und traf in Europa Verlierer und Sieger des Weltkriegs gleich hart. Massenarbeitslosigkeit und heute kaum vorstellbare Not bei breiten Bevölkerungsschichten begünstigten schließlich den Aufstieg der Nationalsozialisten. Langsam erholte sich die Welt von der Krise und steuerte auf einen zweiten, den bislang schrecklichsten Krieg der Weltgeschichte zu.

Deutschland unter dem Hakenkreuz

Mit der Machtübernahme Hitlers in Deutschland 1933 war der Höhepunkt der Krise bereits überschritten. Die Arbeitslosenzahlen stiegen nicht weiter, nicht zuletzt durch das gigantische Rüstungsprogramm fanden viele Menschen wieder Beschäftigung. Mit Ausbau der Wehrmacht und Einführung der Wehrpflicht verschwanden junge Leute von den Straßen und aus den Statistiken, Mädchen gingen ins Pflichtjahr und Jungen arbeiteten für 25 Pfennig in der Stunde beim Reichsarbeitsdienst. Mit Ausbau des Autobahnnetzes und anderen Maßnahmen zur Arbeitsbeschaffung entspannte sich der Beschäftigungsmarkt zunehmend. In einigen Bereichen wurden bald sogar qualifizierte Arbeiter gesucht. Die Aufrüstung

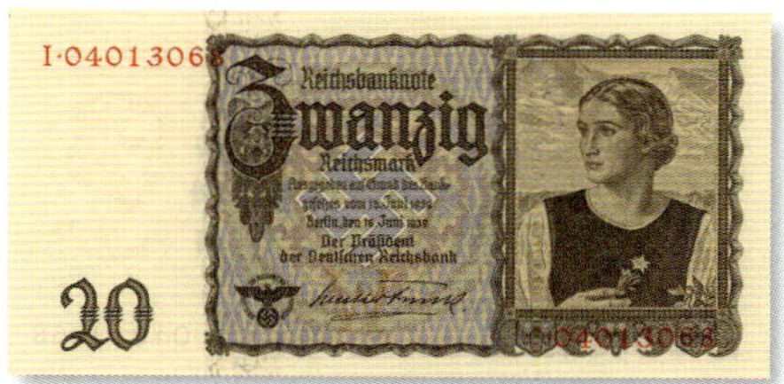

Mit der Gestaltung der Serie von 1929 hatte der sog. „Tirolerschein" über 20 Reichsmark vom 16. Juni 1939 nichts mehr zu tun. Er sollte an den Anschluss Österreichs erinnern.

wurde durch „Pump" finanziert, der Außenhandel und die Devisenwirtschaft streng kontrolliert. Die Bevölkerung wurde aufgerufen, noch vorhandene Goldmarkstücke der Kaiserzeit gegen Papiergeld abzuliefern. Die Reichsmark war im Ausland bald nach 1933 nicht mehr viel wert, doch davon spürte der Normalverbraucher im Reich zunächst nichts. Noch waren die Geschäfte voll, doch vieles, was man sich wünschte, konnte man nicht kaufen.

Mit Kriegsausbruch wurden fast alle Waren und Lebensmittel rationiert. Die gesamte Wirtschafts- und Währungspolitik war auf den neuen großen Krieg ausgerichtet. Die Lebensmittelrationen waren so bemessen, dass bis Kriegsende niemand Hunger leiden musste. Luxuswaren hingegen verschwanden zunehmend aus den Geschäften, vor allem Importwaren. Aber der Wertverlust der Reichsmark war auch in den späteren Kriegsjahren kaum fühlbar.

Durch eine „preisgestoppte Inflation" und strenge Maßnahmen gegen den Schwarzhandel, natürlich aber auch durch Ausbeutung der besetzten Länder gelang es, die wahren Währungsverhältnisse lange zu verschleiern. Der

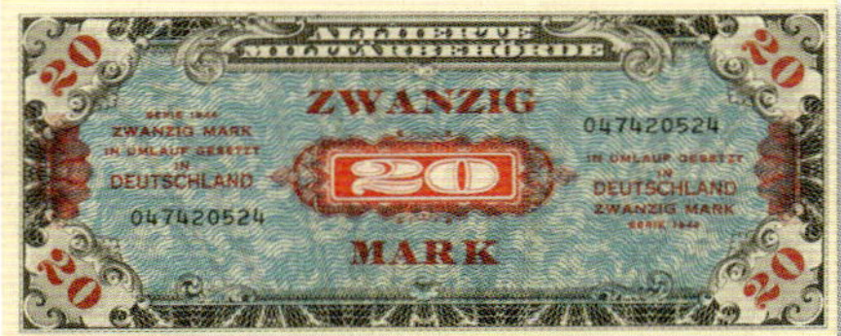

Note der Alliierten Militärbehörde von 1944 über 20 Mark (sowjetischer Druck).

Geldumlauf hatte sich während des Kriegs verzehnfacht, die Produktion hingegen sank von 1939 zu 1945 auf ein Drittel. Erst nach dem Krieg stellte sich heraus, dass das deutsche Geld praktisch keinen Wert mehr hatte, weil kein entsprechendes Warenangebot mehr vorhanden war.

Deutschland nach dem Krieg

Mit der Besetzung Deutschlands und der Teilung in drei bzw. vier Besatzungszonen begann das, was viele alte Menschen als „die schwere Zeit nach dem Zusammenbruch" bezeichneten.

Schwarzmarkt und Tauschhandel blühten. Wer für Geld etwas kaufen wollte, musste sehr viel davon haben. Bei Kriegsende brachten die Alliierten außerdem noch eigenes Geld mit, was den Geldumlauf zusätzlich aufblähte.

Für Geld gab es nur Hungerrationen zu „Stoppreisen" von 1944 zu kaufen. Dringend benötigte Waren, vor allem „Essbares", kostete bei gleichen Löhnen wie im Krieg auf dem Schwarzmarkt ein Vermögen. Wer konnte schon ein Brot für 80 RM kaufen, wenn er nur 50 RM in der Woche verdiente. Wohl dem, der noch etwas von Wert besaß. Wer nichts hatte, musste „organisieren", notfalls stehlen. Nicht nur Hunger, sondern schlimme Wohnverhältnisse in den zerstörten und mit Flüchtlingen aus dem deutschen Osten überfüllten Städten, sowie fehlende Brennstoffe machten das Leben schwer. Nicht wenige Menschen erfroren und verhungerten in dieser Zeit. Galgenhumor machte die Runde: „Niemand soll hungern, ohne zu frieren". Zwischen den Alliierten – den Westmächten und den Sowjets – kam es bald zu unüberbrückbaren Zerwürfnissen. Spätestens zum Jahreswechsel 1947/48 war klar, dass eine Währungsreform in Deutschland erfolgen müsste, um den Geldüberhang abzubauen. Die Westmächte wollten und konnten sich mit den Sowjets nicht über gemeinsame Schritte zur Wiederherstellung geordneter Währungsverhältnisse einigen. Die Würfel für separate Schritte in der Bi- bzw. Trizone waren bereits gefallen.

Im Sommer 1948 war es dann so weit: Die Deutsche Mark kam im Westen. Im Gegenzug führte die UdSSR in ihrer Besatzungszone ebenfalls neues Geld ein, die Deutsche Mark (Ost). Die Währungen der BRD und der DDR gab es also schon, bevor diese Staaten 1949 ge-

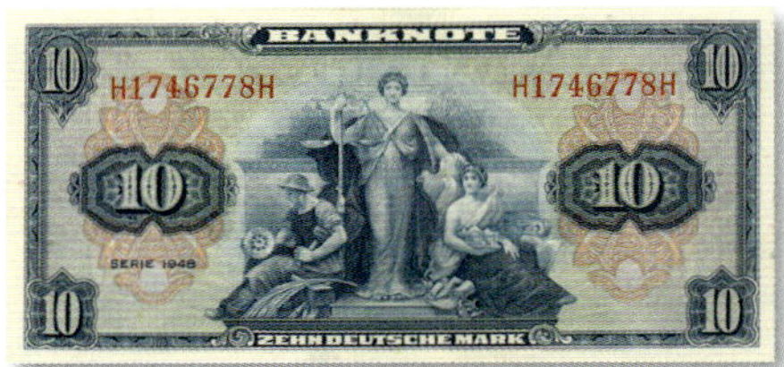

Note der Bank Deutscher Länder über 10 DM zur Währungsreform 1948 in den Westzonen.

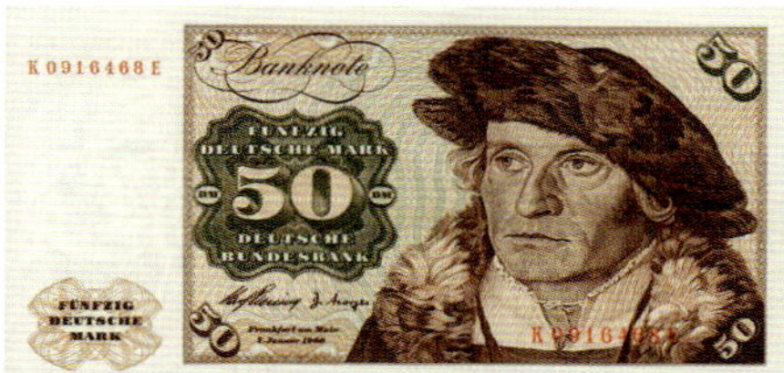

50 DM der Deutschen Bundesbank von 1960.

gründet wurden. Und schließlich verschwand die „Ostmark", noch bevor die DDR als Staat am 3. Oktober 1990 verschwand.

Übrigens war weder die DM (West) noch die DM (Ost) anfangs in irgendeiner Weise „gedeckt". Die auf Deutsche Mark lautenden Zahlungsmittel lebten vom Vertrauen der Bürger in das neue Geld. Im Westen wurde die DM erst nach und nach konvertibel, d. h. in ausländisches Geld eintauschbar, erhielt auch erst später eine Goldparität. Bis zu ihrem Ende 2001 blieb sie jedoch eine der härtesten und begehrtesten Währungen der Welt. Die Mark der DDR, erst ebenfalls „Deutsche Mark", dann MDN (Mark der Deutschen Notenbank) und schließlich nur „Mark" genannt, blieb bis zu ihrem Ende ohne Deckung. Sie galt als „sozialistische Binnenwährung", die nur im Lande selbst gültig war und in sehr bescheidenem Maße im Reiseverkehr in den östlichen Staaten umgetauscht wurde. Gegenüber der DM West wurde sie im Kurs von 4 : 1 und oft viel schlechter auf dem Schwarzmarkt oder in westlichen Wechselstuben getauscht. Nach der Maueröffnung 1989 fiel ihr Kurs auf 1 : 10, später sogar bis auf 1 : 20, obwohl in der DDR viele Waren und Dienstleistungen weiterhin zu sehr günstigen Preisen zu bekommen waren. Erst in Vorbereitung der Währungsunion 1990 stieg ihr Wert beachtlich, als abzusehen war, dass gewisse Mindestbeträge 1 : 1, die Sparguthaben von DDR-Bürgern aber grundsätzlich 2 : 1 in DM umgestellt werden sollten. Insgesamt waren 440 Milliarden DDR-Mark auf Konten von 16 Millionen Bürgern (für jeden Bürger – auch für Kinder – war ein Umtauschkonto einzurichten) sowie von 230 000 Betrieben in DM zu tauschen.

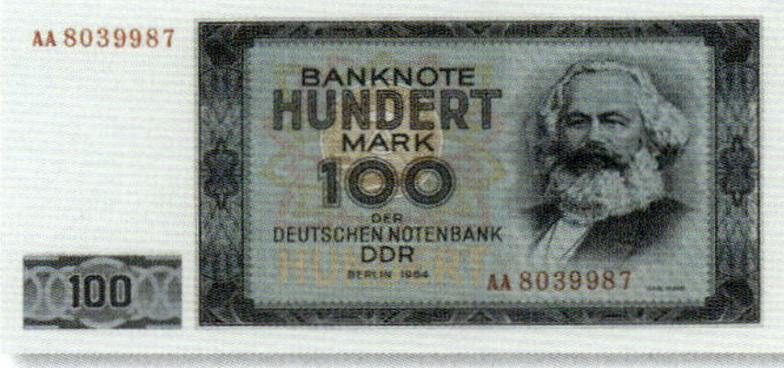

100 Mark der Deutschen Notenbank der DDR von 1964 mit Porträt von Karl Marx.

Der Euro – unser Geld

Die Erfolgsgeschichte der Deutschen Mark liegt u. a. darin begründet, dass die Deutsche Bundesbank als von der Regierung unabhängige Emissionsbank eine Geldpolitik betrieb, die vorrangig auf Währungsstabilität gerichtet war. Mit Einführung des Euro 1999 gaben die an der Währungsunion beteiligten Länder ihre Währungshoheit an die Europäische Zentralbank (EZB) ab. Dieses Finanzinstitut ist ähnlichen Grundsätzen verpflichtet, wie es die Bundesbank war. Anders kann es natürlich auch bei einer solchen internationalen Emissi-

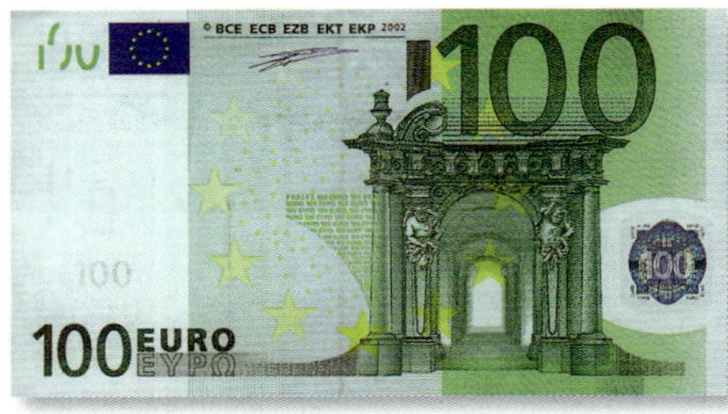

100 Euro der Europäischen Zentralbank, Ausgabe 2002.

onsbank nicht sein. Zusammen mit den Zentralbanken der Mitglieder der Währungsunion bildet sie das Europäische System der Zentralbanken (EUZB). Die Unabhängigkeit der EUZB wurde im Vertrag von Maastricht verankert. Gegner des Euro bemängeln, dass die nationalen Regierungen dadurch keine Möglichkeit mehr haben, eine aktive Finanzpolitik zu betreiben, so wie dies vor Jahren noch möglich war, indem man je nach Konjunktur- und Beschäftigungslage die Leitzinsen senken oder anheben bzw. die Parität der Währung durch Auf- oder Abwertung verändern konnte. Der Euro ist heute trotz mancher Krisen eine starke, in der Welt geachtete Währung, die zunehmend in anderen Staaten als Reservewährung – zusammen oder anstelle des US-Dollars – geschätzt wird. Stabiles Geld ist ein hohes Gut für die Gesellschaft und den einzelnen Menschen. Das hört sich vielleicht etwas pathetisch an, doch denken wir nur an die schlimmen Folgen, die instabiles Geld und Inflation allein in Deutschland im letzten Jahrhundert verursachten: Zwei Inflationen nach den beiden großen Kriegen. In beiden Fällen hatten die einfachen Menschen die Zeche zu zahlen. Der Wirtschaftsaufschwung in der Bundesrepublik ist nicht zuletzt der stabilen DM zu verdanken gewesen.

Es ist abzusehen, dass in Zukunft weitere Länder die Gemeinschaftswährung Euro einführen werden. Die meisten der neuen und zukünftigen Mitgliedsländer der EU streben den Euro an. Auch wenn sich einige Länder wie Schweden und Dänemark noch nicht für die Währungsunion entschlossen haben, so ist auch hier das letzte Wort nicht gesprochen.

Man darf wohl davon ausgehen, dass in der Zukunft die Zahl der nationalen Währungen weiter abnehmen wird.

Seit dem 1.1.2002 haben wir die neuen Euro-Banknoten. Sie wurden in gigantischer Zahl gedruckt und unterscheiden sich in vielerlei Hinsicht von den Banknoten früherer oder anderer Währungen. Auffällig ist, dass sie praktisch keinen Text mehr tragen, weshalb man sie auch „stumme Banknoten" nennt. Die Euro-Motive sind abstrakt und fiktiv, abgebildete Bauten und Brücken sind den Stilepochen des alten Europa nachempfunden.

Wer ein gutes Gedächtnis hat, kann sich gewiss noch an die Bundesbanknoten erinnern, auf denen man neben einer aufwendigen grafischen Gestaltung auch viele Angaben zum Emittenten, zur Geldscheinart, zum Nennwert und zur Gültigkeit fand. Auch ein sog. Straftext fehlte nicht. Bei einigen frühen Bundesbanknoten erinnert die Wortkombination „Banknote über …" sogar noch an die Stellvertreterfunktion des Papiergelds in vergangenen Zeiten.

Im Gegensatz zu unseren stummen Banknoten von heute finden wir auf alten Geldscheinen noch eine Fülle von Text. Um den Charakter von Banknoten zu verstehen, sollte man sich den Text einer alten Reichsbanknote genauer ansehen. Dort finden wir nämlich nach der Wertangabe ein Zahlungsversprechen. Wie wir aber bereits wissen, waren Reichsbanknoten nur zum Teil durch Gold gedeckt.

Beeindruckend ist auch die Vielfalt von bildlichen Darstellungen, hier gab es schon früher oft nur Abstraktes, Allegorien, stattliche Frauengestalten, Füllhörner und vieles mehr, das dem Zeitgeist entsprach. Erst im 20. Jahrhundert kommen konkrete Bauwerke oder Persönlichkeiten zum Zuge, während bei den ganz frühen Noten die Texte – teilweise in kunstvoller Schrift verfasst – bestimmend sind. Wenn früher viel Text erforderlich war, um die Stellvertreterfunktion von Geldscheinen zu erklären und deren Geldcharakter durch Einlösungsversprechen zu untermauern, ist dessen Geldfunktion heute inzwischen selbstverständlich.

Papiergeld als Zahlungsversprechen

Nicht nur in Deutschland gab es Banknoten mit Zahlungsversprechen, die je nach Zeitpunkt und politischer Lage eingelöst wurden oder nicht. Die Bank von England gab lange Zeit Noten mit dem Text „Wir versprechen dem Überbringer die Summe von … Pfund auszuzahlen" in Umlauf. Nach dem Zweiten Weltkrieg sind solche Scheine sogar mit dem Porträt von Königin Elisabeth II. und ihrem persönlichen Zahlungsversprechen „I promise to pay" (Ich verspreche zu zahlen …) ausgegeben worden. Doch bei der „Bank of England" wurde niemandem ein Sovereign (Goldstück zu 1 Pfund) ausgezahlt, wenn er eine 1-Pfund-Note präsentierte. Papier ist eben geduldig.

Nicht immer muss ein Zahlungsversprechen auf die eigene Währung lauten. So gab es bis zur Einführung der Reichs- und Rentenmark sogenanntes „Wertbeständiges Notgeld" auf US-Dollar und zur Stabilisierung der Währung waren bei einem möglichen Scheitern der Rentenmark sogar Noten der Deutschen Golddiskontbank vorbereitet, die auf britische „Pfund" lauteten.

Auf den schon erwähnten Assignaten der „Banque Royale" von John Law finden wir ebenso ein Zahlungsversprechen wie bei preußischen Tresorscheinen von 1806, hier wird kurz und knapp beschrieben: „Tresor- Schein von Fünf Thaler in Courant – nach dem Münzfuß von 1764", dann noch knapper „Geltend in allen Zahlungen für voll". Doch damals gab es durchaus noch „Kurantes" für Papiergeld, anders als dann nach 1914 oder bei Notgeld, über das noch zu berichten ist.

In einer Mußestunde macht es einem geschichtlich interessierten Geldscheinsammler gewiss viel Freude, mal den einen oder anderen Text durchzulesen.

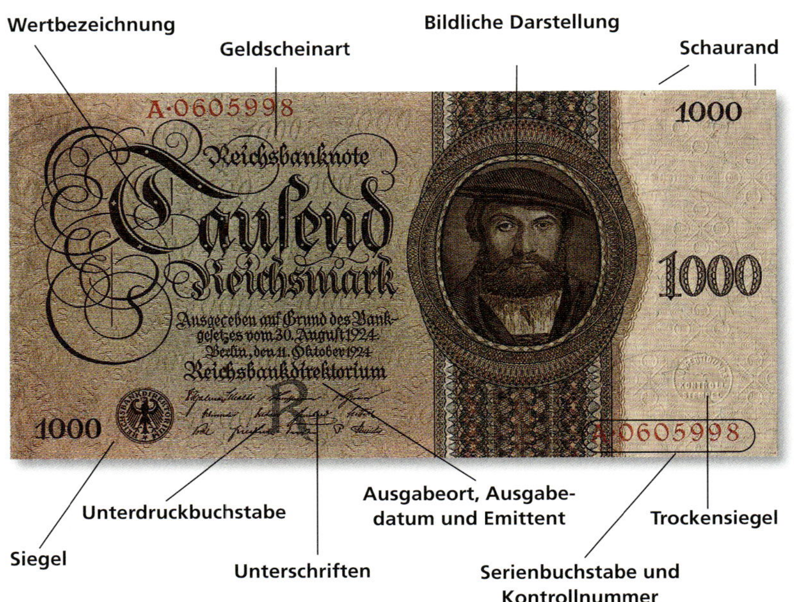

Eine „klassische Banknote" wird vorgestellt

Grau ist bekanntlich alle Theorie, daher wollen wir eine „klassische Banknote" im Bild vorstellen. Es handelt sich um eine Reichsbanknote über 1000 Mark aus dem Jahr 1924.

Wir finden auf dieser typischen Banknote des frühen 20. Jahrhunderts vieles, was auch andere Banknoten – nicht nur aus Deutschland – aufweisen, so die Wertbezeichnung (auch Nominal- oder Nennwert genannt), die Geldscheinart (hier „Reichsbanknote"), eine bildliche Darstellung und den Schaurand (in der Regel unbedruckt zur Durchsicht für die Platzierung von Wasserzeichen), dazu Siegel, einen Unterdruckbuchstaben, die Unterschriften (hier des Reichsbankdirektoriums) sowie den Ausgabeort, das Ausgabedatum und den Emittenten (die Ausgabestelle, hier die Deutsche Reichsbank). Außerdem ist eine Kontrollnummer mit Serienbuchstaben aufgedruckt. Nicht nur aus Prestigegründen, sondern vor allem zum Schutz gegen Fälscher wurden die Banknoten mit schwer nachzuahmenden Schmuckelementen und bildlichen Darstellungen auf Vorder- und Rückseite versehen. Hier finden wir das Porträt des Patriziers Wedigh nach einem Gemälde von Hans Holbein. Die Note weist ein gedrucktes wie auch ein geprägtes Siegel auf. Besonders bei den Scheinen mit höheren Nennwerten wurde ein sogenanntes Trockensiegel (auch Trocken- oder Prägestempel) aufgebracht.

Eine „Wissenschaft für sich" sind die Serienbuchstaben und Kontrollnummern. Auf die Idee, Geldscheine nicht nur fortlaufend, sondern mittels eines geheimen Codes zu nummerieren kam man schon frühzeitig. Gefälschte Geldscheine, die mit nicht existenten Serienbuchstaben und Kontrollnummern produziert wurden, konnten so schnell von der Emissionsbank entdeckt werden. Die abgebildete Reichsbanknote gibt es, ausgehend von ihrem hohen Nominal allerdings nur mit dem Serienbuchstaben „A". Zusätzlich hatte man schon während des Kaiserreichs auch Unterdruckbuchstaben verwendet (in unserem Fall ein „R").

Nicht sofort sichtbar ist ein weiteres Sicherheitsmerkmal, das bei Banknoten bis heute verwendet wird: das Wasserzeichen. Darunter versteht man eine Darstellung in Wort oder Bild, die in das Papier eingearbeitet ist. Das Wasserzeichen wird sichtbar, wenn man den Schein gegen das Licht hält. Bereits die ersten europäischen Banknoten aus Schweden hatten ein Schriftwasserzeichen. In Deutschland wurden Wasserzeichen erstmals bei den sächsischen Kassenbillets von 1772 verwendet.

Wasserzeichen können partiell oder über den gesamten Geldschein verteilt sein. Besonders geeignet für partielle Wasserzeichen (oft die Wiederholung des Kopfbildnisses der Note) ist der weiße Schaurand, der durch den fehlenden Druck eine schnelle und deutliche Erkennbarkeit ermöglicht. Oftmals hat man bei ausländischen Banknoten auch nur ein rundes oder ovales Durchsichtsfenster zur besseren Erkennbarkeit eines partiellen Wasserzeichens unbedruckt gelassen und auf einen Schaurand verzichtet, der für deutsche Banknoten typisch war.

Wasserzeichen sind schwer nachzumachen, weil sie bereits bei der Papierherstellung eingearbeitet und nicht nachträglich aufgebracht werden können. Gerade während der Inflation von 1923 wurde an Papier bedruckt, was verfügbar war. Es gibt hier also viele Geldscheine mit verschiedenen Wasserzeichen. Diese sog. Wasserzeichen-Varianten werden heute gern gesammelt, ebenso wie Varianten einer Note mit verschiedenartigen Kontrollnummern und unterschiedlichen Serienbuchstaben zusammengetragen werden.

Bei der „Grundsteinlegung" für eine Papiergeldsammlung spielt oft der Zufall eine Rolle. Bei einer Wohnungsauflösung findet man unter alten Fotos, Postkarten und Dokumenten einige alte Reichsbanknoten oder vielleicht sogar einen Schuhkarton mit Geldscheinen der Inflation. Oder aber man erbt ein dickes Album, prall gefüllt mit hübschen Notgeldscheinen. Restbestände von Urlaubsreisen können den Grundstock für eine Sammlung moderner Weltbanknoten bilden. Aber auch nicht wenige Briefmarken- und Münzsammler entschließen sich zum Papiergeldsammeln und widmen sich der immer beliebter werdenden „Notaphilie", wie man dieses Hobby schon seit geraumer Zeit nennt.

Spezialisierung tut not

Ein alter Münzhändler in Berlin sagte seinen Kunden stets „Sammeln kann man alles ...", doch dann erläuterte er überzeugend, dass eine gewisse Spezialisierung unumgänglich ist, wenn man sich nicht „verzetteln" will. Das ist leichter gesagt als getan.

Auch mit praktisch unbegrenzten finanziellen Möglichkeiten würde z. B. ein Menschenleben nicht ausreichen, um eine Münzen-Generalsammlung zusammenzutragen. Selbst eine Münzsammlung für das 20. Jahrhundert ist nicht komplett zu bekommen.

Bei den Geldscheinen sieht es nicht anders aus. Man kann nicht alles haben, was es gibt. Ein von Albert Pick herausgegebener Katalog „World Paper Money" des Jahres 1975 enthielt die Weltbanknoten aus 249 Ländern von ca. 1900 bis zum Jahr 1974 und war schon, salopp ausgedrückt, ein „dicker Wälzer". Später gab es dann vergleichbare Katalogwerke in mehreren Bänden, jeder für sich im Umfang mit dem Telefonbuch einer Millionenstadt vergleichbar. Ständig ergänzt werden mussten diese zu den modernen Weltbanknoten ab 1961. Allein die „Wende" in Osteuropa brachte revolutionäre Veränderungen im Geldwesen mit sich, es entstanden viele neue Staaten mit eigenem Geld. Länder, die wie die baltischen Staaten unfreiwillig zu Sowjetrepubliken geworden waren, gaben nach Wiedererlangung ihrer Freiheit erneut eigene Münzen und Geldscheine aus.

In den letzten Jahrzehnten hat sich aber auch bezüglich der Sicherheitsanforderungen an Geldscheine viel getan. Viele Staaten rüsten ihre Banknoten ständig auf, was ebenfalls zur „Neuheitenflut" beiträgt. Mit den Geldscheinen, von denen wir hier sprechen, sind übrigens „nur" die staatlichen Ausgaben gemeint. Doch es gibt auch eine Vielzahl von halbstaatlichen, regionalen und privaten Ausgaben sowie Notgeld aller Art. Und das natürlich nicht nur von Deutschland, sondern von vielen Ländern der Welt. Das soll einen Sammler, der sich für Papiergeld entschieden hat, aber nicht abhalten, den Aufbau seiner eigenen Sammlung in Angriff zu nehmen.

Vorteilhaft ist es, dass viele Sammelgebiete zum Papiergeld heute sehr gut erforscht sind. Es gibt hervorragende Kataloge, auch hier natürlich: nicht nur in Deutschland. Viele Kataloge enthalten auch Preise und es gibt einen entsprechenden Sammlermarkt für diese Ware, sowohl national aus auch international. So werden z. B. deutsche Geldscheine auch sehr gern in den USA gesammelt und in Deutschland sammelt man praktisch Banknoten aus allen Teilen der Welt. Die Erfahrung zeigt, dass besonders die Sammelgebiete bevorzugt werden, für die aktuelle und übersichtliche Kataloge mit Bewertungen vorliegen. So hat z. B. das Sammeln der sog. „Serienscheine" deutscher Städte und Gemeinden einen enormen Aufschwung erfahren, nachdem ein komplett farbig bebilderter Katalog auf den Markt kam, der mit seiner Einfachheit und Übersichtlichkeit viele zum Sammeln anregte. Hinzu kommt, dass sich über die Jahre das Angebot an Katalogliteratur ständig erweitert hat.

Noch vor einigen Jahrzehnten sah das ganz anders aus. Viele Sammler „bastelten" sich selbst einen Katalog anhand der Scheine, die sie zusammentrugen. Andere Sammler bedienten sich zur Orientierung Händlerpreislisten, die mehr oder minder vollständig waren. Bedeutende Fachleute wie Dr. Arnold Keller und Albert Pick katalogisierten in „mühsamer Kleinarbeit" die Papiergeldausgaben verschiedener Länder und Notgeldepochen. Zugleich arbeiteten diese Spezialisten eng mit der „Sammlerschar" zusammen und freuten sich mit ihr über jede neu entdeckte Ausgabe und Variante. Heute gibt es immer noch den einen oder anderen Notgeldschein, der in Katalogen fehlt. Wer etwa in einen alten „Rosenberg-Katalog" sieht, wird feststellen, dass es immer wieder umfangreiche Ergänzungen gab. Vorteilhaft für heutige Sammler ist, dass sie anhand der guten Dokumentation in den Katalogen wissen, wonach sie suchen müssen.

Was hier zu deutschen Banknoten gesagt wurde, trifft natürlich auch für andere Länder zu. Es gibt sogar für sehr spezielle und rare Sammelgebiete wie Spitzbergen oder das Kriegsgefangenenlagergeld des Ersten Weltkriegs ebenso Kataloge wie für britisches Militärgeld, japanische Besatzungsausgaben oder jüdisches Papiergeld in Russland.

Noch ein guter Rat: Wer schon einen kleinen Grundstock an Geldscheinen zusammengetragen hat, sollte sich mit einer Spezialisierung Zeit lassen. Gut Ding braucht Weile, auch dieses Sprichwort hat seine Berechtigung bei der Wahl eines eigenen, speziellen Sammelgebiets. Sammler sind Individualisten und jede Sammlung sieht anders aus. Persönliche Neigungen, Interessen, Heimatverbundenheit, Sprachkenntnisse, all dies kann bei der Wahl eines Sammelgebiets helfen. Vielleicht gelingt es in den nachfolgenden Ausführungen einige Anregungen zu geben.

Der Aufbau einer Weltbanknotensammlung, die alle ausgegebenen Scheine bis heute enthält, ist schlicht unmöglich. Das Zusammentragen möglichst vieler Scheine aus verschiedenen Ländern kann aber ein erster, entscheidender Schritt sein. Man kann beispielsweise von jedem Land einen Geldschein sammeln. Doch damit hat man auch schon eine ganze Menge zu tun, denn es gibt Länder, die existieren heute nicht mehr, andere entstehen neu und selbst hier muss man evtl. eine Spezialisierung überdenken.

Wenn man bei den Weltbanknoten „alles nimmt, was kommt", dann ist das nicht unbedingt verkehrt, vorausgesetzt man hat die finanziellen Möglichkeiten dazu. Denn Geldscheine werden heute überall in der Welt gesammelt und gute und rare Stücke haben ihren Preis. Aber keine Angst, es gibt genügend preiswerte Ware aus allen Teilen der Welt. Aus einer solchen Welt-Übersichtssammlung heraus kann man sich dann für einzelne Länder entscheiden und für diese dann mehr Investitionen tätigen als für andere, später vielleicht sogar die Scheine des einen oder anderen Landes eintauschen gegen solche eines bevorzugten Landes.

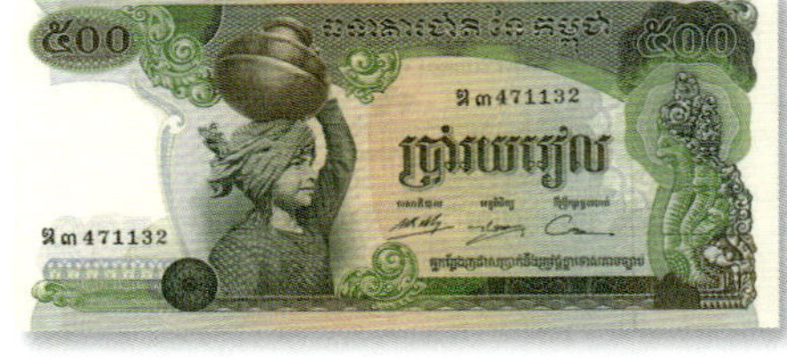

Note der Nationalbank von Kambodscha über 500 Riels von 1975.

Weltbanknoten

Der Aufbau einer Geldscheinsammlung ist ohne finanzielle Aufwendungen nicht möglich. Briefmarkensammler, die wenig Geld investieren, aber viel Freude am Sammeln haben, sind hier im Vorteil: Sie können Freunde und Verwandte bitten, die abgestempelten Marken von Briefen aufzubewahren. „Geldgeschenke" in Form ungültiger oder kursfähiger Scheine dürften hingegen die große Ausnahme sein.

Die Farbenpracht und kulturelle Vielfalt der Welt, die sich in der Gestaltung der Geldscheine widerspiegelt, fasziniert immer mehr Sammler. Für den Interessierten bieten sich viele Einstiegsmöglichkeiten. Gern gesammelt werden die modernen Weltbanknoten (ab 1961) einzelner Länder, ganzer Kontinente oder gar nach Motiven (z. B. Banknoten aus aller Welt mit Tieren, mit Schiffen usw.). Da nicht wenige Währungen inflationär sind, kann man oft sehr preiswert (bereits unter einem Euro) Weltbanknoten kaufen. Besonders günstig und reichhaltig sind die Angebote aus der sog. „Dritten Welt" sowie aus den Nachfolgestaaten der ehemaligen Sowjetunion. Da die eigenständige Papiergeldgeschichte von solchen Staaten wie Kasachstan oder Armenien oft erst mit der Unabhängigkeit Anfang der 1990er-Jahre begann, kann man hier auch sehr schnell und mit geringem finanziellen Aufwand ganze Länder nach dem Vollständigkeitsprinzip sammeln. Viele Sammler versuchen aber im Laufe der Zeit neben den modernen Geldscheinen auch die historischen Ausgaben für ihre bevorzugten Ländersammlungen zusammenzutragen. Das Angebot an historischen Weltbanknoten im Fachhandel sowie auf Börsen und Auktionen, aber auch in Online-Shops und Online-Auktionen ist sehr umfangreich. Wer sich für Weltbanknoten entscheidet, sollte sich aber dennoch möglichst frühzeitig auf ein begrenztes Sammelgebiet festlegen, da sicher wirklich niemand alle Banknoten der ganzen Welt sammeln kann. Oftmals kann ein Urlaubsaufenthalt in einem exotischen Land den Anstoß für die eigene Weltbanknotensammlung geben. Dank der Standardkataloge „World Paper Money" nach Albert Pick, die weltweit von Sammlern genutzt werden, sowie der aktuellen Online-Katalage „The Banknote Book" sind gute Voraussetzungen für den eigenen Sammelstart gegeben.

Übersichtssammlung

Nicht unbedingt viel Geld und teueres Material braucht man, um eine Sammlung aufzubauen, die unter dem Aspekt der Währungs- und Geldgeschichte zusammengetragen wird. Sie kann sich auf ein Land oder Gebiet beschränken, aber auch die gesamte Papiergeldgeschichte umfassen. Entscheidend sind bestimmte Geldscheintypen und das Leitmotiv, unter dem die Sammlung angelegt wird. Bei der deutschen Inflationszeit muss es nicht ein seltener 100-Billionen-Schein der Reichsbank sein, der diese Zeit repräsentiert, eine Millionen- oder Milliarden-Note tut es auch. Die schon erwähnten französischen Assignaten sind nicht alle verbrannt worden, verschiedene davon kann man durchaus auch noch heute zu moderaten Preisen als Beleg für das 18. Jahrhundert und den Anfang des Papiergelds in Europa erwerben.

Währungsgeschichtlich ist es interessant, Belegstücke aus verschiedenen Epochen zu sammeln. Das betrifft nicht nur Deutschland, sondern auch andere Länder. So könnte man etwa von jedem Land, das entweder „Pfund" oder „Rupie", aber auch „Dollar" oder „Taler" als Währungseinheit hatte oder hat, Scheine zusammentragen.

Eine Übersichtssammlung kann auch verschiedenste Notentypen beinhalten, so also Banknoten, Staatspapiergeld, aber auch Not- und Ersatzgeldscheine, Lagergeld und vieles mehr. Es gibt übrigens auch Sammler, die möchten immer nur eine Nominalstufe von jedem Land haben, also z. B. eine Mark, ein Pfund oder einen Rubel. Bei einigen Ländern stößt man hier jedoch an Grenzen, denn einen 1-Euro-Schein gibt es nicht. Zum Thema Geldentwertung kann man verschiedene Belege zusammentragen. Hier bieten sich nicht nur die Scheine der deutschen Inflation an. Gleiches gilt auch für andere Länder, denken wir nur an die bereits erwähnte Hyperinflation in Ungarn nach dem Zweiten Weltkrieg, an die vielen Nullen auf Geldscheinen von Polen bis 1994 oder auch an die Inflation während des Bürgerkriegs im ehemaligen Jugoslawien sowie in Simbabwe und Venezuela.

Sinn einer Übersichtssammlung ist es, wie der Name schon sagt, letztendlich einen Überblick über ein bestimmtes, selbst gewähltes Thema zu bieten und mit beispielhaft ausgewählten geldgeschichtlichen Belegen Teile nationaler oder internationaler Währungsgeschichte zu dokumentieren. Der große Vorteil einer Übersichtssammlung besteht darin, dass sich der Sammler nicht strikt an das Abhaken von Katalognummern halten muss, sondern selbst bestimmen kann, welche Geldscheine für ihn wichtig sind und auf welche er für seine Sammlung verzichten möchte. So kann man auch mit wenig finanziellem Aufwand, indem man

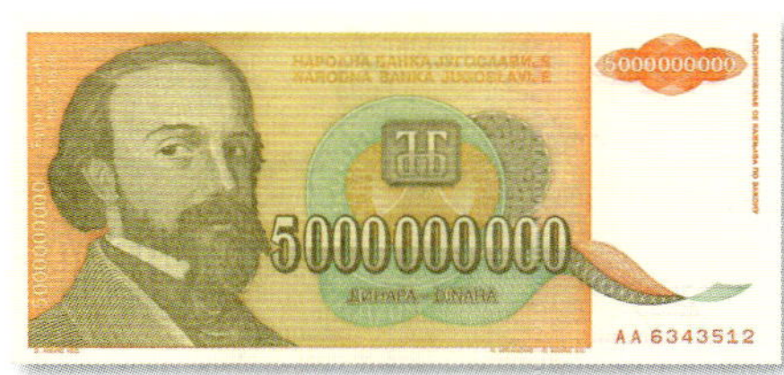

Note der Nationalbank Jugoslawiens über 5 Milliarden Dinar aus dem Jahre 1993.

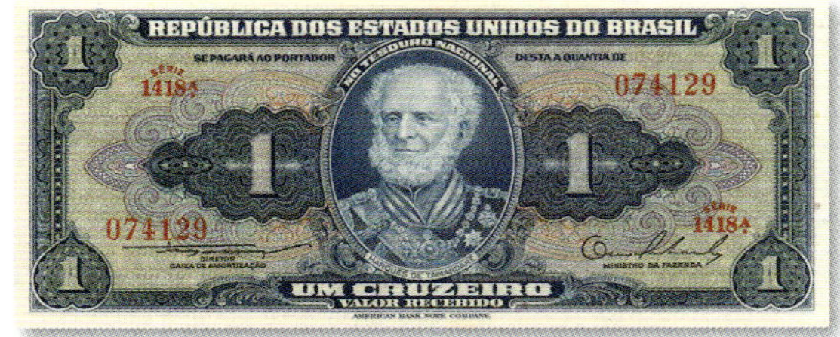

Brasilien,
1 Cruzeiro der Serie
1954 – 1958.

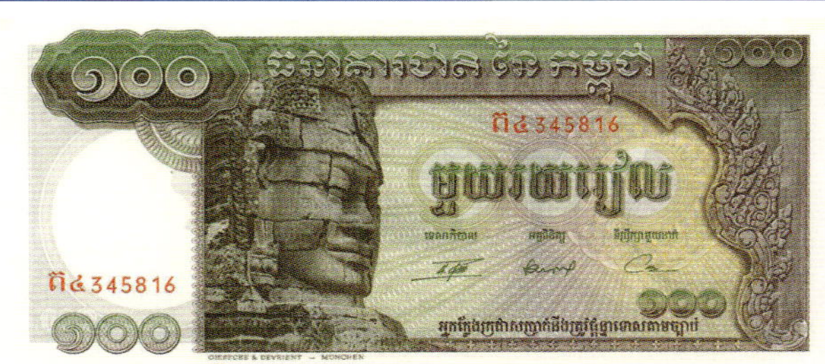

Kambodscha,
100 Riels der
Serie 1957 – 1975.

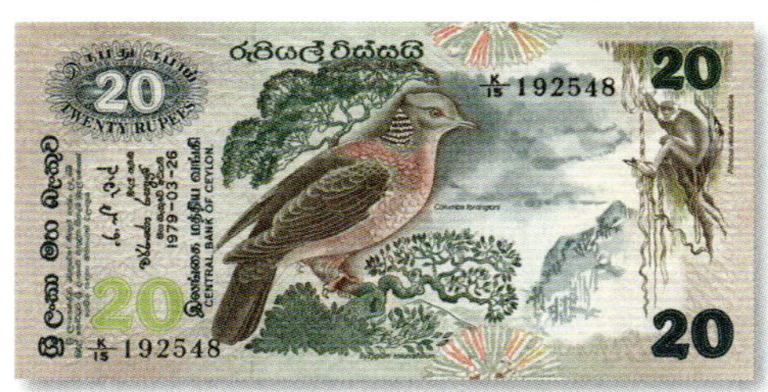

Sri Lanka, 20 Rupien
vom 26.3.1979.

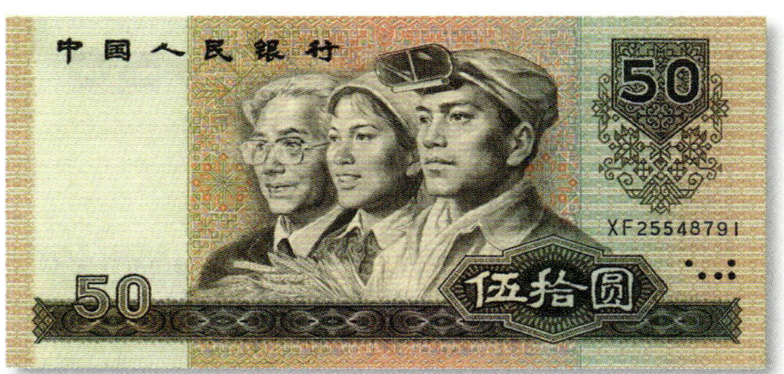

China,
50 Yuan von 1990.

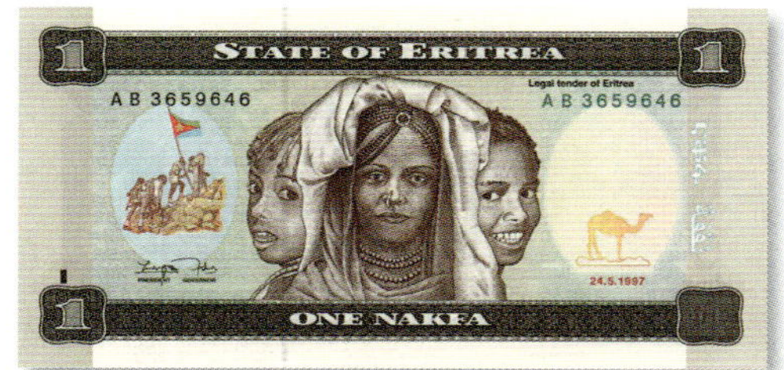

Eritrea,
1 Nakfa vom 24.5.1997.

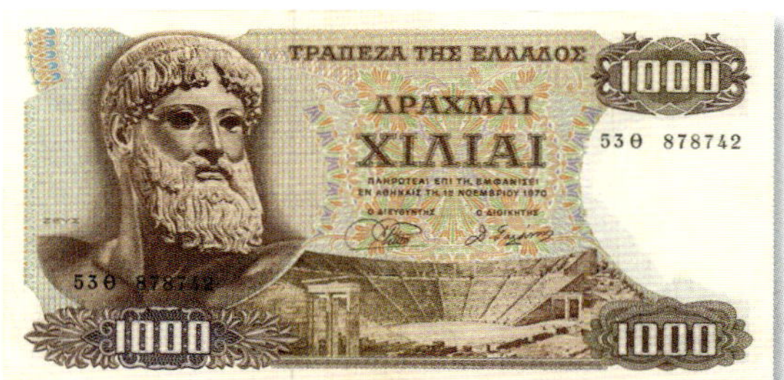

Griechenland,
1000 Drachmen vom
1.11.1970.

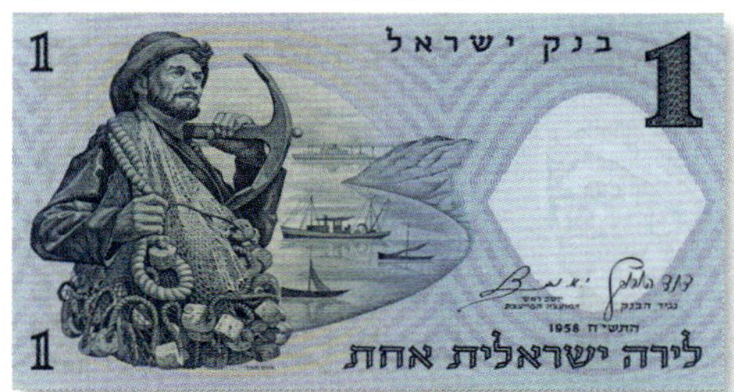

Israel, 1 Lira von 1958.

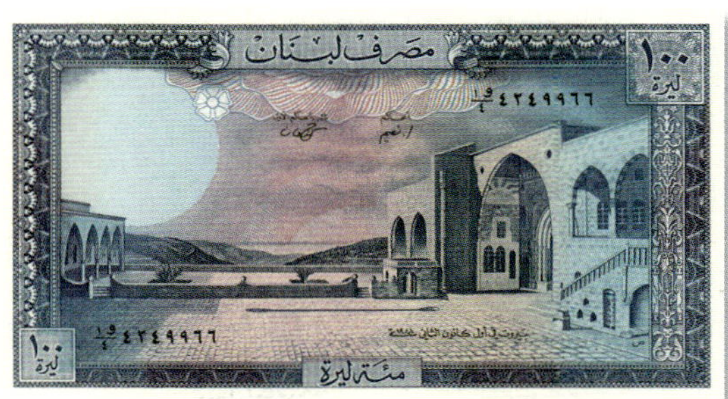

Libanon,
100 Livres von 1988.

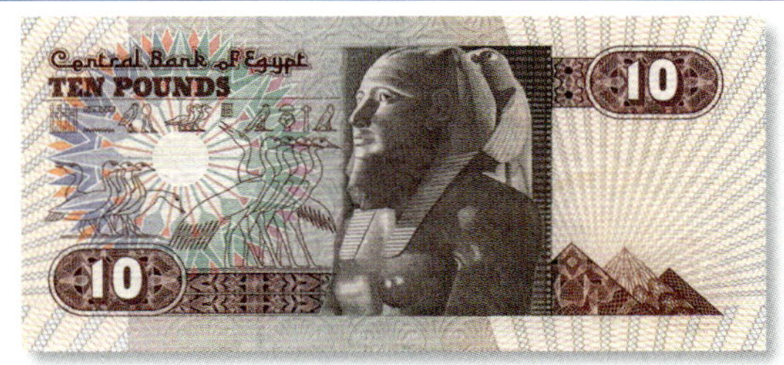

Ägypten, 10 Pfund
vom 14.7.1994, Rs.

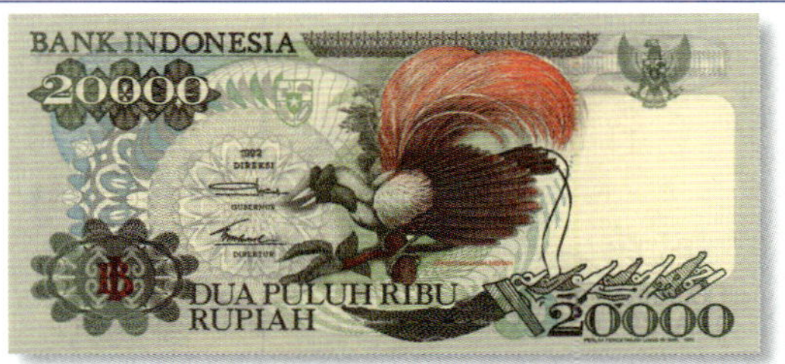

Indonesien,
20.000 Rupiah von 1992.

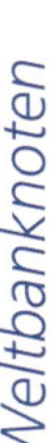

auf die Beschaffung von seltenen Stükken verzichtet, eine schöne und repräsentative Übersichtssammlung aufbauen. Der große Nachteil besteht aber darin, dass man mit einer Übersichtssammlung niemals die Währungsgeschichte eines Landes oder einer Region vollständig dokumentieren kann. Dem Sammler liegt es aber praktisch „im Blut", nach Vollständigkeit zu streben, weshalb die allermeisten Sammler sich letztendlich eher für eine Regional- oder Ländersammlung entscheiden.

Motivsammlung

Frühe Geldscheine sind oft schlicht ausgeführt und enthalten vorrangig Text und nur wenige Schmuckelemente. Die meisten Scheine sind jedoch – schon aus Sicherheits- und Prestigegründen – sehr aufwendig gestaltet. Nicht selten stammen die Entwürfe von bedeutenden Künstlern. Es gibt fast kein Motiv, das man nicht auf Banknoten finden kann. Nachteilig ist hier, dass bei vielen Katalogen immer nur die Vorderseiten, nicht aber die oft noch interessanter gestaltete Rückseiten abgebildet sind. Bei der Auswahl von Motiven kann man der Fantasie wirklich freien Lauf lassen. Viele beliebte Gebiete sind so weit gefächert, dass auch hier wieder eine Spezialisierung nottut.

Auf vielen Banknoten – früher wie heute – finden wir Porträts bedeutender Persönlichkeiten. Das hat gute Gründe, denn diese zu fälschen war stets schwieriger, als selbst komplizierte Ornamente nachzuzeichnen. Hinzu kommt, dass dem Betrachter schon der geringste Fehler eines Fälschers auffällt, wenn es sich um ein bekanntes Gesicht handelt. Zugleich möchten viele Länder ihren bedeutendsten Frauen und Männern auf den Geldscheinen ein Denkmal setzen, manchmal aber auch Diktatoren sich selbst. Neben gekrönten Häuptern finden wir Künstler, Wissenschaftler, Architekten, Militärs und Politiker abgebildet. Bedenkt man z. B., dass die verstorbene britische Königin Elisabeth II. die meist abgebildete Person auf Geldscheinen überhaupt ist, so hat man schon einige Mühe, alle Banknoten mit einem Bildnis der „Queen" zusammenzutragen, die es weltweit gab und gibt.

Bildausschnitte aus alten Gemälden sind ein beliebtes Banknotenmotiv, denken wir nur an verschiedene DM-Scheine und Reichsbanknoten. Bei allen Gruppen von Persönlichkeiten, die auf Geldscheinen abgebildet wurden und werden, kann man aus der Fülle des Angebots eine oder mehrere Untergruppen auswählen, so bei den Künstlern z. B. Musiker, Maler oder Schriftsteller. Oft sind ganz anonyme Menschen wie Arbeiter, Schmiede oder auch schöne Frauen auf Banknoten zu finden. Besonders bei den sozialistischen Staaten stand oft der „arbeitende Mensch" Pate bei der Wahl des Notenmotivs, was auch schon wieder in Richtung Propaganda geht.

Seit jeher sind ebenfalls bedeutende Bauwerke und Stadtansichten beliebte Geldscheinmotive. Auch Landschaften, Schiffe, Früchte, Tiere, Pflanzen und vieles mehr sind immer wieder auf Banknoten anzutreffen. Ein Blick in einen Weltbanknotenkatalog gibt vielsei-

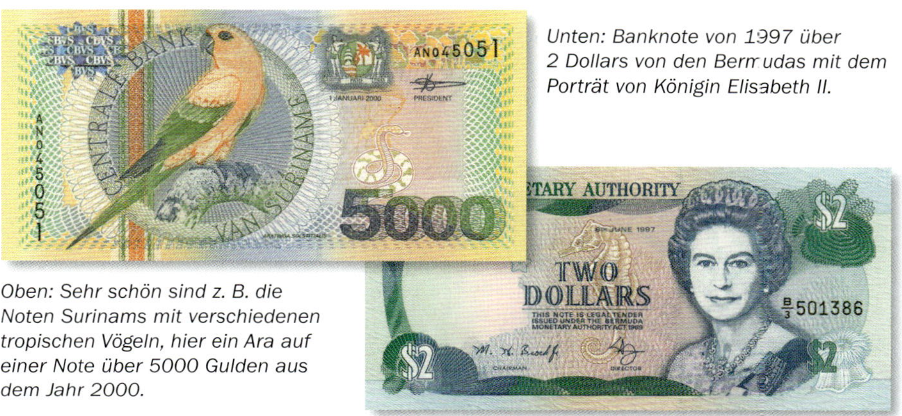

Unten: Banknote von 1997 über 2 Dollars von den Bermudas mit dem Porträt von Königin Elisabeth II.

Oben: Sehr schön sind z. B. die Noten Surinams mit verschiedenen tropischen Vögeln, hier ein Ara auf einer Note über 5000 Gulden aus dem Jahr 2000.

tige Anregungen. Belassen wir es bei dieser kleinen Aufzählung möglicher Themen.

Bei Briefmarkenfreunden sind Motivsammlungen schon lange bekannt und beliebt. Motivsammler von Banknoten sind aber eher die Ausnahme. Dennoch bietet sich hier – gerade für Anfänger – ein reizvolles Betätigungsfeld. Auch wenn mittels einer Motivsammlung sicher nicht die Papiergeldgeschichte eines Landes lückenlos dokumentiert werden kann, so kann doch bezogen auf die Weltbanknoten Vollständigkeit angestrebt werden. Die meisten Motivsammler behelfen sich mit eigenen Sammellisten, in denen sie alle Banknoten mit dem gesuchten Motiv aufnehmen und die sie auf Börsen und Tauschveranstaltungen begleiten.

Mit der Ausgabe der ersten Polymer-Banknoten – von Papiergeld kann man hier eigentlich nicht mehr sprechen – haben sich natürlich auch für dieses moderne und ständig wachsende Sammelgebiet viele Liebhaber gefunden. Mittlerweile werden Banknoten aus Polymerkunststoff in vielen Ländern genutzt. Rumänien war das erste Land der Welt, dessen komplette Banknotenserie aus Polymer und nicht mehr aus Papier bestand. Man sieht also, dass sogar das Material einer Banknote zum Motiv für eine Sammlung werden kann.

Sammelgebiet Polymerbanknoten

Eine Polymerbanknote ist ein Tauschmittel in Form einer Banknote, die auf ein Kunststoffsubstrat gedruckt ist, von einer Ausgabestelle (Zentralbank) ausgegeben wird und als gesetzliches Zahlungsmittel in einem bestimmten Land oder Währungsgebiet in Umlauf ist.

Polymerbanknoten umfassen Banknoten auf Polyethylenbasis (frühe Polymerbanknoten) mit Tyvek® als Substratbezeichnung (das Substrat wurde von der ABNC hergestellt; die Banknoten wurden von 1980 bis 1988 ausgegeben) und Banknoten auf biaxial orientierter Polypropylenbasis (moderne Polymerbanknoten) mit Guardian™ (das Substrat wird von CCL Secure hergestellt; diese Banknoten werden von 1988 bis heute ausgegeben) und Safeguard® (das Substrat wird von De La Rue hergestellt; diese Banknoten werden ab 2013 bis heute ausgegeben) als Substrat-Bezeichnungen. Mit Ausnahme von zwei Banknoten wurden alle modernen Polymerbanknoten entweder auf Guardian™ von CCL Secure oder Safeguard® von De La Rue gedruckt.

Die erste Polymerbanknote wurde 1980 in Haiti ausgegeben, einem kleinen Land, das von politischer Instabilität geprägt war: Eine 50-Gourdes-Banknote auf dem Tyvek®-Substrat wurde in Umlauf gebracht. 1988 gab Australien die weltweit erste umlaufende Polymerbanknote mit Klarsichtfenster aus, die auf dem Guardian™-Substrat gedruckt wurde. Im Jahr 2013 gab Fidschi die weltweit erste Polymerbanknote auf dem Safeguard®-Substrat heraus.

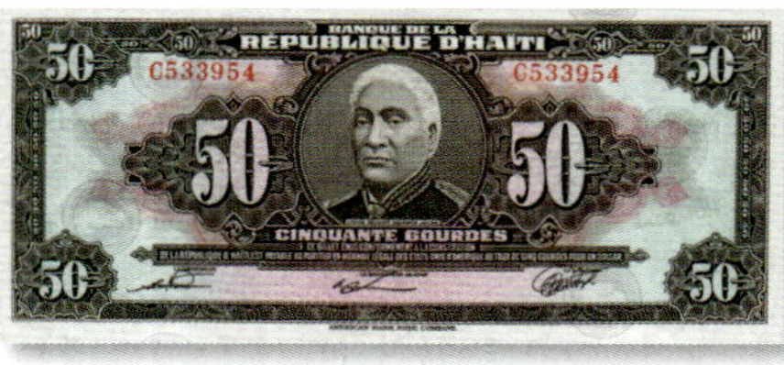

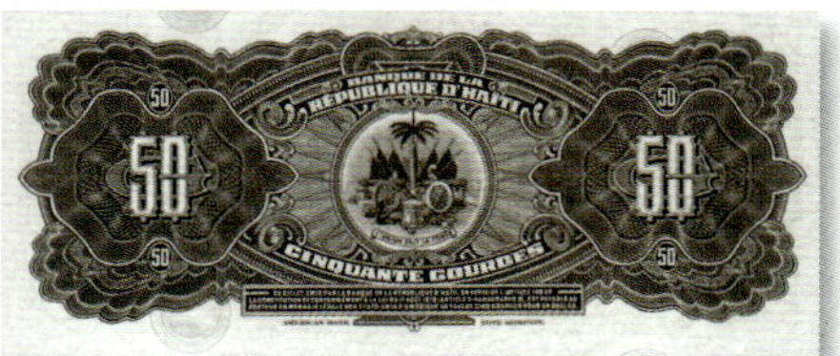

Haiti: 50 Gourdes ohne Datum (Gesetz von 1979) auf Tyvek®, ausgegeben ab 1980, Druck: ABNC (American Bank Note Company).

Heute, über 40 Jahre nach den ersten Geldscheinen aus Polymer, haben Dutzende von Ländern auf der ganzen Welt Hunderte von Polymerbanknoten herausgegeben.

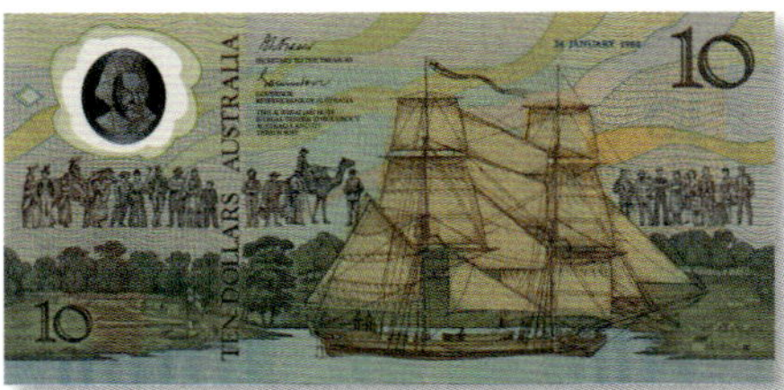

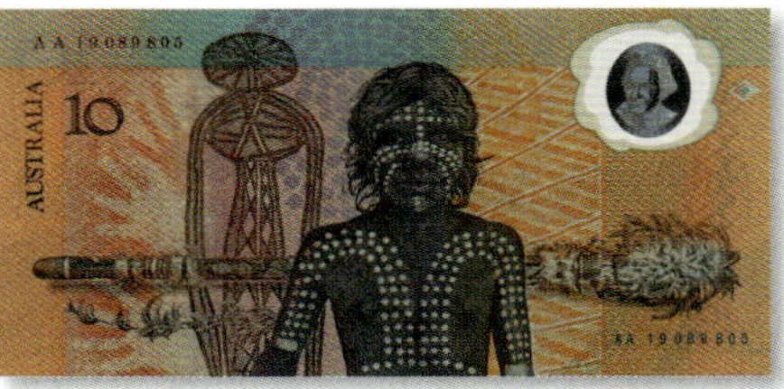

Australien: Gedenkbanknote über 10 Dollars 1988 auf Guardian™-Substrat, Druck: NPA (Note Printing Australia).

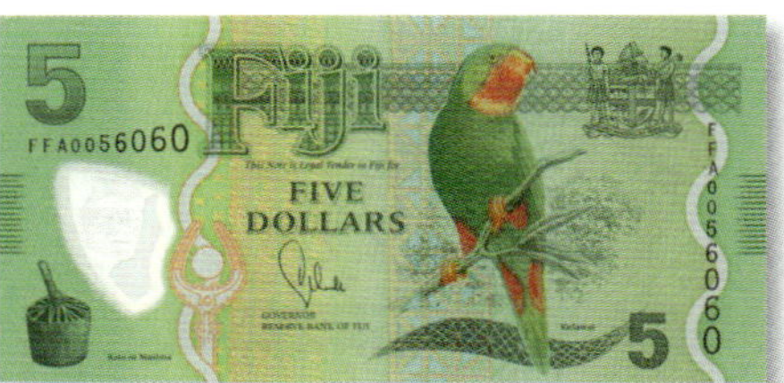

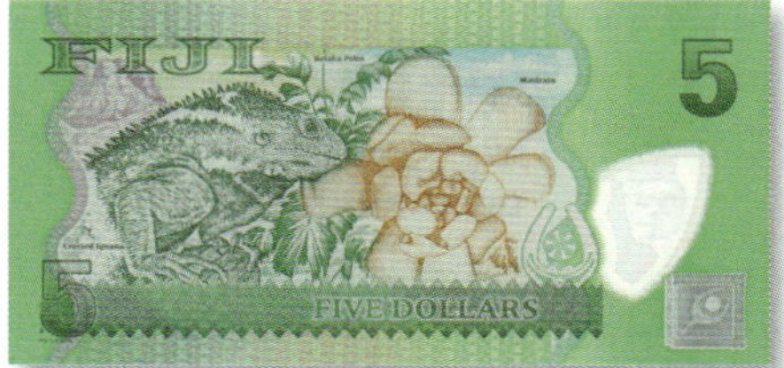

Fidschi: Banknote über 5 Dollars ohne Datum (2013) auf Safeguard®-Substrat, Druck: TDLR (Thomas De La Rue).

Im Laufe der Jahre ist die technologische Entwicklung durch die Verwendung verschiedener Substrate, komplexerer transparenter Fenster und moderner Sicherheitsmerkmale immer weiter vorangeschritten.

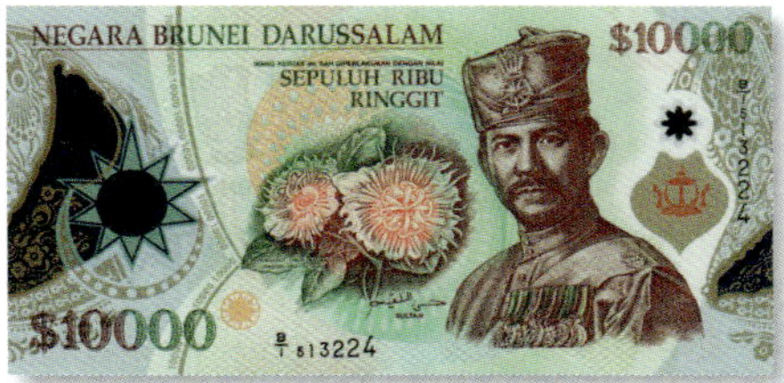

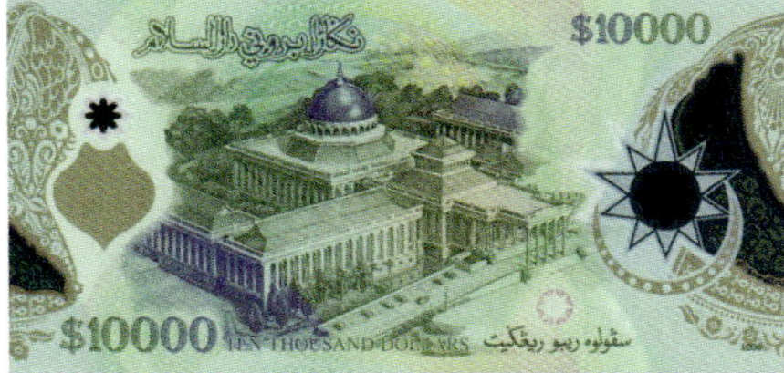

Brunei: Banknote über 10 000 Ringgit/Dollars 2006 auf Guardian™-Substrat, Druck: NPA (Note Printing Australia).

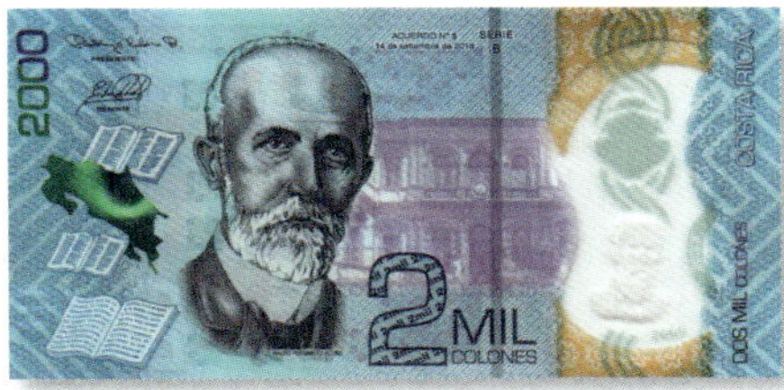

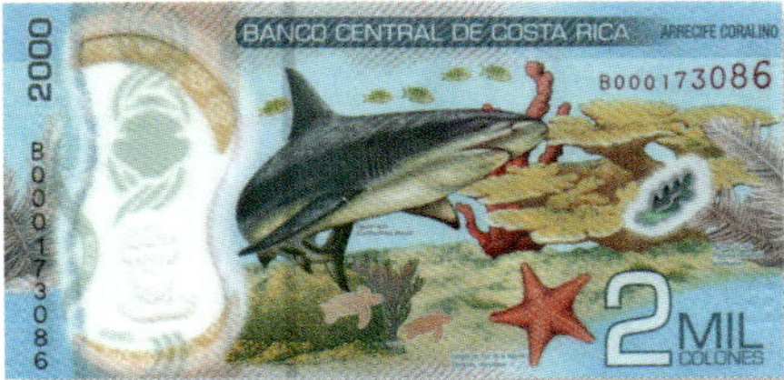

Costa Rica: Banknote über 2000 Colones 2018 auf Guardian™-Substrat, Druck: Oberthur Fiduciaire.

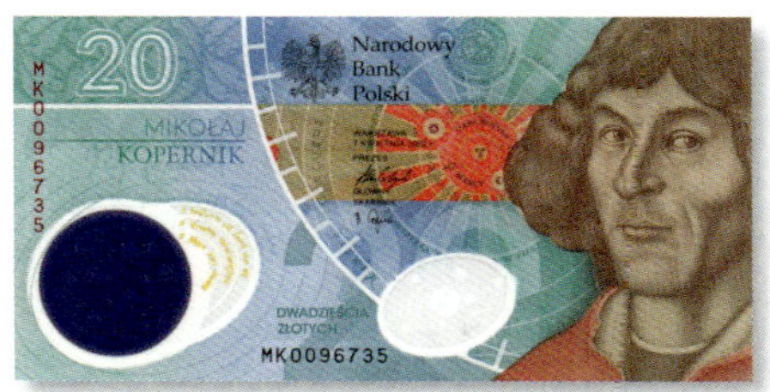

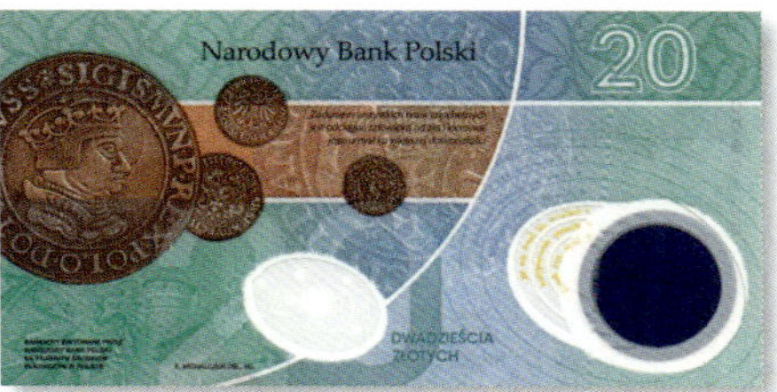

Polen: Gedenkbanknote über 20 Złotych 2022 auf Guardian™-Substrat mit faszinierenden neuen Sicherheitsmerkmalen, Druck: PWPW (Polska Wytwórnia Papierów Wartościowych S.A.).

Mit der Einführung einer neuen Polymerbanknoten-Serie mit vier Nennwerten in Großbritannien im Jahr 2021 hat sich die Verwendung und Akzeptanz dieser modernen Banknoten weltweit weiter verbreitet, ist zu einem echten „Mainstream" geworden und auch die Beliebtheit bei Sammlern ist ständig gestiegen.

Von den fünfzehn größten Volkswirtschaften der Welt (gemessen an ihrem Bruttosozialprodukt) haben bereits neun Polymerbanknoten ausgegeben. Polymerbanknoten haben sich seit langem durch ihre Sicherheit, Haltbarkeit, Kosteneffizienz, Sauberkeit und Umweltfreundlichkeit bewährt. Die jüngsten Länder, die ihre Banknoten auf Polymer umgestellt haben, sind Barbados und Jamaika.

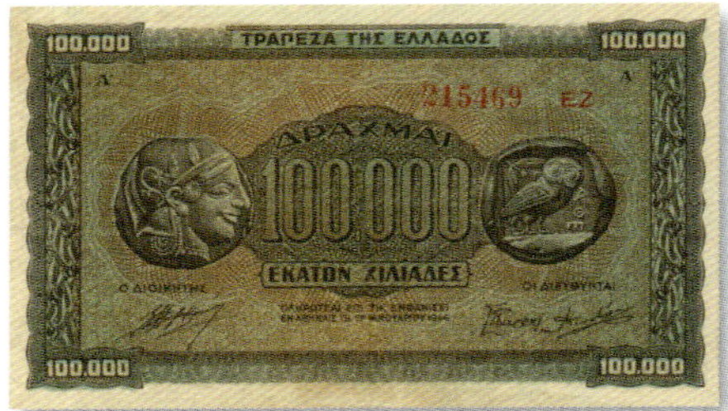

Griechenland, 100 000 Drachmen von 1944 mit Darstellung von Vorder- und Rückseite einer antiken Münze.

Thematische Sammlung

Während bei einer Motivsammlung allein das Motiv an sich entscheidend ist, liegt der Schwerpunkt bei einer thematischen Sammlung auf einem enger umrissenen Gebiet. Nehmen wir hier nur ein Beispiel: Das Thema „Krieg und Frieden" kann man durch die verschiedensten Geldscheinausgaben eines Landes oder vieler Staaten, wie z. B. Militär- und Besatzungsausgaben oder Geld von Kriegsgefangenenlagern, von denen es auch auf deutscher Seite eine Vielzahl gab, dokumentieren. Auch das Thema Inflation bietet sich hier wieder an. Wir sehen: Die Übergänge sind fließend und Dogmen gibt es beim Sammeln glücklicherweise nicht. Natürlich kann man Geldscheine auch nach künstlerischen Aspekten sammeln. Verschiedene Kunstepochen, wie z. B. der Jugend- oder Bauhausstil, lassen sich auch in der Gestaltung von Banknoten dokumentieren. Es gibt auch Sammler, die systematisch Geldscheine zum Thema Sprachen sammeln. Bei vielen Banknoten sind aus ganz unterschiedlichen Gründen die Texte nicht nur einsprachig verfasst. Aus Ländern aller Kontinente Ausgaben mit den unterschiedlichsten Sprachen zusammenzutragen, kann eine echte Lebensaufgabe sein.
Reizvoll ist auch das Thema „Geld und Münzen" auf Geldscheinen. Antike Münzen finden wir z. B. auf vielen griechischen Banknoten, aber auch bei anderen Ländern werden oft Münzen zum bildbestimmenden Motiv gewählt. Bei den griechischen Banknoten wird so auch gleichzeitig auf die alten kulturellen Wurzeln des Landes hingewiesen.

Ländersammlung

Wie es der Name schon sagt, beinhaltet eine solche Kollektion die Scheine eines bestimmten Landes. Dies kann ein Staat wie Deutschland, Österreich, Ungarn oder Griechenland sein oder auch ein Staatenbund wie das britische Weltreich „Commonwealth of Nations". Der Begriff „Land" ist natürlich fließend und man kann darunter auch „nur" ein Bundesland oder einen geografisch definierten Raum verstehen wie Bayern, das Rheinland, Schlesien oder ganz Preußen. Viele Münzsammler, die sich einem Land besonders verbunden fühlen, pflegen auch dessen Geldscheine mit zu sammeln. Denn wie wir wissen: Spätestens seit 1914 ist die Geldgeschichte Europas und der Welt die des Papiergelds, in der Münzen nur noch „Kleingeld" darstellen.
Wie weit man eine Ländersammlung ausbaut und evtl. auch Nebengebiete mit sammelt, ist eine wichtige Frage, die von vielen Faktoren abhängt, nicht zuletzt vom Geldbeutel und der Frei-

zeit, die man seinem Hobby widmen kann. Bestimmte Begrenzungen sind auch hier unumgänglich, was jedem klar wird, wenn wir uns im Anschluss dem bei uns beliebtesten Sammelgebiet, nämlich den deutschen Banknoten von 1871 bis heute zuwenden.

Aber auch bei anderen Ländern sollte man den Rahmen von vornherein etwas einschränken. Nehmen wir das Beispiel Großbritannien. Hier kann man versuchen, alle Ausgaben der „Bank of England" zu bekommen. Besonders bei den frühen Scheinen und hohen Nominalen ist das kein einfaches Unterfangen. Es gibt aber noch eine große Zahl von Privatbanken, die das Notenrecht bis in das 20. Jahrhundert hatten. Sehr viele Geldscheine gibt es aus Schottland, wo nicht nur die „Bank of Scotland", sondern auch andere Banken Papiergeld ausgaben. Nicht wenige eigene Noten existieren für Nordirland und die Inseln Guernsey, Jersey und Man. Schließlich ist zu entscheiden, ob auch die für die britischen Streitkräfte ausgegebenen Scheine gesammelt werden.

Noch umfangreicher wird es, wenn man sich für chinesische Banknoten interessiert. Es gibt hier nicht nur Ausgaben verschiedenster Notenbanken wie der „Bank of China", der „Bank of Communications"oder der „Central Bank of China", sondern auch Geldscheinausgaben vieler Bankfilialen und chinesischer Provinzen. Es ist also gut zu überlegen, wo man die Grenzen zieht. Diese Fragen tangieren das Problem, in welcher Breite man die Sammlung auszubauen wünscht. Zugleich gibt es aber auch die Möglichkeit, eine Sammlung in die Tiefe auszubauen. Diese Richtung führt uns zur „Spezialsammlung".

Spezialsammlung

Eine typische Banknote des 20. Jahrhunderts, der Tausender der Reichsbank von 1924, wurde bereits vorgestellt. Dieser Geldschein verkörpert zugleich einen Typ, in der Regel haben diese eine eigene Katalognummer in den einschlägigen Werken. Es gibt diese Note z. B. mit verschiedenen Unterdruckbuchstaben. Nicht alle Banknoten haben solche Unterdruckbuchstaben, aber es gibt verschiedenste Serienbuchstaben und Kontrollnummern bei Geldscheinen. Bei Banknoten der ehemali-

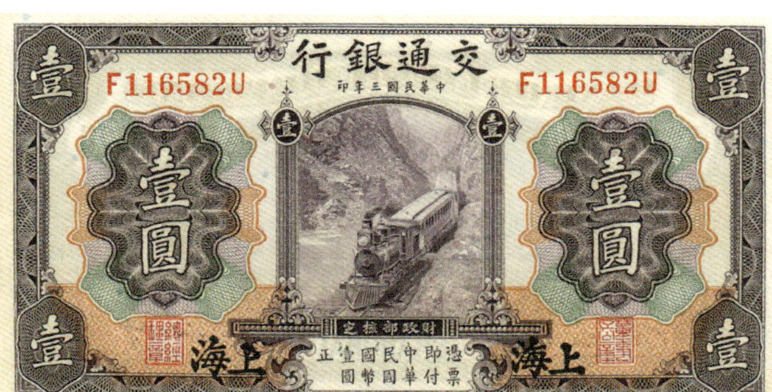

China, Note der Bank of Communications Shanghai über 1 Yuan aus dem Jahr 1914.

gen Tschechoslowakei kann man z. B. sogar anhand von Buchstaben und Größe der Zahlen feststellen, ob sie in Prag oder in der einstigen UdSSR gedruckt wurden.
Es gibt Geldscheine, die ähnlich aussehen, aber an verschiedenen Orten ausgegeben wurden. Viel komplizierter verhält es sich mit den Ausgabedaten. Diese müssen nämlich keinesfalls mit dem echten Erstausgabetag der Noten übereinstimmen. Um nur ein Beispiel zu nennen: Die DDR-Banknotenserie mit Jahreszahl 1955 wurde tatsächlich erst im Oktober 1957 in den Verkehr gegeben. Bei Großbritannien fehlen die Jahreszahlen meist völlig, hier ist eine zeitliche Zuordnung der Note nur anhand der Unterschriften möglich. Einige Länder nahmen und nehmen es dagegen mit den Daten ganz genau. So gibt es z. B. französische Scheine, bei denen sogar Tagesdaten aufgedruckt sind.
Sammlungen, die alle möglichen Varianten zum Gegenstand haben, bezeichnet man als Spezialsammlung. Wie tief man in diese Varianten einsteigen will, muss gut überlegt sein. Beispielsweise die erwähnten französischen Noten nach Tagen zu sammeln, ist ein müßiges Unterfangen. Man sollte auch gut überlegen, ob man wirklich alle Serienbuchstaben und Kontrollnummern-Varianten zusammentragen will.
Gern werden auch „niedrige Nummern" und niedrige Serienbuchstaben gesammelt. Zu bedenken ist, ob sich evtl. hinter Serienbuchstaben eine währungspolitisch wichtige Information verbirgt. Wenn es sowohl Serie A – Z als auch AA – ZZ gibt, so lässt dies auf eine Neuauflage schließen. Besonders in Inflationszeiten ist dann die einstellige Serie seltener. Gleiches gilt auch für die Nummern, so kann es z. B. 5- oder 6-stellige geben. Manchmal findet man auch Aufdrucke wie „2. Auflage", „4th issue" und ähnliches.
Nicht zu vergessen ist, dass gleiche Grundtypen, insbesondere in Inflationszeiten, auch auf unterschiedlichem Wasserzeichenpapier gedruckt wurden und es auch bei der Ausführung der Kontrollnummern deutliche Unterschiede in Farbe und Form geben kann.
Sammeln kann man, wie schon gesagt, alles – und was man will. Wer Freude am Zusammentragen von Buchstaben- und Zahlenvarianten hat, sollte es tun. Ein anderer Sammler entscheidet sich, nur die Grundtypen zu sammeln und wird damit glücklich.

Heimatsammlung

Es ist durchaus sinnvoll, eine Sammlung auf ein bestimmtes Gebiet zu beschränken, das man als engere oder weitere Heimat betrachtet, aber je kleiner das Gebiet ist, desto schneller stößt man an Grenzen. Was immer man als Heimat bezeichnet, es kann eine Stadt, ein Landkreis, ein Bezirk, eine ehemalige preußische Provinz oder ein Bundesland sein, die Grenzen sind auch hier fließend, und man muss sich entscheiden, ob man „nur" lokale Notgeldausgaben sammelt oder auch überregional gültige Ausgaben mit einbezieht.
Überall bei uns und im Ausland gibt es Heimatmuseen, die mit viel Liebe auch die Geldgeschichte ihrer Region zusammengetragen haben. Schön kombiniert

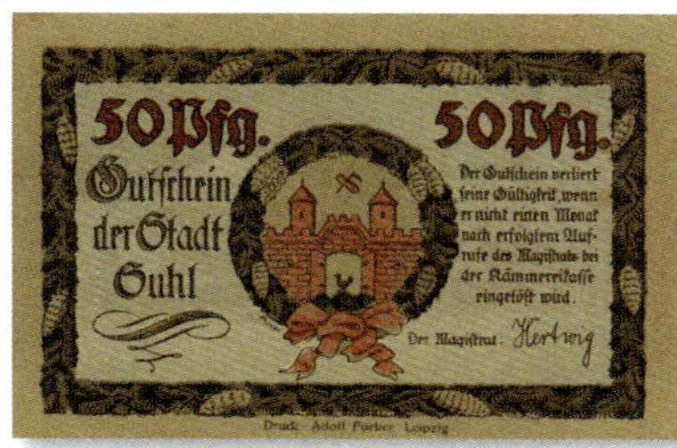

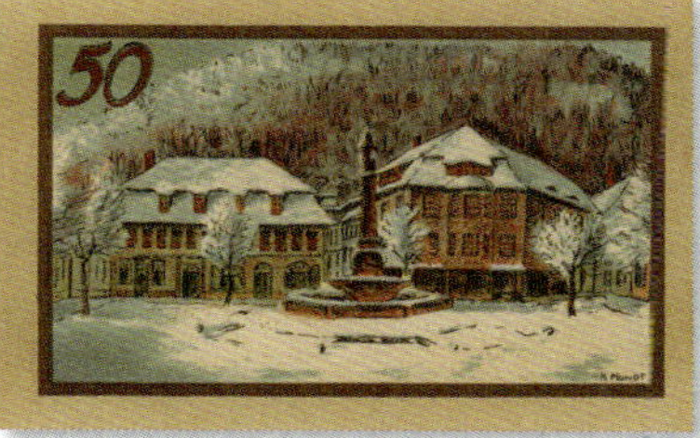

Serienschein der thüringischen Stadt Suhl über 50 Pfennig aus dem Jahr 1922.

mit anderen Zeitdokumenten wie Sparbüchern, Lebensmittelkarten, alten Urkunden und anderen Dingen ist dies immer eine Freude für heimatverbundene Menschen. Oft werden auch Ansichtskarten aus der Region, Plakate, Aufrufe oder Personaldokumente, aber auch Abzeichen und lokale Briefmarkenausgaben mit gesammelt.

In Deutschland haben besonders die sog. Serienscheine, auf die noch später näher eingegangen werden soll, einen wesentlichen Anteil an den Heimatsammlungen eingenommen, da sie meist sehr dekorativ sind und zugleich oftmals interessante Geschichte und Geschichten aus allen einstigen und heutigen deutschen Regionen widerspiegeln. Darüber hinaus darf in einer Heimatsammlung aber auch das regionale Notgeld nicht fehlen, welches im Ersten und nach dem Zweiten Weltkrieg sowie während der Inflation von vielen Städten und Gemeinden, aber auch von Privatfirmen ausgegeben wurde.

Viele Notgeldsammler legen sich von vornherein auf die Geldscheine eines Landes oder einer ehemaligen Provinz fest. Hierbei spielt sowohl der Heimatbezug eine wichtige Rolle als auch der Umfang und das Erscheinungsbild von Notgeldscheinen sowie das Vorhandensein entsprechender Katalogliteratur. So kommt es, dass manche deutsche Regionen wie Sachsen, Thüringen und Bayern besonders viel gesammelt werden, während andere Gebiete teilweise noch ein wenig vernachlässigt sind.

Die Scheine der ehemaligen deutschen Ostgebiete von Schlesien über Pommern bis Ostpreußen werden heute sogar sehr stark von polnischen Sammlern gesucht, die damit ihre „Heimatsammlungen" aufbauen, auch wenn ihre jetzige Heimat zum Zeitpunkt der Geldscheinausgaben die Heimat von Deutschen war.

Leider gibt es noch nicht zu allen Regionen Deutschlands aktuelle Katalogwerke, was den Heimatsammlern das Leben nicht leichter macht. So sind die Kataloge zum deutschen Notgeld, die sich ganzen Notgeldepochen widmen und jeweils hierzu die Ausgaben aus dem gesamten Deutschen Reich aufführen, unentbehrlich für jeden Notgeldsammler, auch wenn er sich „nur" für die Ausgaben einer bestimmten Region interessiert. Da es speziell bei Notgeld immer noch viel zu entdecken gibt, sind Heimatsammler oft auch Spezialsamm-

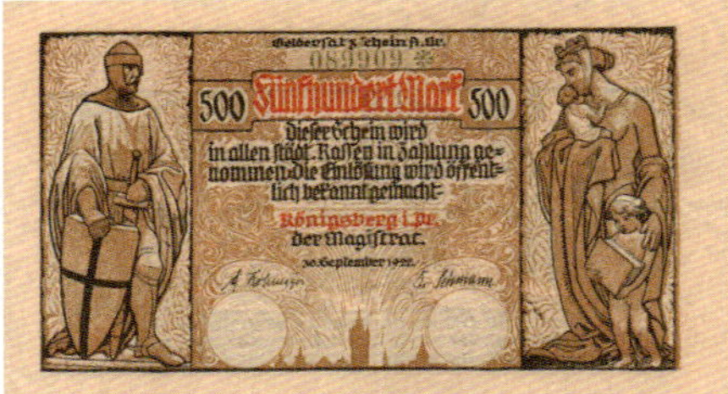

500 Mark der einstigen ostpreußischen Hauptstadt Königsberg i. Pr., 1922.

ler, die alle Varianten von Notgeldscheinen aus ihrer Stadt oder Region zusammentragen. Zur Sammellust gesellt sich dann mitunter auch Forscherdrang, und nicht selten werden Sammler so auch zu Autoren neuer Kataloge über das Notgeld eines Landes, einer Region oder ihrer Stadt.

Bei uns wird, wie wohl überall auf der Welt, das eigene Land am meisten gesammelt. Dies trifft auf Münzen und Briefmarken ebenso zu wie auf Geldscheine.

Die meisten Sammler beschäftigen sich mit den deutschen Banknoten ab 1871. Dieses Sammelgebiet umfasst nicht nur mit den deutschen Banknoten und dem Staatspapiergeld von der Reichsgründung bis zur Einführung des Euro den wichtigsten Teil der deutschen Papiergeldgeschichte, sondern ist auch hervorragend dokumentiert. Wie umfangreich dieses Sammelgebiet mit seinen Nebengebieten – wie Kolonien und Besatzungsausgaben – dabei ist, wird in den folgenden Erläuterungen zu den verschiedenen Teilgebieten klar. Doch die deutsche Papiergeldgeschichte beginnt, wie wir bereits wissen, nicht erst mit der Reichsgründung von 1871.

Geldscheine der altdeutschen Staaten

Die meisten deutschen Geldscheine vor 1871 sind heute so selten, dass man als Sammler nur das eine oder andere Stück bekommen kann. Albert Pick schreibt hierzu lapidar: „Die Seltenheit der meisten Geldscheine der altdeutschen Staaten lässt den systematischen Aufbau einer Sammlung solcher Scheine nicht zu." Das ist völlig richtig, dennoch kein Grund, gleich aufzugeben.

Als „altdeutsche Geldscheine" werden allgemein alle Banknoten der sog. alt-

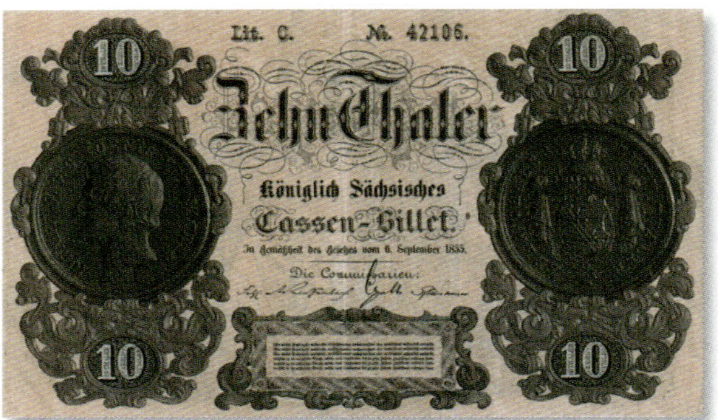

Königlich Sächsisches Cassen-Billet über 10 Thaler aus dem Jahr 1855.

deutschen Staaten von den Anfängen des deutschen Papiergelds bis nach der Reichsgründung von 1871 (bis etwa 1880) bezeichnet. So gaben nicht nur die großen Länder wie Preußen oder Bayern eigenes Papiergeld aus, sondern fast jeder eigenständige deutsche Kleinstaat. Im Norden lauteten die Banknoten auf Taler, während im Süden Deutschlands die Gulden-Währung vorherrschte. Neben den staatlichen Papiergeldausgaben der Länder durfte auch eine ganze Reihe privater Notenbanken eigene Geldscheine ausgeben. Einheitliches deutsches Staatspapiergeld gab es zu dieser Zeit noch nicht. Mit der Reichsgründung von 1871 machte sich die Schaffung einer einheitlichen deutschen Währung, der „Mark", erforderlich. Auch nach 1871 kursierten aber immer noch die Geldscheine der einzelnen Staaten. Die ehemalige Preußische Bank wurde zur Reichsbank und bald schon wurden die ersten Reichsbanknoten in Umlauf gesetzt.

Die altdeutschen Geldscheine sind ein faszinierendes und historisch interessantes Sammelgebiet. Da diese Scheine heute jedoch fast durchweg äußerst selten sind, ist es nicht ganz leicht, eine gute Sammlung aufzubauen. Auf einschlägigen Auktionen werden zwar immer wieder vereinzelt Stücke angeboten, diese sind jedoch nicht günstig. Auf der anderen Seite ist es selbst mit großem Geldbeutel kaum möglich, alle gesuchten Stücke zu erhalten, da diese heute meist in festen Händen sind und nur selten angeboten werden.

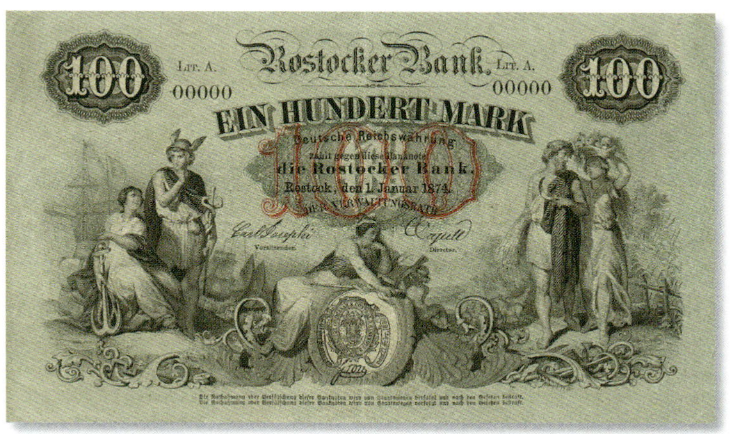

Muster zu einer Banknote der Rostocker Bank über 100 Mark von 1874.

Der Altmeister der deutschen Notaphilie Dr. Arnold Keller, dem die Bewahrung dieser wichtigen Zeugnisse der deutschen Geldgeschichte sehr am Herzen lag, konnte in seinem 60-jährigen Sammlerleben ganze 262 dieser seltenen Scheine zusammentragen. Das klingt wenig, ist aber in heutiger Zeit kaum noch zu erreichen. Der Wert der meisten altdeutschen Geldscheine beginnt aktuell mindestens bei einigen hundert Euro, nach oben sind keine Grenzen gesetzt.

Nach den deutlichen Worten von Albert Pick dürfte jedem Anfänger klar sein, dass man eine „komplette Papiergeldsammlung" Deutschlands schon allein ausgehend von der Seltenheit vieler altdeutscher Geldscheine nicht aufbauen kann, selbst wenn Geld und Zeit im Überfluss vorhanden wären.

Seit 2020 gibt es den aktuellen Katalog „Das Papiergeld der altdeutschen Staaten" von Grabowski/Kranz.

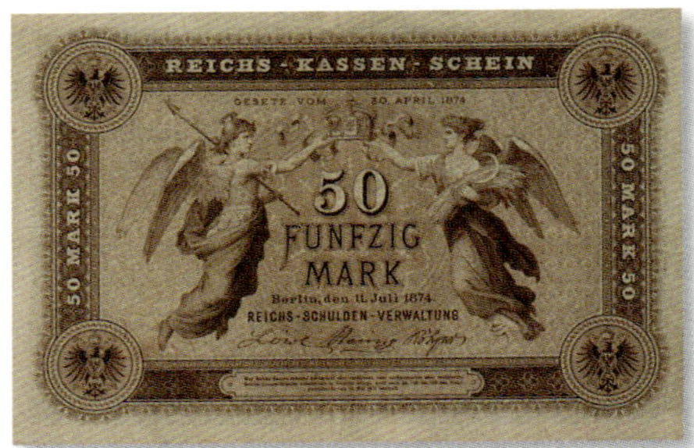

Seltener Reichskassenschein über 50 Mark vom 11. Juli 1874.

Deutsche Banknoten von 1871 bis 1914

Ein Blick in die ersten Kapitel des Katalogs „Die deutschen Banknoten ab 1871" von Grabowski sollte einen Anfänger nicht gleich entmutigen. Er findet dort auf den ersten Seiten Geldscheine abgebildet, die er wahrscheinlich in seinem Leben nie zu Gesicht, geschweige denn in die Hand bekommen wird. Einige dieser Scheine sind selbst in schlechtester Erhaltung mit vier- und fünfstelligen Euro-Preisen bewertet, bei anderen steht gar „LP", was Liebhaberpreis bedeutet.

An dieser Stelle gleich einige Bemerkungen zu Preisen bei diesem Sammelgebiet. Es gibt viele Münzausgaben aus der Kaiserzeit, die heute sehr teuer sind, die aber dennoch immer wieder mal auf Auktionen angeboten werden. Verschiedene Reichsbanknoten sind hingegen seltener als die seltensten Reichsmünzen, einige werden sogar nie angeboten. Der Grund dafür ist einfach: Papier ist nicht nur geduldig, sondern auch empfindlich. Zugleich repräsentierten die ersten Reichsbanknoten teilweise ein heute unvorstellbares Vermögen. Um 1874 verdienten selbst best bezahlte Arbeiter kaum 50, geschweige denn 100 Mark im Monat. Die Reichs-

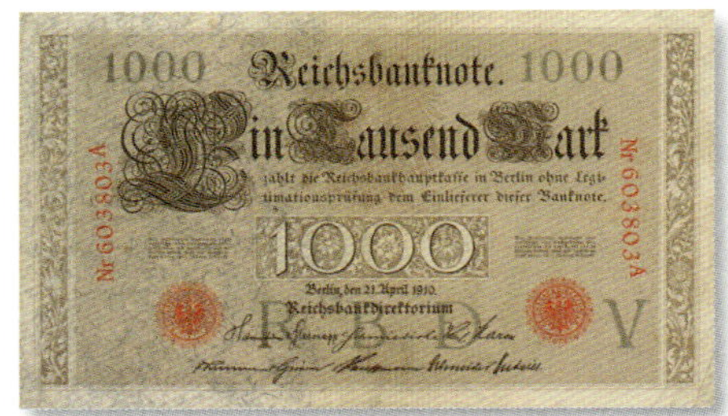

Sog. „Brauner Tausender", Reichsbanknote vom 21. April 1910 mit roten Siegeln.

banknoten, die es anfangs ja nur über 100 und 1000 Mark Nennwert gab, liefen deshalb meist zwischen Banken, reichen Kaufleuten und Firmen um. Viele Noten dieser Zeit, egal ob Reichsbanknoten oder Reichskassenscheine, waren zu wertvoll, um einfach „vergessen" zu werden. Sie wurden nahezu 100%ig eingelöst.

Preiswert sind nur die Reichsbanknoten und Reichskassenscheine ab 1904 in schlechterer Erhaltung, auch das hat einen einfachen Grund. Viele dieser Scheine liefen bis in die Inflationszeit hinein um und wurden erst wertlos, als die Mark immer mehr an Wert verlor. Verschiedene Reichsbanknoten wurden außerdem mit gleichem Datum über Jahre weiter gedruckt, so beispielsweise der „Braune Tausender" vom 21. April 1910. Diesen gibt es noch bis heute in großen Mengen. Nach Kriegsende präsentierten ausländische Spekulanten diese Tausender mit roten Siegeln, aber auch andere Reichsbanknoten der Reichsbank zur Einlösung. Die Nachkriegsausgaben wurden dann, um den Forderungen nach Einlösung in Gold zu entgehen, mit grünen Siegeln und altem Ausgabedatum von 1910 weiter gedruckt. Was das Sammeln dieser Scheine angeht, so macht es durchaus Sinn, beide „Varianten" zu sammeln, doch eigentlich sind dies sogar eigene Notentypen. Sie werden deshalb auch mit unterschiedlichen Katalognummern gelistet. Bleiben wir gleich bei diesen Scheinen und den Untertypen oder Varianten. Die wiederholte Ausgabe dieser Scheine erforderte verschiedene Unterdruckbuchstaben. Zugleich gibt es diese Noten mit 6- oder 7-stelligen Kontrollnummern. Die drastisch angestiegene Notenmenge machte die Erweiterung der Nummernkreise erforderlich. Die „Braunen Tausender" wurden übrigens lange Zeit mit ähnlicher Darstellung gedruckt, erstmals schon 1884. Ähnlich sieht es bei den sog. „Blauen Hundertern" aus. Während man die ersten Ausgaben kaum bekommt, kann man die letzten schon für ein paar Euro im Handel kaufen.

Zusammenfassend muss man sagen, dass es sehr schwierig ist, auch nur einen Teil der vor 1900 ausgegebenen Reichsbanknoten und Reichskassenscheine zu bekommen. So beginnen denn auch die meisten Deutschlandsammlungen erst mit dem „Blauen Hunderter" von 1898, der in stark gebrauchter Erhaltung noch öfters angeboten wird.

Geldscheine aus der Zeit des Ersten Weltkriegs 1914 – 1918

Während des Kriegs gab die Reichsschuldenverwaltung sog. Darlehnskassenscheine aus, darunter auch kleine Werte zu 1 und 2 Mark, die das fehlende Metallgeld ersetzen sollten. Über die Darlehnskassenscheine wurde schon ausführlich berichtet. Daneben kam es auch zu einigen Ausgaben von Reichsbanknoten. Einige der Scheine kamen erst nach Kriegsende und Zusammenbruch des Kaiserreichs in den Umlauf. Aber schon zu Beginn der Hochinflation waren sie praktisch wertlos.

Bemerkenswert sind zwei Reichsbanknoten zu 50 Mark aus dieser Zeit. Die Note vom 20. Oktober 1918 zeigte kei-

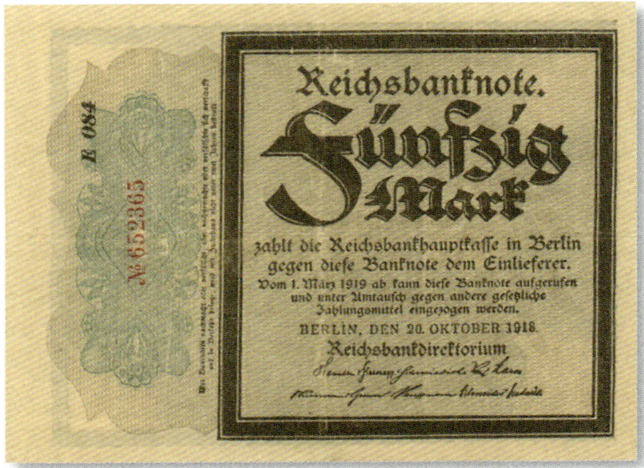

Reichsbanknote über 50 Mark vom 20. Oktober 1918, sog. „Trauerschein".

ne Abbildungen, sondern nur Text und war auf der Vorderseite dick schwarz umrahmt, was ihr bald die Spottnamen „Trauerschein" und „Todesanzeige" einbrachte. Sie wurde oft gefälscht, deshalb recht schnell wieder aus dem Verkehr gezogen und ist in guter Erhaltung selten. Mit Spott bedacht wurde auch der kurze Zeit später als Ersatz ausgegebene „Bilderrahmen", so nannte man den 50-Mark-Schein vom 30. November 1918, der vorderseitig ein bilderrahmenähnliches Fenster für die Schrift aufweist. Innen ist ein helles Oval zu finden, das ebenfalls rückseitig dargestellt ist und an ein Ei erinnert. Schnell hatte dieser Schein denn auch den zweiten Spottnamen „Eierschein" bekommen.

Für Spezialsammler gibt es bei den Scheinen aus der Zeit des Ersten Weltkriegs einiges zu sammeln. Es existieren Varianten bei den Kontrollnummern, bei Farben der Siegel und bei Unterdruckbuchstaben. Auch verschiedene Wasserzeichen kommen vor, allein beim „Trauerschein" gibt es sechs verschiedene Varianten, die in guter Erhaltung schon nicht mehr ganz billig sind.

Wie schon an anderer Stelle erwähnt, gab es bei Ausbruch des Ersten Weltkriegs eine Fülle von Notgeldausgaben deutscher Städte und Gemeinden. Doch dieses Thema wird noch ausführlich besprochen, ebenso wie das Notgeld der Inflationszeit.

Reichsbanknote über 50 Mark vom 30. November 1918, sog. „Bilderrahmen" oder „Eierschein"

Inflationsausgaben 1919 – 1923

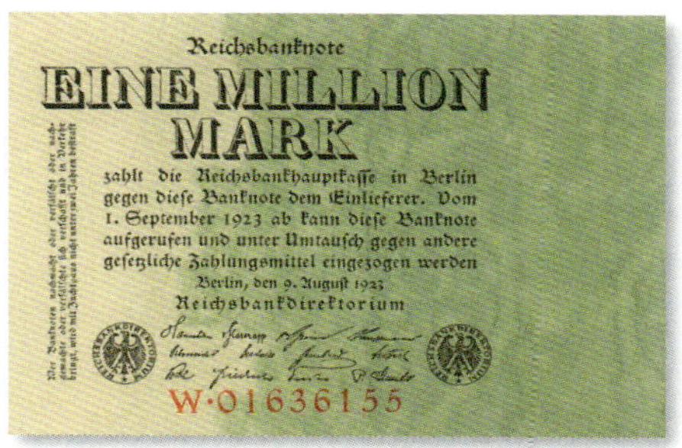

Reichsbanknote über 1 Million Mark vom 9. August 1923, Druck der Reichsdruckerei mit Serie und typischer Kontrollnummer.

Zum Thema Inflation wurde einleitend schon einiges gesagt.
Die ab 1919 ausgegebenen Geldscheine, gleich ob Darlehnskassenscheine oder Reichsbanknoten werden allesamt zum Inflationsgeld gerechnet, zählen aber nicht zum Notgeld. Von diesem Geld sind bis heute beachtliche Mengen erhalten geblieben.
Die fortschreitende Geldentwertung machte die Scheine anfangs langsam, später rasant wertlos. Interessant ist die Frage, warum bis heute noch immer viele, besonders niedrigere Werte in guter Erhaltung anzutreffen sind. Möglich ist, dass viele Menschen kein Geld wegwerfen wollten, auch wenn sie kaum damit rechnen konnten, dass es jemals wieder etwas wert sein könnte. Viele der „Blauen Hunderter“ und „Braunen Tausender“ der Kaiserzeit wurden bewusst aufgehoben, weil es immer wieder juristische Versuche und sogar Parteigründungen gab, dieses wertlos gewordene Geld durch den Staat aufwerten zu lassen, der ja der Gewinner der Inflation war, weil er sich aller Schulden schlagartig entledigt hatte. Es gibt Hortungsposten, die hin und wieder sogar bis heute in alten Lederkoffern oder großen Kartons gefunden werden, zur Freude von Sammlern und Händlern. Denn besonders bei nicht durchsuchten Funden können interessante und auch seltene Scheine und Varianten zu finden sein.
An Geldscheinvarianten ist die Inflationszeit mehr als reich. Es gibt kaum einen Schein, von dem es nicht viele Varianten aller Art gibt. Wie schon erwähnt, konnte die Reichsdruckerei mit zunehmender Inflation die Geldproduktion nicht mehr allein sicherstellen. In der Hochinflation waren immerhin 133 Privatdruckereien an der Geldproduktion beteiligt gewesen. Zur Koordinierung der Banknotenherstellung wurde von der Reichsbank ein spezielles Sekretariat eingerichtet, das der Druckfirma W. Büxenstein in Berlin unterstand und von dort aus disponierte. Viele der Banknoten sind anhand der Kontrollnummern, die sich von denen der Reichsbank deutlich unterschieden, als Privatausgaben zu erkennen. Meist wurden auch Firmenbuchstaben verwendet, von denen bis heute jedoch noch nicht alle entschlüsselt sind. Dr. Arnold Keller, einer der bedeutendsten Papiergeldexperten, verschickte seinerzeit Fragebögen an Druckereien, doch viele haben nicht geantwortet und einige hatten selbst keine ausreichenden Unterlagen mehr verfügbar.
Im Standard-Katalog „Die deutschen Banknoten ab 1871“ finden wir ein Verzeichnis der Firmenbuchstaben auf

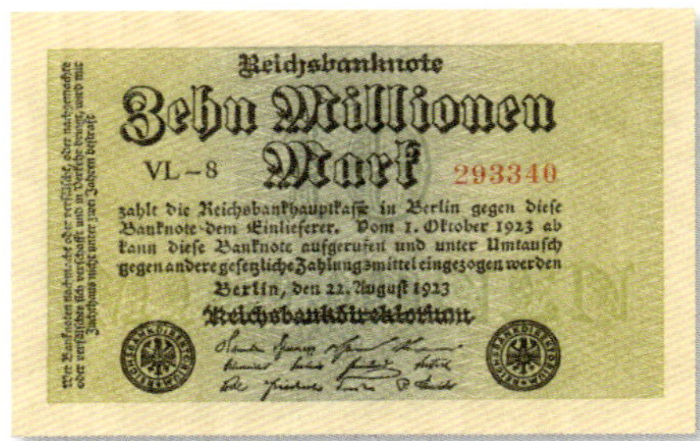

Reichsbanknote über 10 Millionen Mark vom 22. August 1923, typischer Privatdruck mit Firmenzeichen VL (W. Vobach & Co., Leipzig) und anderem Kontrollnummern-Typ.

Reichsbanknote über 1 Billion Mark vom 5. November 1923.

Reichsbanknoten, ebenso wie eine Aufstellung von Einzel- und Doppelbuchstaben, die Druckfirmen von der Reichsdruckerei bzw. der Reichsbank zugeordnet bekamen. Dies dürfte gerade für heimatgeschichtlich orientierte Sammler von großem Interesse sein, denn die Druckereien waren über das ganze Reich verstreut und es ist durchaus sinnvoll, auch Reichsbanknoten in die Heimatsammlung aufzunehmen, die einst in der betreffenden Region hergestellt wurden.

Wer etwas Geld, Zeit und Geduld hat, wird eine Inflationssammlung nach Typen zusammenbekommen. Alle Scheine nach Varianten und noch dazu von allen Druckfirmen zu sammeln, ist sicher heute schon kaum noch möglich. Man bräuchte dafür nicht nur recht viel Geld, sondern auch Glück. Letztlich kann niemand garantieren, dass diese Sammlung dann vollständig wäre. Immer wieder tauchen neue Varianten auf, die nach gründlicher Prüfung dann auch katalogisiert werden.

Viele Inflationsscheine sind heute noch preiswert zu bekommen, einige sind selten und manche sogar richtig wertvoll. Dies gilt insbesondere für die höheren Werte. Wie wir schon wissen, wurde zum Ende der Inflation das Geld in Relation 1 Billion Mark = 1 Renten- bzw. Reichsmark umgestellt. Der höchste ausgegebene Schein im Wert von 100 Billionen Mark repräsentierte mit 100 Renten- oder Reichsmark einen sehr großen Wert. Diesen Schein ließ niemand so einfach verfallen.

Der damals rasant voranschreitenden Inflation geschuldet, ist denn auch der Großteil des für das Deutsche Reich bis 1945 ausgegebenen Papiergelds in die Inflationszeit einzuordnen.

Besonderheiten von 1918/19 und 1923/24

Der Deutschland-Katalog verzeichnet auch „Vorübergehende Notausgaben 1918/19". Darunter sind Zinskupons zu verstehen, die jeder, der sich ein wenig mit Aktien und Staatsanleihen auskennt, sofort als solche erkennt. Kriegsanleihen des Deutschen Reiches wurden in großen Mengen ausgegeben und verloren infolge des verlorenen Kriegs und durch die Inflation schnell ihren Wert. Sie bekommt man heute

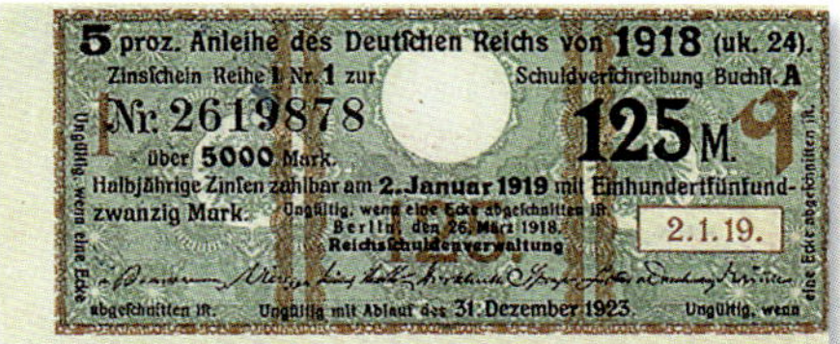

Zinskupon der Kriegsanleihe 1918 über 125 Mark mit Buchstaben „q“.

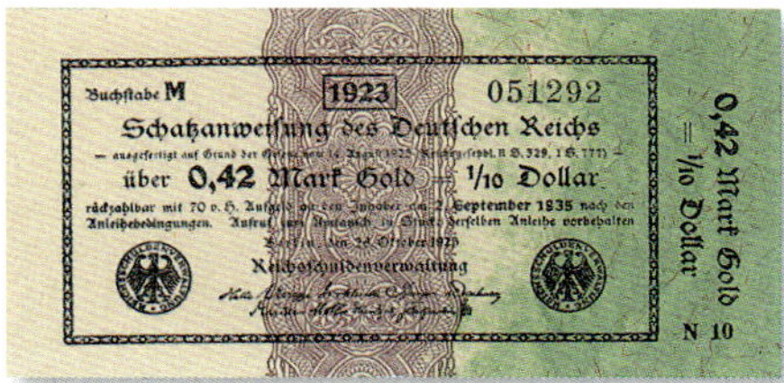

Teilstück einer Schatzanweisung von 1923 über 0,42 Mark Gold = 1/10 Dollar.

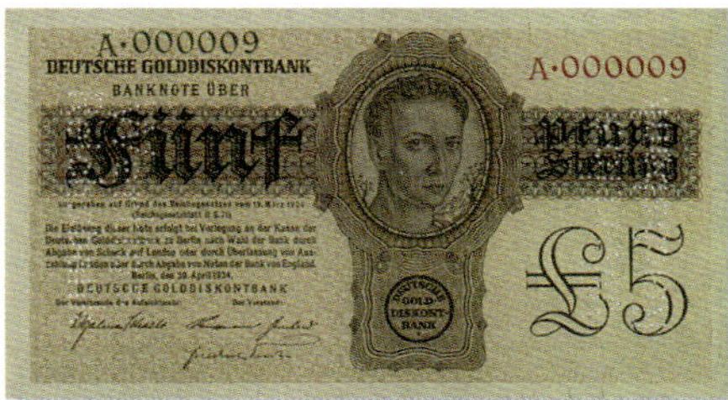

Note der Deutschen Golddiskontbank über 5 Pfund Sterling vom 20. April 1924.

sehr preiswert zu kaufen. Jedoch wurden bestimmte Kupons der Ausgabejahre 1915 bis 1918, die am 2. Januar 1919 fällig wurden, seinerzeit zu vorübergehenden Zahlungsmitteln erklärt. Sie von anderen, praktisch wertlosen Kupons zu unterscheiden ist einfach, sie alle weisen den Buchstaben „q“ im Unterdruck auf und sind heute recht selten und teuer.

Noch seltener ist das sog. „Wertbeständige Notgeld 1923“. Hierzu zählen Zwischenscheine der Reichsbank auf Schatzanweisungen des Deutschen Reiches. Sie gibt es als Scheine in verschiedenen Dollarstufen, z. B. 2,10 Mark Gold = ½ US-Dollar.

Weiterhin wurden Teilstücke von Schatzanweisungen und auch ganze Schatzanweisungen ausgegeben. Besonders ganze Schatzanweisungen, die es über 1, 2 und 5 Dollar gab, sind sehr schwer zu bekommen. Wer hier einen „kleinen Schein“ als Beleg in die Sammlung einfügen kann, sollte sich freuen.

Von extremer Seltenheit sind die Noten der Deutschen Golddiskontbank 1924, die auf 5 und 10 Pfund Sterling lauten. Sie waren zur Ausgabe vorgesehen, falls mit den Scheinen der Rentenbank keine Währungsstabilisierung erreicht worden wäre. Hierzu kam es jedoch nicht, und die Bestände wurden bis auf wenige Exemplare vernichtet.

Ausgaben der Deutschen Rentenbank 1923 – 1937

Schmucklos und unscheinbar sahen die ersten Geldscheine aus, die die Deutschen nach Ende der Inflation in den Händen hielten. Doch man hatte endlich wieder eine wertbeständige Währung, es gab wieder Münzen, bald sogar aus klingendem Silber wie in der Vorkriegszeit. Die erste Rentenbankserie umfasste Scheine von einer bis 1000 Rentenmark. Etwas Farbe und Bilder kamen erst bei späteren Rentenbankscheinen, so beim „Sensenmann“ vom 20. März 1925 ins Spiel.

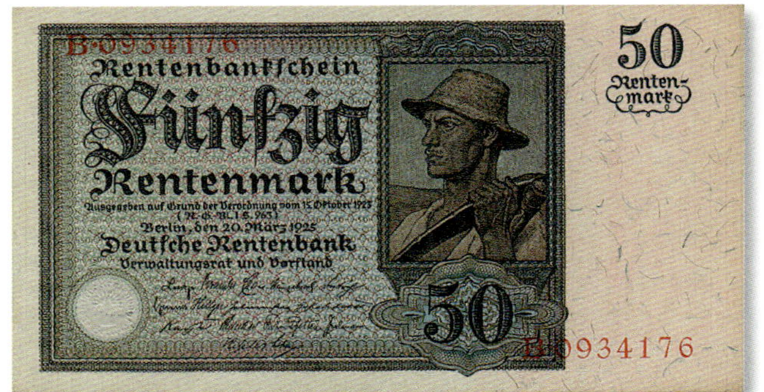

Rentenbankschein über 50 Rentenmark vom 20. März 1925, sog. „Sensenmann".

In großen Mengen gibt es bei diesen Stücken nur die 1- und 2-Rentenmark-Scheine von 1937, die man allerdings erst zu Kriegsbeginn 1939 ausgab, um einem möglichem Kleingeldmangel nach Einziehen der 50-Pfennig-Stücke aus Reinnickel vorzubeugen.

Die Rentenmark-Scheine blieben ebenso wie die Reichsmark-Scheine und die entsprechenden Münzen zum größten Teil bis Kriegsende im Umlauf. Einige Rentenbankscheintypen überdauerten das „Tausendjährige Reich" und liefen mit Spezialkupons beklebt sogar noch in der sowjetischen Besatzungszone nach der Währungsreform von 1948 um. Im praktischen Zahlungsverkehr der „Weimarer Republik" und im „Dritten Reich" spielte es keine Rolle, mit welcher „Sorte" von Geld man bezahlte. Mark war Mark und Pfennig war Pfennig, gleich ob mit Zusatz „Renten" oder „Reichs-".

Reichsbanknoten 1924 – 1945

Nach der Inflation kehrten auch die Reichsbanknoten wieder zurück in den Zahlungsverkehr. Die erste komplette Serie wurde Ende 1924 ausgegeben.

In den Jahren bis 1945 wurden dann alle Werte schrittweise erneuert. Es gab 10-, 20-, 50-, 100- und 1000-RM-Noten, die recht ähnlich gestaltet sind. Erst 1939 wurde ein neuer 20-Mark-Schein, der eine Österreicherin zeigt und deshalb „Tirolerschein" genannt wird, gedruckt, aber noch nicht ausgegeben. Diese und die einzige 5-Reichsmark-No-

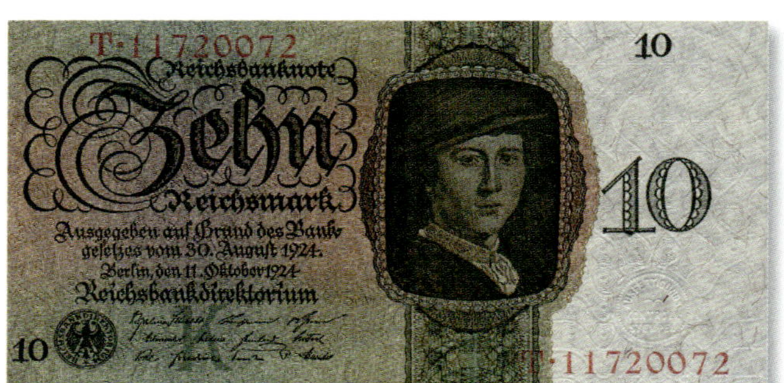

Note der Deutschen Reichsbank über 10 Reichsmark vom 11. Oktober 1924.

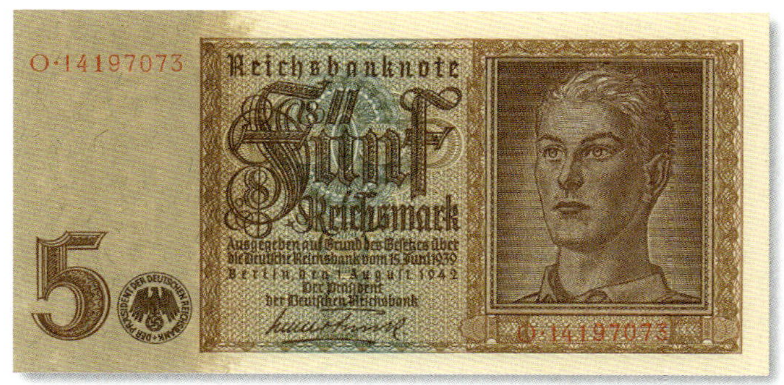

Reichsbanknote über 5 RM vom 1. August 1942, sog. „Hitlerjunge“.

te mit einem Jünglingskopf (auch „Hitlerjunge“ genannt) unterscheiden sich auffällig von der bis zur Währungsreform kursierenden Banknotenserie. Es gab auch keinen großen „Umbruch“ bei der Banknotengestaltung ab 1933. Während die Nationalsozialisten beispielsweise die Briefmarke schnell als Werbeträger für politische Propaganda verwendeten, ließ man sich viel Zeit bei der Veränderung der Münzen und Geldscheine. Die Markstücke trugen bis 1939 kein Hakenkreuz, auch beim Reichsbanksiegel fehlt dies auf den Noten. Ein Hakenkreuz im dezenten Unterdruck finden wir erst beim „Blauen Hunderter“ vom 23. Juni 1935 mit dem Kopfbildnis des Chemikers Justus von Liebig, ebenso beim Tausender von 1936, der aber erst im September 1944 ausgegeben wurde. Es gab jedoch im „Dritten Reich“ eine ganze Reihe von nicht umgesetzten Entwürfen für neue Reichsbanknoten, die ebenfalls im Deutschland-Katalog aufgeführt sind. So hatte man für den März 1942 die Ausgabe eines neuen Tausenders mit dem Bildnis Hindenburgs vorgesehen und weitere Entwürfe zu anderen Wertstufen zeigen z. B. die Wartburg, das Tannenbergdenkmal in Ostpreußen, die Marienburg, eine Stadtansicht von Danzig, den Straßburger Münster oder den Hamburger Hafen.

Die meisten Reichsbanknoten liefen noch bis zur Währungsreform von 1948 um, obwohl einige von ihnen das Hakenkreuz (Swastika) zeigen.

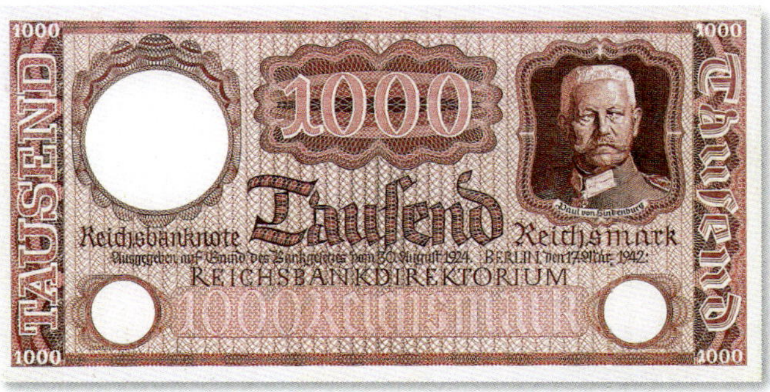

Essay einer nicht ausgegebenen Reichsbanknote über 1000 RM vom 17. März 1942 mit dem Kopfbildnis von Paul von Hindenburg.

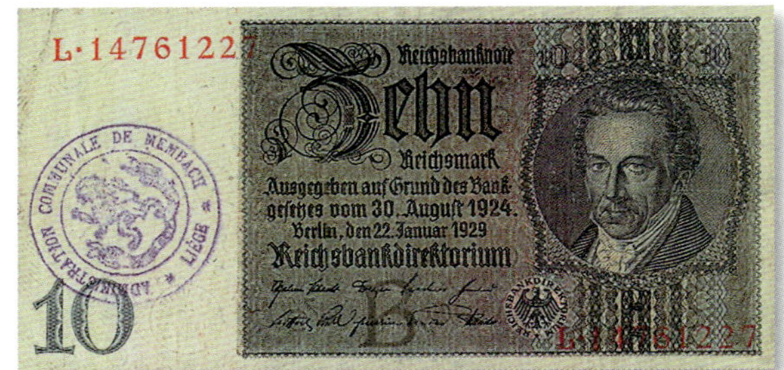

Reichsbanknote über 10 RM vom 22. Januar 1929 mit Abstempelung der ostbelgischen Gemeinde Membach.

Abstempelungen und Notausgaben am Ende des Zweiten Weltkriegs

Am Ende des Zweiten Weltkriegs herrschten chaotische Verhältnisse – auch auf dem Gebiet der Geldversorgung. Mit dem Vorrücken der Alliierten in einst von den Deutschen besetzte Länder und ins Reichsgebiet wurden teilweise die dort umlaufenden Zahlungsmittel für ungültig erklärt, umgetauscht oder gekennzeichnet. Allein die Geldscheinausgaben und Improvisationen des Zweiten Weltkriegs sind ein lohnendes und hochinteressantes Sammelgebiet. Zu einer Flut von offiziellem und nicht genehmigten Notgeld in Münzen- und Papiergeldform wie im Ersten Weltkrieg kam es jedoch nicht.

Im Deutschland-Katalog finden wir Hinweise, welche Besonderheiten es damals gab, so Abstempelungen von Reichsbanknoten und Rentenbankscheinen nach der Besetzung Belgiens und Luxemburgs durch die Alliierten. Zwischen den Abstempelungen in Belgien und Luxemburg besteht jedoch ein grundlegender Unterschied. In Ostbelgien – dem ehemals deutschen Gebiet Eupen-Malmedy, das nach dem Ersten Weltkrieg von Deutschland abgetrennt wurde und im Zweiten Weltkrieg wieder an Deutschland zurückfiel – hatten in der Folge die deutschen Zahlungsmittel gegolten. Nach der Besetzung durch alliierte Truppen Ende 1944 ordneten diese die Abstempelung der vorhandenen deutschen Reichsbanknoten und Rentenbankscheine durch die Gemeinden an, um sie in diesem Gebiet vorerst weiter als gültige Zahlungsmittel kursieren zu lassen. Alle ungestempelten deutschen Noten waren ab diesem Zeitpunkt in Ostbelgien ungültig.

Im ebenfalls während des Zweiten Weltkriegs dem Reich angeschlossenen Luxemburg wurde dagegen nach der Besetzung durch die Alliierten 1944 eine Umtauschaktion der deutschen Zahlungsmittel gegen Belgische Francs durchgeführt, bei der alle eingelieferten deutschen Geldscheine durch Stempel entwertet wurden.

Derart abgestempelte Banknoten – sowohl mit belgischen als auch luxemburgischen Stempeln – sind heute selten.

Eine besondere Kuriosität sind die im Frühjahr 1945 in Graz, Linz und Salzburg ausgegebenen, fotomechanisch hergestellten Noten zu (5), 10, 50 und 100 Reichsmark. Sie werden auch „Schörner-Scheine" oder „Eygruber-Geld" genannt. Teile Österreichs waren

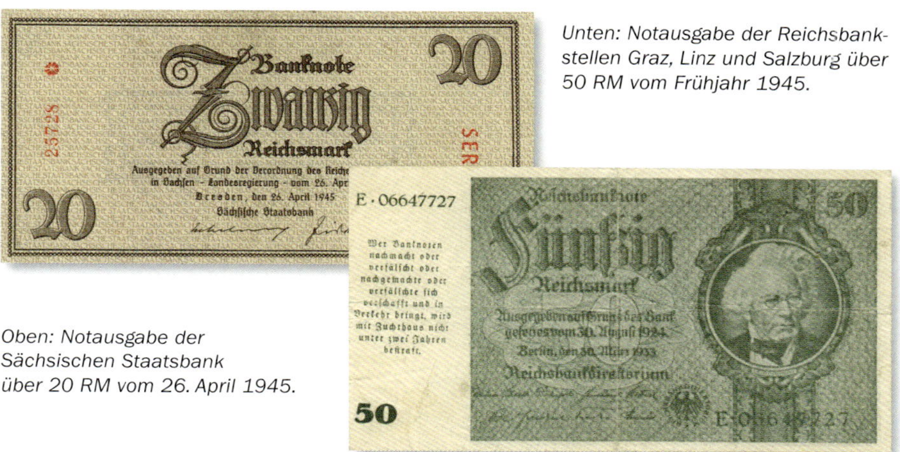

Unten: Notausgabe der Reichsbankstellen Graz, Linz und Salzburg über 50 RM vom Frühjahr 1945.

Oben: Notausgabe der Sächsischen Staatsbank über 20 RM vom 26. April 1945.

am Ende des Kriegs von der Geldversorgung durch das Reich abgeschnitten, so griff man zu einer Notlösung. Ausgehend von einer jeweils einheitlichen Fotovorlage tragen alle Scheine einer Wertstufe die gleiche Kontrollnummer, was in der Papiergeldgeschichte ziemlich einmalig ist.

Der Reichsgau Kärnten gab hingegen noch am 15. April 1945 einen eigenen 50-RM-Schein aus.

Sehr gesucht sind auch die wenigen staatlich sanktionierten Notausgaben zu Kriegsende, so die Scheine der Sächsischen Staatsbank, bei denen ausnahmsweise sogar die Auflagenhöhe bekannt ist. Es wurden nur einige hunderttausend Stück je Wertstufe gedruckt, doch viele werden davon nicht mehr erhalten sein. Es gab Nennwerte zu 5, 20 und 50 RM.

Ein 20-Mark-Schein wurde Ende April 1945, nur zehn Tage vor der bedingungslosen Kapitulation vom Reichsverteidigungskommissar Sudetenland und Niederschlesien ausgegeben, der heute noch in großen Mengen vorhanden ist. Er wird auch gern in Tschechien als „Besatzungsgeld“ gesammelt.

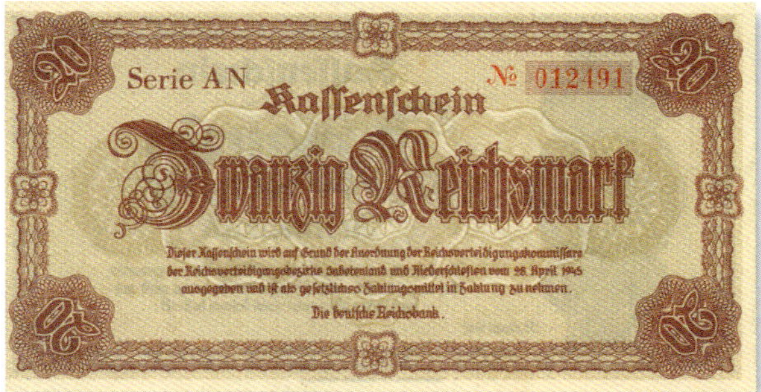

Reichsverteidigungsbezirke Sudetenland und Niederschlesien: 20 RM vom 28. April 1945.

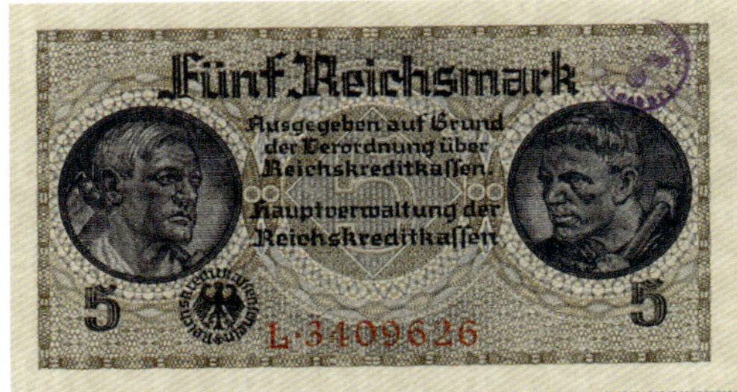

Note der Reichskreditkassen über 5 RM, 1945 abgestempelt von der Reichsbankstelle in Rendsburg (Schleswig-Holstein).

Zu Abstempelungsaktionen von Reichskreditkassenscheinen kam es in Schleswig-Holstein, wo die eigentlich nicht für den Inlandsverkehr zugelassenen Scheine, die ursprünglich als deutsches Besatzungsgeld dienten, mit Stempeln verschiedener Reichsbankstellen versehen wurden. Bekanntlich hatte die letzte „Reichsregierung" unter Großadmiral Dönitz von Schleswig-Holstein aus operiert, das zu dieser Zeit noch nicht von alliierten Truppen besetzt war. Da hier die Versorgung mit Zahlungsmitteln zusammenzubrechen drohte, sollten die abgestempelten Reichskreditkassenscheine als Notgeld ausgegeben werden. Ihre Umlaufzeit war vom 8. Mai 1945 bis zum 4. Mai 1946 begrenzt. Am 8. Mai 1945 unterschrieb Dönitz die bedingungslose Kapitulation des Deutschen Reichs. Diese Scheine sind heute sehr gesucht. Im Katalog „Die deutschen Banknoten ab 1871" findet man eine Aufstellung aller Reichsbankstellen, die damals Abstempelungen vornahmen. Besonders selten sind die kleinen Werte über 50 Reichspfennig sowie 1 und 2 Reichsmark. Ausdrücklich wird hier jedoch vor Stempelmanipulationen gewarnt.

Papiergeld unter Alliierter Besatzung 1945 – 1948

Schon lange vor dem Einmarsch alliierter Truppen in das deutsche Reichsgebiet, hatten die US-Amerikaner vorsorglich Besatzungsgeld mit der Jahreszahl 1944 gedruckt, und zwar nicht nur für Deutschland, sondern auch für Österreich, Frankreich, Italien und Japan. Die deutschen Bürger staunten nicht schlecht, als US-amerikanische GI's ebenso wie Rotarmisten zur Bezahlung von Waren und Dienstleistungen – wenn sie denn nicht illegal „requirierten" – neue Geldscheine vorlegten, die niemand vorher gesehen hatte. Diese Scheine sahen eigenwillig gleich und „kribbelbunt" aus und mussten von jedermann in Zahlung genommen werden. Es gab sie von der halben Mark bis zum Tausender.

Glaubhaft wurde berichtet, dass nach dem Einmarsch der US-Armee in das thüringische Saalfeld einige Bürger ihre alten Reichsmarkscheine zerknüllt auf die Straße warfen, weil sie glaubten, diese seien nun wertlos. Wohl dem, der sich danach bückte. Denn noch bis zur Währungsreform von 1948 liefen die

Note der Alliierten Militärbehörde über 1000 RM 1944 (sowjetischer Druck).

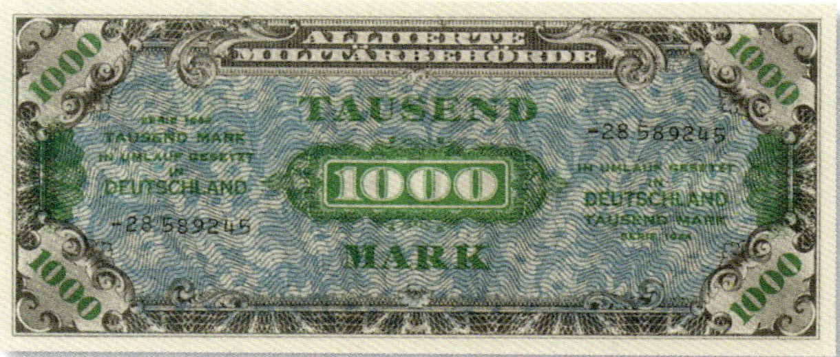

Noten der Alliierten Militärbehörde (AMB) gemeinsam mit den alten Reichsbanknoten und Rentenbankscheinen um. Besonders die größeren Militärmark-Scheine ab 20 Mark erinnern an US-Dollarnoten, zumal diese alle die gleiche Größe hatten, was für die Deutschen ebenfalls gewöhnungsbedürftig war. Gedruckt wurden sie nicht nur in den USA, auch dem sowjetischen Verbündeten überließ man Druckplatten zur eigenen Herstellung von Besatzungsgeld. Die US-Amerikaner hatten es jedoch nicht versäumt, ihre Noten mit einem kleinen Geheimzeichen, einem englischen „F" zu kennzeichnen, das man mit guten Augen auch ohne Lupe leicht finden kann, wenn man weiß, wo man suchen muss. Dieses „F" steht für die Firma Forbes, die den Druck in den USA besorgte. So gibt es bei diesen Scheinen in jedem Fall zwei wichtige Varianten: US- und UdSSR-Druck, dazu noch diverse Ausführungen der Kontrollnummern.

Interessant ist, dass beim US-amerikanischen Druck die kleinen Stückelungen häufig und die hohen Werte wie der 1000-Mark-Schein selten sind, während hingegen die Sowjets mit Vorliebe die großen Scheine druckten, so den Tausender, der als UdSSR-Druck relativ preiswert zu bekommen ist. Die Ursache lag sicher auch darin begründet, dass Moskau sich wenig um die Währungsstabilität im zerrütteten Deutschland kümmerte und mit preiswert hergestellten Geldscheinen ohne jede Dekkung so viel wie möglich „Kaufkraft" generieren wollte.

Wie wir wissen, stieg der Notenumlauf in Deutschland schon während des Krieges enorm an, das Geld war bei Kriegsende eigentlich schon fast wertlos und die zusätzlich ausgegebenen Noten der Alliierten vermehrten die Gesamtgeldmenge nochmals beachtlich. Schon bald bestand deshalb bei allen Siegermächten Einigkeit in der Frage, dass eine Währungsreform in Deutschland unumgänglich war, doch zugleich gab es keine Verständigung zu dem Wann und Wie. Klar war auch, dass es einen „Währungsschnitt" geben musste, um die Geldmenge wieder dem volkswirtschaftlichen Leistungsvermögen anzupassen. Ein Währungsschnitt bedeutet, dass nicht alles umlaufende Geld zu einem einheitlichen Kurs in neues umgetauscht wird. Die Verminderung der Geldmenge ist nur möglich durch einen solchen „Schnitt", sprich: dem ersatzlosen Einzug von ausgegebenen Geldzeichen. Verhandelt wurde

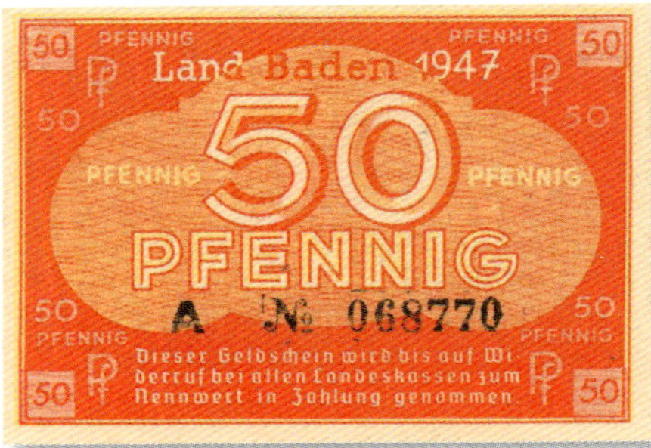

Kleingeldschein der Staatsschuldenverwaltung von Baden über 50 Pfennig von 1947.

über diese Frage im Alliierten Kontrollrat mehrfach. Die Westmächte forderten, dass die Ausgabe des neuen Geldes kontrolliert erfolgen sollte, die Sowjets hingegen wünschten neue Banknoten, aber zugleich die Druckplatten dazu und wollten sich nicht vorschreiben lassen, wie viel sie vom neuen Geld produzieren durften. Dies wiederum war für die USA unannehmbar. Zweifellos führte die Einführung der DM in den Westzonen damals zur Spaltung Deutschlands, doch allein den westlichen Alliierten die Schuld dafür zu geben, ist gewiss zu einfach und schlechthin falsch. Die Dinge nahmen ihren Lauf und schon im Sommer 1948 gab es die Währungsreform im Westen, danach auch eine eigene in der Sowjetischen Besatzungszone.

Zu erwähnen sind noch die Kleingeldscheinausgaben in der Französischen Besatzungszone von 1947. Mit Genehmigung der Militärbehörde gaben damals die Landesregierungen von Baden, Rheinland-Pfalz und Württemberg-Hohenzollern Geldscheine aus, um dem Mangel an Kleingeld zu begegnen. Auch nach der Währungsreform hatten diese Scheine noch begrenzte Zeit Gültigkeit. Sie gab es in Wertstufen zu je 5, 10 und 50 Pfennig. Besonders die 50-Pfennig-Scheinchen sind heute selten und von Sammlern gesucht. Man kann sie sowohl in eine Deutschlandsammlung als Ausgaben unter alliierter Besatzung einordnen, sie sind aber gleichzeitig deutsche Länderscheine wie auch Notgeld.

Bundesrepublik Deutschland – die DM kommt

Die Währungsreform in den Westzonen lag „in der Luft", trotz strenger Geheimhaltung warteten die Menschen schon im Frühjahr 1948 darauf, dass irgendwas passiert. Als die Bürger dann endlich das lang erwartete Geld, das schon 1947 aus den USA in aller Heimlichkeit nach Deutschland kam, in der Hand hielten, fühlten sie sich zurecht an die Alliiertenscheine erinnert. Der US-amerikanische Stil war unverkennbar. Emissionsbank war zunächst die Bank deutscher Länder, doch der Bankname erschien auf der ersten Notenserie noch nicht. Wir finden ihn erst bei späteren Noten, so den ähnlich aussehenden 10- und 20-Mark-Scheinen, die 1949 ausgegeben wurden. Die Ausgabe des neuen Geldes erfolgte in mehreren Schritten. Pro Kopf wurden zunächst nur 40 DM, dann nochmals 20 DM ausgegeben. Bald wurde es wegen dieser Prozedur auch „Kopfgeld" genannt.

Bei der ersten Banknotenserie gab es noch Halbmark-, Mark- und Zweimarkscheine, wegen des Kleingeldmangels

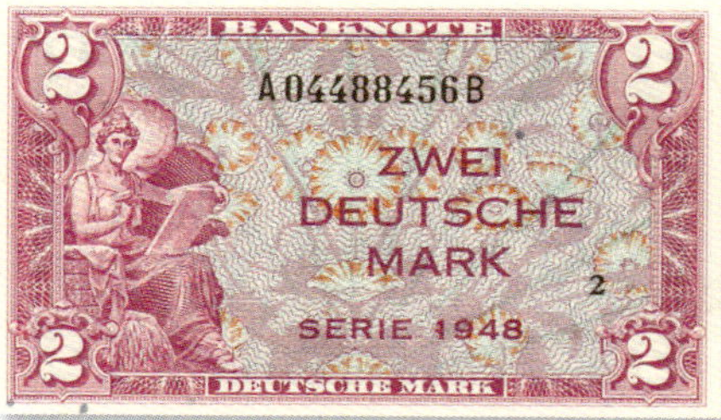

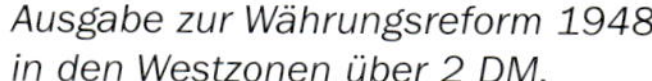
Ausgabe zur Währungsreform 1948 in den Westzonen über 2 DM.

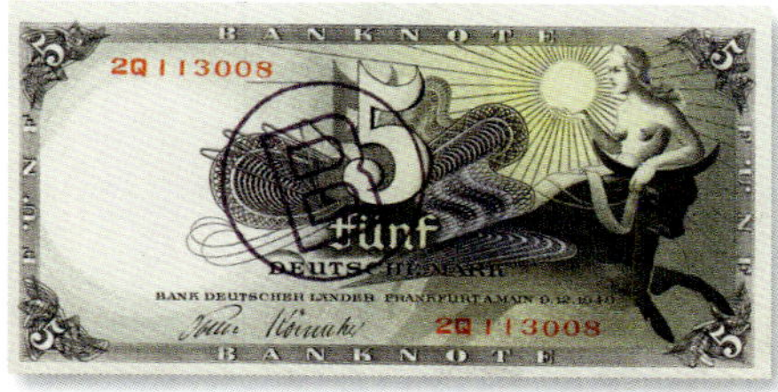

Note der Bank Deutscher Länder über 5 DM vom 9. Dezember 1948 mit B-Stempel.

wurden sogar 5- und 10-Pfennigscheine gedruckt.

Ein Blick in den Deutschland-Katalog zeigt, dass die meisten dieser Scheine teuer sind. Doch auch hier gibt es eine einfache Erklärung: Die seit 1948 ausgegebenen Scheine wurden nie schlagartig ungültig, sondern meist sukzessive gegen neue Noten ausgetauscht. Die Deutsche Bundesbank tauscht sogar bis heute immer noch unbegrenzt alle auf DM lautenden Zahlungsmittel bei den Landeszentralbanken in Euro um.

Bei den frühen DM-Scheinen gibt es speziell gekennzeichnete Ausgaben für Westberlin. Bis zum 23. Dezember 1953 erfolgte eine Kennzeichnung der dort umlaufenden Geldscheine durch B-Lochung oder Stempel mit „B" für Berlin. Derart gekennzeichnete Scheine sind heute selten. Auch hier sei vor Manipulationen gewarnt.

Was Berlin angeht, so löste bekanntlich der Versuch der Einführung der DM in den Westsektoren der Stadt mit der sowjetischen Blockade eine Krise aus, die die Welt an den Rand eines neuen Weltkriegs brachte. Welche chaotischen Währungsverhältnisse in der geteilten Stadt in den Jahren 1948/49 und danach herrschten, wurde auch in dem Buch „Die Geschichte der Deutschen Mark in Ost und West" beschrieben.

Bei vielen Geldscheinen der Bundesrepublik, aber auch bei denen der DDR stoßen wir auf die Begriffe Austausch- oder Ersatznote. Diese sind preislich oft um ein Vielfaches teuerer als die normalen Noten. Was aber sind Austauschnoten, so die offizielle Bezeichnung? Die Nummerierung von Geldscheinen erfolgt in der Regel fortlaufend. Werden bei der Endkontrolle aber fehlerhafte Scheine festgestellt und ausgesondert, so ist es bei vielen Emissionsbanken üblich, Noten „nachzuschieben". Die sogenannten „replacement notes" haben meist einen anderen Nummernkreis und sind durch besondere Buchstaben oder Symbole gekennzeichnet. An diesem Punkt wollen wir nochmals daran erinnern, dass man nicht alles haben muss, was es gibt. Wer das Geld hat, um auch alle Ersatznoten zu kaufen, der soll es tun. Viele Sammler begnügen sich mit Grundtypen und kaufen dafür lieber mehr an anderem Material, statt auch noch zu jeder ausgegebenen Note eine Ersatznote besitzen zu wollen.

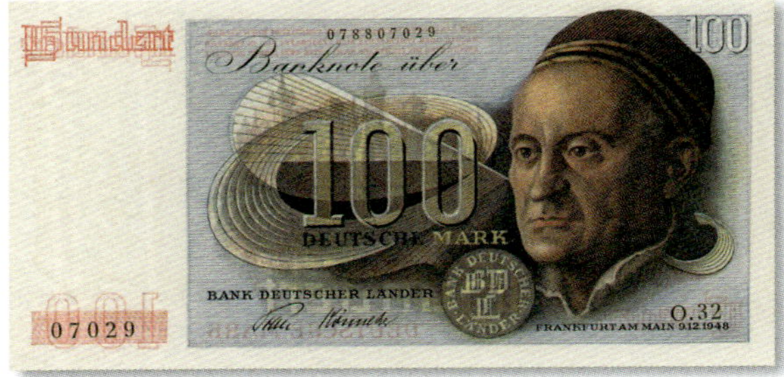

Note der Bank Deutscher Länder über 100 DM vom 9. Dezember 1948, wegen des sehr dünnen französischen Papiers auch „Franzosenschein" genannt.

Seit 1960 trugen die westdeutschen Banknoten die Bezeichnung „Deutsche Bundesbank", die jedoch schon früher Emissionsbank wurde. Die 1960 ausgegebenen neuen Scheine liefen aber noch bis 1965 bzw. 1966 zusammen mit den alten Noten zu 5, 10 und 20 D-Mark um. Erst 1965 wurden auch die sogenannten „Franzosenscheine" – Noten zu 50 und 100 DM von 1948, die auf französischem dünnen Banknotenpapier gedruckt waren, außer Kurs gesetzt. Auch wenn die „Franzosenscheine" aufgrund ihres dünnen Papiers nicht sehr beliebt und kaum widerstandsfähig waren, so zählen sie doch ganz sicher zu den schönsten deutschen Geldscheinen überhaupt.

1960 gab es dann auch die ersten Fünfhunderter und Tausender. Doch viele Menschen hatten damals nie einen solch hohen Wert in der Hand. Trotz des „Wirtschaftswunders" waren bei niedrigen Preisen auch die Löhne und Gehälter vergleichsweise niedrig.

Es gibt wohl kaum deutsche Geldscheinsammler, die die ab 1960 ausgegebene Banknotenserie – die sog. „Gemäldeserie" – nicht fasziniert. Deren Scheine waren noch nach Einführung der letzten Bundesbanknoten 1989 im Umlauf und gehören zu den schönsten je in Deutschland ausgegebenen Banknoten überhaupt. Sie verkörperten Tradition und Fortschritt gleichermaßen, waren modern und zeigten Gemäldeausschnitte von berühmten deutschen Malern wie Dürer und anderen alten Meistern. Gleichzeitig waren sie über Jahrzehnte im Umlauf und wurden wie keine anderen deutschen Geldscheine zuvor weltweit zum Symbol für die Stabilität einer Währung, die mit der Währungsreform 1948 wie Phönix aus der Asche stieg – der Deutschen Mark. Es gibt von diesen Geldscheinen weitere Auflagen von 1970, 1977 und 1980, die sich nicht nur durch das Datum, sondern auch durch die Unterschriften unterscheiden. Jeweils die Unterschrift der amtierenden Bundesbankpräsidenten und der Stellvertreter sind auf den Scheinen zu finden. Bei einigen späteren Noten gibt es sogenannte Copyright-Vermerke wie zum Beispiel „© Deutsche Bundesbank 1964", auch wurde im Straftext nach Abschaffung der Zuchthausstrafe eine Änderung vorgenommen, es hieß nun fortan „Freiheitsstrafe".

Mit Datum vom 2. Januar 1989 erschien die letzte DM-Geldscheinserie,

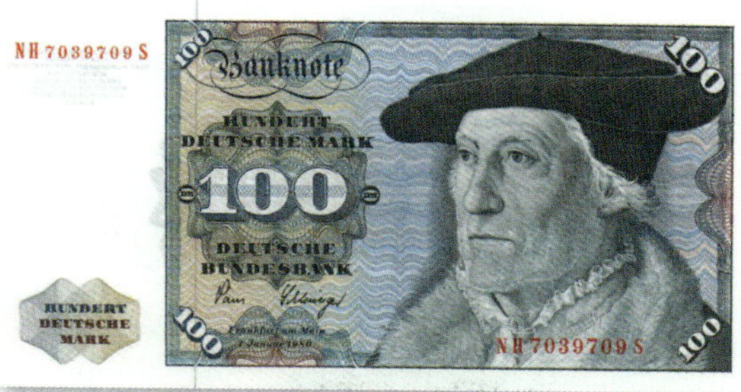

Bundesbanknote der sog. „Gemäldeserie" über 100 DM vom 2. Januar 1980.

von der es ebenfalls eine ganze Anzahl von Unterschriftsvarianten mit verschiedenen Ausgabedaten gibt.

Ein 5-DM-Schein erschien 1991, der zwar sehr hübsch gestaltet war – Bettina von Arnim auf der Vorderseite und das Brandenburger Tor auf der Rückseite –, doch diese Note wurde nie recht angenommen. Man fand sie höchst selten im Zahlungsverkehr, denn zusätzlich gab es ja auch 5-DM-Münzen.

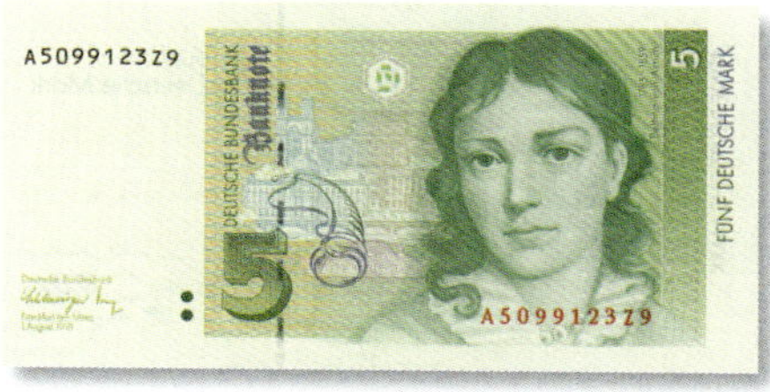

Bundesbanknote über 5 DM von 1991 mit dem Bildnis von Bettina von Arnim.

Die Zunahme bei Fälschungen von DM-Scheinen führten schließlich 1996 zu einer „Aufrüstung" der Noten ab 50 DM. Sie alle weisen nun ein Hologramm auf, das nur schwer zu fälschen ist. Doch Vorsicht, auch bei diesen Noten gibt es manipulierte Scheine zum Schaden der Sammler.

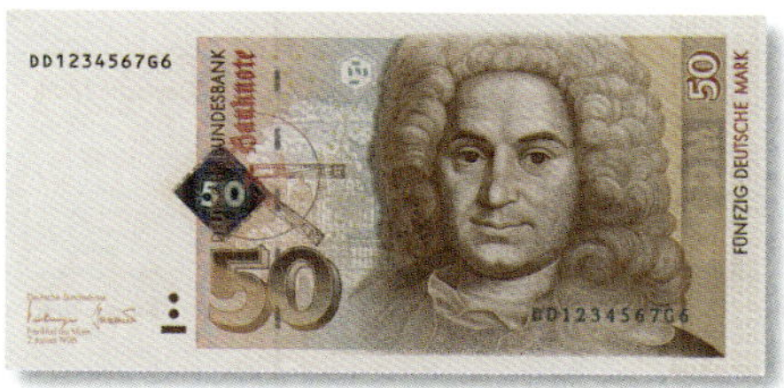

Bundesbanknote über 50 DM von 1996 mit zusätzlichem Hologramm.

Sicherlich durch Zufall stellten findige Zeitgenossen fest, dass das aufgeklebte, metallisch glänzende Hologramm mit einem geeigneten Lösungsmittel in Sekunden abzuwischen ist. Sie versuchten dann, diese vermeintlichen „Fehldrucke" mit kräftigen Gewinnen an Sammler zu verkaufen.

Schließlich gibt es noch eine Abschiedsnote der Deutschen Bundesbank vor Einführung des Euro, die 1999 mit neuen Unterschriften „Welteke – Stark" erschien.

Wer allein alle DM-Scheine ab 1948 zusammentragen will, gar mit allen Varianten wie Normal- und Ersatznoten, der braucht viel Geld. Eine solche Investition muss wohl überlegt werden. Denken wir nur daran, dass alle DM-Scheine – natürlich auch die Tausender – weiterhin bares Geld sind. Dies gilt auch für kursfähige oder jederzeit einlösbare Geldscheine anderer Staaten.

Bundeskassenscheine – ein heißes Eisen

Schon 1963 erfolgte vorsorglich der Druck einer Geldschein-Ersatzserie – der sog. „BBk II" – mit Nennwerten von 5 bis 100 DM für Westdeutschland sowie einer gesonderten Serie für Westberlin. Solche Reservewährungen haben viele Länder für Kriegs- und Krisenfälle vorrätig. Auch das schlagartige, nicht mehr beherrschbare Auftreten von Falschgeld macht es erforderlich, gegebenenfalls sehr schnell reagieren zu können, um größere Schäden für die Volkswirtschaft zu vermeiden.

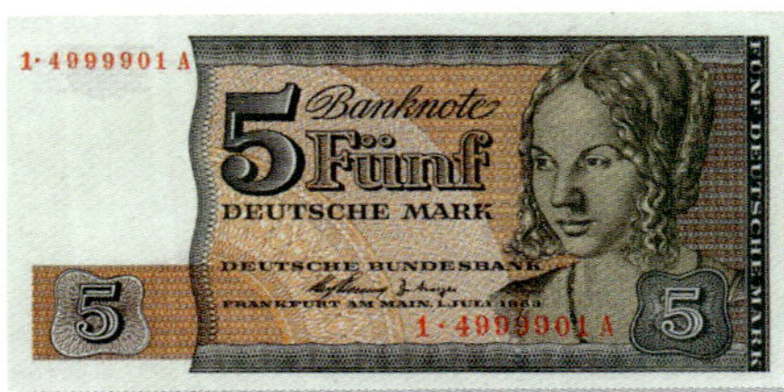

Banknote der Ersatzserie BBk II der Deutschen Bundesbank über 5 DM vom 1. Juli 1963 aus der Reserve für Westberlin.

Neben dieser Reservewährung existierten aber auch Bundeskassenscheine, die 1967 im Auftrag des Bundesfinanzministers als Kleingeldersatz mit Nennwerten von 5 Pfennig bis 2 DM durch die Bundesdruckerei hergestellt wurden. Sie waren bei der Bundesbank eingelagert und sollten, ausgehend von den deutschen Erfahrungen mit Notgeldemissionen, in Krisen- oder schlimmer gar Kriegszeiten bei Kleingeldmangel zur Ausgabe gelangen.

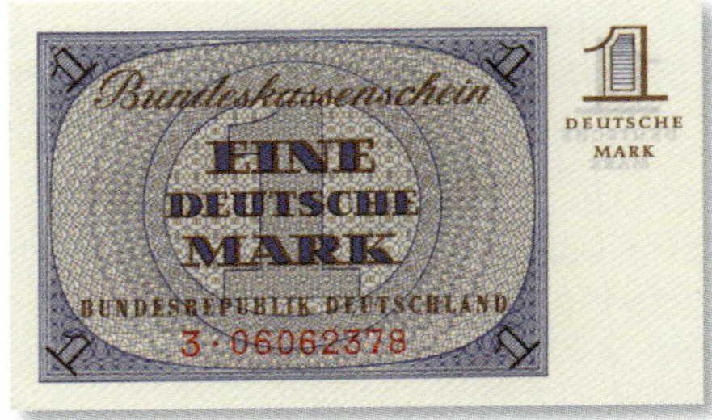

Bundeskassenschein über 1 DM ohne Datum von 1967.

Nach 1990 wurden sie vernichtet, zumal die Weltlage sich nach dem Zerfall der Sowjetunion und ihres Imperiums spürbar entspannte und die deutsche Wiedervereinigung vollzogen war. Doch nicht alle dieser Scheine sind tatsächlich vernichtet worden, einige „entgingen" diesem Schicksal und werden heute gelegentlich angeboten. Unumwunden und klar ausgedrückt: Einige dieser Scheine wurden entwendet. Sie sind Diebesgut und schlicht geklaut. An gestohlenen Dingen kann man, das ist ein alter Rechtsgrundsatz, jedoch kein Eigentum erwerben. Die Bundesbank könnte diese Scheine von jedem, egal wie viel er dafür bezahlt hat, entschädigungslos zurückfordern. Sie sind deshalb zwar katalogisiert, aber aus gutem Grund nicht bewertet.
Es bleibt jedem Sammler selbst überlassen, für sich zu entscheiden, ob die Ent-

wendung dieser Scheine als verwerfliche Tat einzustufen ist oder damit nicht auch wichtige Zeugnisse der deutschen Währungsgeschichte aus der Zeit des „Kalten Krieges" vor der endgültigen Vernichtung gerettet wurden, die sonst nie bekannt geworden wären.

Der Euro als Sammelgebiet?

Bereits zum 1. Januar 1999 wurde der Euro Einheitswährung der Teilnehmerstaaten der Europäischen Wirtschafts- und Währungsunion. Die nationalen Währungen dieser Länder wurden auf der Basis festgelegter Umrechnungskurse zu Denominationen der Euro-Währung.

Seit der Silvesternacht zu 2002 haben wir die Euro-Münzen und Euro-Scheine, manche Geldautomaten „spuckten" sie sogar schon vor Mitternacht aus. Im Gegensatz zu den Münzen haben die Euro-Banknoten jedoch keine nationalen Rückseiten, weshalb man eigentlich nicht mehr von „deutschen" Euro-Noten reden kann, auch wenn es anfangs noch eine Länderkennung gab.

Für Banknotensammler, für die die Bundesrepublik Deutschland und DM-Scheine ein Hauptsammelgebiet war, stellte sich nun die Frage, ob sie auch die neuen Euro-Scheine sammeln sollten. Dass man das kann, ist unstrittig. Es ist nur eine Frage des Geldes.

Ein junger Mann wurde von einem Mädchen gefragt, welche Hobbys er habe. Als er erklärte, er sammle Geldscheine, lachte sie und sagte: Das mache ich auch, nur bekomme ich viel zu wenig davon! Doch Spaß beiseite: Wie viele Varianten gibt es eigentlich bei den Euro-Banknoten? In Deutschland gedruckte Noten der Euro-Serie I von 2002 erkennt man an dem Buchstaben „X" vor der Kontrollnummer. Außerdem befindet sich auf jeder Note ein Code, der aus einem Anfangsbuchstaben und einer Ziffern-Buchstaben-Kombination (Plattennummern) besteht. Anhand der Anfangsbuchstaben kann man die Druckerei ermitteln. Im aktuellen Deutschland-Katalog sind alle Euro-Scheine erfasst, also nicht nur die, die bei der Bundesdruckerei = R oder bei der Firma Giesecke & Devrient = P hergestellt wurden.

Belgien	Z
Griechenland	Y
Deutschland	X
Spanien	V
Frankreich	U
Irland	T
Italien	S
Niederlande	P
Österreich	N
Portugal	M
Finnland	L

Die Struktur der Kontrollnummern bei Euro-Noten ist ein streng gehütetes Geheimnis der EZB. Bei Falschgeld kann man so z. B. prüfen, ob die Nummernfolge rechnerisch korrekt und belegt ist. Vor der Kontrollnummer finden wir einen Länderschlüssel, anhand dessen die Herkunft der Note erkennbar ist.

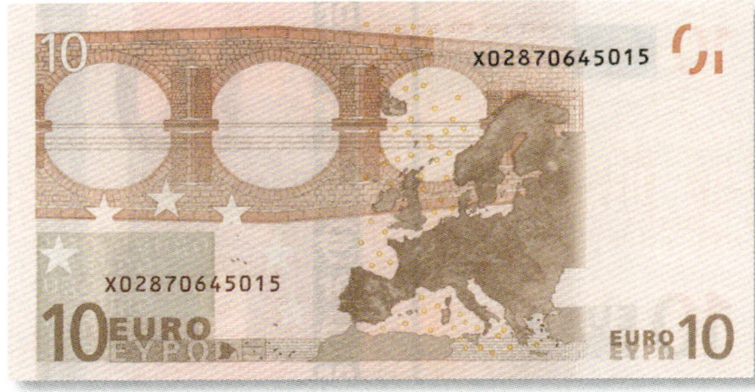

Rückseite einer 10-Euro-Note der Euro-Serie I von 2002 mit dem Länderkennzeichen „X“ vor der Kontrollnummer für Deutschland.

Für alle Euro-Teilnehmerländer wurden Länderkennnungen vergeben. Hergestellt wurden die Scheine von mehreren Druckereien Europas. Anhand des Länderbuchstabens und der Kennung für die Druckerei kann man z. B. auch feststellen, dass nicht alle Länder eigene Noten druckten und manche Druckereien wie die deutschen nicht nur für das eigene Land Euro-Banknoten herstellten, sondern auch für andere Teilnehmerstaaten. Die in Luxemburg ausgegebenen Noten der ersten Serie tragen die Länderkennungen des Landes, in dem die Banknoten gedruckt wurden, da Luxemburg keine eigene Banknotendruckerei hat.

Für die Zukunft war bereits damals geplant, einzelne Nominale zentral in einer Druckerei für alle Euro-Staaten drucken zu lassen. Bereits seit Einführung der arbeitsteiligen Banknotenherstellung verloren die Länderkennungen praktisch ihre Bedeutung, da die Noten nach Bedarf aus einem gemeinsamen Pool ausgegeben wurden und man einzelne Werte sogar zentral druckte. Das Sammeln von vermeintlich „deutschen“ Euro-Banknoten nach Länderkennung macht also schon seit Jahren kaum noch Sinn, da auch Noten mit Kennungen anderer Länder in Deutschland ausgegeben wurden und umgekehrt.

Mit der zweiten Europa-Serie ab 2013 wurden die Länderkennungen abgeschafft. Die neuen Euro-Noten werden lediglich noch mit Druckereikennungen versehen, durch die die Scheine den verschiedenen Druckereien zugeordnet werden können, die an der Herstellung der aktuellen Euro-Banknoten beteiligt sind.

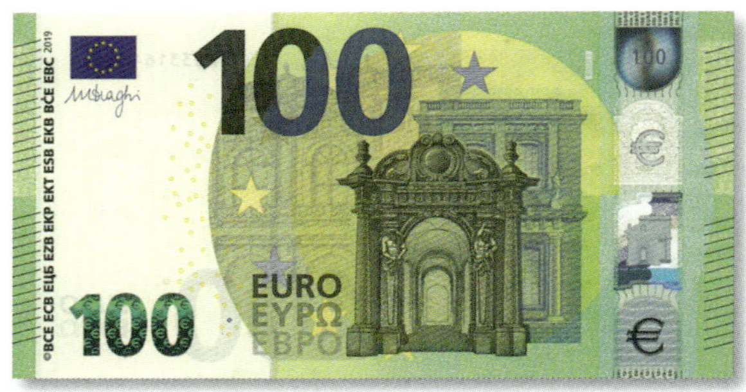

100 Euro der zweiten Euro-Serie mit Unterschrift des EZB-Präsidenten Draghi und Datum 2019.

D	Polska Wytwórnia Papierów Wartościowych
E	Oberthur Fiduciaire SAS (Chantepie)
F	Oberthur Fiduciaire AD (Sofia)
H	De La Rue Currency (Loughton)
J	De La Rue Currency (Gateshead)
M	Valora, Carregado
N	Oesterreichische Banknoten und Sicherheitsdruck GmbH
P	Joh. Enschede Security Printing BV
R	Bundesdruckerei GmbH, Berlin
S	Banca d'Italia
T	Banc Ceannais na hÉireann / Central Bank of Ireland
U	Banque de France
V	Fábrica Nacional de Moneda y Timbre (IMBISA)
W	Giesecke & Devrient (Leipzig)
X	Giesecke & Devrient (München)
Y	Bank of Greece
Z	Nationale Bank van België / Banque Nationale de Belqique

Übrigens gibt es bei den Euro-Noten keine sogenannten „Ersatznoten", die als solche erkennbar sind. Der Austausch fehlerhafter Noten erfolgt bei den Druckereien aus der normalen Serie und sie erfahren keine besondere Kennzeichnung, wie dies beispielsweise früher bei den Bundesbanknoten der Fall war.

Das Sammeln „deutscher" Euro-Banknoten ist mit der seit Einführung des Euro-Pools praktizierten Aufgabe einer verbindlichen Ausgabepolitik nach Länderkennungen und schließlich mit deren vollständigem Wegfall endgültig unmöglich. Selbst das Sammeln von Noten der neuen Europa-Serie 2013, die ausschließlich von deutschen Druckerei-

en hergestellt werden, macht keinen Sinn, da die Herstellung nicht zwangsläufig auch für Deutschland erfolgt!
Fakt ist, dass alle Euro-Noten – egal welche Länderkennung sie auch haben oder von welcher Druckerei sie hergestellt wurden, gültige Zahlungsmittel in Deutschland sind. Der Euro wäre sonst keine Einheitswährung!
Es bleibt der Entscheidung jedes einzelnen Sammlers überlassen, ob und welche Euro-Banknoten den Weg in eines seiner Alben finden! Das Sammeln von allen bisher ausgegebenen Euro-Scheinen nach Ländern und Druckereien wäre, um es salopp, aber treffend zu formulieren, ein Fass ohne Boden, zumindest für die meisten Sammler.

Sowjetische Besatzungszone – provisorische Ausgaben zur Währungsreform 1948

Bekannt sind die sowjetischen Besatzungsausgaben Ende des Zweiten Weltkriegs für ehemalige Feindstaaten, so etwa für Rumänien, die Tschechoslowakei und Ungarn. Sogar für die sowjetische Besetzung des japanischen Marionettenstaats Mandschukuo (Mandschurei), in dem der letzte chinesische Kaiser Puyi 1932 noch einmal einen Thron bestiegen hatte, gab es eigene Besatzungsausgaben. Weitgehend unbekannt ist jedoch, dass die Sowjets auch für die zu besetzenden deutschen Gebiete eine Geldscheinausgabe des Oberkommandos der Roten Armee mit der Datierung 1944 vorbereitet hatten. In Verhandlungen mit den damals verbündeten US-Amerikanern hatte die UdSSR immerhin damit gedroht, eigenes Besatzungsgeld in Deutschland auszugeben, würden die USA sie nicht am Druck der Alliierten-Mark beteiligen. Als die USA schließlich die Druckplatten zur Verfügung gestellt hatte, wurden die eigenen Entwürfe nicht mehr gebraucht und verschwanden in den Tresoren der Firma Goznak in Moskau.

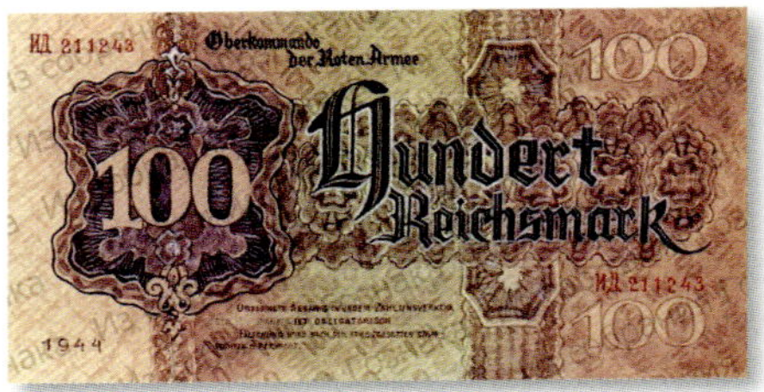

Entwurf der Vorderseite zu einem vorbereiteten 100-Reichsmark-Schein des Oberkommandos der Roten Armee von 1944.

Die Geldscheine der ehemaligen SBZ und DDR sind ein interessantes und im Prinzip auch relativ preiswertes Sammelgebiet. Preiswert, weil nach dem Ende der DDR von der DDR-Staatsbank-Nachfolgerin eine große Zahl (6000 Serien) verschiedener älterer und der letzten Ausgabe für Sammler abgegeben wurden. Zugleich verloren die DDR-Geldscheine kurz nach der Währungsunion ihren Charakter als gesetzliche Zahlungsmittel. Bargeld wurde überhaupt nicht direkt, sondern nur über Konten umgestellt. Sogenannte „Starterkits" gab es bei der DM-Einführung in der damaligen DDR nicht.
Immer wieder tauchen beachtliche Summen des alten „Ostgelds" in gebrauchten Scheinen auf, die man weder bei der Bundesbank noch bei anderen

Behörden – gleich zu welchem Kurs – umtauschen kann. Sie sind Makulatur. Da es noch genügend gut erhaltene Scheine gibt, geben höchstens Gelegenheitssammler oder Nostalgiker ein paar Cent für sie aus.

Die Geschichte der Deutschen Mark Ost – oft nur „Ostmark" genannt – wurde in dem bereits empfohlenen Buch zur Geschichte der Deutschen Mark hervorragend dargestellt. Die „Ostmark" ist aber älter als die DDR, wie es ja auch die „Westmark" schon gab, bevor die Bundesrepublik gegründet wurde. Die erste Ausgabe zur Währungsreform 1948 in der damaligen Sowjetischen Besatzungszone Deutschlands (SBZ) war ein Provisorium und resultierte daraus, dass man nach der bereits erfolgten Währungsreform in den Westzonen schnell reagieren musste. Hastig wurden auf die noch vom „Dritten Reich" umlaufenden Reichs- und Rentenmarkscheine Kupons in den entsprechenden Wertstufen geklebt, weswegen man diese auch „Kuponscheine" nennt. Da diese provisorischen Ausgaben die Gründung der DDR nicht mehr erlebten, kann man sie auch nicht als DDR-Geldscheine, sondern nur als deren Vorläufer bezeichnen.

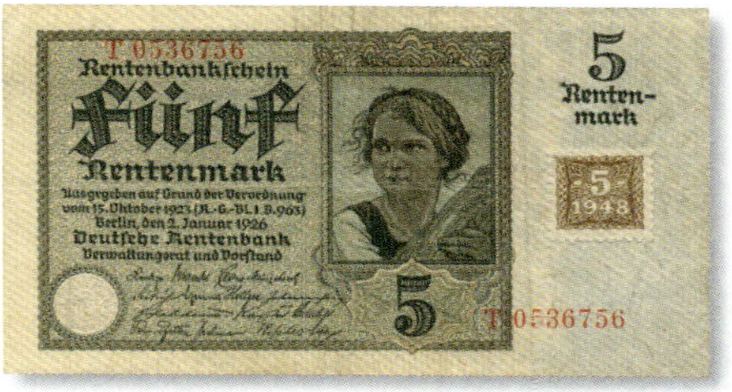

Kuponausgabe zur Währungsreform 1948 über 5 DM auf 5 Rentenmark von 1926.

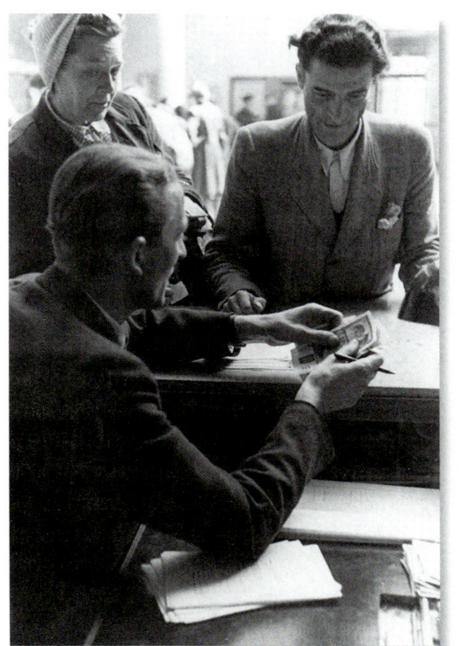

Je nach Grundschein, der beklebt wurde, gibt es Varianten, die man sammeln kann. Eine Besonderheit ist hier die abgebildete Note über 5 DM. Obwohl es eigentlich nicht sein sollte, wurde versehentlich auch immer wieder der 5-Rentenbank-Schein von 1926 mit Kupon versehen. Er ist im Katalog in guter Erhaltung deutlich teuerer als der im Regelfall beklebte Fünfer der Reichsbank von 1942 („Hitlerjunge"). Das hat einen ganz einfachen Grund, der Schein ist an sich auch schon ohne Kupon in guter Erhaltung mehr wert. Eines kann wohl angenommen werden,

Auszahlung von „Kuponmark" zur Währungsreform in der SBZ 1948.

die Masse der heute im Handel angebotenen Fünfer mit dem Bauernmädchen dürfte manipuliert sein. Einen schlecht erhaltenen „Hitlerjungen" mit gut erhaltenem Aufkleber bekommt man bereits für wenig Geld. Diesen Kupon abzulösen und auf ein gut erhaltenes „Bauernmädchen" zu kleben, bekommt auch derjenige hin, der nicht über großes handwerkliches Geschick und „kriminelle Energie" verfügt. Hinzu kommt, dass die DDR schon in den 1960er-Jahren über einen Ostberliner Münzhändler die Original-Kuponserie verkaufte. Für 75 Mark waren sie dann über viele Jahre in den Geschäften des Staatlichen Kunsthandels der DDR erhältlich.

Für Sammler viel interessanter sind aber echte Scheine mit gefälschten Kupons. Diese Klebemarken waren nicht sehr schwer nachzumachen. Grundgeldscheine hatte man seinerzeit in Mengen, weil sie im Westen nach DM-Einführung Makulatur waren. So findet man immer wieder in Hortungsposten mehr oder minder gut gefälschte zeitgenössische Kuponscheine.

Der Umtausch von Reichs- oder Rentenmark bzw. der Scheine der Alliierten Militärbehörde gegen „Kuponmark" erfolgte im Verhältnis 10 : 1. Pro Person wurde jedoch ein Vorzugsumtausch in Höhe von 70 Mark im Verhältnis 1 : 1 gewährt.

DM (Ost), MDN und Mark – das „Ostgeld" bis 1990

Die Kuponserie wurde bald durch die erste Banknotenserie der Deutschen Notenbank von 1948 abgelöst. Diese Scheine tragen keine Unterschrift, wie wir es von Reichs- und Bundesbanknoten her kennen. Unterschriften sind auf DDR-Noten bis auf eine Ausnahme – die letzte Ausgabe der Staatsbank der DDR zur Maueröffnung 1989 – nicht zu finden. Es gibt eine Vielzahl von Varianten, was Kontrollnummern und Serienbuchstaben angeht. Hinzu kommen noch Austauschnoten verschiedener Serien. Bei der Serie 1948 sind alle Austauschnoten durch ein „X" vor einem weiteren Serienbuchstaben gekennzeichnet. Interessant ist, dass alle Scheine dieser Serie mit 6-stelliger Kontrollnummer in der UdSSR und nur solche mit 7-stelliger Kontrollnummer in der Sowjetischen Besatzungszone gedruckt worden sind.

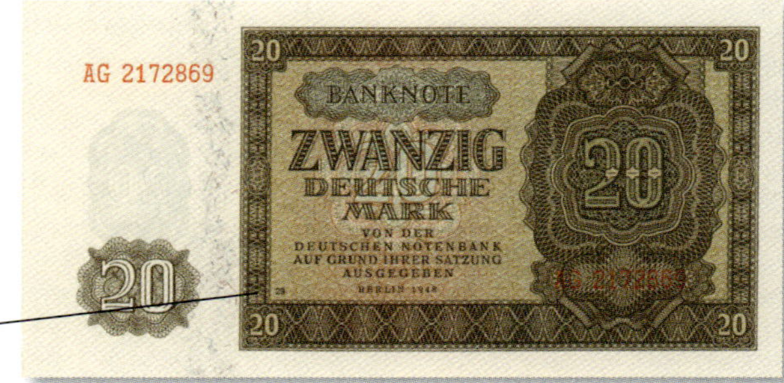

Rechts: 20 DM der Deutschen Notenbank von 1948, mit Plattennummer.

Von den meisten DDR-Noten existieren auch heute noch Musterscheine. Die erste Serie von 1948 umfasste die Wertstufen von 50 Pfennig sowie 1, 2, 5, 10, 20, 50, 100 und 1000 Mark. Währungsbezeichnung war damals in Ost und West „Deutsche Mark“, umgangssprachlich nannte man die beiden Währungen Ost- bzw. Westmark. Die DDR bestand korrekterweise darauf, dass man von „DM der Deutschen Notenbank“ sprach.

Bei dieser ersten Ostmark-Serie gibt es sogenannte Plattennummern. Dieses Thema ist jedoch bislang nur teilweise erforscht, und was noch interessanter ist, kaum ein Sammler schert sich um diese Nummern. Selbst die Geldscheinliebhaber, die bei den Reichsbanknoten keine Wasserzeichen- oder Kontrollnummernvariante auslassen, interessieren sich meist nicht dafür. Fest steht, dass die Plattennummern der Vorder- und Rückseiten bei den Werten zu 5, 10, 20 und 50 DM auf einem Schein gleich oder unterschiedlich sein können. Niedrigere oder höhere Werte dagegen haben keine Plattennummern.

Die erste Notenserie von 1948 ist ebenso wie die zweite von 1955 recht schlicht gestaltet, es fehlt sogar das sonst später überall präsente DDR-Staatswappen mit Hammer und Zirkel, das es bei der ersten Serie allerdings auch noch nicht in dieser Form gab. Nicht einmal die Staatsbezeichnung DDR ist zu finden. Noch war auch die Wiedervereinigung Deutschlands kein Tabu-Thema, die Münzen wurden von 1948 bis 1953 sogar mit der Inschrift „Deutschland“ geprägt und in der späteren Nationalhymne der DDR sang man zumindest bis zum Ende der Ulbricht-Ära „Deutschland, einig Vaterland“.

Nach dem Volksaufstand in der DDR von 1953 bereitete man eine neue Banknotenserie vor, die jedoch nie ausgegeben wurde. Es sollte noch Jahrzehnte dauern, bis nach der Wiedervereinigung Deutschlands mehrere Druckplatten dieser „Serie 1954“ aus dem Besitz der ehemaligen Staatsbank der DDR bekannt wurden. Bei der mit der Jahreszahl 1954 vorbereiteten Serie hatte man damals die Wertzahl auf der rechten Hälfte des Scheins durch das Staatswappen der DDR ersetzt und dafür im linken Schaurand zusätzlich eine sog. Gouilloche mit Wertzahl vorgesehen. Im Katalog „Die deutschen Banknoten ab 1871“ finden wir offizielle

Originaldruckplatte für 50 DM 1954 der Deutschen Notenbank mit Staatswappen.

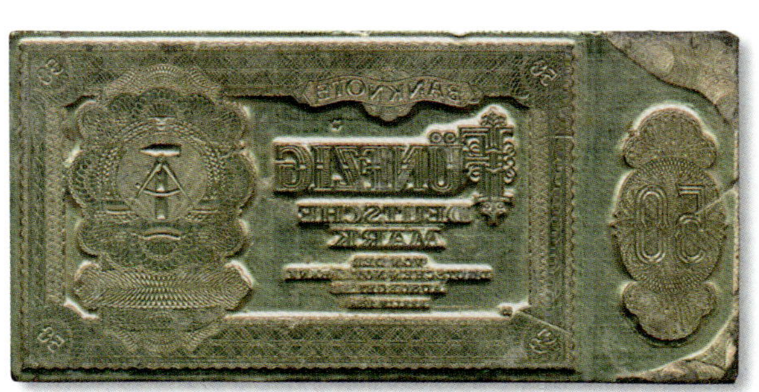

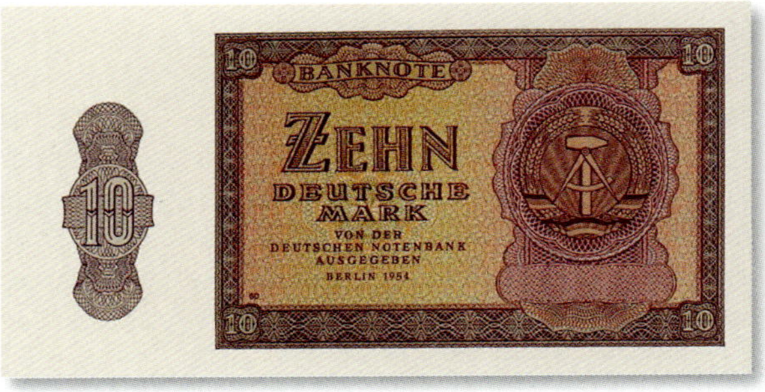

Offizieller Abruck einer Ersatzbanknote der Deutschen Notenbank über 10 DM von 1954.

Abdrucke sowie private Nachdrucke mit Originaldruckplatten. Jeder Sammler mag für sich selbst entscheiden, ob er einen privaten Nachdruck mit in seine Sammlung aufnehmen möchte oder nicht. Fest steht – privater Druck hin oder her – dass die Nachdrucke mit Originaldruckplatten der Deutschen Notenbank erfolgten.

Bereits 1953/1954 wurden in den Führungsgremien der DDR Beschlüsse zur Vorbereitung einer Ersatz-Banknotenserie gefasst. Die nach der Auflösung der Staatsbank der DDR aufgetauchten Druckplatten, die der vorgesehenen Einschmelzung in einer Metallhütte durch Diebstahl bzw. als Auftragsbeleg entgangen waren, bestätigen dies. Die Druckplatten sollten jedoch lediglich für den Bedarfsfall bereitstehen, in dem ein Ersatz einzelner Werte der Notenserie 1948 notwendig würde. Es wurden also keine Banknoten damit gedruckt, um diese vorzuhalten. Im Besitz der heutigen Kreditanstalt für Wiederaufbau (KfW) befinden sich lediglich Abdrucke zu 10, 20 und 50 DM. Sie waren dem Direktorium der Deutschen Notenbank am 30. Juni 1954 vorgelegt und von diesem bestätigt worden. Die Arbeit an anderen Werten zu 1, 2, 5 und 100 DM wurde eingestellt.

Im Oktober 1957 wollte die DDR dann auf ein einen Schlag ihre Währung stabilisieren, weil zu viel DDR-Geld im Westen lag. Die „Ostmark" bewegte sich wieder einmal weit unter 1:4 und man wollte den „Imperialisten" und Wechselstubenbesitzern im Westen „eins auswischen". So wurden am 13. Oktober 1957 plötzlich alle Geldscheine von 5 bis 1000 DM ungültig und mussten noch am selben Tag gegen neue, fast gleich aussehende Scheine mit der Jahreszahl 1955 umgetauscht werden. Ohne Prüfung ging das nur bis 300 DM. Wer mehr hatte, kam unter Umständen in Erklärungsnot. Denn „Schwarzgeld" war auch im Osten bei Kaufleuten und Handwerkern an der Tagesordnung, auch wenn man dagegen hart ankämpfte. Gewerbetreibende mussten alle Geldbeträge bis auf das Wechselgeld täglich bei der Bank einzahlen. Dies schon um Leuten, die „abhauen" wollten, kein Startkapital in Ostmark mitzugeben. Um Ärger und peinliche Fragen zu vermeiden, haben viele sogar Geld verfallen lassen, was wiederum erklärt, warum gerade diese erste Serie

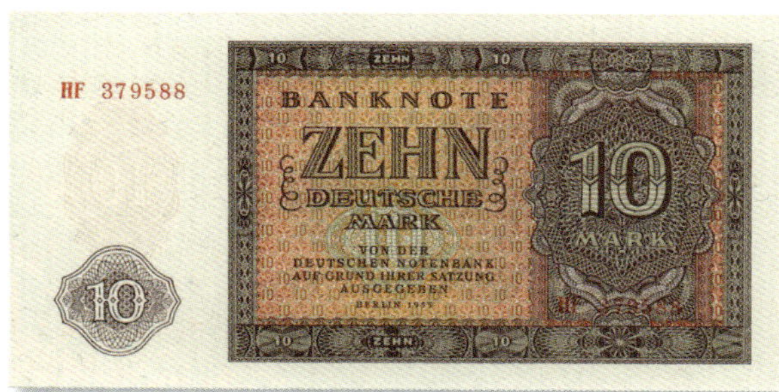

10 DM der Deutschen Notenbank von 1955.

und hier auffällig die 10-, 20- und 50-DM-Scheine bis heute in großen Mengen vorhanden sind.

Die Währungsumstellung von 1957 wurde mit höchster Geheimhaltung durchgeführt, nicht einmal die Finanzministerin selbst wusste im Vorfeld von der „Aktion Blitz", mit der auf einen Schlag alle Bestände an DM der Deutschen Notenbank in Westdeutschland und Westberlin entwertet werden sollten. Offiziell wurde von einer Aktion gegen „Schieber, Spekulanten und Kriegstreiber" gesprochen, tatsächlich ging es aber auch um die Reduzierung der umlaufenden Bargeldmenge. Während man in der DDR noch bis in die späten Abendstunden des 13. Oktober 1957 Banknoten umtauschte, nahmen Restaurants in Westberlin schon am späten Nachmittag wieder „Ostmark" in Zahlung. Bald war deren Kurs wieder da, wo er zuvor lag. Ein durchschlagender Erfolg war diese Aktion nicht, denn die Ursachen für den geringen Kurs gegenüber der „Westmark" wurden nicht beseitigt.

Noch ein Kuriosum: Die kleinen Geldscheine zu 50 Pfennig, 1 und 2 DM wurden mit der Umtauschaktion nicht wertlos, doch manche Bürger warfen auch sie weg, was die Schlaueren natürlich freute, wenn sie diese in der Bahn oder anderswo aufsammelten. Auf die Neuausgabe eines 1000-DM-Scheins hatte man 1957 verzichtet. Die Wochenlöhne in der frühen DDR lagen oft nur bei 50 DM und selbst einen Hunderter hatten damals viele Menschen selten oder nie in der Hand. Die Tausender von 1948 waren aber durchaus im Verkehr gewesen, wenn auch nur in geringem Umfang. Die Banknotenserie der Deutschen Notenbank von 1955 wurde also nur noch in den Werten zu 5, 10, 20, 50 und 100 DM ausgegeben. Auch hier kommen wieder viele verschiedene Serienbuchstaben vor. Die Austauschnoten der DDR sind ab dieser Banknotenserie immer leicht daran zu erkennen, dass die Serie immer mit „X", „Y" oder „Z" vor einem weiteren Buchstaben beginnt. Plattennummern, wie von der Serie 1948 bekannt, wurden nun nicht mehr verwendet.

Die Ausgabe der vorletzten DDR-Serie von 1964 ist dann mit Staatswappen und der Bezeichnung „DDR" versehen. Auch der Name der Währung wurde geändert und lautete nun „Mark der

Deutschen Notenbank" (MDN). Erstmals waren nun auch bedeutende Persönlichkeiten der Geschichte von Humboldt bis Marx im Porträt abgebildet. Auch bei diesen Noten gibt es verschiedenste Serien und Austauschnoten, die man sammeln kann. Die Ausgabe von 1964 war sicher die schönste Banknotenserie der ehemaligen DDR.

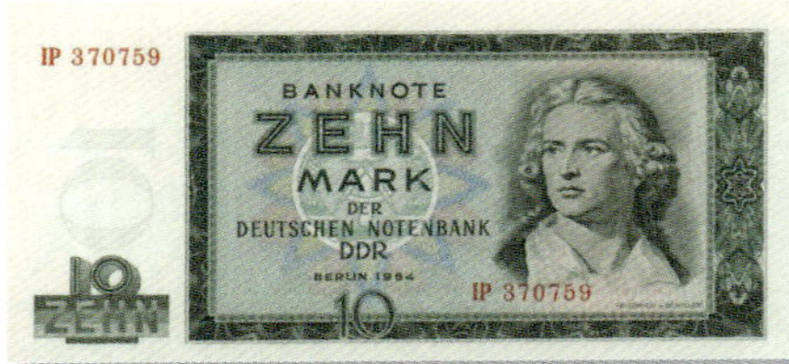

10 Mark der Deutschen Notenbank (MDN) von 1964 mit dem Bildnis Schillers.

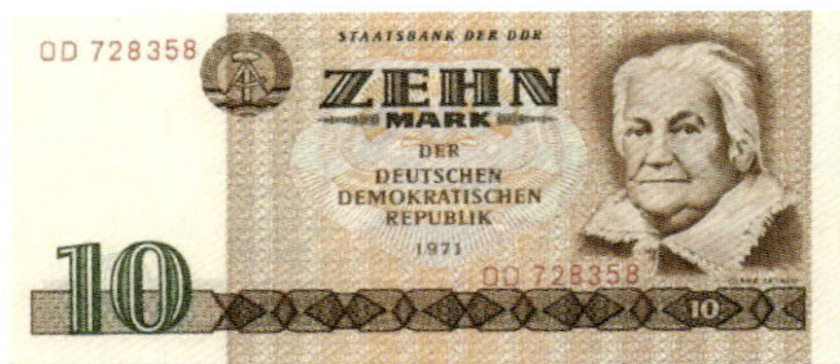

10 Mark der Staatsbank der DDR von 1971.

Deutlich bunter und moderner sind schließlich die Geldscheine der letzten Serie mit den Jahreszahlen 1971 und 1975. Hier gibt es bei den Kontrollnummern zwei verschiedene Typen: Computer- oder Buchdruck-Typensatz. Die Scheine tragen alle nur Jahreszahlen, zeitlich lassen sich die Noten aber kaum nach Ausgabezeitpunkt einordnen.
Die Währungsbezeichnung lautete nun „Mark der Deutschen Demokratischen Republik", und der Emittent war nicht mehr die Deutsche Notenbank, sondern die Staatsbank der DDR. Doch nicht nur die Änderung von Banknamen und Währungsbezeichnung ist an den neuen Banknoten auffällig, sondern auch der in stärkerem Maße politische Charakter, wie er Geldscheinen als Propagandamittel in „sozialistischen" Ländern und selbst ernannten „Volksdemokratien" eigen war. Es wurden bis auf Goethe nicht nur ausschließlich Persönlichkeiten dargestellt, die in die „revolutionären Traditionen" des deutschen Volkes passten, auch die Darstellungen auf den Rückseiten waren politisch motiviert.

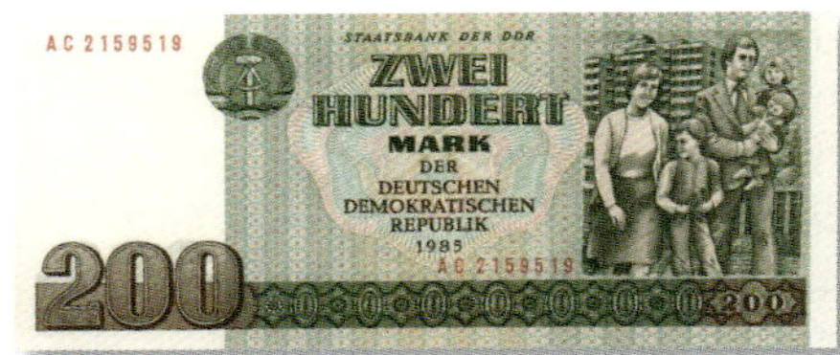

200 Mark der Staatsbank der DDR 1985.

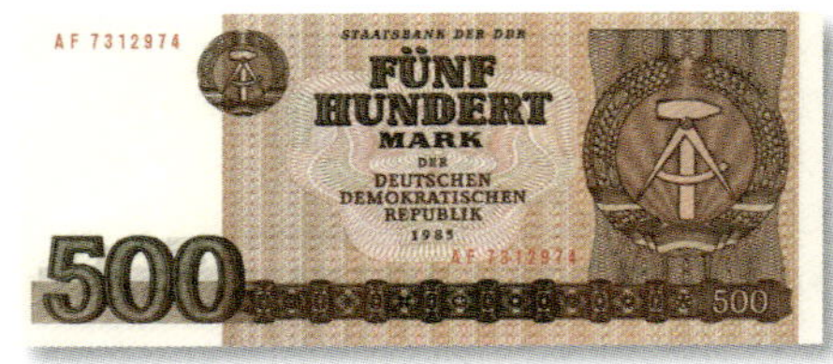

500 Mark der Staatsbank der DDR 1985.

Schließlich wurden mit der Jahreszahl 1985 auch noch Scheine zu 200 und 500 Mark der DDR hergestellt, die aber nie ausgegeben und deren Existenz erst zur „Wende" bekannt wurde. Zum Jahreswechsel 1989/90 war die DDR schon in Auflösung begriffen. Seinerzeit präsentierte ein Händler einen solchen Schein, den er für einen 5-stelligen DM-Betrag von einem anderen Kollegen erworben hatte. Die DDR-Staatsbank, noch für die Währungshoheit zuständig, bestätigte auf Anfrage, dass solche Scheine zwar gedruckt, aber auf Parteibeschluss doch nicht ausgegeben wurden. Tatsächlich waren sie Teil der Vorbereitungen der DDR auf einen möglichen Kriegsfall.

Diese Geldscheine werden im Handel angeboten, sowohl als Normalschein wie auch als Austauschnote. Doch wie kommen Scheine in den Handel, die nie ausgegeben wurden? Die 200- und 500-Mark-Noten waren nicht Teil der Restbestände von DDR-Geld, die im Auftrag der Rechtsnachfolgerin der Staatsbank - der Kreditanstalt für Wiederaufbau (KfW) – in Frankfurt am Main auf Auktionen versteigert wurden. Damit begann die spannende Geschichte einer modernen Schatzsuche in einem für die Ewigkeit versiegelten Geldgrab, das nicht lange Bestand hatte.

Nach der Einführung der DM mussten große Mengen des alten DDR-Geldes „entsorgt" werden. Mit den „Alu-Chips" – den DDR-Münzen – war das kein Problem, Altstoffhändler übernahmen sie und schmelzten das Aluminium ein. Sogar Mercedes-Sterne sollen daraus hergestellt worden sein. Doch wohin mit dem Papiergeld? Das wurde in großen Mengen in einen stillgelegten Stollen bei Halberstadt (Sachsen-Anhalt) gebracht, wo es verrotten sollte. Man sprach auch davon, die Scheine mittels Säure zu behandeln und so unbrauchbar zu machen. Doch das schien nicht der Fall zu sein, denn schon bald bildete sich ein erfolgreiches Schatzsucherteam aus jungen Leuten, die erkannt hatten, dass sich die alten Ostmarkscheine sehr gut an Sammler verkaufen ließen. Die Deutsche Bundesbank fühlte sich für die Verfolgung der „Grabräuber" im Gegensatz zu ihren eigenen Bundeskassenscheinen nicht zuständig. Aber irgendwann schaltete sich der Staatsanwalt ein. Einige Jugendliche wurden erwischt, vor Gericht gestellt und bestraft. Doch bis dahin waren sie sehr fleißig gewesen und hatten so viele 200- und 500-Mark-Scheine zu Tage „gefördert", dass die Preise auf dem Sammlermarkt fast ins Bodenlose fielen. Sicherlich gab es auch andere Quellen.

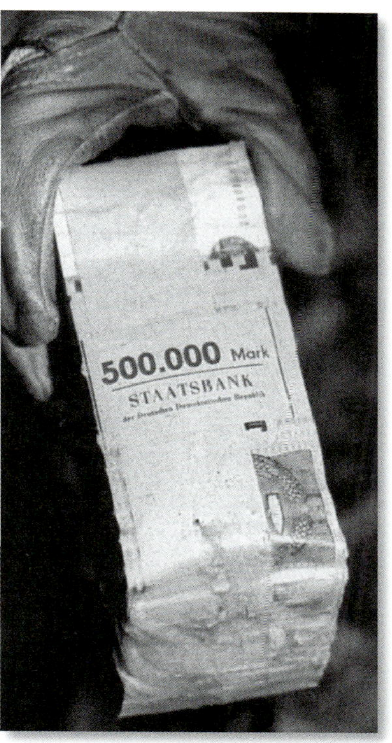

Bündel mit tausend Fünfhundertern der DDR aus einem Stollen bei Halberstadt.

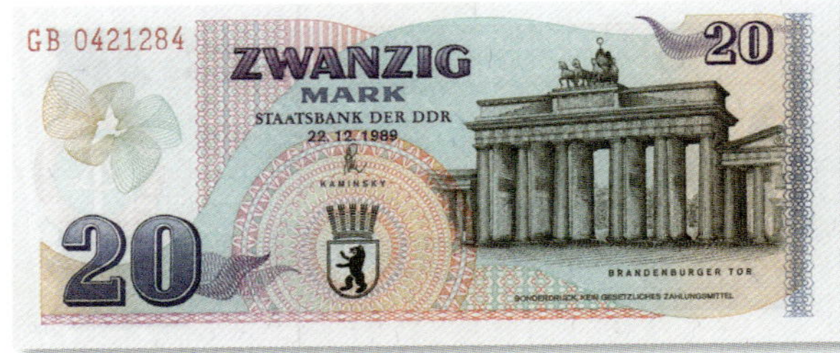

Die einzige deutsche Gedenkbanknote: 20 Mark der Staatsbank der DDR zur Öffnung des Brandenburger Tors vom 22. Dezember 1989.

Der letzte „Kampfauftrag" der DDR-Volksarmee bestand darin, die Geldbestände der DDR zu beseitigen. Sie wurden mit Militärtransporten nach Halberstadt und an andere Orte gebracht. Bei einigen Begleitkommandos hatte der diensthabende Unteroffizier nichts dagegen, dass die „Genossen" einige alte Scheine und Münzen als Andenken mitnahmen, wie sich ehemalige NVA-Soldaten später erinnerten.

Die KfW als Eigentümerin der noch im Stollen lagernden 600 Millionen DDR-Geldscheine ließ diese schließlich bis zum Sommer 2002 in einer nahe gelegenen Müllverbrennungsanlage vernichten, um weiteren Schatzsuchern vorzubeugen und das Kapitel abzuschließen.

Die Öffnung des Brandenburger Tores an Weihnachten 1989 wurde in Ost und West gefeiert. Endlich war die Forderung „Macht das Tor auf" in Erfüllung gegangen. Doch zum Jahreswechsel wurde das Tor von Jugendlichen nicht nur durchschritten, sondern auch erklommen. Es kam sogar zu einem tragischen Absturz mit Todesfolge. Dabei wurde die Quadriga schwer beschädigt. Die DDR war ohnehin praktisch pleite, und die Idee der damaligen Staatsbank, zu diesem Zweck eine 20-Mark-Münze in Kupfer-Nickel und Silber herauszugeben, war lobenswert. Der Erlös sollte zur Reparatur des Tores beitragen.

Da die Gedenkmünze gut ankam, wurde beschlossen, eine „Gedenkbanknote" zu drucken, die in einem attraktiven Umschlag verkauft werden sollte. Erstmals hatte sogar der damalige Präsident der Staatsbank, Kaminsky, die Banknote mit dem Datum 22. Dezember 1989 unterschrieben. Warum diese dann doch nicht offiziell in den Verkauf ging, bleibt im Dunkeln. Ein Mitarbeiter der zuständigen Abteilung erklärte damals auf Anfrage, man habe die gesamte Auflage durch den Büroschredder gejagt. Fast die gesamte Auflage, möchte man meinen, denn nach und nach kam schließlich auch dieser Schein in den Handel.

Selbstbetrug Forumschecks

Was im Katalog „Die deutschen Banknoten ab 1871" unter „Schecks der Forum Außenhandelsgesellschaft m.B.H. 1979" aufgeführt ist, wurde im Volksmund einfach „Forum-Schecks" oder „Intershop-Geld" genannt. Auch diese Scheine haben eine interessante Geschichte, die in der Literatur bisher kaum beschrieben wurde.

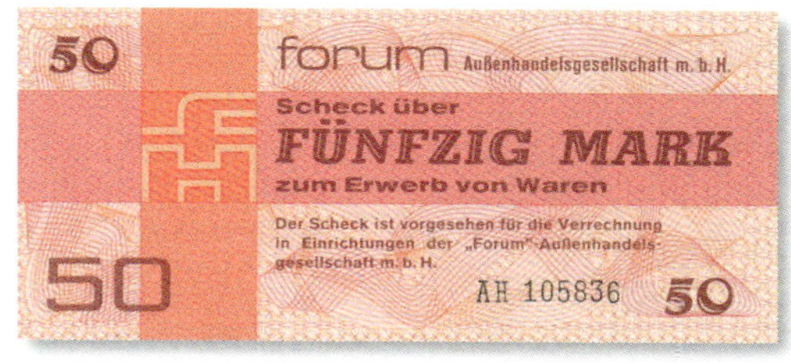

Scheck der Forum Außenhandelsgesellschaft über 50 Mark von 1979.

In den Anfangsjahren der DDR war der Besitz von Devisen und damit auch von „Westgeld" nur wenigen Personen mit staatlicher Genehmigung erlaubt, z. B. Grenzgängern. Viele Ost-Berliner arbeiteten im Westteil der Stadt, legal oder in „Schwarzarbeit", aber auch West-Berliner waren im Ostteil der Stadt beschäftigt, so bei der Deutschen Reichsbahn, die für ganz Berlin zuständig war. Nach dem Mauerbau wurden die strengen Devisenvorschriften nach dem Vorbild der Nachbarländer Polen und Tschechoslowakei schrittweise gelockert und liberalisiert. Bald entstanden überall in der DDR sogenannte „Intershops", in denen man für „Westgeld" interessante Westwaren, aber auch begehrte DDR-Produkte kaufen konnte, die sonst nur schwer oder gar nicht erhältlich waren.

Innerhalb weniger Jahre entwickelte sich die Intershop-Kette zu einem geschätzten Devisenbringer für den Staat, aber auch den Menschen war geholfen. Westdeutsche, die den Osten besuchten, mussten nicht alles aus Hamburg, München oder Berlin (West) in die DDR schleppen, sondern konnten vieles vor Ort kaufen, zum Beispiel Geschenke. Eine Jeans konnte vom glücklichen Beschenkten selbst ausgesucht und anprobiert werden, auch wenn sie teurer war als im Westen. Dafür waren Alkohol und Zigaretten so billig, dass man gleich etwas für die Rückreise einpackte und bangen musste, dass der Westzoll nicht in den Kofferraum schaute.

Die Kehrseite der Medaille war, dass es nun auch Westgeldbesitzer im Osten gab. Viele Menschen, die schon von Berufs wegen (Parteifunktionäre, Armeeangehörige, Volkspolizisten usw.) keine Westkontakte haben durften, hätten also theoretisch auch kein Westgeld haben dürfen. Das war aber nicht immer so. Und so kam es vor, dass auch „überzeugte Genossen" beim Einkauf im Intershop „erwischt" wurden.

Honecker wollte nicht, dass die DM in der DDR zu einer Parallelwährung wurde, wie es beispielsweise der US-Dollar in Polen längst war. Das Problem schien unlösbar. Einerseits sollte das Angebot in den sog. „Delikat-Läden" ausgeweitet werden. Dort kostete dann eine Schachtel Westzigaretten sieben „Ostmark", die im „Shop" für 2 DM und weniger zu haben waren. Auch andere „Luxusgüter" waren nun zu happigen Preisen gegen „Ostmark" in den „Deli's" zu bekommen. Gleichzeitig hatte der Staat ein großes Interesse daran, die Devisen der DDR-Bürger abzuschöpfen. Die Lösung war eine „Zwischenwährung" – die Forum-Mark. Mit ihrer

Einführung war es DDR-Bürgern wieder verboten, in den Intershops direkt mit Westgeld zu bezahlen. Nur Bundesbürger und Ausländer durften in den Shops mit Bargeld einkaufen und mussten an der Kasse ihren Pass vorzeigen. DDR-Bürger hingegen, die z. B. von Verwandten einen Geldschein geschenkt bekamen, mussten diesen erst in Forum-Schecks umtauschen und konnten nur mit diesen in den Intershops bezahlen. Immerhin war nun nicht mehr die DM, sondern die „Forum-Mark" die Parallelwährung im zweiten deutschen Staat, bis schließlich alle die DM hatten. Forum-Schecks gab es mit Jahreszahl 1979 in den Wertstufen von 0,50, 1, 5, 10, 50, 100 und 500 Mark. Das Umtauschverhältnis lag 1:1 zur DM. Es kommen auch hier wieder sog. Standard- und Austauschnoten vor.

Es gibt aber auch Muster und Probedrucke aus dem Jahr 1978. Schon kurze Zeit nach der deutschen Wiedervereinigung konnte man die komplette Serie Forum-Geld erwerben und damit oft zum ersten Mal die höheren Werte in den Händen halten.

Wer als Sammler diese Scheine in sein Album legt, ob Ost oder West, sollte an diesen Selbstbetrug der DDR denken. Das ist vielleicht interessanter als die Jagd nach den Austauschnoten der Forum-Serie.

Noch eine abschließende Bemerkung zu diesem „Ersatzgeld". Das kleinste Nominal war ja 50 „Westpfennig". Aber aus gutem Grund gab es im Westen bis zuletzt auch Münzen von 1 bis 10 Pfennig. Der Intershop kalkulierte kühl: Bei Waren mit hohen Steuern war man konkurrenzlos billig, bei anderen Waren „schlug man zu". Wer eine Tafel Schokolade kaufen wollte, die beim West-Berliner Discounter 0,89 DM kostete, musste 1,30 DM hinblättern. Wehe dem, der dann brav 1,50 Mark in Forumscheinen auf den Kassentisch legte. Er bekam die Schokolade und als „Wechselgeld" zwei Kaugummis – realsozialistischer Kleingeldersatz.

Militärgeld der Nationalen Volksarmee

Nach der Militärdoktrin des Warschauer Paktes sollte der Gegner – also die NATO-Staaten einschließlich der Bundesrepublik – im Gefahrenfall angegriffen und auf dem eigenen Territorium geschlagen werden. Die DDR-Währung sollte auch im Kriegsfall eine Binnenwährung bleiben und nicht für Zahlungen außerhalb der DDR-Grenzen ver-

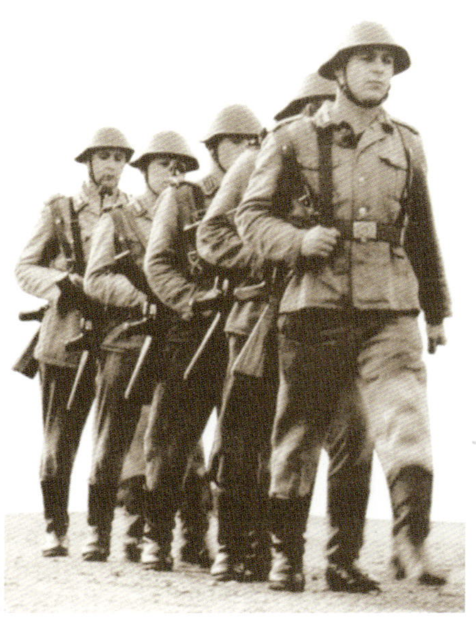

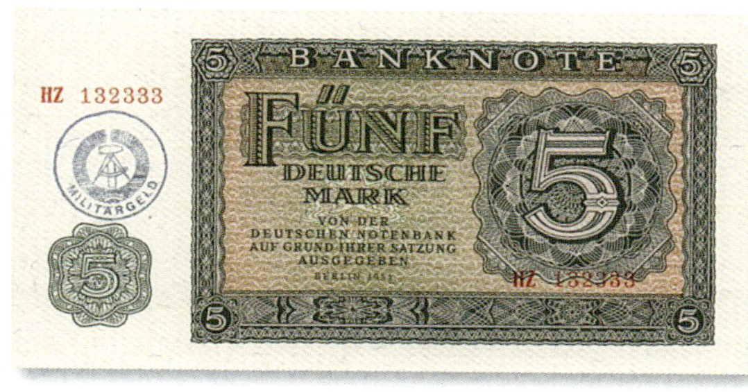

Vorläufertyp des NVA-Militärgelds über 5 DM.

wendet werden, da man um die Währungsstabilität fürchtete.

Dem Politbüro der SED und dem Nationalen Verteidigungsrat wurde vorgeschlagen, die alten Banknoten der DDR von 1955, die noch auf Deutsche Mark lauteten, mit dem Vermerk „Militärgeld" für den Verteidigungsfall vorzubereiten, was dann auch geschah. Deshalb ableiten zu wollen, das Politbüro der DDR habe einen Überfall auf die Bundesrepublik geplant und die vorliegenden Militärbanknoten als Beweis dafür anzuführen, ist schlichtweg falsch. Interessante Dokumente zur Geschichte des „Kalten Krieges" sind sie auf jeden Fall, und die Noten der Ersatzserie BBk II der Deutschen Bundesbank sowie die Bundeskassenscheine waren immerhin auch als Reserven für den möglichen Kriegsfall gedacht.

Das Militärgeld war ausschließlich für die Verwendung innerhalb der Nationalen Volksarmee (NVA) der DDR bei Kampfhandlungen auf gegnerischem Territorium zur finanziellen Absicherung von Versorgungsaufgaben und Wehrsoldzahlungen vorgesehen. Seine Herstellung und Bevorratung in sieben Militärgelddepots wurde auf geheime Weisung des Nationalen Verteidigungsrates der DDR im Jahre 1980 vorbereitet. Der praktische Einsatz wurde bei Truppenübungen der NVA erprobt.

Bei den überstempelten Banknoten der Serie 1955 der Deutschen Notenbank handelt es sich um sogenannte Vorläufertypen, die mit Ausnahme des 5-

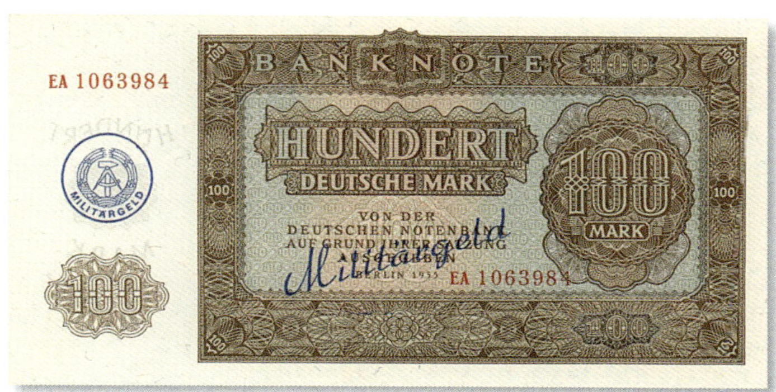

NVA-Militärgeld über 100 DM.

Mark-Scheins, der mehrfach für die verschiedenen Geschäftsbereiche hergestellt wurde, alle in nur wenigen Exemplaren vorkommen. Scheine der Serie 1955 mit Überdruck „Musternote" und zusätzlichem Staatswappen der DDR im Schaurand sind Musterscheine für das geplante Militärgeld der NVA. Die endgültigen Militärgeld-Noten tragen neben dem Stempel auch einen Überdruck „Militärgeld" und wurden in nur sehr geringer Stückzahl hergestellt.
Als nach der „Wende" die ersten Vorläufertypen (nur mit Handstempel) auftauchten, gab es viele Zweifler. Inzwischen gibt es aber aussagekräftige Politbüro-Dokumente, die die Existenz des Militärgeldes belegen, das sicherlich überhaupt nicht bekannt geworden wäre, wenn nicht auch hier eine Reihe von Scheinen „verloren" gegangen wären. Die Militärgeld-Noten wurden in geringer Zahl hergestellt und größtenteils vernichtet. Sie kommen hin und wieder zu sehr hohen Preisen in den Handel. Aus praktischer Sammlersicht sollte man, wenn es denn nicht zu teuer wird, den einen oder anderen Schein in die Sammlung aufnehmen, doch komplett kann man auch dieses kleine Teilgebiet schwer oder überhaupt nicht bekommen.

Deutsche Nebengebiete

Was wir als „Nebengebiete" des deutschen Papiergeldes bezeichnen, ist für Sammler anderer Länder zum Teil ein Stück eigener Geldgeschichte. Sowohl für Briefmarken und Münzen als auch für Geldscheine hat sich der Ausdruck „Nebengebiete" durchgesetzt, auch wenn er sprachlich nicht sehr elegant ist. Mit „Gebieten" ist jedoch nicht ein Land oder eine Region gemeint, sondern vielmehr ein Sammelgebiet. Wenn man sich also dem Hauptsammelgebiet der deutschen Banknoten ab 1871 verschrieben hat, so kann man als „Nebengebiet" z. B. die Geldscheine der ehemaligen deutschen Kolonien oder die deutschen Besatzungsausgaben für verschiedene Länder sammeln, aber auch das Papiergeld der Freien Stadt Danzig und papiergeldähnliche Wertpapiere wie Steuergutscheine oder die Noten der Konversionskasse für deutsche Auslandsschulden.
Die Frage ist, ob z. B. alle Geldscheine, die während der Weltkriege in den von deutschen Truppen besetzten Gebieten ausgegeben wurden, dazu gezählt werden sollen. Der Katalog zu den deutschen Banknoten ab 1871 führt auch diese auf, was viele Sammler freut, andere aber in Zweifel und Nöte bringt. Erinnern Sie sich noch an die Warnung, sich niemals zum Sklaven eines Katalogs zu machen? Der Katalog wurde in den letzten Jahrzehnten ständig verbessert und ergänzt und bietet von Ausgabe zu Ausgabe einen immer vollständigeren Überblick über alle für Deutschland, für deutsche Gebiete und in deutschem Namen ausgegebenen Geldscheine. Aber niemand zwingt einen Sammler, alles in seine Sammlung aufzunehmen, was dort zu finden ist. Hier kann sich jeder Sammler frei entfalten, seinen eigenen Interessen folgen und neue entwickeln.

Militär- und Besatzungsausgaben des Ersten Weltkrieges

Natürlich kann an dieser Stelle nicht auf alle Besatzungsscheine umfassend eingegangen werden. Wir wollen uns aber dennoch nacheinander kurz allen Ausgaben widmen, da diese oftmals auch historisch sehr interessant sind.

Militärausgaben in Frankreich 1914/15

Selten und bemerkenswert sind die deutschen Militärausgaben in Frankreich zu Beginn des Ersten Weltkriegs. Verschiedene Teile des deutschen Heeres, genauer der 1., 2. und 3. Armee, gaben zur Bezahlung von Arbeitslohn, Dienstleistungen und Warenlieferungen an die Kommunen und die Bevölkerung im besetzten Teil Frankreichs eigene Geldscheine aus. Genutzt wurden diese etwa in einem Frontverlauf von 300 km Länge und 50 km Tiefe. In Deutschland werden diese Scheine leider noch nicht in dem Maße gesammelt, welches ihrer historischen Bedeutung zukommt. Das mag wohl auch an der recht einfachen Gestaltung und der Seltenheit der Stücke liegen. Es gab sie in Nennwerten von 50 Centimes bis 100 Francs. Es gibt zahlreiche Varianten, da Ortsangaben, Truppenteile, Kontrollnummern usw. handschriftlich oder mit

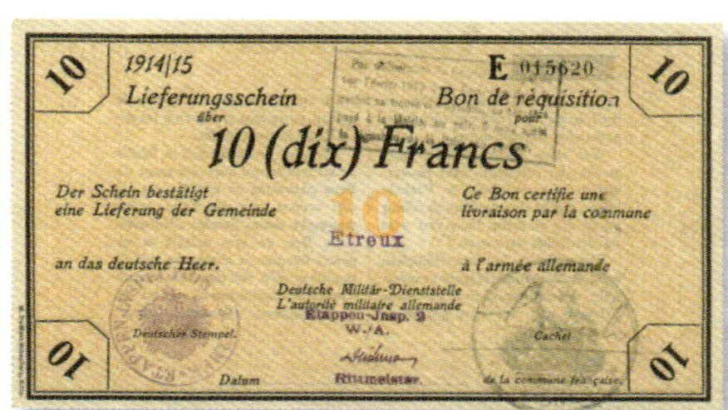

Sog. „Deichmann-Bon" der Etappen-Kommandantur der 2. Armee über 5 Francs von 1915.

Stempeln vermerkt wurden. Auch gibt es zahlreiche zusätzliche Abstempelungen von Einheiten und Arbeitskommandos.

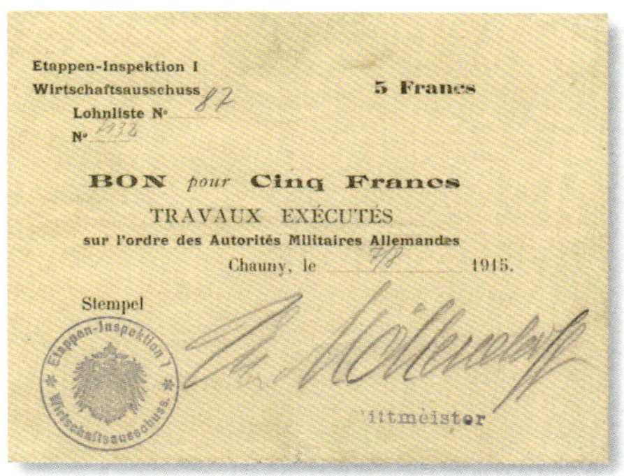

Bon über 5 Francs der Etappen-Inspektion I der 1. Armee von 1915.

Die seltenen Scheine der 2. Armee werden auch als „Deichmann-Bons" bezeichnet, da viele dieser Scheine die Unterschrift des Rittmeisters Deichmann tragen. Doch kennen wir auch Unterschriften von anderen Personen.

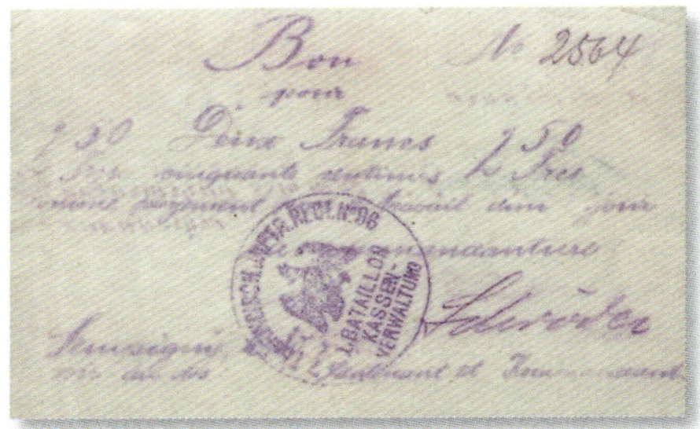

Bon des Thüringischen Infanterieregiments No. 96 über 2,50 Francs vom 30. August 1915.

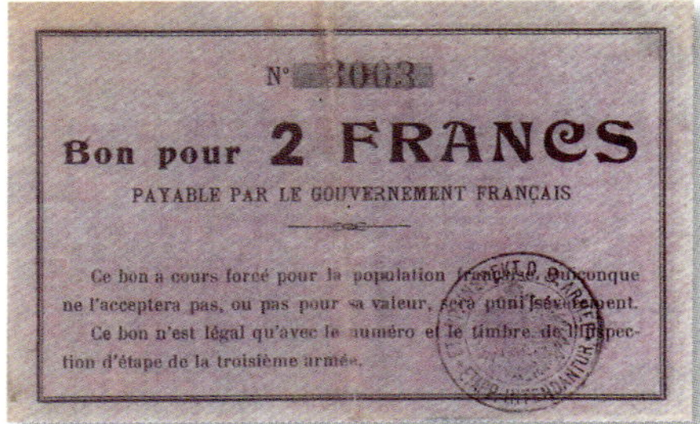

Umgelaufener Bon der Etappen-Inspektion der 3. Armee über 2 Francs ohne Datum (1915) mit Kontrollnummer und Stempel.

Die Ausgaben der 3. Armee waren lange Zeit umstritten, da ihre Scheine immer nur als Muster ohne Kontrollnummer bekannt waren und auf der deutschsprachigen Seite die Währungsbezeichnung „Franks" statt „Franken" tragen. Es wurde deshalb selbst von Experten vermutet, dass es sich um US-amerikanische Drucke handeln könnte, die erst viel später zum Schaden der Sammler hergestellt wurden. Tatsächlich müssen wir aber davon ausgehen, dass auch diese Scheine in Umlauf waren. Nicht jeder Militär mit Befehlsgewalt muss es früher so genau mit der Währungsbezeichnung genommen haben. Da kann man es schon verzeihen, wenn bei dem Versuch, das französische „Francs" einzudeutschen, ein verunglücktes „Franks" herauskommt. Wie der abgebildete 2-Franken-Schein beweist, gibt es auch gebrauchte Stücke mit Kontrollnummer, die damals an der Front verwendet wurden. Solche Scheine sind heute jedoch sehr selten und können nur mit Liebhaberpreis bewertet werden.

Schließlich sollen auch noch die ursprünglich handgeschriebenen und dann hektografisch vervielfältigten Bons des Thüringischen Infanterieregiments No. 96 erwähnt werden, um alle bekannten deutschen Militärausgaben des Ersten Weltkriegs in Frankreich kurz vorgestellt zu haben. Diese Bons wurden zur Bezahlung einer Tagesarbeit genutzt und sind heute ebenfalls äußerst selten.

Besatzungsausgaben für Belgien 1914 bis 1918

Bei der Besetzung des Landes durch deutsche Truppen floh die belgische Regierung nach England und nahm unter

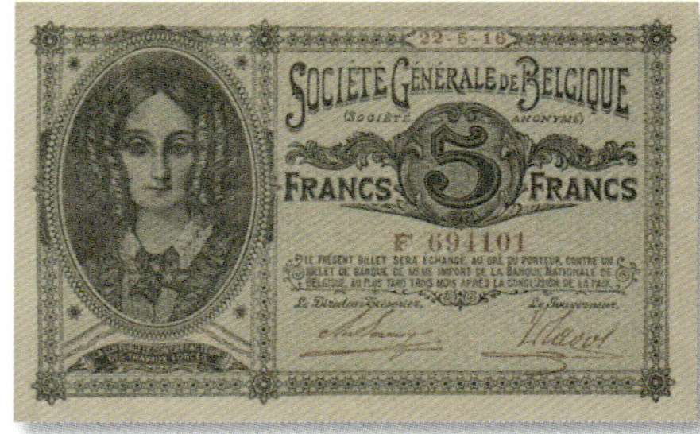

Note der Société Générale de Belgique über 5 Francs vom 3. Juli 1917.

anderem auch die Druckplatten der Belgischen Nationalbank mit. Um die Versorgung des Landes mit Zahlungsmitteln sicherzustellen, wurde die Société Générale de Belgique von den Deutschen ermächtigt, ab 24. Dezember 1914 Banknoten auszugeben. Mit dem Umtausch der Scheine sollte spätestens drei Monate nach Friedensschluss begonnen werden. Da jede Note das Datum des Tages trägt, an dem sie gedruckt wurde, gibt es natürlich Scheine mit vielen verschiedenen Datierungen von 1914 bis 1918.

Die meisten dieser Scheine, die es in Werten von 1 bis 1000 Francs gibt, sind recht selten. Nur die 1-Franc-Note kommt in vielen Sammlungen vor.

Während die Werte zu 1, 2, 5 und 100 Francs das Bildnis der Königin Marie-Louise zeigen, ist auf dem 20- und 1000-Francs-Schein der Maler Peter Paul Rubens dargestellt.

Deutsche Ausgaben für das Generalgouvernement Warschau

Polen hatte zu Beginn des Ersten Weltkrieges überhaupt nicht als selbstständiger Staat existiert. Der vormals polnische Teil Russlands (Kongress- oder auch Russisch-Polen) wurde vollständig von deutschen und österreichischen Truppen besetzt. Der nördliche Teil dvon, später als „Generalgouvernement Warschau" bezeichnet, stand bis 1918 unter deutscher, der südliche Teil mit Ostgalizien unter österreichischer Verwaltung. Nach der von Deutschland betriebenen Unabhängigkeit des Landes von Russland und der Proklamation des Königreichs Polen am 5. November 1916 wurde mit Gesetz vom 13. Dezember 1916 die Polnische Landesdarlehnskasse in Warschau gegründet, die für die Versorgung des Landes mit Zahlungsmittel zuständig war. Am 26. April 1917 wurde die bis dahin in Polen geltende Währung, der russische Rubel, durch die der deutschen Mark gleichgestellte polnische Mark ersetzt.

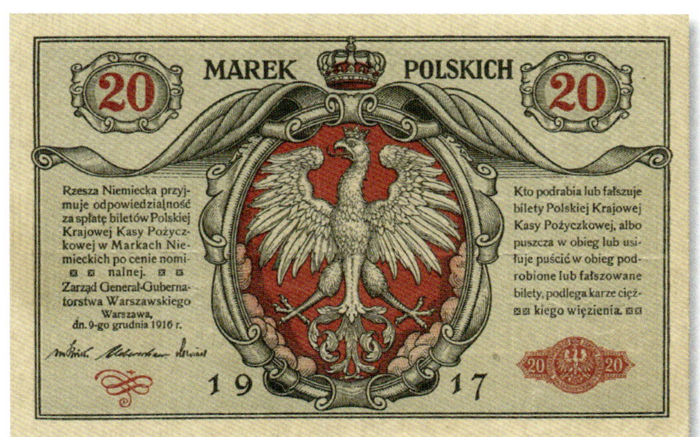

Gutschein der polnischen Landesdarlehnskasse über 20 Marek von 1916, 3. Ausgabe von 1917.

Für die Einlösung der Gutscheine des Generalgouvernements zum Nennwert haftete das Deutsche Reich. Insgesamt gab es drei Ausgaben dieser Gutscheine. Während sich bei der ersten Ausgabe mit „Zarzad jeneral-gubernatorstwa" ein Schreibfehler in der polnischen Übersetzung von „Generalgouvernement" eingeschlichen hatte, wurde dieser bei den späteren Ausgaben mit „Zarzad General-Gubernatorstwa", korrigiert. Es gab Scheine Nennwerten zu 1/2, 1, 2, 5, 10, 20, 50 und 100 Marek

Für polnische Sammler stellen die Ausgaben für das Generalgouvernement praktisch den Beginn der Papiergeldgeschichte des modernen Polen dar. Alle Ausgaben tragen den polnischen Adler und ein großer Teil der 1917 gedruckten Scheine zirkulierte auch noch nach Kriegsende im neu entstandenen polnischen Staat, weshalb viele nur in stark gebrauchtem Zustand zu finden sind.

Deutsche Besatzungsausgaben in Russland 1916 bis 1918

Geht man von der historischen politischen Situation zu Beginn des Ersten Weltkrieges aus, so hätten natürlich auch die Scheine für das Generalgouvernement Warschau in diese Rubrik aufgenommen werden können. Da aber Polen nach dem Ersten Weltkrieg als Staat neu entstand, wurde dieser Teil gesondert behandelt.

Nach dem Einmarsch russischer Truppen in Ostpreußen zu Beginn des Ersten Weltkrieges und deren Zerschlagung in der Masurenschlacht verlagerte sich die Front weiter nach Osten. Die baltischen Gebiete sowie Teile Nordpolens und Weißrusslands wurden dem Oberbefehlshaber Ost unterstellt. Für die Versorgung dieses großen Gebietes mit Zahlungsmitteln war die Ostbank für Handel und Gewerbe zuständig. Deren

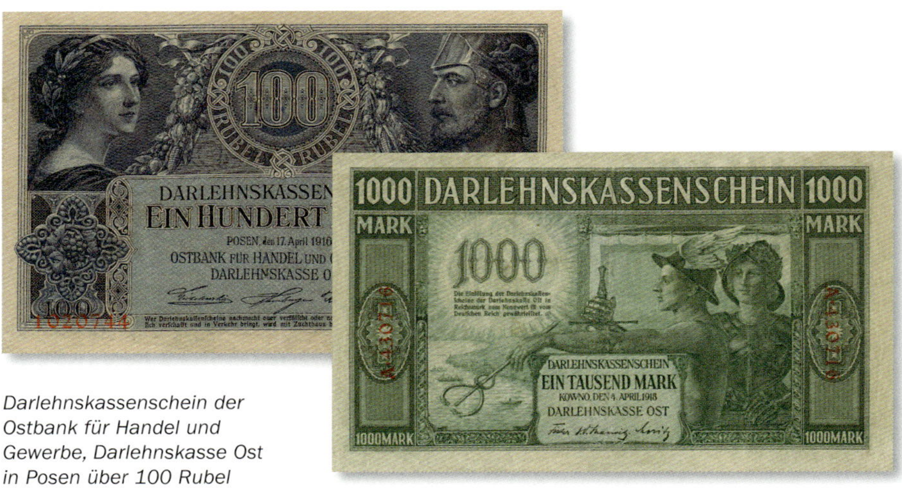

Darlehnskassenschein der Ostbank für Handel und Gewerbe, Darlehnskasse Ost in Posen über 100 Rubel vom 17. April 1916.

Darlehnskassenschein der Darlehnskasse Ost in Kowno über 1000 Mark vom 4. April 1918.

Darlehnskasse Ost mit Sitz im deutschen Posen gab seit 1916 Darlehnskassenscheine in Rubelwährung aus. Ab 1918 folgten dann Ausgaben in Markwährung durch die Darlehnskasse Ost im litauischen Kowno (Kauen). Der Umrechnungskurs zwischen Rubel und Mark blieb konstant im Verhältnis 2:1.

Als mit dem Ende des Ersten Weltkrieges die baltischen Republiken gegründet wurden, schufen sich Estland und Lettland rasch eigene Währungen. Nur in Litauen liefen die Scheine der Darlehnskasse Ost noch bis 1922 als gesetzliche Zahlungsmittel um und gehören daher auch in jede Baltikum-Sammlung. Neben den Scheinen der Darlehnskasse Ost gab es im Baltikum aber auch eine ganze Reihe von Notausgaben, so von den Städten Libau, Mitau und Windau in Lettland sowie Seda in Litauen. Leider werden diese Notgeldscheine unter deutscher Besatzung von deutschen Sammlern immer noch viel zu wenig beachtet.

Deutsche Besetzung Rumäniens von 1916 bis 1918

Das Königreich Rumänien (Walachei) war schon seit 1883 mit Deutschland, Österreich-Ungarn und Italien verbündet. Nachdem russische Truppen 1914/15 dem k. u. k. Heer auf dem Balkan eine schwere Niederlage bereitet hatten, wechselte Rumänien – wie schon 1915 Italien – mit der Aussicht auf Gebietserweiterungen überraschend die Seiten und trat am 27. August 1916 in den Ersten Weltkrieg ein, indem es das hauptsächlich von Deutschen bewohnte ungarische Siebenbürgen besetzte. Die Gegenwehr ließ jedoch nicht lange auf sich warten und verbündete deutsch-österreichisch-ungarische Truppen besiegten Rumänien in kurzer Zeit.

In der Folge blieb das Land bis zum Kriegsende durch die deutsche Armee Mackensen besetzt.

Seit 1916 erfolgte die Versorgung des Landes mit Zahlungsmitteln durch die „Banca Generala Romana", welche mit der Deutschen Reichsbank in Berlin in Verbindung stand. Nach dem Ersten Weltkrieg musste Ungarn Siebenbürgen an Rumänien abtreten.

Alle Werte kommen auch mit den verschiedensten Behörden- oder Armeestempeln vor. Obwohl die meisten Sammler ungestempelte Stücke bevorzugen und für solche mit Stempeln Preisabschläge wünschen, sollte nicht vergessen werden, dass einige dieser Abstempelungen sehr selten sind.

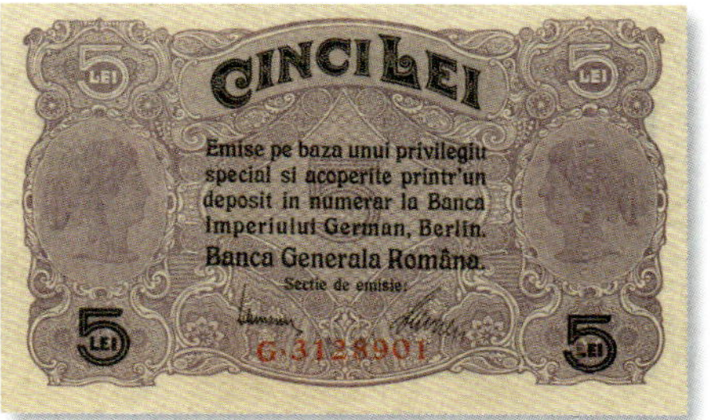

Note der Banca Generala Romana über 5 Lei ohne Datum (1917).

Deutsche Militärausgaben der Georgischen Legion Samsun

Die Georgische Legion Samsun wurde 1916 im Norden des verbündeten Osmanischen Reiches (Türkei) vom deutschen Oberkommando aus georgischen Kriegsgefangenen der russischen Streitkräfte als Hilfstruppe aufgestellt. Sie kam jedoch nie zum Kriegseinsatz.

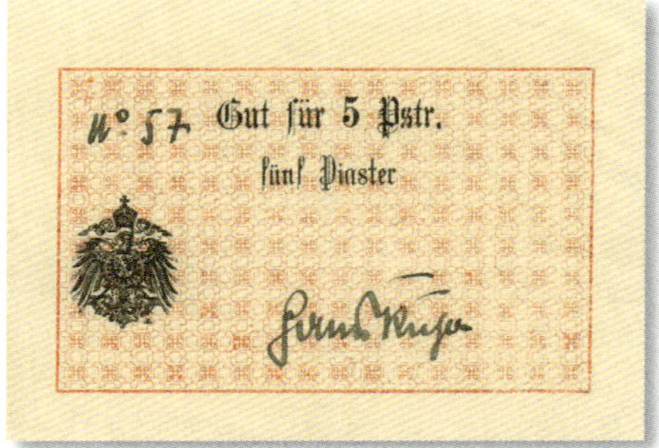

Georgische Legion Samsun: Gutschein über 5 Piaster mit Handunterschrift Hans Külzer ohne Dienstgrad, ohne Datum (1916).

Alle Stücke wurden durch Hans Külzer handschriftlich mit verschiedenen Dienstgraden (Unteroffizier, Vize Feldwebel oder Feldwebel) unterzeichnet und dienten zur Bezahlung der Truppe. Während die ersten Scheine noch handgeschrieben waren, ging man bald dazu über, diese drucken zu lassen.
Sicherlich haben diese nur in geringer Stückzahl hergestellten Scheine im Vergleich etwa zu den Noten der Darlehnskasse Ost nur eine bescheidene Bedeutung. Dennoch sind sie faszinierende Zeitdokumente, die man als deutsche Ausgaben aus dieser Ecke der Welt wirklich nicht vermuten würde.

Deutsche Militärausgaben für besetzte Gebiete Persiens

Unter der Führung von Oskar Ritter von Niedermayer rückte im Frühjahr 1915 eine kleine deutsche Abteilung von Bagdad nach Teheran vor. Ende Juni machte sich die „Dr.-Niedermayer-Expedition" auf den Weg durch die neutrale Zone Persiens nach Kabul, das man unter schweren Strapazen Ende September erreichte. Hier sollten die Briten mit Unterstützung kriegerischer afghanischer Stämme in einen regionalen Konflikt um ihre kolonialen Interessen – vor allem um Indien – verwickelt werden, um die europäische Westfront zu entlasten. Das Vorhaben scheiterte, und im Mai 1916 verließen die Deutschen Kabul wieder, zogen zurück nach Teheran und weiter nach Kermanshah, das sie am 5. September 1916 erreichten. Hier besetzte die kleine deutsche Truppe – unterstützt von türkischen Einheiten – persisches Gebiet, um zumindest die Vereinigung von russischen und britischen Truppen im neutralen Teil Persiens zu verhindern. Die deutsche Besatzung in diesem Gebiet dauerte bis 1918.

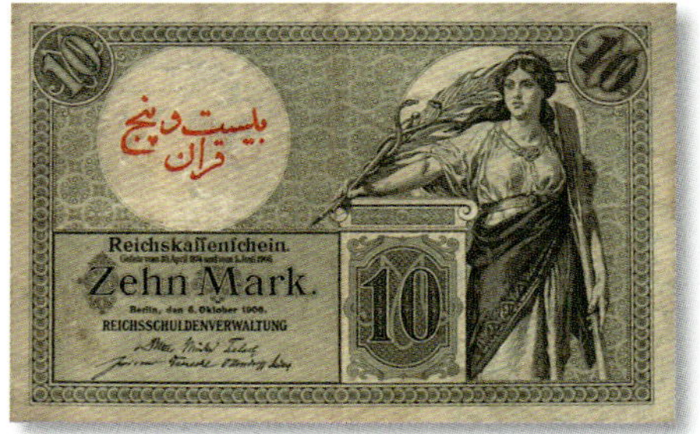

Reichskassenschein über 5 Mark mit rotem persischem Überdruck zu 25 Qran.

Als provisorische Zahlungsmittel nutzte man Reichskassenscheine und Reichsbanknoten, die 1916 in der Reichsdrukkerei mit persischen Überdrucken versehen wurden. Die Scheine sollten ursprünglich sowohl der Finanzierung der „Niedermayer-Expedition", als auch der Unterstützung der persischen Regierung, von der man sich einen Kriegseintritt gegen die Russen und Briten erhoffte, sowie zur Anwerbung persischer Truppen dienen.

Alle Ausgaben sind sehr selten und die beiden höchsten Werte über 100 und 1000 Mark existieren heute nur als Druckproben im Besitz der Stiftung Preußischer Kulturbesitz in Berlin.

Da die Grundscheine sehr häufig und die echten Militärausgaben mit persischen Überdrucken sehr selten und teuer sind, kamen auch immer wieder manipulierte Scheine mit gefälschten Überdrucken vor. Die Original-Überdrucke sind im Buchdruck ausgeführt, während Überdruck-Fälschungen meist in einfachem Offset-Druck aufgebracht wurden. Es existieren auch handschriftlich mit roter Tinte manipulierte Scheine. Ist man sich nicht absolut sicher, sollte man lieber vor dem Erwerb eines solchen Scheins einen Experten zu Rate ziehen oder besser auf ein vermeintlich günstiges Angebot verzichten.

Ausgaben der Freiwilligen Westarmee 1919

Die Scheine der Freiwilligen Westarmee werden wegen ihrer zweisprachigen Gestaltung in Russisch und Deutsch und der Währungsbezeichnung „Mark" oft fälschlicherweise für deutsche Besatzungsausgaben in Russland gehalten, sind es aber nicht. Da es sich zweifellos um sehr interessante Zeitdokumente handelt, werden sie dennoch von vielen Sammlern deutscher Nebengebiete gesucht.

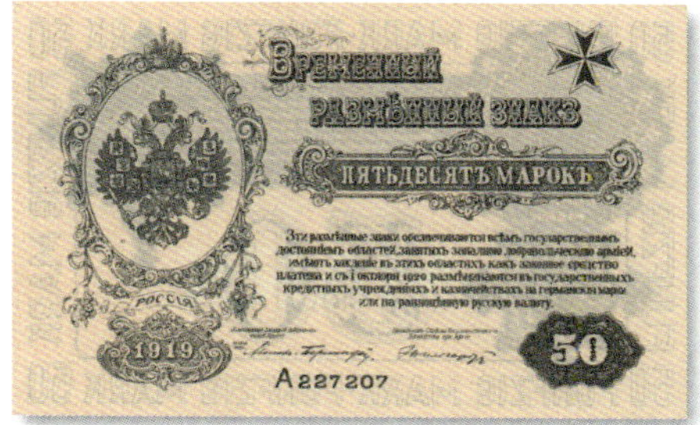

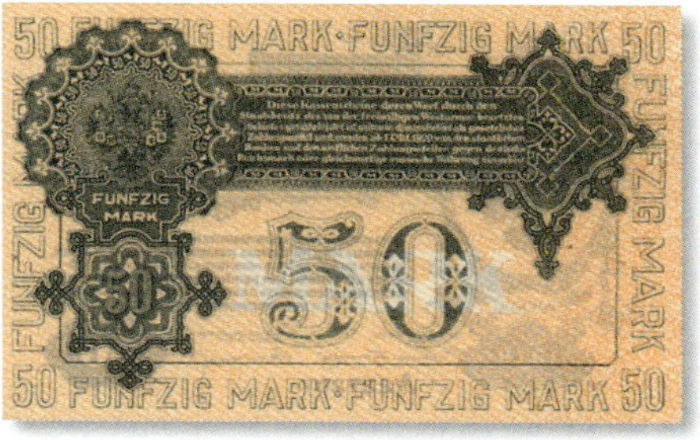

Kassenschein der Freiwilligen Westarmee über 50 Mark aus dem Jahr 1919.

Bereits im Sommer 1918 gab es deutsche Pläne, im russischen Bürgerkrieg gegen die Sowjetherrschaft bis nach Sankt Petersburg vorzustoßen. Russische Kriegsgefangene wurden rekrutiert und bei Pleskau begann die Aufstellung der ersten Verbände. Die am 18. November 1918 ausgerufene Republik Lettland wurde jedoch weitgehend durch die Rote Armee besetzt und im Dezember 1918 zur Sowjetrepublik. Nachdem die Entente gemäß dem Waffenstillstandsvertrag von Compiègne den Rückzug der deutschen Truppen gefordert hatte, wurde aus den angeworbenen Russen, der von Deutschland finanzierten und ausgerüsteten Baltischen Landeswehr, die aus Baltendeutschen bestand, sowie freiwilligen deutschen Soldaten verschiedener Armeekorps, die im Osten verbleiben wollten, die sog. Freiwillige Westarmee (auch Westrussische Befreiungsarmee) aufgestellt. Sie stand zwar nicht mehr unter zentraler deutscher Führung, sondern unter dem Kommando des russischen Kosakenobersten Bermondt-Avalow, der sich selbst Fürst Avalow-Bermondt nannte, doch sie bestand hauptsächlich aus deutschen und baltendeutschen Freiwilligenkorps unter deutschem Kommando. Ihr ursprüngliches Ziel war es, über das Baltikum bis nach Moskau vorzustoßen, um dort gemeinsam mit anderen weißen Truppen die sowjetische Herrschaft zu beenden. Zu diesem Zweck führte die Armee Verhandlungen mit Deutschland, den Entente-Mächten, Litauen und Lettland. Ziel des Deutschen Reiches war es, die Kosten für den Unterhalt der Armee auf die Reparationszahlungen Deutschlands anrechnen zu lassen, was die Entente jedoch ablehnte. Litauen und Lettland fühlten sich sogar durch die Freiwillige Westarmee bedroht. Trotzdem weigerte sich u. a. die deutsche „Eiserne Division" abtransportiert zu werden und trat geschlossen der Westarmee bei.

Zur Finanzierung der Armee wurden im lettischen Mitau zweisprachige Kassenscheine mit Datum vom 10. Oktober 1919 ausgegeben, deren Gegenwert durch den Staatsbesitz des von der Armee besetzten Gebietes gedeckt sein sollte. Außerdem sollten die Scheine in diesen Gebieten als gesetzliche Zahlungsmittel gelten. Es war vorgesehen, dass sie ab dem 1. Oktober 1920 bei staatlichen Banken und Zahlstellen gegen deutsche Mark oder gleichwertige russische Währung eingelöst werden sollten.

Da man davon ausging, dass die Weißen die Sowjets auch ohne Unterstützung der „Bermondter" besiegen würden, war das Eingreifen in den lettischen Unabhängigkeitskrieg das vorrangige Ziel der Freiwilligen Westarmee. Anfang Oktober 1919 wurde Riga angegriffen, doch es kam zu erbittertem Widerstand. Am 11. November 1919 wurde die Freiwillige Westarmee aus Riga und schließlich aus ganz Lettland vertrieben. Die Letten selbst verdrängten Anfang 1920 die letzten bolschewistischen Einheiten aus ihrem Land und proklamierten im Mai 1920 erneut ihre Unabhängigkeit, die dann im Rigaer Vertrag vom 11. August 1920 von den Sowjets akzeptiert wurde.

Die meisten Korps der Freiwilligen Westarmee wurden 1920 aufgelöst.

Militär- und Besatzungsausgaben des Zweiten Weltkrieges

Auch im Zweiten Weltkrieg kam es zu einer Vielzahl von Ausgaben der Deutschen Wehrmacht sowie für die von ihr besetzten Gebiete, die heute in vielen Deutschlandsammlungen zu finden sind und hier kurz vorgestellt werden sollen.

Ausgaben der Deutschen Wehrmacht im Zweiten Weltkrieg 1939 – 1945

Nicht weniger interessant als die deutschen Militär- und Besatzungsausgaben des Ersten Weltkrieges sind die Scheine der Wehrmacht sowie die Besatzungsausgaben des Zweiten Weltkrieges. Während im Ersten Weltkrieg nur einzelne Truppenteile in begrenzten Gebieten eigene Geldscheine zur Bezahlung von Warenlieferungen oder Arbeitsleistungen (Frankreich) oder auch zur Auszahlung des Soldes (Georgische Legion) verwendeten, gab es im Zweiten Weltkrieg allgemein gültige Zahlungsmittel der Wehrmacht.

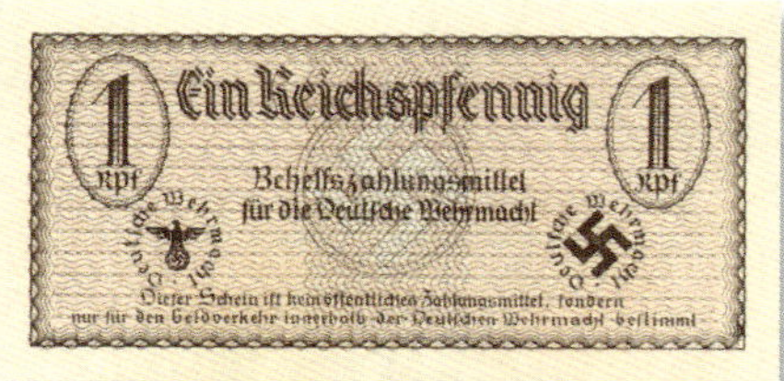

Behelfszahlungsmittel der Deutschen Wehrmacht zu 1 Reichspfennig (Erstausgabe 1940).

Mit den „Behelfszahlungsmitteln für die Deutsche Wehrmacht" wurden Wehrmachtsangehörige und ihnen gleichgestellte Personen in Ländern bezahlt, in denen die Landeswährung Beschränkungen unterlag. Eine erste Ausgabe über 1 Reichspfennig stammt von Mitte 1940 und wurde im besetzten Teil Frankreichs, später auch in Rumänien und Bulgarien verwendet. Eine komplette Serie mit Werten von 1 Reichspfennig bis 2 Reichsmark wurde aber erst 1942 eingeführt. Die Scheine waren keine öffentlichen Zahlungsmittel, sondern nur für den Geldverkehr innerhalb der Wehrmacht bestimmt. Man konnte damit also nur sogenannte Marketenderware kaufen oder in Kasinos und Soldatenheimen bezahlen. Um eine Verwendung außerhalb der Wehrmacht zu verhindern, betrug der Nennwert der Scheine nur ein Zehntel des tatsächlichen Wertes. So entsprach ein Schein über 1 Reichsmark einem Warenwert von 10 Reichsmark.

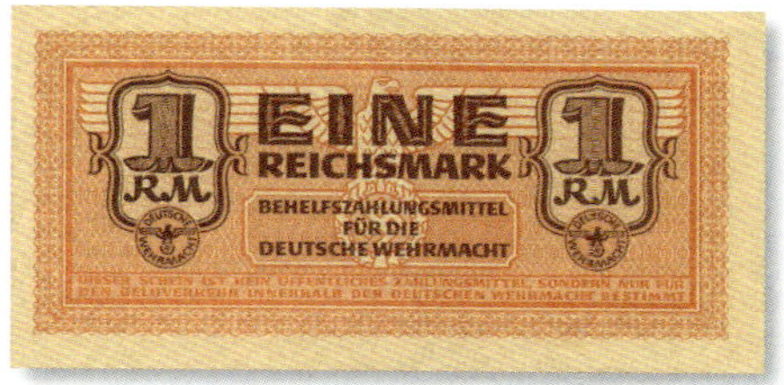

Behelfszahlungsmittel der Deutschen Wehrmacht zu 1 Reichsmark (2. Ausgabe 1942).

Die Scheine sind einseitig bedruckt und tragen kein Datum, keine Kontrollnummer und keine Unterschrift, sondern lediglich den Nennwert. Am seltensten ist die erste Ausgabe zu 1 Reichspfennig. Häufig dagegen sind die anderen Pfennig-Beträge der dann folgenden Serie. Einige Scheine dieser Behelfszahlungsmittel kommen auch mit Abstempelungen des Befehlshabers Saloniki-Ägäis mit Sitz in Thessaloniki auf der Rückseite vor. Diese Scheine tragen in der Regel einen roten Stempel in griechischer und einen violetten in deutscher Sprache. Diese Abstempelungen in Griechenland werden auch im Katalog „Die deutschen Banknoten ab 1871"aufge-

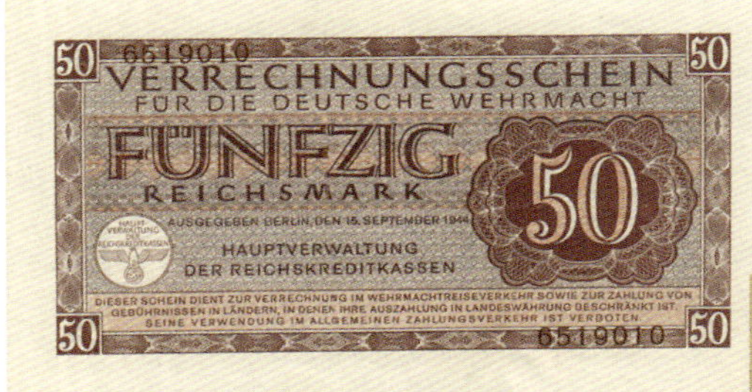

Verrechnungsschein der Deutschen Wehrmacht über 50 RM vom 15. September 1944.

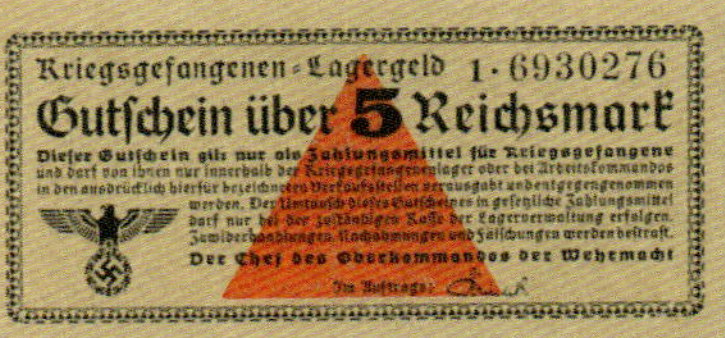

Kriegsgefangenen-Lagergeld des Chefs des OKW über 5 RM ohne Datum (1939–1945).

führt. Dagegen sind andere Abstempelungen von Wehrmachtsscheinen, sowohl von Behelfszahlungsmitteln als auch von Verrechnungsscheinen, über die gleich berichtet wird, mit größter Vorsicht zu genießen.

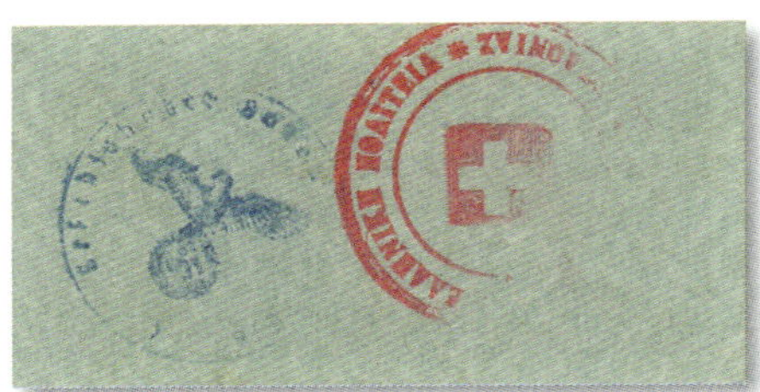

Behelfszahlungsmittel der Deutschen Wehrmacht über 1 RPf. (2. Ausgabe), Rückseite mit Stempel des Befehlshabers Saloniki-Ägäis.

Ende 1944 wurden Verrechnungsscheine für die Deutsche Wehrmacht eingeführt. Sie ersetzten die aus dem Verkehr gezogenen Behelfszahlungsmittel. Die Verrechnungsscheine gab es in Nennwerten zu 1, 5, 10 und 50 Reichsmark. Ausgehend vom Zeitpunkt der Ausgabe kurz vor Kriegsende sind diese Scheine heute noch in relativ großen Mengen in guter Erhaltung vorhanden und daher im Fachhandel günstig zu erwerben.

Zu den Ausgaben der Deutschen Wehrmacht müssen wir auch das Kriegsgefangenen-Lagergeld rechnen, da es im Auftrage des Chefs des Oberkommandos der Wehrmacht (OKW) ausgegeben wurde. Während es im Ersten Weltkrieg kein einheitliches Lagergeld für die zahlreichen Kriegsgefangenenlager im Deutschen Reich gab und jedes Lager eigene Geldzeichen zur Entlohnung der Gefangenen für ihre Arbeitsleistungen nutzte, wurde ab Herbst 1939 ein allgemein für alle Gefangenenlager gültiges Lagergeld eingeführt. Oft wurden diese einseitig bedruckten Scheine mit zusätzlichen Lagerstempeln auf den Rückseiten versehen (z. B. „Stalag …" für Stammlager oder „Oflag …" für Offiziers-Gefangenenlager). Derartig abgestempelte Stücke sind heute aber sehr selten.

Die Lagergeldscheine gab es in Nennwerten von 1, 10 und 50 Reichspfennig sowie zu 1, 2, 5, 10 und 20 Reichsmark. Wozu aber brauchte man überhaupt eigenes Lagergeld für die Kriegsgefangenenlager? Nach internationalem Recht mussten Kriegsgefangene für ihre Arbeit entlohnt werden, während die von der Arbeit befreiten Offiziere einen festen Betrag erhielten. Da man die Auszahlung nicht in Reichswährung vornehmen wollte, weil öffentlich gültige Zahlungsmittel eine Flucht begünstigt hätten, verwendete man bereits im Ersten Weltkrieg spezielles Lagergeld.

Die Wehrmacht unterhielt eine große Zahl von Kriegsgefangenenlagern, in denen Soldaten nach Kriegsvölkerrecht interniert wurden. Diese verfügten sogar über Sporteinrichtungen und Bibliotheken sowie Kantinen, in denen zusätzliche Verpflegung gekauft werden konnte. Viele sowjetische Kriegsgefangene kamen jedoch nicht in solche „zivilisierten" Lager, sondern in Konzentrationslager, wo viele von ihnen unbezahlte Zwangsarbeit leisten mussten und ihr Leben verloren. Ähnlich erging es unzähligen deutschen Wehrmachtsangehörigen, die noch Jahre nach Kriegsende in sowjetischen Kriegsgefangenenlagern unter unmenschlichen Bedingungen zu schwerster Sklavenarbeit gezwungen wurden und umkamen.

Lagergeld, sei es aus Kriegsgefangenenlagern oder aus Konzentrationslagern, von denen später noch die Rede sein wird, ist nicht nur historisch besonders interessant, sondern auch mit einer Vielzahl menschlicher Tragödien verbunden, an die bei aller Freude am Sammeln zu denken ist.

Noten der Reichskreditkassen

Die Ausgabe von Reichskreditkassenscheinen erfolgte aufgrund der Verordnungen des Oberbefehlshabers des Heeres über Reichskreditkassen in den besetzten polnischen Gebieten vom 23. September 1939 und des Ministerrats für Reichsverteidigung vom 3. Mai 1940. Die Scheine waren für die Zivilbevölkerung – wie auch für das Militär – in den deutsch besetzten Gebieten bestimmt, in denen die Landeszahlungsmittel nicht ausreichten (mit Ausnahme der als Inland geltenden und wieder

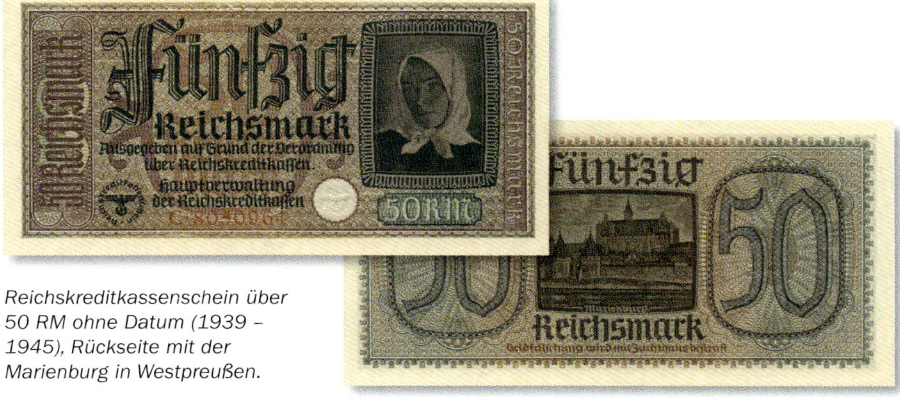

Reichskreditkassenschein über 50 RM ohne Datum (1939 – 1945), Rückseite mit der Marienburg in Westpreußen.

dem Reich angegliederten Gebiete wie Elsaß-Lothringen und Luxemburg sowie weiterer Gebiete wie dem Protektorat Böhmen und Mähren, Belgien oder den Niederlanden). Eingeführt wurden sie zunächst im deutsch besetzten Teil Polens, später z. B. auch in Norwegen und in den Balkanstaaten. Die Zivilbevölkerung benutzte daneben weiterhin die nationalen Geldscheine. Wenn wir heute Länderkataloge, z. B. von Norwegen, in die Hand bekommen, ist es daher nicht verwunderlich, dass wir darin auch die Scheine der Reichskreditkassen finden. Sie wurden in den Nennwerten 50 Reichspfennig sowie 1, 2, 5, 20 und 50 Reichsmark ausgegeben.

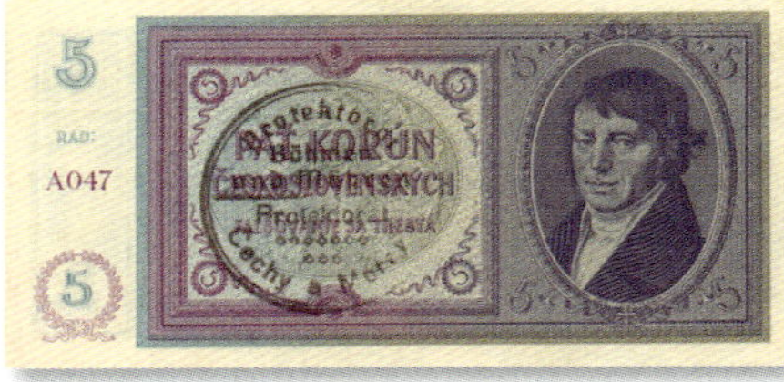

Behelfsausgabe für das Protektorat Böhmen und Mähren über 5 Kronen von 1939 mit Handstempel auf tschechoslowakischer Banknote.

Reichskreditkassenscheine mussten im innerdeutschen Zahlungsverkehr nicht angenommen werden und dienten bis Ende 1944 auch als „Reisegeld" für Wehrmachtsangehörige, denen die Aus- und Einfuhr von Reichsbanknoten untersagt war. Ab dem 1. Januar 1945 verloren sie ihre Gültigkeit.

Geldscheine für das Protektorat Böhmen und Mähren

Im sogenannten „Protektorat", dem nach dem Anschluss des deutsch besiedelten Sudetenlandes an das Reich und der Unabhängigkeit der Slowakei verbliebenen Rest des nach dem Ersten Weltkrieg aus ehemaligen Gebieten Österreich-Ungarns gebildeten Vielvölkerstaates Tschechoslowakei, wurde die Kronenwährung beibehalten, wenn auch mit einem Zwangskurs von 1:10 zur Reichsmark.

Nach der Besetzung des Protektorats wurde 1939 zunächst eine interessante provisorische Ausgabe von 1- und 5-Kronen-Scheinen in Umlauf gebracht. Dazu wurden tschechoslowakische Banknoten einfach mit zweisprachigen Hand- oder Maschinenstempeln „Pro-

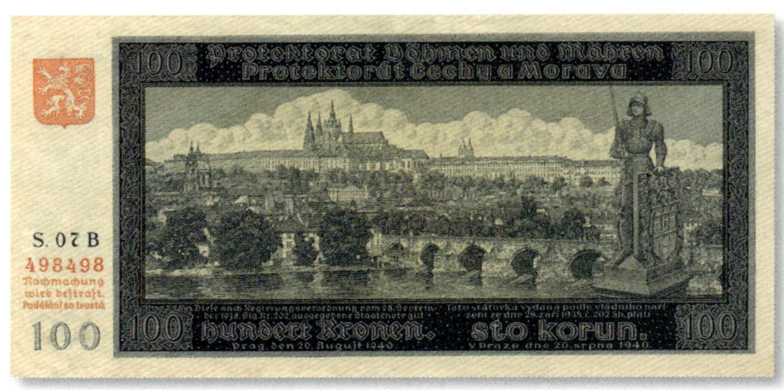

Staatsnote für das Protektorat Böhmen und Mähren über 100 Kronen vom 20. August 1940.

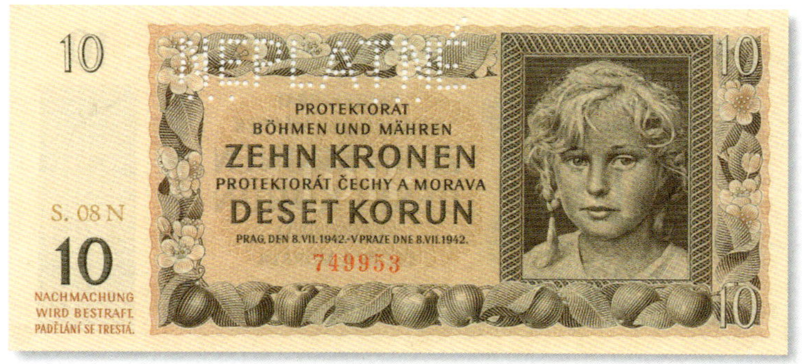

Staatsnote für das Protektorat Böhmen und Mähren über 10 Kronen vom 8. Juli 1942 mit Perforation „NEPLATNÈ".

tektorat Böhmen und Mähren – Chechy a Morava" überstempelt.

Staatliche Banknoten für das Protektorat Böhmen und Mähren wurden erst ab August 1940 ausgegeben. Darunter fällt der 100-Kronen-Schein vom 20. August 1940 besonders ins Auge.

Zum einen wegen seiner für Banknoten völlig untypischen fast vollflächigen Abbildung, zum anderen wegen der Wirkung der bildlichen Darstellung selbst, die einen Blick über die Moldau auf die Prager Altstadt mit der Karlsbrücke und dem Burgberg mit dem berühmten Veitsdom zeigt. Die übrigen Staatsnoten sind klassisch gestaltet und zeigen auf den Vorderseiten Kopfbildnisse eines Mädchens, eines Jungens oder einer Frau in Tracht. Es gab Werte zu 1, 5, 10, 20, 50 und 100 Kronen mit verschiedenen Ausgabedaten zwischen 1940 und 1944.

Ab 1942 wurden von der Nationalbank für Böhmen und Mähren in Prag auch höhere Nennwerte ausgegeben. Im Jahr 1942 waren dies zunächst ein 500- und ein 1000-Kronen-Schein. Als auch der Bedarf an einer 5000-Kronen-Note stieg, behalf man sich zunächst provisorisch mit einem maschinellen Aufdruck auf einer tschechoslowakischen 5000-Kronen-Banknote aus dem Jahr 1920. Erst im September 1944 gab die Nationalbank einen neuen 5000-Kronen-Schein mit dem Bildnis des Herzogs Wenzel aus.

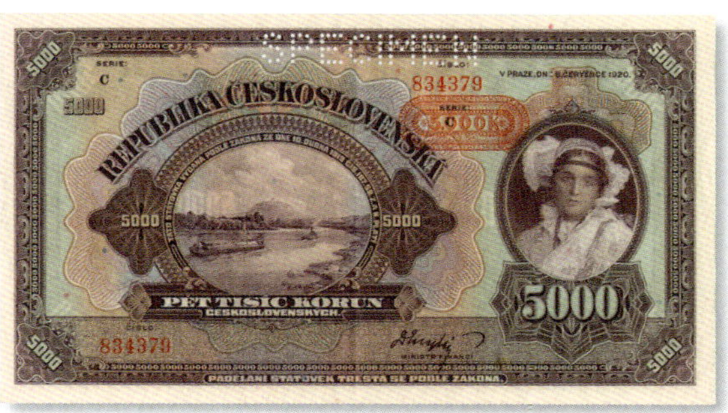

Provisorische Ausgabe der Nationalbank für Böhmen und Mähren über 5000 Kronen aus dem Jahr 1920 vom 25. Oktober 1943.

Die Geldscheine des Protektorats Böhmen und Mähren weisen eine große Variantenvielfalt auf. Viele Scheine werden heute auch mit Perforation angeboten. Während es sich bei denen der ersten Notausgabe von 1939 (gestempelte tschechoslowakische Banknoten) mit der Perforation „SPECIMEN" um echte Musterscheine handelt, wurde diese Perforation bei den anderen Ausgaben des Protektorats erst nach dem Zweiten Weltkrieg auf die inzwischen ungültig gewordenen Scheine aus Restbeständen der Nationalbank für Böhmen und Mähren aufgebracht, bevor diese an Sammler abgegeben wurden. Es gibt aber auch Scheine mit der Perforation „NEPLATNÉ". Diese sind im Gegensatz zu den zuvor beschriebenen nachträglich perforierten Banknoten echte „amtliche Muster". Ähnlich wurde auch bei späteren tschechischen Banknoten verfahren. Viele Sammler möchten aber nur „echte" tschechische Banknoten erwerben und keine „SPECIMEN". Letztere sind aber in Tschechien immer seltener und teurer geworden. Anders verhält es sich natürlich mit Musterscheinen anderer Länder. Hier sind die Muster mit Überdruck oder Perforation „SPECIMEN" seltener als die im Umlauf befindlichen Banknoten und daher auch von Sammlern gesucht.

Die Gestaltung der Banknoten des Protektorats ist sehr gut gelungen. Offensichtlich hatte man sich hier noch mehr Mühe gegeben als bei den nachfolgend vorgestellten Banknoten für das Generalgouvernement Polen.

Bemerkenswert ist auch, dass auf einigen Geldscheinen das böhmische Wappen abgebildet ist. Außerdem sind alle Scheine in deutscher und tschechischer Sprache beschriftet. Für die Tschechen sind sogar nationale Identifikationsfiguren wie der Heilige Wenzel oder Peter Parler abgebildet.

Die Ausgaben für das Protektorat Böhmen und Mähren werden bei uns als Nebengebiet gesammelt, während sie für Sammler in der Tschechischen Republik natürlich zum Hauptsammelgebiet gehören.

Generalgouvernement

Der nach der Besetzung Ostpolens (Russisch-Polen) durch die Sowjetunion und der Angliederung der nach dem Ersten Weltkrieg an Polen verlorenen ehemals deutschen Gebiete an das Reich verbliebene Rest Polens wurde als Generalgouvernement bezeichnet.

Wie im Protektorat Böhmen und Mähren behalf man sich auch im Generalgouvernement zunächst mit einer Notausgabe. Dazu wurden polnische 100-Złotych-Scheine aus den Jahren 1932 und 1934 verwendet und mit einem diagonalen Aufdruck „Generalgouvernement für die besetzten polnischen Gebiete" versehen. Dieser einfache Aufdruck wurde allerdings schon damals in Polen häufig gefälscht.

Nach der Gründung der Emissionsbank in Polen mit Sitz in Krakau, die mit der Ausgabe von Banknoten beauftragt wurde – die polnische Regierung war geflüchtet und hatte neben dem Staatsschatz auch sämtliche Druckplatten für polnische Banknoten mitgenommen – folgten zwei Geldscheinserien. Die erste Serie von 1940 musste wegen zu vieler Fälschungen bald ersetzt

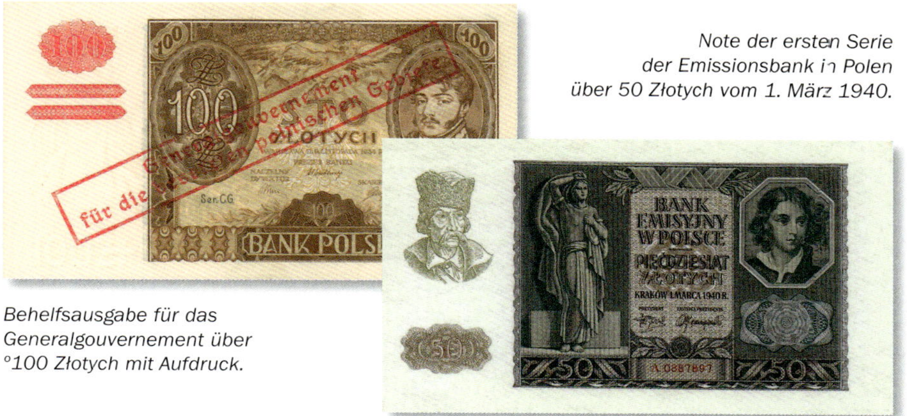

Note der ersten Serie der Emissionsbank in Polen über 50 Złotych vom 1. März 1940.

Behelfsausgabe für das Generalgouvernement über °100 Złotych mit Aufdruck.

werden. Die Banknoten für das Generalgouvernement wurden nach dem Vorbild der polnischen Vorkriegsbanknoten gestaltet. Wegen des Ausgabeortes in Krakau, das nach der Besetzung – nicht zuletzt aus historischen Gründen – zur Hauptstadt des „Generalgouvernements" wurde, nannte man die Scheine in Polen auch „Krakauer Złoty". Auch hier gab es einen Zwangskurs, er betrug 1 RM = 2 Złote.

Aufmerksamen Betrachtern fällt auf, dass auf den Geldscheinen der polnische Adler überall wegretuschiert und durch neutrale Elemente ersetzt wurde. Bei den Münzen hatte man sich übrigens nicht so viel Mühe gegeben. Auf das Zeigen des polnischen Adlers standen sonst hohe Strafen.

Die Scheine für das Generalgouvernement sind im Gegensatz zu denen für das Protektorat Böhmen und Mähren einsprachig in polnischer Sprache abgefasst, und der Begriff „Generalgouvernement" kommt auf ihnen überhaupt nicht vor. Wir erinnern uns, dass dies bei den Scheinen für das Generalgouvernement Warschau im Ersten Weltkrieg noch anders gehandhabt wurde.

Interessant ist, dass gerade bei den Noten für das Generalgouvernement auch heute noch immer wieder unfertige Drucke und Entwürfe auftauchen.

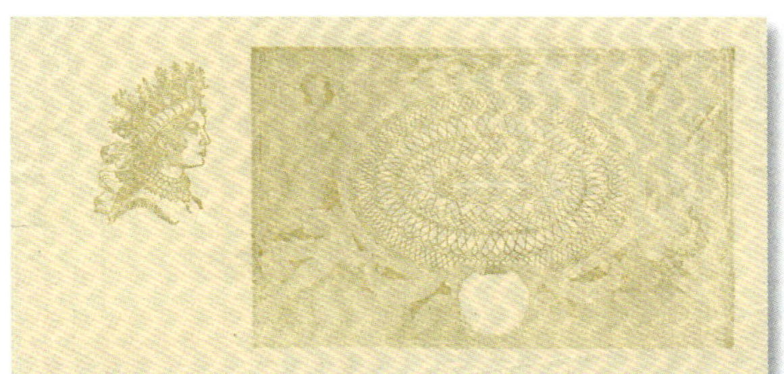

Unfertiger Druck (nur Unterdruck) einer 10- Złotych-Note vom 1. März 1940.

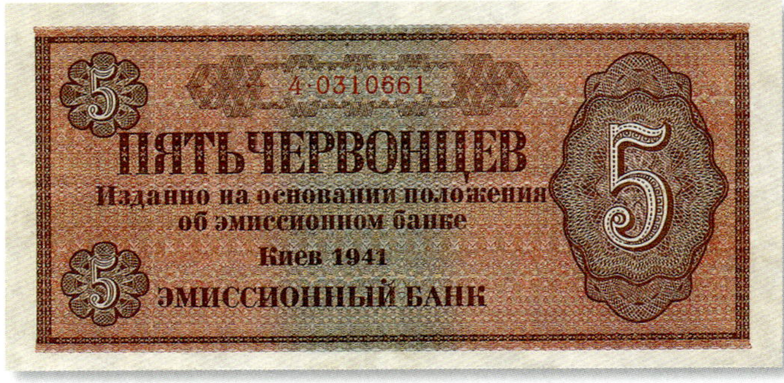

Oben: Note der Emissionsbank in Kiew über 5 Tscherwonzen von 1941.

Unten: Note der Zentralnotenbank Ukraine über 2 Karbowanez vom 10. März 1942.

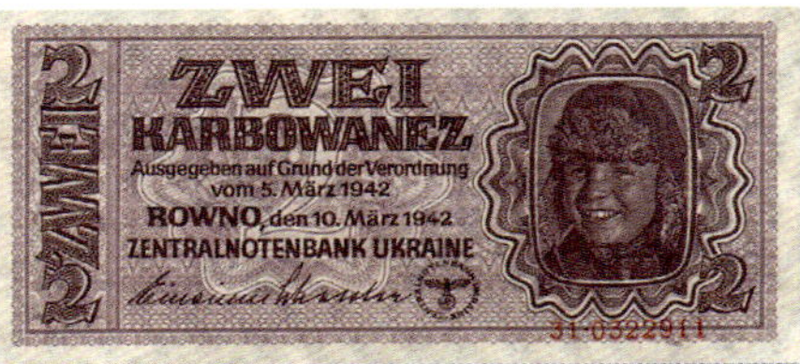

Besatzungausgaben für die Sowjetunion

Für die Besetzung der UdSSR im Zweiten Weltkrieg waren eigene Geldscheinausgaben vorgesehen.

Eine Ausgabe der Emissionsbank in Kiew für die Ukraine wurde bereits 1941 vom Reichsfinanzministerium vorbereitet und sollte vermutlich für alle besetzten Gebiete der ehemaligen Sowjetunion gelten. Diese Scheine, von denen nur wenige Einzelexemplare und ein Mustersatz der Reichsdruckerei bekannt sind, wurden jedoch nie ausgegeben und sind heute absolute Raritäten. Vorgesehen waren die Werte 1, 3 und 5 Rubel sowie 1, 3, 5 und 10 Tscherwonez. Ein Tscherwonez entsprach 10 Rubel.

Dagegen kommen die für die Ukraine ausgegebenen Scheine des Reichskommissariats Ukraine – Zentralnotenbank in Rowno heute noch in größeren Mengen vor. Sehr selten ist hier nur der 2-Karbowanez-Schein, der damals nicht mehr in Umlauf kam. Während die Scheine der Emissionsbank Kiew keine bildlichen Darstellungen aufweisen, tragen die Scheine des Reichskommissariats Ukraine bis auf den niedrigsten Wert von 1 Karbowanez alle Kopfbildnisse, so von Kindern, Bäuerinnen, Arbeitern oder einem Wissenschaftler. Einen besonderen Reiz übt natürlich der „Knabe mit der Pelzmütze" auf dem 2-Karbowanez-Schein aus, wenn man die Seltenheit dieses Scheines bedenkt.

Einige dieser Geldscheine für die Ukraine weisen Brandspuren auf. Es wird berichtet, dass viele von ihnen nach einem Bombenangriff auf Berlin auf der Straße lagen und dort aufgesammelt wurden. Dies erklärt das Vorhandensein noch großer Mengen, vor allem der kleinen Werte, für die es, wie deutsche Soldaten berichteten, in der Ukraine kaum etwas zu kaufen gab. Viele dieser Geldscheine wanderten daher damals in die Latrinen.

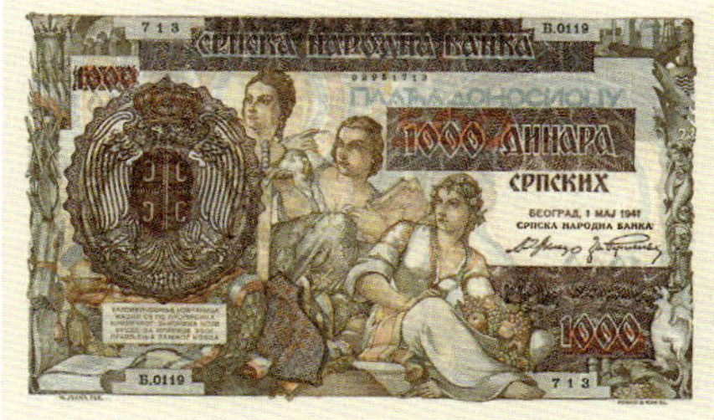

Behelfsausgabe der Serbischen Nationalbank über 1000 Dinar vom 1. Mai 1941.

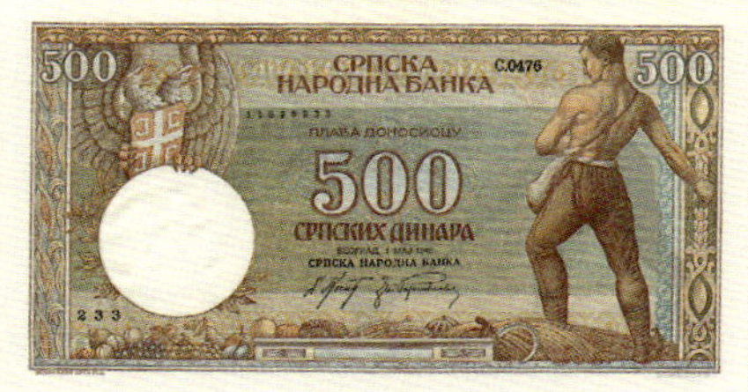

Note der Serbischen Nationalbank über 500 Dinar vom 1. Mai 1942.

Deutsche Besetzung Jugoslawiens 1941 – 1944

Es gibt Sammler und Händler, die die Ausgaben der Serbischen Nationalbank und von Kroatien im Zweiten Weltkrieg schon seit vielen Jahren zu den deutschen Besatzungsausgaben zählen. Dies ist zumindest im Falle der serbischen Banknoten unter Einschränkungen richtig, weshalb diese auch im Katalog „Die deutschen Banknoten ab 1871" aufgeführt werden.

Nur zwei Tage nach dem Beitritt Jugoslawiens zum Dreimächtepakt Deutschlands, Italiens und Japans Ende März 1941 wurde die damalige jugoslawische Regierung von General Simovic gestürzt. Bereits Mitte April 1941 marschierten deshalb die Achsenmächte in Jugoslawien ein und besetzten das Land. Serbien wurde unter deutsche Militärverwaltung gestellt, in Kroatien riefen die rechtsextremen „Ustascha" einen unabhängigen Staat aus. Der Rest Jugoslawiens wurde zwischen Italien, Deutschland, Ungarn und Bulgarien aufgeteilt.

Unter der deutschen Militärverwaltung wurden in Serbien sehr bald provisorische Banknoten der Serbischen Nationalbank ausgegeben. Zu diesem Zweck wurden Banknoten der Nationalbank des Königreichs Jugoslawien mit Überdrucken versehen bzw. im Falle der 10-Dinar-Note vom 1. Mai 1941 nur eine Seite mit jugoslawischer Druckplatte und zusätzlichen Überdrucken und die andere Seite mit einer neuen serbischen Druckplatte gedruckt. Eine neue Banknotenserie der Serbischen Nationalbank ließ nicht lange auf sich warten. Der erste Wert trägt ebenfalls das Datum 1. Mai 1941, weitere Werte folgten in verschiedenen Wertstufen von August 1941 bis Januar 1943.

Die kroatischen Banknoten aus der Zeit des Zweiten Weltkrieges werden in Deutschland gerne als „Besatzungsausgaben" gesammelt, zumal sie in einem früheren Katalog von Dieter Hoffman („Das Notenbuch") als solche aufgeführt waren. Tatsächlich wurden sie aber nicht in deutschem Auftrag oder Namen herausgegeben, sondern allenfalls unter deutschem Einfluss. Ein alter Sammler sagte dazu einmal kurz und bündig: „Man kann nicht die Banknoten aller Länder sammeln, in die ein deutscher Soldat einmal seine Stiefel gestellt hat". Dem ist nichts hinzuzufügen.

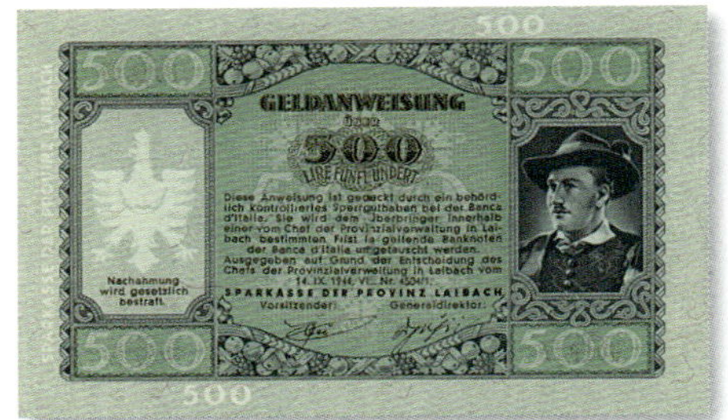

Geldanweisung der Sparkasse der Provinz Laibach über 500 Lire vom 14. September 1944.

Die meisten serbischen Banknoten aus der Zeit der deutschen Besatzung sind heute noch recht häufig. Seltener und teurer sind zwei Scheine vom 1. Mai 1942 zu 20 bzw. 100 Dinar, die damals nicht ausgegeben wurden.

Eine besondere Rolle spielen die Ausgaben der Sparkasse der Provinz Laibach. Das ehemals österreichische Krain und heutige Slowenien war im Zweiten Weltkrieg zunächst von italienischen und nach deren Kapitulation von deutschen Truppen besetzt. Auf Entscheidung des Chefs der Provinzialverwaltung in Laibach vom September bzw. November 1944 erhielt die Sparkasse der Provinz Laibach (Ljubljana) die Ermächtigung zur Ausgabe von Geldscheinen, die auf Lire lauteten und zweisprachig (Slowenisch und Deutsch) ausgeführt waren. Die Deckung erfolgte durch ein Sperrguthaben bei der Banca d'Italia. Zu den Laibacher Scheinen existieren eine Reihe von Mustern, aber auch einseitige Druckproben.

Deutsche Besetzung der britischen Kanalinseln

Besonders interessant sind die Ausgaben während der deutschen Besetzung der kroneigenen britischen Kanalinseln Guernsey und Jersey. Die Inseln vor der französischen Normandieküste waren das einzige britische Territorium, das im Zweiten Weltkrieg von deutschen Truppen besetzt wurde. Da die Bevölkerung der Reichsmark-Währung misstraute, wurden kurz nach der Besetzung mit deutscher Genehmigung neue Geldscheine in englischer Währungsbezeichnung in Umlauf gebracht und zum offiziellen Zahlungsmittel erklärt. Sie zirkulierten neben den einheimischen und englischen Pfundnoten. Es gab getrennte Ausgaben für Guernsey und Jersey. Die Ausgaben für Guernsey tra-

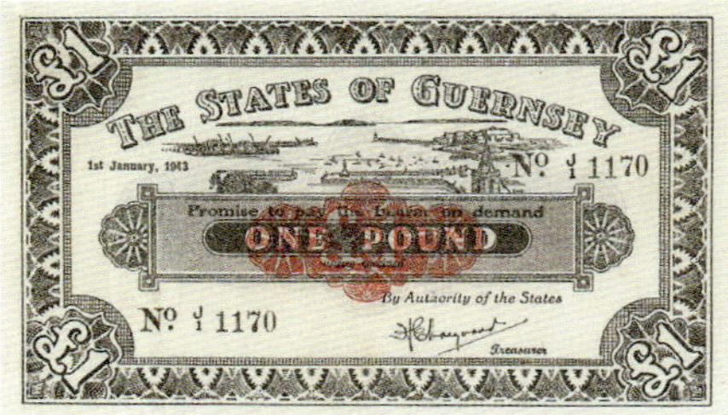

Note des States of Guernsey (höchster Nennwert) über 1 Pfund vom 1. Januar 1943.

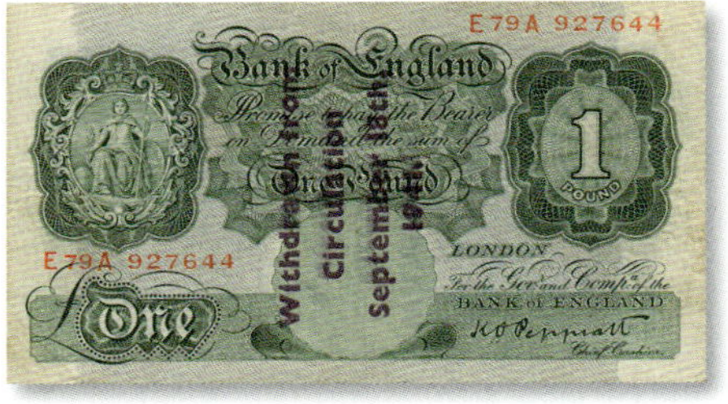

Note der Bank of England mit Überdruck der Inselverwaltung von Guernsey von 1941.

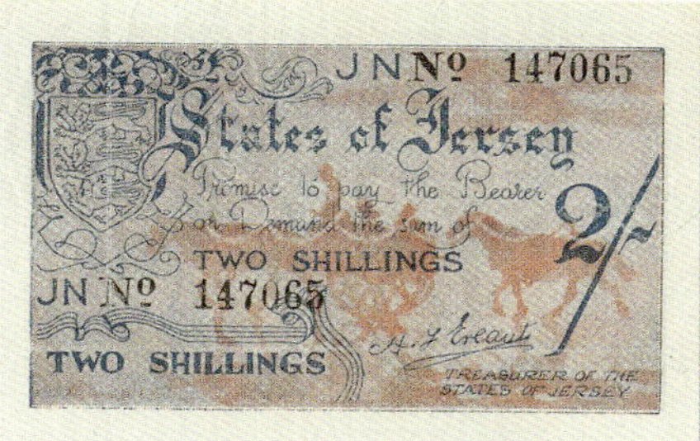

Note des States of Jersey über 2 Shillings von 1941/1942.

gen Daten von März 1941 bis Januar 1943. Für die in Guernsey in Umlauf gebrachten Kleingeldscheine über insgesamt 10.000 Pfund wurden für die erste Ausgabe 5000 1-Pfund-Noten des „States of Guernsey" aus dem Verkehr gezogen. Für die zweite Ausgabe zog die Inselverwaltung 5000 1-Pfund-Noten der Bank of England ein und versah sie mit dem Überdruck „Withdrawn from Circulation ...". Solche überdruckten Pfundnoten sind heute sehr selten und werden sowohl von englischen als auch von deutschen Sammlern gesucht. Die Ausgaben von Jersey sind häufiger als die von Guernsey und auch grafisch schöner gestaltet. Sie sind undatiert und wurden zwischen 1941 und 1942 ausgegeben.

Sonstige deutsche Besatzungsausgaben des Zweiten Weltkriegs

Neben den bereits vorgestellten Ausgaben wurden unter deutscher Besatzung noch einige weitere Geldscheine ausgegeben, die von besonderem Interesse sind und hier Erwähnung finden sollen. Während des Zweiten Weltkrieges entsandte das Deutsche Reich das so genannte Afrikakorps unter Generalfeldmarschall Rommel, um die verbündeten Italiener im Kampf gegen England um die italienische Kolonie Libyen zu unterstützen. Doch schon bald weitete sich der Kriegsschauplatz auf die benachbarte französische Kolonie Tunesien aus.

Die deutschen Truppen besetzten das Land und gaben von Dezember 1942 bis Mai 1943 überdruckte Noten der „Banque de France" als Banknoten der „Banque de l'Algérie" aus. Dazu wur-

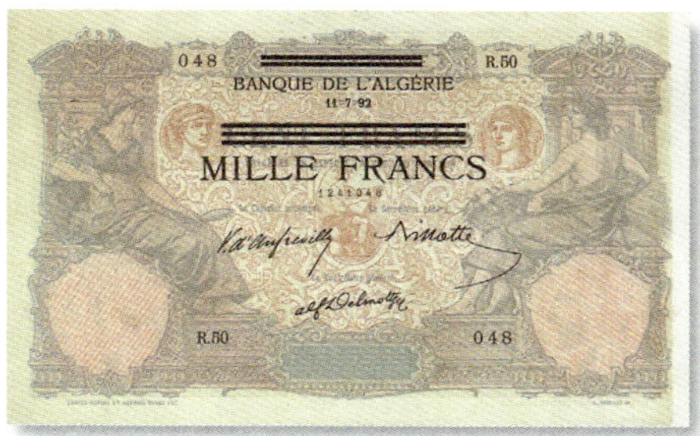

Behelfsausgabe für das besetzte Tunesien: Französische Banknote über 100 Francs von 1892 mit Überdruck zu 1000 Francs.

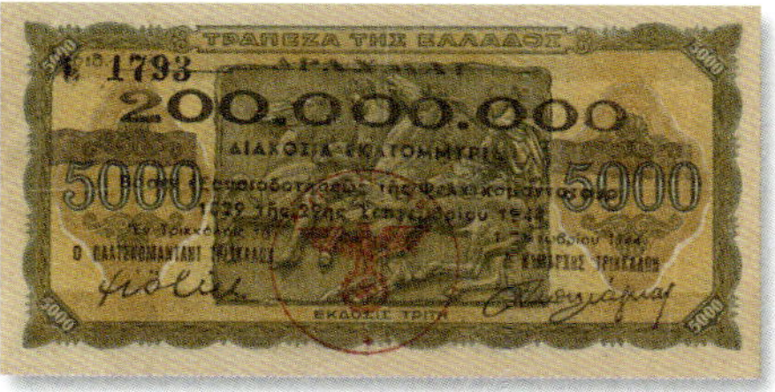

Behelfsausgabe über 200 Millionen Drachmen für die griechische Provinz Trikala vom 1. Oktober 1944.

den Restbestände französischer 100-Francs-Noten aus dem Jahr 1892 verwendet, die noch in tunesischen Tresoren lagerten. Diese wurden mit dem neuen Wert zu 1000 Francs überdruckt. Lange nicht in deutschen Katalogen erfasst waren die deutschen Überdrucke auf griechischen Banknoten aus dem Jahr 1944.

Mit fortschreitender Inflation in Griechenland, in deren Verlauf die niedrigen Nominale bald wertlos wurden, wurden im Herbst 1944 in der Provinz Trikala Noten der Bank von Griechenland zu 1000 und 5000 Drachmen im deutschen Auftrag mit provisorischen Überdrucken versehen. Aus dem 1000-Drachmen-Schein wurden so 10 Millionen Drachmen, aus dem 5000-Drachmen-Schein 200 Millionen Drachmen.

Die Überdrucke tragen nicht nur neue Wertbezeichnungen und Unterschriften, darunter auch die des deutschen „Platzkommandanten", sondern auch neue Kontrollnummern, im Falle der höheren Werte auch einen zusätzlichen roten Stempel mit Reichsadler. Die fast ausschließlich gebrauchten bis stark gebrauchten Scheine werden in griechischen Katalogen sehr unterschiedlich bewertet, sind aber in jedem Fall als sehr selten anzusehen. So wird man in Griechenland selbst kaum ein solches Stück bei einem Händler kaufen können, und in Deutschland sieht es nicht anders aus.

Auch für Belgien und Luxemburg wurden während des Zweiten Weltkriegs eigene Ausgaben vorbereitet. Während die Ausgaben für Letzeburg (Luxemburg) bereits 1939/1940 hergestellt wurden, stammen die Ausgaben der Emissionsbank in Brüssel aus der Zeit um 1941. Für beide Länder wurden die Scheine jedoch nicht ausgegeben und sind daher heute äußerst selten und absolute Liebhaberstücke.

Geldscheine selbständiger oder besetzter deutscher Gebiete

Freie Stadt Danzig

Nach dem Versailler Vertrag wurde Danzig 1920 mit seinem Umland vom Deutschen Reich abgetrennt und zur

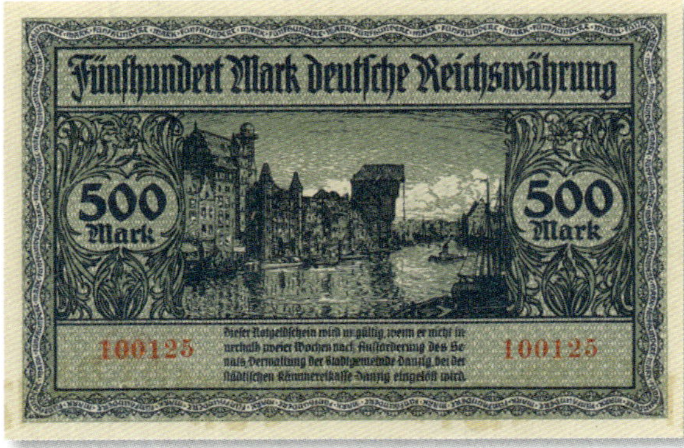

Notgeldschein der Stadtgemeinde Danzig über 500 Mark vom 31. Oktober 1922 (Rückseite mit Krantor an der Mottlau).

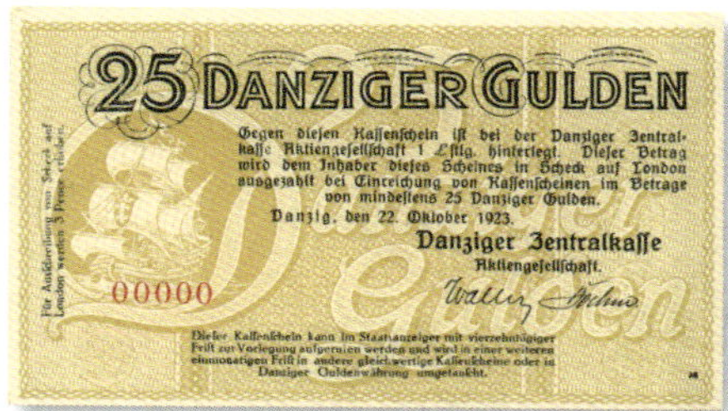

Note der Danziger Zentralkasse (Muster) über 25 Gulden vom 22. Oktober 1923.

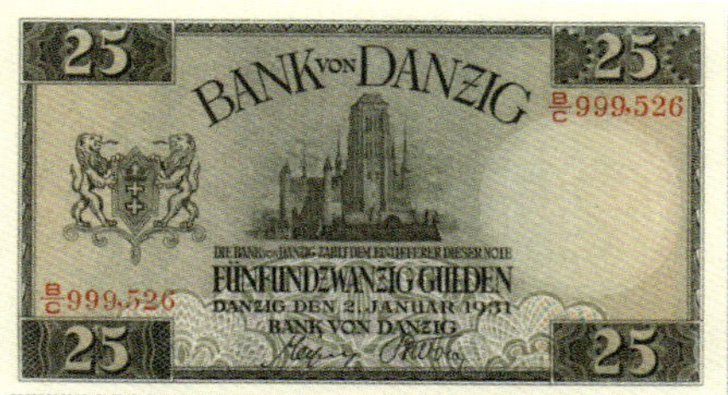

Note der Bank von Danzig über 25 Gulden vom 2. Januar 1931 mit Marienkirche.

Freien Stadt mit eigenem Parlament und Senat unter dem Schutz des Völkerbundes erklärt. Die Bildung der „Freien Stadt Danzig“ war ein Kompromiss zwischen den von Polen und Frankreich unterstützten Absichten, die Stadt und ihren Hafen an Polen anzugliedern, und dem von Großbritannien unterstützten Selbstbestimmungsrecht der zu über 95 % deutschen Bevölkerung. Bereits 1922 wurde Danzig jedoch in das polnische Zollgebiet eingegliedert. Der Stadtstaat blieb bis zum Zweiten Weltkrieg Streitobjekt zwischen Deutschland und Polen, und so verwundert es nicht, dass der Krieg am 1. September 1939 mit der Beschießung der vom polnischen Militär besetzten Danziger Westerplatte begann.

Im ehemaligen „Rosenberg-Katalog“ begann die Katalogisierung bereits mit den Notgeldscheinen des Magistrats der westpreußischen Hauptstadt Danzig von 1914 bis 1919, also eigentlich mit städtischem Notgeld, vergleichbar mit dem jeder anderen deutschen Großstadt aus dieser Zeit. Das frühe Verkehrsnotgeld war ebenso erfasst wie die Notgeldausgaben der Stadtverwaltung. Es gibt hier aber noch viel mehr Ausgaben, denn später gehörten zur Freien Stadt Danzig auch Gemeinden im Umland, die eigenes Notgeld herausgaben. Historisch korrekt kann man natürlich erst ab 1920 von Notgeldausgaben für ein eigenständiges deutsches Gebiet sprechen. Danzig war zwar in Zollunion mit Polen verbunden, hatte aber eine eigene Guldenwährung, die im Verhältnis 25 Gulden = 1 Pfund Sterling an die englische Währung gekoppelt war.

Bei den quasi eigenstaatlichen Ausgaben Danzigs, die frühen Inflationsnoten lauteten ja alle noch auf Mark und stammen aus der Zeit der Zugehörigkeit des Gebiets zum Deutschen Reich, gibt es frühe notgeldähnliche Scheine der Stadtgemeinde in Mark-Währung sowie der Danziger Zentralkasse 1923 in Pfennig und Gulden. Die Bank von Danzig gab dann ab 1924 Geldscheine bis zu 1000 Gulden aus, die wohl zu den schönsten Geldscheinausgaben des 20. Jahrhunderts gehören.

Das Sammelgebiet Danzig ist seit Jahrzehnten sowohl in Deutschland als auch in Polen immer weiter in der Gunst der Sammler gestiegen. Damit sind natürlich auch die Preise in die Höhe gegangen. Die frühen Notausgaben der Jahre 1914 bis 1919 lassen sich mit denen jeder anderen deutschen Großstadt vergleichen. Nur sind die Danziger Notgeldscheine aufgrund der Popularität des Sammelgebietes wesentlich stärker nachgefragt als z. B. die von Düsseldorf oder Magdeburg. Immer wieder müssen gerade bei den seltenen Stükken der Danziger Zentralkasse oder der Bank von Danzig die Katalogbewertungen nach oben korrigiert werden, und der Trend hält unvermindert an. Vielleicht ist es gerade die besondere historische Situation Danzigs und natürlich auch die verhältnismäßig geringen Auflagen für eine Bevölkerung von nur wenigen Hunderttausend Menschen, die dieses Gebiet für viele Sammler so interessant macht.

In den Katalogen sind oft auch Musterscheine der Danziger Ausgaben abgebildet, die an der Nummernfolge „000000" zu erkennen sind. Diese sind äußerst selten, aber noch seltener sind echte Scheine, wobei solche mit dem Vermerk „eingelöst" oder „ungültig" niedriger zu bewerten sind als solche ohne diesen Vermerk.

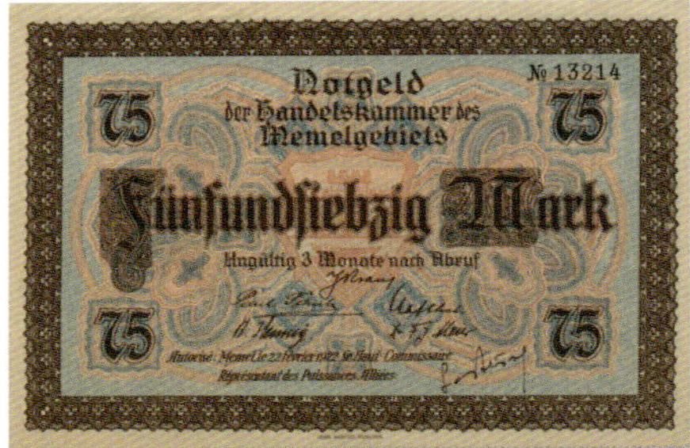

Vorderseite eines Notgeldscheins der Handelskammer des Memelgebietes über 75 Mark vom 22. Februar 1922.

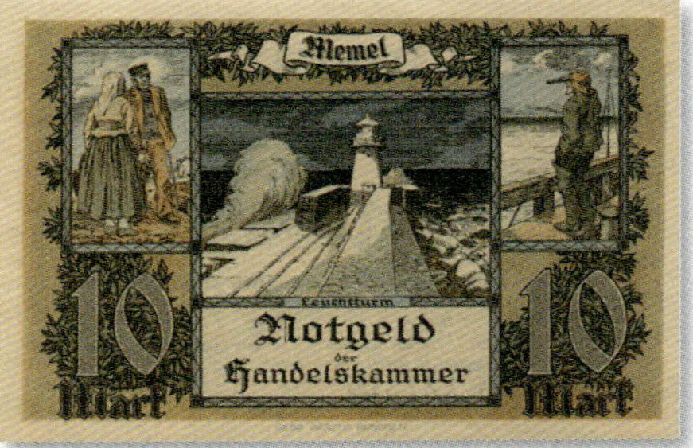

Rückseite eines Notgeldscheins der Handelskammer des Memelgebietes über 10 Mark vom 22. Februar 1922.

Memelgebiet

Auch die Notgeldscheine der Handelskammer des Memelgebiets finden wir im Deutschland-Katalog und wundern uns vielleicht über den teilweise französischen Text auf den Scheinen.

Das ostpreußische Memelgebiet wurde durch den Versailler Vertrag mit Wirkung vom 15. Februar 1920 vom Deutschen Reich abgetrennt und unter französische Verwaltung gestellt. Die alliierten Siegermächte wollten die militärisch günstige Lage des Gebietes am Kurischen Haff zur Kontrolle des Ostseeraumes nutzen.

Anfang 1923 wurde das Memelland von litauischen Freischärlern besetzt, die es als Entschädigung für das an Polen verlorene Südlitauen mit der ehemaligen Hauptstadt Vilnius (Wilna) annektierten. Am 16. Februar 1923 wurde das Gebiet offiziell von Frankreich an Litauen übergeben. Politisch bildete das Memelgebiet nie eine eigenständige Einheit. Die Scheine der Handelskammer des Memelgebietes sind eigentlich Serienscheine, d. h. sie wurden nicht für den Zahlungsverkehr, sondern für Sammler-Alben hergestellt. Dennoch sind sie deutlich seltener als andere deutsche Serienscheine und aufgrund ihrer teilweise hohen Nennwerte und der außergewöhnlich schönen Gestaltung eine Bereicherung für jede Deutschland-Sammlung.

Rheinland

Nach dem Ersten Weltkrieg wurden fast die gesamte preußische Rheinprovinz, das westliche Westfalen, die bayerische Pfalz, das oldenburgische Land Birkenfeld sowie kleinere Teile von Hessen und Hessen-Nassau von Frankreich besetzt. Als Anlass hierzu diente eine Verzögerung bei der Leistung von Kriegsreparationen durch Deutschland, das nach dem Krieg mitten in der Inflation steckte und die gigantischen Forderungen der Siegermächte kaum noch erfüllen konnte.
Die Eisenbahnen im besetzten Gebiet standen unter französisch-belgischer Verwaltung. Um deren Betrieb trotz der fortschreitenden Inflation aufrechterhalten zu können, erfolgten ab November 1923 alle Zahlungen an die Eisenbahnkassen nur noch in französischen Franken. Damit wurde außerdem im besetzten Gebiet eine von der Mark unabhängige Währung geschaffen, die zur Vorbereitung der wirtschaftlichen Loslösung vom Deutschen Reich und zur Annäherung an Frankreich genutzt werden konnte. Anfangs wurden die sog. Régie-Franken (auch Transportbons) nur gegen französische Francs oder andere Devisen eingetauscht, nach der Währungsstabilisierung aber auch gegen Papier- oder Rentenmark.
Durch den Umlauf im Zahlungsverkehr des gesamten besetzten Gebietes erlangten sie eine weit über ihren eigentlichen Zweck hinausgehende Bedeutung, auch wenn sie von der deutschen Bevölkerung teilweise abgelehnt wurden, da sie an die völkerrechtswidrige Besetzung des Rheinlandes durch Frankreich erinnerten.

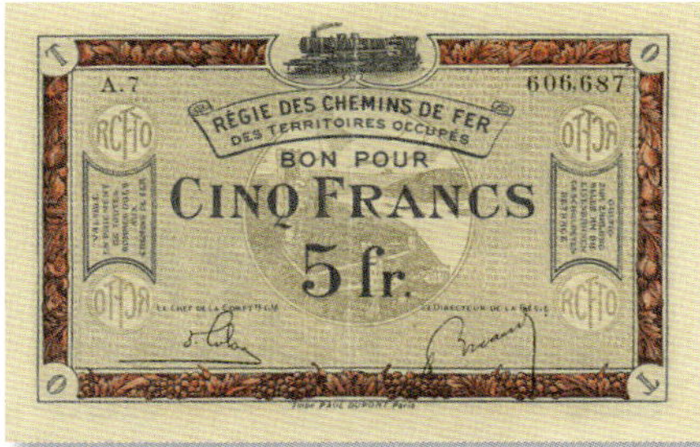

Transportbon der Französisch-Belgischen Eisenbahnverwaltung im besetzten Rheinland über 5 Francs ohne Datum (Oktober 1923).

Saarland

Nach dem Ersten Weltkrieg wurden die französisch besetzten Teile des Rheinlandes und der ehemals bayerischen Rheinpfalz als Saargebiet für 15 Jahre unter Völkerbundmandat gestellt und in das französische Zollgebiet eingegliedert. Die Besitzrechte und die Ausbeutung des Saarkohlenbeckens fielen an Frankreich. Trotz französischer Annexionsbestrebungen entschieden sich in einer Volksabstimmung 1935 über 90 % der Bevölkerung für die Rückkehr des Landes zu Deutschland, das die Kohle-

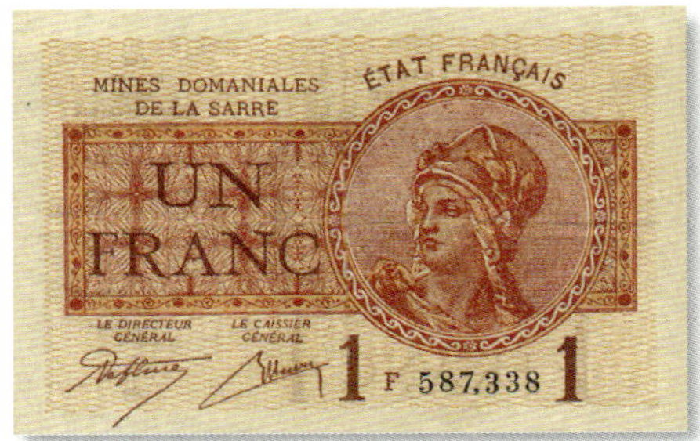

Gutschein der Staatlichen Französischen Minenverwaltung des Saargebiets zu 1 Franc ohne Datum (1920), gültig bis 1930.

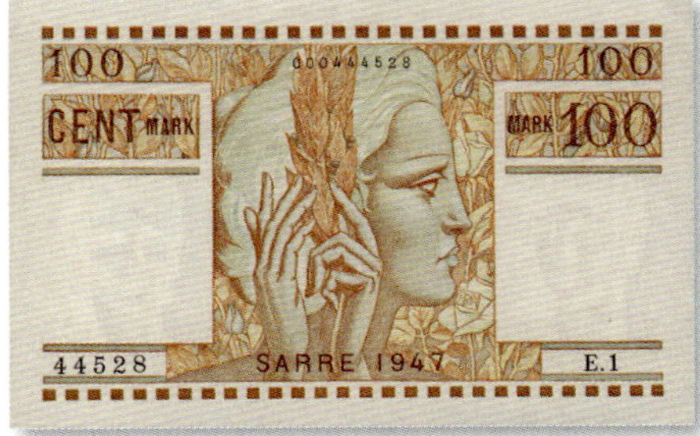

Saarmark-Note über 100 Mark von 1947.

gruben von Frankreich zurückkaufen musste.

Nach dem Zweiten Weltkrieg wurde das Saarland erneut von Deutschland abgetrennt und, erweitert um weitere ehemals preußische und bayerische Gebiete, dem französischen Zoll- und Währungsgebiet unterstellt. Es galten alle französischen Münzen und Banknoten, aber auch eine eigene Ausgabe in Mark-Währung.

Das zwischen Frankreich und der jungen Bundesrepublik ausgehandelte sogenannte Saarstatut, das eine Europäisierung des Saarlandes in einer westeuropäischen Union vorsah, wurde 1955 von der Bevölkerung abgelehnt. Mit dem Saarvertrag wurde das Gebiet ab 1957 als eigenes Bundesland schließlich wieder Teil Deutschlands.

Es gibt mehrere Geldscheinausgaben, neben denen der Staatlichen Französischen Minenverwaltung des Saargebiets, die bis 1930 gültig waren, auch die nach dem Zweiten Weltkrieg ausgegebenen sog. Saarmark-Noten von 1947. Interessant sind auch die Prämienscheine der Militärregierung für das Saarland von 1947/1948, die von Bergleuten der Kohlegruben zum Einkauf in besonderen Geschäften genutzt werden konnten.

Bemerkenswert ist übrigens, wie die Saar mit ihrer Frankenwährung seinerzeit behutsam in die Bundesrepublik eingegliedert wurde.

Saar-Noten gehören natürlich in jede heimatgeschichtliche Sammlung zum Saargebiet, doch einige Scheine sind so selten, dass sie meist Sammlerwunsch bleiben werden.

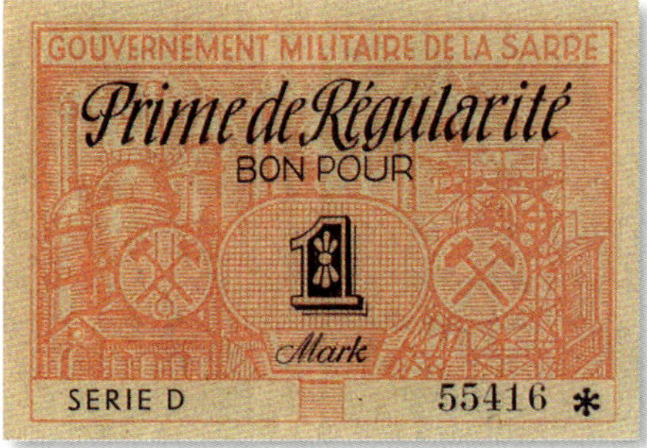

Prämienschein des Militärgouvernements Saar über 1 Mark ohne Datum (1947).

Hintergrundbild:
Angehörige der Deutsch-Ostafrikanischen Schutztruppe.

Geldscheine der deutschen Kolonien

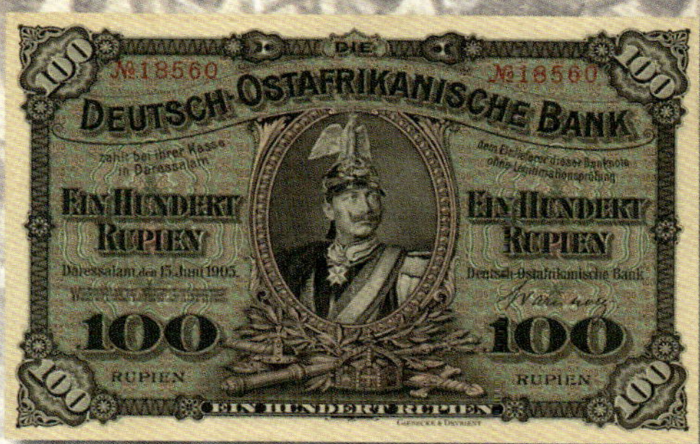

Note der Deutsch-Ostafrikanischen Bank über 100 Rupien vom 15. Juni 1905 mit Bildnis von Kaiser Wilhelm II. in Kürassieruniform der „Gardes du Corps".

Die Geldscheine, die in den deutschen Kolonien vor und während des Ersten Weltkrieges ausgegeben wurden, stellen ein sehr interessantes, aber leider auch schwieriges und kostspieliges Sammelgebiet dar. Die Zahl der Interessenten steht längst nicht mehr im Verhältnis zu den noch vorhandenen numismatischen Sachzeugen deutscher Kolonialpolitik. Spätestens seit dem Erscheinen der vierten Auflage des Buches „Das Papiergeld der Deutschen Kolonien" von Dr. Arnold Keller im Jahr 1967 sind viele interessante Noten von Deutsch-Ostafrika, Deutsch-Südwestafrika und Kamerun für viele Sammler unerschwinglich geworden. Heute brechen Auktionszuschläge für seltene Ausgaben immer neue Rekorde.

Kolonialgeldscheine wurden übrigens schon vor dem Zweiten Weltkrieg eifrig gesammelt und waren schon damals selten und nicht gerade billig. Im Katalog „Die deutschen Banknoten ab 1871" sind sowohl heute noch erhältliche Scheine als auch Top-Raritäten erfasst. Im Folgenden werden die verschiedenen Ausgaben kurz vorgestellt.

Deutsch-Ostafrika

In „DOA", wie Deutsch-Ostafrika (heute Tansania, Ruanda und Burundi) meist genannt wurde, lag das Münzrecht bis 1903 bei der Deutsch-Ostafrikanischen Gesellschaft, dann übernahm es die Reichsregierung und gab Rupiennoten heraus. Die drei Scheine der Friedensausgabe zu 50, 100 und 500 Rupien sind übrigens die einzigen, auf denen Kaiser Wilhelm II. in prächtiger Kürassier- bzw. Admiralsuniform abgebildet ist. Weder von ihm noch von den beiden anderen Kaisern, die seit 1871 regierten, finden sich auf deutschen Reichsbanknoten Porträts oder gar königliche oder kaiserliche Insignien.

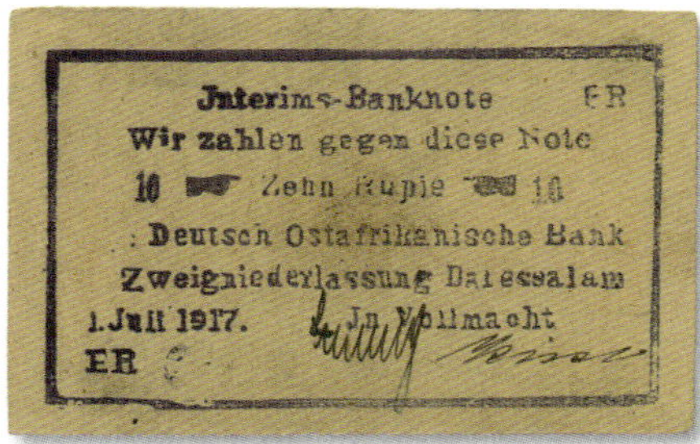

„Buschnote“ über 1 Rupie vom 1. Juli 1917.

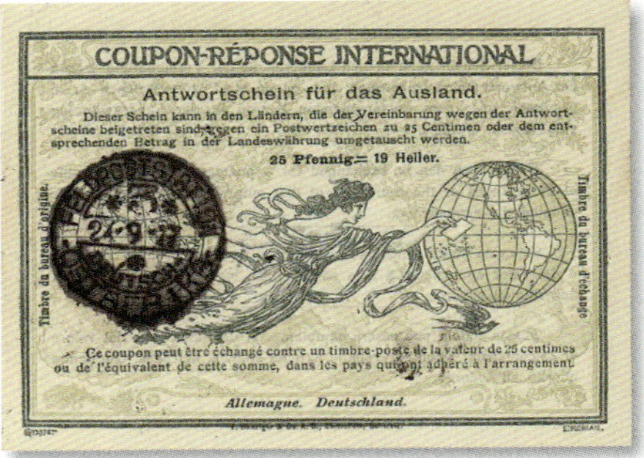

Notgeld der Deutsch-Ostafrikanischen Feldpost auf Internationalem Antwortschein.

Die kleineren Werte der Friedensausgaben zeigen ein Löwenpaar in der Savanne und den Hafen von Daressalam. Mit Ausbruch des Ersten Weltkrieges war DOA vom Reich und damit auch von der Geldversorgung abgeschnitten, was zu einer Fülle von Interimsausgaben führte. Es gibt hier eine fast unüberschaubare Anzahl von Varianten und sogar so genannte „Buschnoten“. Allein die Interimsnoten sind ein großes Sammelgebiet für sich. Im Deutschland-Katalog finden wir daher speziell zu den Kriegsausgaben von Deutsch-Ostafrika neben der umfangreichen Katalogisierung und Bewertung auch viele Hinweise auf Besonderheiten, wie z.B. Handunterschriften, Überstempelungen, Verwendung von Briefköpfen für die Herstellung der Scheine, zu Geheimzeichen und Namens- oder Besitzzeichen. An Papier wurde verwendet, was gerade verfügbar war, vom farbigen Karton bis zum Ölpapier.

Von den ersten provisorischen Banknoten zu 20 Rupien vom 15. März 1915 existieren sogar zeitgenössische englische Fälschungen, die im Krieg um die Kolonie die deutsche Seite wirtschaftlich schwächen sollten.

Die aus der Not geborenen Geldzeichen eines für uns heute exotischen Landes, das dennoch mit der deutschen Geschichte verbunden ist, machen dieses Sammelgebiet sicher noch reizvoller.

Als Beispiel sei kurz auf die „Buschnoten“ eingegangen. So nennt man die Interims-Banknoten, die während des Ersten Weltkrieges in primitiver Weise im afrikanischen Busch hergestellt wurden. Zur ihrer Herstellung nutzte man eine Gummitypen-Kinderdruckerei, die man auf einer Farm gefunden hatte.

Im September 1917 kam es wegen der kriegsbedingt immer schwieriger werdenden Versorgung des Schutzgebietes mit Zahlungsmitteln sogar zu Notausgaben der Deutsch-Ostafrikanischen Feldpost, die wie Geld zirkulierten. Anfangs benutzte man handgeschriebene und gestempelte Zettel, später, als die Kolonie längst vom internationalen Postverkehr abgeschnitten war, gestempelte internationale Antwortscheine. Die Notausgaben der Deutsch-Ostafrikanischen Feldpost sind echte Raritäten, die nur in wenigen Sammlungen vorkommen.

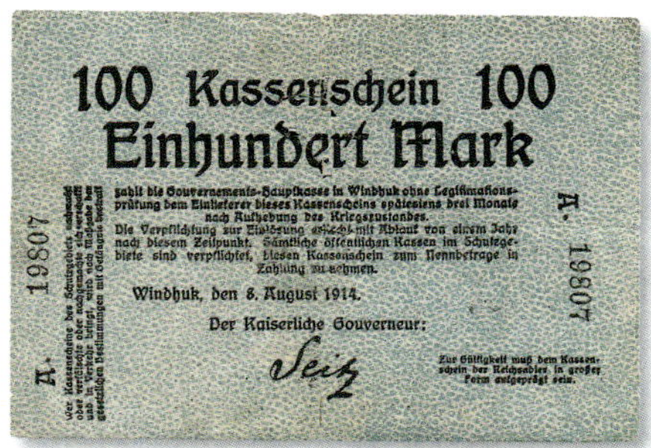

Kassenschein des Kaiserlichen Gouverneurs von Deutsch-Südwest Seitz über 100 Mark vom 8. August 1914.

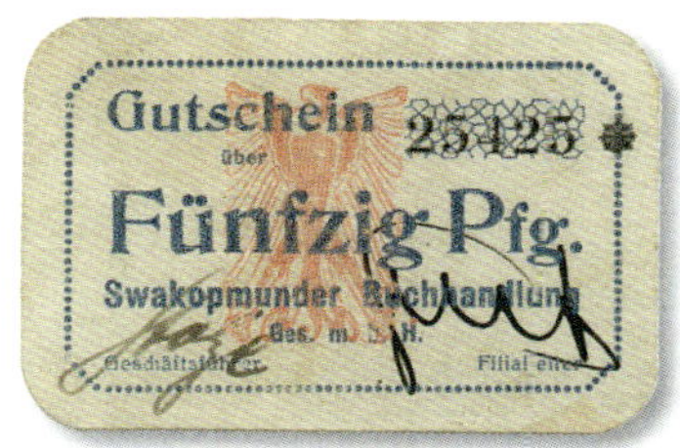

Gutschein der Swakopmunder Buchhandlung über 50 Pfennig ohne Datum (1916 – 1918).

Deutsch-Südwestafrika

Die Kolonialgeschichte Deutsch-Südwestafrikas wirkt bis heute nach. Im heutigen Namibia leben noch viele deutsche Farmer, deutsche Orts- und Straßennamen, aber auch Denkmäler und Forts erinnern an die deutsche Kolonialzeit, die auch mit der Niederschlagung des Herero-Aufstandes verbunden ist.

Anders als in DOA, gab es in „Südwest" vor dem Ersten Weltkrieg kein eigenes Papiergeld. Nach Kriegsausbruch wurden jedoch auch hier die Zahlungsmittel knapp, da aus Deutschland kaum noch Nachschub kam. Der kaiserliche Gouverneur Seitz ließ deshalb bereits Anfang August 1914 Kassenscheine in Mark-Währung ausgeben, die nach ihm auch „Seitz-Noten" genannt werden und heute sehr selten sind. Nach der vollständigen Besetzung der Kolonie durch englische und südafrikanische Truppen im Jahr 1915 – Deutschland hatte in seinen Kolonien jeweils nur über kleine Schutztruppen verfügt – wurde die englische Währung eingeführt und es kam wegen des eintretenden Mangels an Wechselgeld zu einer Vielzahl von zunächst erlaubten privaten Notgeldausgaben, die heute ebenfalls sehr selten sind.

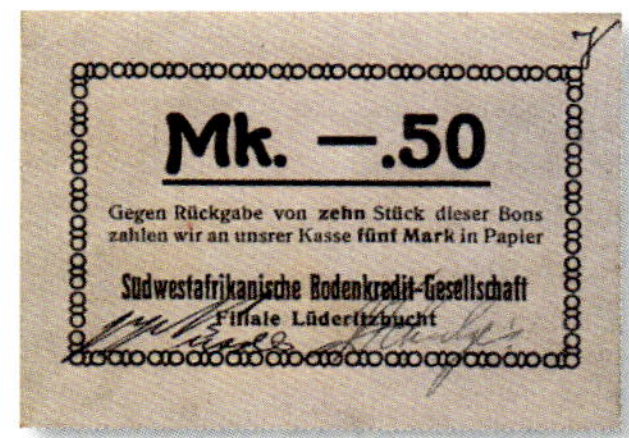

Notgeldschein der Filiale Lüderitzbucht der Südwestafrikanischen Bodenkredit-Gesellschaft über 50 Pfennig.

Da auch viele kleinere Betriebe immer mehr Notgeld ausgaben und Fälschungen auftauchten, herrschten fast chaotische Zustände, obwohl die deutschen Banken alle Geldsorten akzeptierten.

Zur Einführung eines einheitlichen Notgeldes gab die Swakopmunder Buchhandlung im Auftrag der Handelskammer Windhuk Notgeldscheine heraus, die bis zu ihrem Verbot durch die Engländer 1918 in ganz Südwestafrika zirkulierten. Diese Gutscheine sind heute gesucht und nicht ganz billig, aber einzelne Stücke kann man durchaus noch bekommen.

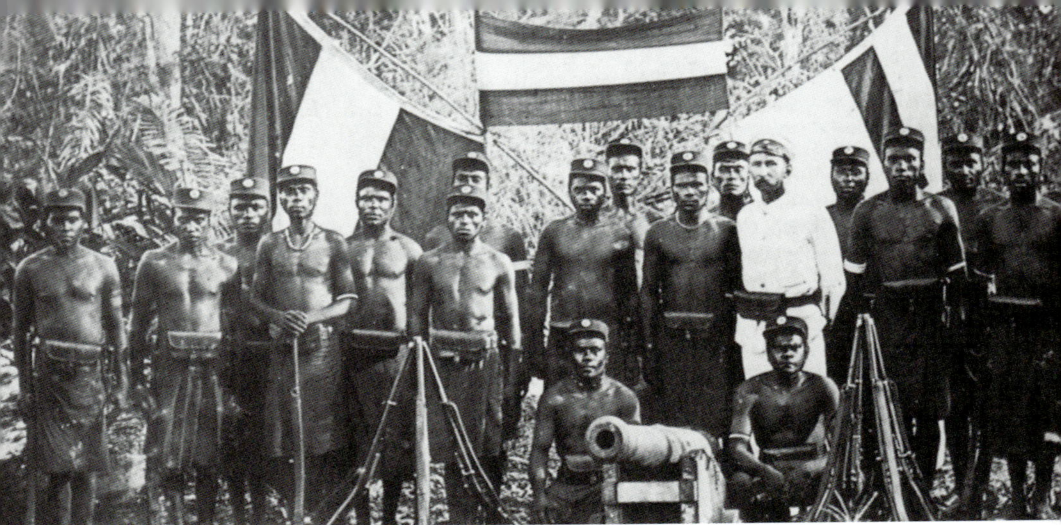

Polizeitruppe von Deutsch-Neuguinea.

Kamerun

Nach Ausbruch des Ersten Weltkrieges, der auch das Ende des deutschen Kolonialreiches und die weltweite Umverteilung von Kolonien mit sich brachte, kam es auch in der deutschen Kolonie Kamerun zu eigenen Geldscheinausgaben. Bis dahin galten ausschließlich die Geldzeichen der deutschen Reichswährung. Die Schatzscheine des Kaiserlichen Gouverneurs sind heute Seltenheiten, wie viele Kolonialscheine.

Schatzschein des Kaiserlichen Gouvernements von Kamerun über 50 Mark vom 12. August 1914.

Deutsch-Neuguinea

Deutsch-Neuguinea, auch Kaiser-Wilhelms-Land genannt, wurde im Ersten Weltkrieg von australischen Truppen besetzt. Nach der Kapitulation des deutschen Freiwilligenheeres Ende September 1914 druckten die Australier provisorische Schatzanweisungen (Treasury Notes) in Mark, da die Einheimischen nur der Mark-Währung vertrauten. Das Ausgabedatum wurde handschriftlich vermerkt. In Gebrauch waren

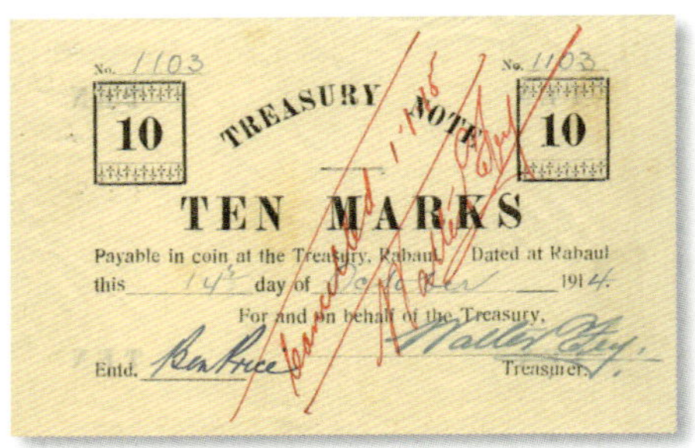

Schatzschein der australischen Besatzungstruppen für Deutsch-Neuguinea über 10 Mark von 1914.

die Scheine bis 1915. Bis heute sind nur wenige Exemplare dieser primitiv ausgeführten Scheine bekannt. Sie zählen heute zu den seltensten Geldscheinen der Welt. Im Jahr 1998 wurde ein Nachdruck aller Werte in einer limitierten Auflage von 3000 Stück hergestellt. Diese Scheine tragen auf der Rückseite einen entsprechenden Vermerk, um Verwechslungen mit den Originalen zu vermeiden.

Deutsche Auslandsbanken

Deutsch-Asiatische-Bank

Ende des 19. Jahrhunderts versuchten viele Industriemächte, ihre Handelsinteressen in aller Welt, insbesondere in China, durch die Gründung von Auslandsbanken und durch Pachtverträge über kleine chinesische Gebiete abzusichern. Großbritannien schloss damals einen auf 99 Jahre befristeten Pachtvertrag über Hongkong ab, das heute als Sonderwirtschaftszone wieder zu China gehört, und Deutschland pachtete im Jahr 1898 das Gebiet Kiautschou mit der Hauptstadt Tsingtau, das dem Reichsmarineamt unterstellt wurde.

Bereits ein Jahr später folgte zur Unterstützung der deutschen Handelsinteressen die Gründung der Deutsch-Asiatischen Bank (DAB) mit Hauptsitz in Tsingtau durch 13 deutsche Groß- und Privatbanken. Zu diesem Zeitpunkt gab es bereits eine Vielzahl von Auslandsbanken anderer Länder, die das Recht zur Ausgabe von Banknoten besaßen. Neben dem Hauptsitz in Tsingtau wurden Filialen der DAB in den chinesischen Großstädten Peking, Shanghai, Hankow und Tientsin gegründet.

Die Deutsch-Asiatische Bank erhielt 1906 das Recht zur Ausgabe von Banknoten und gab 1907 und 1914 dreisprachige Banknoten (Deutsch, Englisch und Chinesisch) in Dollar- und Tael-Währung heraus. Alle Noten zeigen auf der Vorderseite die Germania mit Schild und Speer und tragen den Ort des Hauptsitzes oder der ausgebenden Filiale. Von den 1914 hergestellten Banknoten gelangten wegen des Kriegsaus-

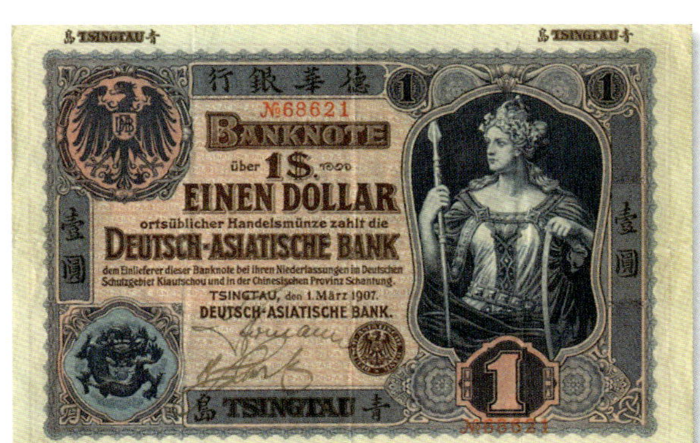

Note der Deutsch-Asiatischen Bank (Hauptsitz Tsingtau) über 1 Dollar vom 1. März 1907.

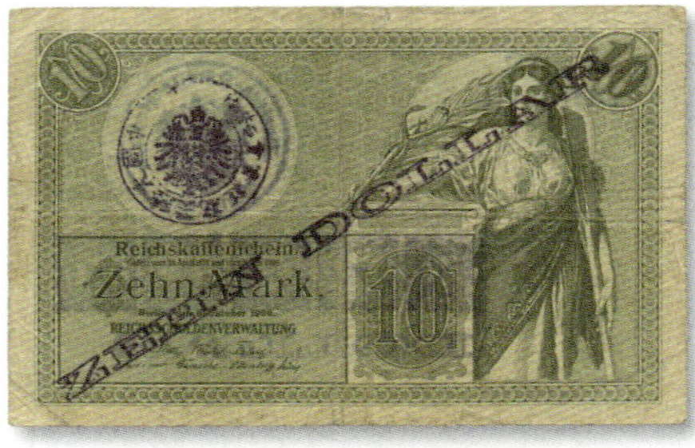

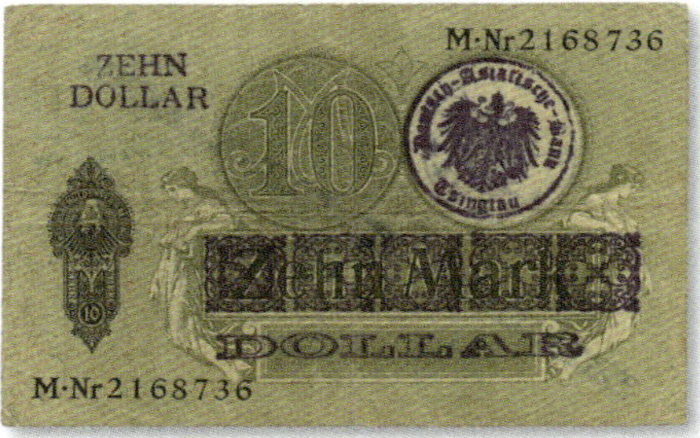

„Notausgabe" der Deutsch Asiatischen Bank über 10 Dollar (Überstempelung eines Reichskassenscheins von 1906).

bruchs nur wenige Exemplare nach Tsingtau. Sie wurden nicht mehr ausgegeben und sind daher in der Regel blanko, d.h. ohne Unterschrift.

Die großformatigen und farbenprächtigen Scheine der DAB gehören sicher zu den schönsten deutschen Banknoten überhaupt. Allerdings sind sie heute sehr selten, und man kann sich glücklich schätzen, wenn man auch nur einen einzigen dieser Scheine in seiner Sammlung der Nachwelt bewahren kann. Zudem existieren die meisten Stücke heute nur noch als Muster oder Probedrukke. Tatsächlich gelaufene Stücke mit Unterschriften sind daher noch seltener und erzielen Liebhaberpreise.

Als Folge des Ersten Weltkrieges musste Deutschland auf sein inzwischen wirtschaftlich gut entwickeltes Pachtgebiet in China verzichten.

Umstritten sind die sogenannten Notausgaben der Deutsch-Asiatischen Bank im Ersten Weltkrieg. Während man davon ausgehen kann, dass sich die Bank nach den kriegsbedingten Versorgungsengpässen bei Zahlungsmitteln mit der Überstempelung von Restbeständen an Reichskassenscheinen beholfen hat – von den 1914 hergestellten Banknoten der Deutsch-Asiatischen Bank gelangten bekanntlich nur wenige in das Pachtgebiet –, gehen einige Fachleute auch davon aus, dass es sich bei den Überstempelungen um chinesische Manipulationen aus den 1960er oder frühen 1970er Jahren mit echten Bankstempeln handelt. Unterlagen der Bank über diese Notausgaben sind heute jedenfalls nicht mehr vorhanden. Dennoch spricht manches für ihre Echtheit, so z.B. die „Legende", dass einige dieser Scheine aus dem Besitz eines ehemaligen deutschen Marinesoldaten stammen sollen, der während des Ersten Weltkrieges in Kiautschou stationiert war. Er soll sie jahrzehntelang aufbewahrt haben und erst ein Trödler soll sie dann in seinem Nachlass gefunden haben. Heute gibt es nur noch wenige Exemplare, die allesamt stark gebraucht sind, und es stellt sich die Frage, warum nicht bessere Erhaltungen manipuliert wurden und nicht mehr Exemplare angeboten wurden. Letztlich bleibt es jedem Sammler selbst überlassen, ob er für ein solches Stück Geld ausgeben und es in seine Sammlung aufnehmen möchte oder nicht.

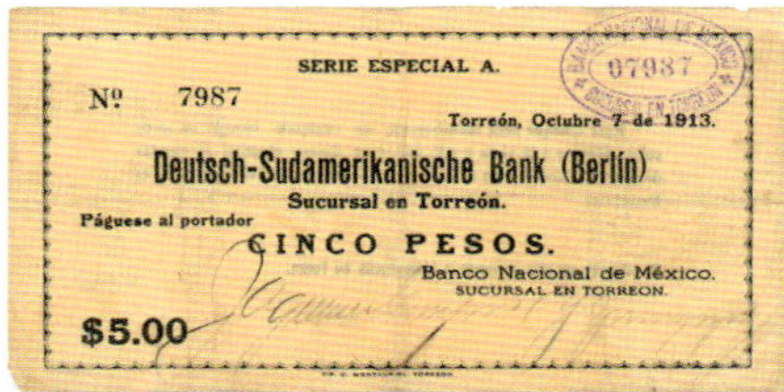

Note der Banco Nacional de México auf Deutsch-Südamerikanische Bank über 5 Pesos vom 7. Oktober 1913.

Sonstige deutsche Auslandsbanken

Neben den Ausgaben der Deutsch-Asiatischen Bank, die wir auch im Katalog „Die deutschen Banknoten ab 1871" finden, gab es auch noch solche anderer deutscher Auslandsbanken.

So wurde 1906 die Deutsch-Südamerikanische Bank mit Sitz in Berlin gegründet. Sie unterhielt Filialen in Hamburg, Buenos Aires, Mexiko und Santiago de Chile. Bekannt wurden jedoch nur die Banknoten aus Mexiko, die im Oktober 1913 während des mexikanischen Bürgerkriegs in Form von Schecks ausgegeben wurden.

Es gab Noten der Deutsch-Südamerikanischen Bank auf die Banco Nacional de México und umgekehrt sowie der Banco de Londres y México auf die Deutsch-Südamerikanische Bank.

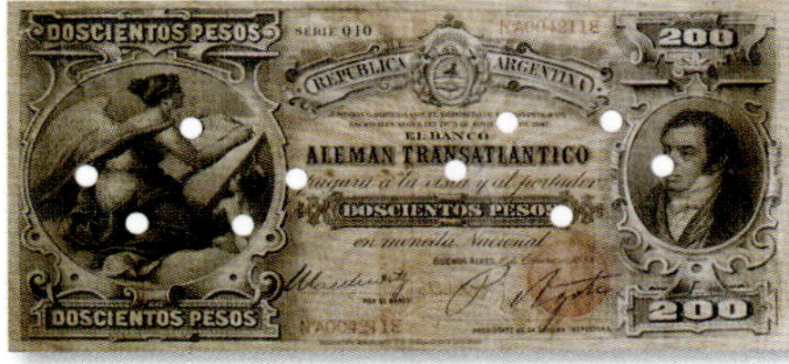

Note der Banco Alemán Transatlántico über 200 Pesos vom 1. Januar 1888.

Bereits 1886 war die Deutsch-Überseeische Bank als Tochtergesellschaft der Deutschen Bank und der Disconto-Gesellschaft gegründet worden. Als „Banco Alemao Transatlantico" unterhielt sie Niederlassungen in Brasilien, Argentinien, Chile, Peru, Uruguay und Spanien. Von ihr ist nur eine einzige Ausgabe einer 200-Pesos-Banknote für Argentinien aus dem Jahr 1888 bekannt. Bereits 1890 zwang ein neues argentinisches Gesetz die Bank zum Verzicht auf ihr Notenrecht. Es versteht sich fast von selbst, dass auch dieser Schein heute ein Liebhaberstück ist.

Papiergeldähnliche deutsche Wertpapiere und Gutscheine

Im „Dritten Reich" gab es eine Reihe von Emissionen, die man als nationalsozialistische Finanzierungsinstrumente bezeichnen kann, die aber teilweise auch Geldcharakter hatten. So wurden z. B. die Scheine der Konversionskasse für deutsche Auslandsschulden an im Ausland lebende Deutsche, deren Vermögen im Deutschen Reich beschlagnahmt worden war, anstelle der fälligen Zinsen ausgehändigt. Es handelt sich also um Schuldscheine, die jedoch nie eingelöst wurden. Es existieren Ausgaben aus den Jahren 1933 und 1934.

Noch vor wenigen Jahren fanden die Konversionskassenscheine kaum Beachrung. Nach der Aufnahme in den Deutschland-Katalog finden wir sie aber in vielen Sammleralben. Zumindest einige Stücke sollte man sich als Deutschland-Sammler ins Album legen, auch

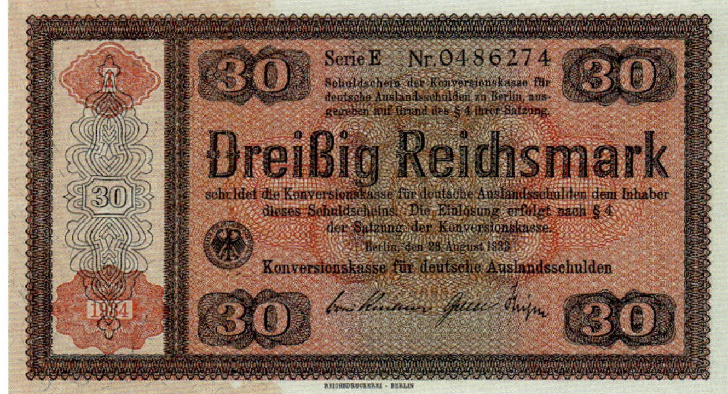

Note der Konversionskasse für deutsche Auslandsschulden über 30 RM von 1934.

wenn man diesen Bereich sicher nie vollständig zusammentragen kann.

Neben den Scheinen der Konversionskasse gab es Steuergutscheine, die eine gewisse Rolle im Zahlungsverkehr des „Dritten Reichs" spielten.

Die Auswirkungen der Weltwirtschaftskrise trafen die deutsche Wirtschaft noch härter als die Inflation von 1923: Die öffentlichen Kassen waren leer, wichtige Banken und Industrieunternehmen brachen zusammen. Im Februar 1932 erreichte die Arbeitslosigkeit mit 6,13 Millionen Erwerbslosen ihren Höhepunkt. Die Krise zwang die Reichsregierung zu einer aktiven Arbeitsbeschaffungspolitik. Durch eine Notverordnung zur Belebung der Wirtschaft vom September 1932 wurden 2 Milliarden Reichsmark bereitgestellt, die vor allem der Privatwirtschaft in Form von Steuergutscheinen zur Verfügung gestellt wurden, die später zu Steuernachlässen berechtigten. Für jeden zusätzlich beschäftigten Arbeitnehmer erhielt der Arbeitgeber einen Steuergutschein in Höhe von 100 Reichsmark. Darüber hinaus wurden 40 % der vom Arbeitgeber gezahlten Steuern und Abgaben in Form von Steuergutscheinen erstattet. Diese wurden dann bei der Entrichtung von Steuern und Zöllen angerechnet.

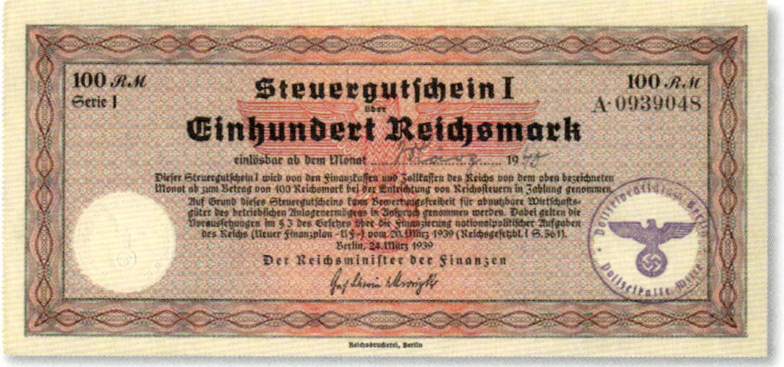

Steuergutschein I über 100 RM vom März 1940.

Später wurden weitere Steuergutscheine ausgegeben, die ab April 1939 sogar zur Bezahlung von Lieferungen und Leistungen (bis zu 40% des Rechnungsbetrages) angenommen werden mussten, also praktisch wie Geld in der Wirtschaft zirkulierten. Mit Hilfe der Steuergutscheine konnte die Wirtschaft wieder angekurbelt werden.

Interessant sind auch die Gutscheine des Winterhilfswerks aus der Zeit des „Dritten Reichs". Sie werden von vielen Sammlern gesammelt, obwohl sie keinen Geldcharakter hatten, also nicht als Zahlungsmittel zirkulierten. Das „Winterhilfswerk des Deutschen Volkes" (WHW) wurde bereits im September 1933 gegründet, um sozial Bedürftige zu unterstützen. Dazu sollten Sachwerte und Mittel aus Sammlungen eingesetzt werden. Die praktische Durchführung dieser Aufgaben wurde der „Nationalsozialistischen Volkswohlfahrt" (NSV) übertragen. Nachdem die Unterstützung in den Jahren 1933 bis 1939 überwiegend in Naturalien erfolgte, wurde sie mit Kriegsbeginn 1939 auf einheitliche Bezugsscheine des „Kriegswinterhilfswerks" (KWHW) umgestellt. Diese Scheine waren zwar kein Geld im eigentlichen Sinne, sondern dienten als Verrechnungsscheine (der Empfänger bezahlte damit eine Leistung, der Kaufmann reichte die Scheine bei seiner Bank gegen Bargeld ein, die Bank reichte die Wertscheine zur Verrechnung mit dem KWHW an die Reichsbank weiter), waren aber im ganzen Reich gültig und konnten zur Bezahlung von Lebensmitteln, Kleidung und Brennstoffen, ab 1941 auch für Miete sowie Gas- und Stromverbrauch verwendet werden.

Der Einlösungsvermerk erfolgte jeweils auf der Rückseite der Scheine.

Ab 1939 wurden jährlich neue Ausgaben gedruckt. Die letzten Wertscheine konnten bis Ende März 1944 eingelöst werden.

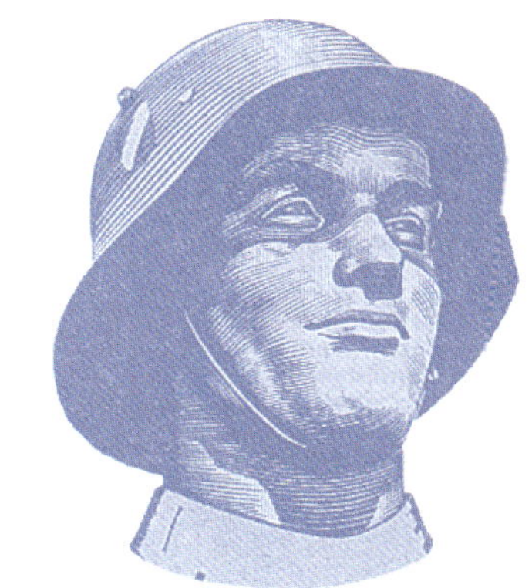

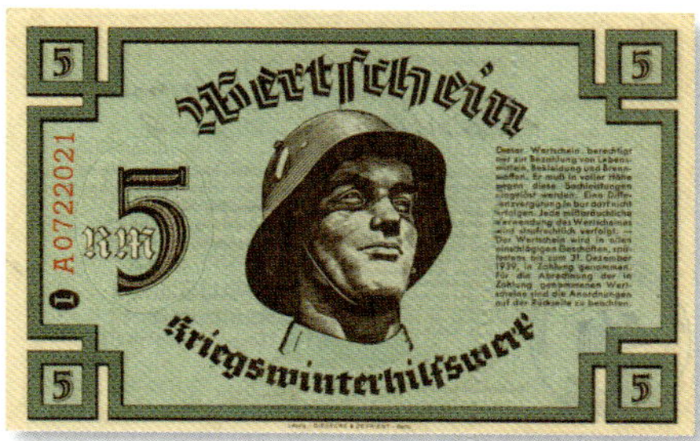

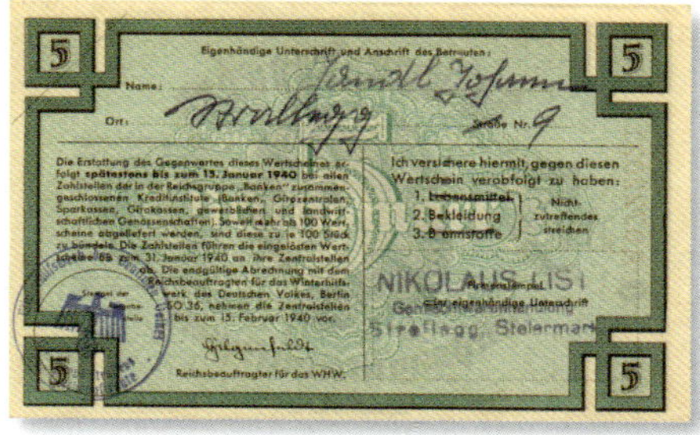

Wertschein des Kriegswinterhilfswerks des Deutschen Volkes über 5 RM von 1939/1940 mit Einlösungsvermerk auf der Rückseite.

Ein nahezu unbegrenztes Betätigungsfeld für Sammler bietet das Notgeld. Wie es der Name schon sagt, entstand es aus einer Notlage heraus, so zum Beispiel in Kriegs- und Krisenzeiten. Auch bei Belagerungen und während Revolutionen gab es stets Mangel an Geld, sowohl an Kleingeld als auch an Zahlungsmitteln an sich.

Notgeld gibt es in Münz- und in Papiergeldform. Es gibt solches, das von Kommunen, Kreisen, Bezirken, Provinzen und Ländern, aber auch von Militärs und sogar von privater Seite ausgegeben wurde. Notgeld gab es schon vor der Einführung der Banknoten, denken wir nur an die Leydener Pappmünzen aus Kirchenbüchern, über die wir schon berichteten. Weitere Notgeldausgaben, allesamt Belagerungsgeld, erfolgten beispielsweise in Mainz 1793, als die französisch besetzte Stadt eingeschlossen wurde. Man gab Assignate zu 10 und 25 Livres mit Stempeln und Text versehen zum doppelten Nominalwert aus, um die Geldknappheit zu beseitigen. In Kolberg gab es 1807 Notgeldscheine unter Gneisenau über 2, 4 und 8 Groschen, als die Franzosen die Festungsstadt belagerten. Sogenannte Blockadescheine erschienen in Erfurt, als die französisch besetzte Stadt im Befreiungskrieg 1813 von den Preußen belagert war. Doch auch in anderen Ländern, nicht nur in Europa, kam es immer wieder zur Ausgabe von Notgeld. In den baltischen Provinzen Russlands behalf man sich 1813 – 1835 mit primitiven Stadtscheinen, sogar Leder wurde damals schon in Dorpat, Pernau und Reval zur Herstellung von Notgeld verwendet. Kommunale und private Notgeldscheine gab es in großen Mengen auch in Böhmen und anderen Teilen Österreich-Ungarns zur Zeit der bürgerlichen Revolution in der Mitte des 19. Jahrhunderts, die teilweise sehr sorgfältig gedruckt wurden. Während des Bürgerkriegs in den USA 1861 – 1865 erschienen unzählige Geldscheinausgaben von Privatbanken, vor allem in den Südstaaten, die teilweise prächtig gestaltet waren und heute noch reichlich vorhanden sind. In Frankreich wurden 1870/71 während des Deutsch-Französischen Krieges von Städten und sogar Fabriken Notgeldscheine ausgegeben. Wollen wir es aber bei dieser kleinen Aufzählung belassen und uns nun dem deutschen Notgeld zuwenden. „Notgeld" ist keineswegs eine „deutsche Erfindung", auch wenn diese Bezeichnung auch im englischsprachigen Raum benutzt wird.

Deutsches Notgeld 1914 – 1924

Allen Notgeldscheinen ist gemeinsam, dass sie Ersatzzahlungsmittel sind, die den Mangel an staatlichen oder staatlich anerkannten Geldzeichen - Münzen wie Banknoten - lindern oder beheben sollen. Die in Not- und Krisenzeiten ausgegebenen Notgeldscheine waren meist nur regional und zeitlich begrenzt gültig. Die Ausgabe erfolgte mit offizieller Genehmigung, aber auch illegal und manchmal nicht genehmigt, aber geduldet. Notgeld gab es immer dann, wenn der Staat oder der Münzherr nicht in der Lage war, ausreichend Zahlungsmittel für den Geldverkehr zur Verfügung zu stellen. Aber auch vom Staat selbst herausgegebene Kleingeldscheine als Ersatz für nicht mehr vorhandenes Metallgeld und sogar Inflationsscheine können dieser Kategorie zugeordnet werden. Gelegentlich werden auch Geldzeichen mit bewusst eng begrenzter regionaler Gültigkeit, wie zum Beispiel Lagergeld, als Notgeld bezeichnet. Doch halten wir uns nicht mit geldtheoretischen Definitionen auf. Eine für den Sammler brauchbare Einteilung der verschiedenen Notgeldarten in Deutschland wurde von Dr. Arnold Keller eingeführt. Noch heute bilden die von ihm definierten Notgeldepochen die Grundlage für Katalogwerke und Sammelgebiete des deutschen Notgelds. Manche Finanzwissenschaftler und Ökonomen, die sich mit Geld und Geldtheorie beschäftigen, stören sich an der Bezeichnung „Notgeld", und zwar nicht an den Umständen, unter denen es ausgegeben wurde, nämlich in Notzeiten, sondern am Geldbegriff selbst. Denn Geld ist per Definition ein allgemein anerkanntes Tauschmittel, das nicht nur an bestimmten Orten für eine begrenzte Zeit gültig ist. Oft wird daher auch von Ersatzgeldausgaben gesprochen, doch hat sich der Begriff „Notgeld" durchgesetzt. Auf den Ausgaben selbst finden wir unterschiedliche Angaben, manchmal nur „Gut für ..." oder sogar „Geld-Ersatzschein". Häufig wurde auch der Begriff „Gutschein" verwendet. Andere Scheine tragen die Aufschrift „Notgeld der Stadt ...". Aber auch andere Bezeichnungen wie „Kriegsgeld" oder „Wertschein" wurden aufgedruckt. Die Grenzen zu den eigentlichen Gutscheinen sind fließend. Auf Waren lautende Bezugsscheine wurden beispielsweise in der Armenfürsorge verwendet, sie berechtigten zum Bezug bestimmter Lebensmittel oder anderer Waren, nicht selten war sogar vermerkt, dass alkoholische Getränke dafür nicht abgegeben werden durften. Nur einen Begriff findet man auf diesen Notgeldscheinen nie: „Banknote". Nur die Reichsbank und die privilegierten Landes- und Privatnotenbanken hatten in Deutschland das Recht, Banknoten auszugeben.

Die deutschen Notgeldausgaben von 1914 bis 1924 sind das mit Abstand umfangreichste Sammelgebiet deutscher Geldscheine, in dem es bis heute immer wieder Neues zu entdecken gibt. Sammlern, die sich diesem breiten Feld widmen, wird es ein Leben lang nicht langweilig beim Ausbau ihrer Sammlung. Der bekannte Notgeldsammler Max von Bahrfeldt stellte 1930 eine Übersicht zusammen, die die Dimension der deutschen Notgeldausgaben erahnen lässt. Dabei bezeichnete er mit „Arten" nur die Grundtypen der Banknoten und nicht die darüber hinaus existierenden vielfältigen Varianten, die sich z. B. durch unterschiedliche Wasser-

zeichen, abweichende Serien und Numerierungen usw. ergeben.
Zählt man nur die Notausgaben aus Papier zusammen, so gibt das allein etwa 102 500 verschiedene Grundtypen deutscher Notgeldscheine. Hinzu kommt, dass seit 1930 viele Notgeldausgaben neu „entdeckt" wurden. Dies betrifft sowohl Grundtypen bekannter als auch bisher unbekannter Ausgabestellen, so dass sich die Zahlen in der Übersicht noch deutlich erhöht haben. So hat sich allein beim Großnotgeld 1918/19 die Zahl der Ausgabestellen von damals 500 inzwischen auf fast 600 erhöht. Insbesondere für das Notgeld der Inflation von 1923 sind in den letzten Jahrzehnten viele neue Ausgaben nachgewiesen worden. Insgesamt kann man wohl, wenn man die wichtigen Varianten mit einbezieht, von etwa 250 000 verschiedenen deutschen Notgeldscheinen aus der Zeit vom Ersten Weltkrieg bis zum Ende der Inflation 1924 sprechen. Diese Zahl macht nicht zuletzt auch deutlich, dass für den Sammler eine Spezialisierung notwendig ist. Während sich viele Sammler für das Notgeld ihrer Heimatregion entscheiden, wobei auch hier die Einteilung nach Notgeldepochen eine große Rolle spielt, sammeln andere alles Notgeld einer Epoche (z. B. alle Großnotgeldscheine) aus dem gesamten ehemaligen Deutschen Reich.
Im Folgenden sollen die verschiedenen Notgeldepochen etwas näher beleuchtet werden, da hier bei vielen Anfängern, aber auch bei langjährigen Sammlern immer noch große Zuordnungsprobleme bestehen.

Notgeldart	Ausgabestellen	Arten
1914	400	2000
1916 – 1922 (Kleingeldscheine inkl. Serienscheine)	4000	30 000
1918 / 1919 (Großnotgeld)	500	2000
Inflation 1922	400	1500
Inflation 1923 (Hochinflation)	8000	65 000
wertbeständiges Notgeld	500	2000
Hartgeld (Notmünzen)	1500	7000

Notgeld von 1914

Nach Kriegsbeginn trat in vielen Gebieten des Deutschen Reiches ein spürbarer Kleingeldmangel auf. Die Goldmünzen waren ohnehin verschwunden, das Silbergeld wurde gehortet und selbst die unedlen Münzen fehlten im Zahlungsverkehr. Viele Städte und Gemeinden, aber auch Behörden, Banken, Fabriken und Gutsverwaltungen behalfen sich mit teilweise sehr primitiven Notgeldausgaben, deren Wertstufen meist zwischen 50 Pfennig und 5 Mark lagen. Diese einfachen Geldscheine waren oft nicht einmal gedruckt. Es gibt sogar primitive handgeschriebene Scheine. Manche sind mit Siegeln und Stempeln versehen. Einige Scheine sind auf dünnem, oft farbigem Papier gedruckt, andere auf Pappe oder Karton. Hier finden sich

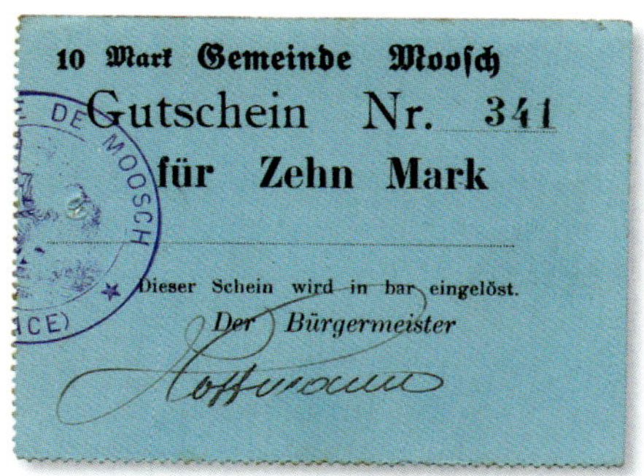

Notgeldschein der Gemeinde Moosch (Oberelsass) zu 10 Mark ohne Datum (1914).

Kuriositäten wie auf Kattun gedruckte elsässische Geldscheine, ein 50-Pfennig-Schein mit Lacksiegel der Löwenapotheke in Flensburg oder Teile von Spielkarten, die von der Gutsverwaltung Lopischewo bei Ritschenwalde in der preußischen Provinz Posen in Umlauf gebracht wurden.

Viele dieser Notgeldscheine wurden eingelöst und verschwanden für immer, andere blieben mit Einlösungsvermerken oder Entwertungen erhalten. In Notgeld-Katalogen finden sich oft auch Preise für entwertete Scheine. Sie sind in der Regel häufiger.

Als wenige Jahre nach der Inflation das Sammeln von Geldscheinen in Deutschland bereits „Massencharakter" angenommen hatte, wurden zahlreiche Notgeldscheine nachgedruckt und mit einem entsprechenden Vermerk „UNGÜLTIG" oder ähnlich gekennzeichnet. Nachdrucke sind aber oft auch an der Ausführung des Drucks und der Nummerierung zu erkennen.

Der Reichsbank waren diese Scheine anfangs natürlich nicht recht, aber sie konnte als Verantwortliche für den Geldverkehr wenig dagegen tun, weil sie nicht genügend Metallgeld liefern konnte. So wurden die zahlreichen Notausgaben stillschweigend geduldet. In der Regel waren die Scheine auch durch Reichsgeld gedeckt. Wenn ein Stadtkämmerer einen Tausendmarkschein einbehielt und dafür tausend Einmarkenscheine ausgab, kann man durchaus von „Deckung" sprechen. Ob es sich bei diesen Notgeldausgaben nicht auch um illegale „Kreditschöpfungen" handelte, sei dahingestellt. Dazu nur einige Überlegungen: Nicht nur Städte und Gemeinden, sondern auch private Unternehmen gaben Notgeldscheine aus. Wer wollte kontrollieren, ob bei der Ausgabe von 10 000 Scheinen zu 1 Mark auch wirklich 10 000 Mark in der Kasse waren? Nicht alle Besitzer der Notgeldscheine würden diese gleichzeitig zur Einlösung vorlegen. Es würde also nicht auffallen, wenn z. B. 20 oder gar 60% mehr Scheine gedruckt würden, als tatsächlich Kapital hinterlegt war. Wenn die Angestellten einer Firma und die Einwohner einer kleinen oder großen Stadt dem Notgeld vertrauten, weil ein bedeutender Firmenname dahinter stand, dann konnte man schöne zinslose Kredite schöpfen. Wenn viele Städte und Firmen dies taten, vermehrte sich die Geldmenge sehr schnell, was wiederum die Inflation anheizte. Aus diesem Grund haben viele Staats- oder Nationalbanken der Welt die Ausgabe von Notgeld verpönt oder sogar radikal verboten.

Bei einer im Dezember 1914 ausgegebenen Notgeldserie einer Weberei finden wir den Hinweis, dass die Ausgabe „unter Garantie der Bank von Elsaß und

Lothringen" geschah. Als Termin der Einlösung ist angegeben: „zahlbar ... sobald es die Umstände erlauben".

Was die Textgestaltung der Notgeldscheine betrifft, so könnte man meinen, es gäbe fast so viele verschiedene Texte wie Scheine.

Die Schwierigkeiten bei der Kleingeldversorgung zu Beginn des Ersten Weltkrieges entspannten sich relativ rasch, und die Ausgabe von Notgeld wurde durch eine vorübergehend stabile Geldversorgung durch die Reichsbank vorerst beendet.

Kleingeldscheine 1916 – 1922

Im Laufe des Krieges war die Reichsbank immer weniger in der Lage, die Bevölkerung ausreichend mit Metallgeld zu versorgen, da der Kleingeldmangel nicht zu beheben war und viele Metalle kriegswichtig geworden waren. Während es bis etwa 1917 nur relativ wenige Notgeldscheine gab, stieg ihre Zahl ab 1918 kontinuierlich an. Firmen, Banken, Verbände, Privatpersonen und natürlich vor allem Kommunen und Kommunalverbände ließen nun in größeren Mengen dekorative Scheine drucken. Etliche Druckfirmen spezialisierten sich sogar auf Notgeldscheine aller Art. Gleichzeitig weckten viele schön gestaltete Kleingeldscheine das Interesse von Sammlern, was wiederum Städte und Gemeinden dazu veranlasste, noch mehr davon zu drukken. Bald wurden mehrere Scheine mit gleichem Wert ausgegeben. Ab dem Frühjahr 1921 entstanden ganze Serien von Scheinen mit fantasievollen Texten und Bildern in Hülle und Fülle, die eigentlich keine Geldfunktion mehr hatten. Diese „Serienscheine" wurden nur noch für Sammler gedruckt. Viele dieser Scheine sind nicht nur farbig, sondern bunt. Sie erinnern an Bilder, weshalb sie oft auch als „Bildernotgeld" bezeichnet werden. Da man nicht mehr damit rechnete, dass sie eingelöst wurden, waren sie eine gute Einnahmequelle für die ausgebende Stelle. Bald entwickelte sich ein schwunghafter Handel mit dem Geld, das eigentlich nie eine Geldfunktion hatte. In Zeitungsanzeigen warben Städte und Gemeinden für ihre Notausgaben, die im ganzen Reich bestellt werden konnten. Es bildete sich nicht nur ein Markt für diese Scheine, sondern es gab schon früh Notgeldhändler, die alles, was irgendwo gedruckt wurde, zum Kauf anboten.

Häufig wurden die Serienscheine auch für politische Aussagen genutzt. Im Zusammenhang mit dem Versailler Vertrag mussten in verschiedenen Teilen Deutschlands Volksabstimmungen über den Verbleib oder die Abtretung von Gebieten durchgeführt werden. Daran erinnern zahlreiche „Abstimmungsscheine", die es z. B. aus Schleswig-Holstein, Oberschlesien und Ostpreußen gibt. Wer sich dem Gebiet „Deutsche Serienscheine 1918 - 1922" widmet, für den ist langer Sammelspaß garantiert. Über der Beschäftigung mit den Serienscheinen, die es sowohl in Pfennig- als auch in Markbeträgen gibt und die vor allem bei Heimatsammlern sehr beliebt sind und einen preiswerten Einstieg in das Geldscheinsammeln ermöglichen, wollen wir aber die echten Notgeldscheine dieser Zeit und Notgeldepoche nicht vergessen.

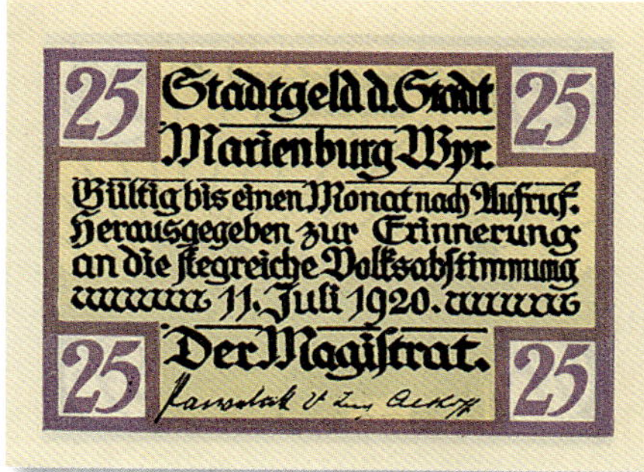

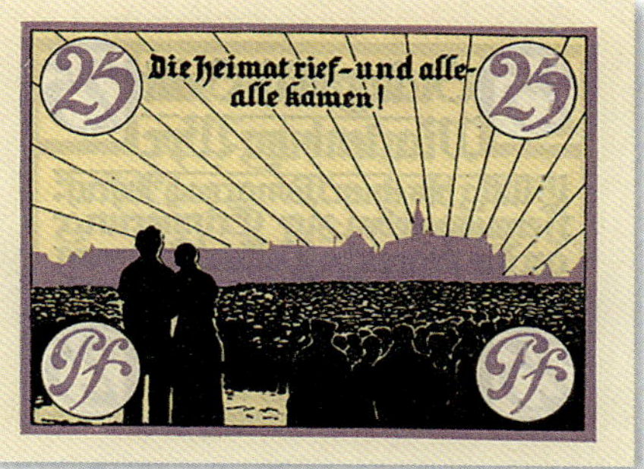

„Abstimmungsschein" der Stadt Marienburg in Westpreußen über 25 Pfennig vom 11. Juli 1920, Vorder- und Rückseite.

Von Kleingeldscheinen – Verkehrs- oder Bedarfsausgaben – spricht man, wenn Notgeldscheine ausschließlich in Pfennigbeträgen gemeint sind, die tatsächlich auch als Notgeld im Umlauf waren. Auch für diese „Verkehrsausgaben" gibt es aktuelle Kataloge.

Die Zuordnung der Kleingeldscheine zu den Verkehrsausgaben oder Serienscheinen an der Bezeichnung (Notgeld, Gutschein, Kleingeldersatz usw.) festmachen zu wollen, ist nicht möglich. Die Wahl der Bezeichnung erfolgte damals nach Gutdünken in den Amtsstuben der Städte und Gemeinden oder blieb gar dem Künstler überlassen, der die Entwürfe für die Geldscheine schuf. Lediglich Bezeichnungen wie „Kriegsgeld" in Verbindung mit dem Datum lassen in den meisten Fällen den richtigen Schluss auf Verkehrsausgaben aus der Zeit des Ersten Weltkrieges zu. Aber auch hier bestätigt die Ausnahme die Regel. So datierten manche Orte auch ihre Serienscheinausgaben einfach zurück, um den Eindruck echten Notgeldes zu erwecken und dadurch die Scheine besser an Sammler verkaufen zu können, während einige Ausgabestellen Bezeichnungen wie „Kriegsnotgeld" auch noch nach Ende des Krieges weiter verwendeten, da es bis zum Versailler Vertrag im Sommer 1919 lediglich einen Waffenstillstand gab. Andere Ortschaften gaben ihre Serienscheine erst in den „Umlauf", als die auf den Scheinen angegebene Einlösungsfrist bereits überschritten war um zu vermeiden, dass Ansprüche an die Gemeinde geltend gemacht werden konnten, wie z. B. bei allen sogenannten „Reutergeld-Ausgaben".

Die heutige Einteilung in Verkehrs- und Serienscheine geht im wesentlichen auf Dr. Arnold Keller zurück. Allerdings dürfte zumindest ein kleiner Teil der Serienscheine auch tatsächlich im Umlauf gewesen sein, zumal diese heute immer wieder auch in gebrauchtem Zustand auftauchen, während einige von Keller den Verkehrsausgaben zugeordnete Emissionen sicherlich nie in Umlauf gekommen sind und daher eher Serienscheine darstellen. Mit den aktuellen Katalogen der Katalogreihe „Deutsches Notgeld", von der es inzwischen 13 Bände gibt, sind gültige Abgrenzungen zu diesen beiden sowie anderen Sam-

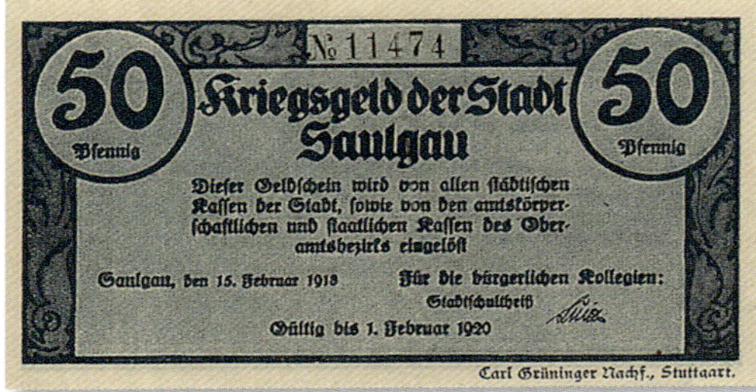

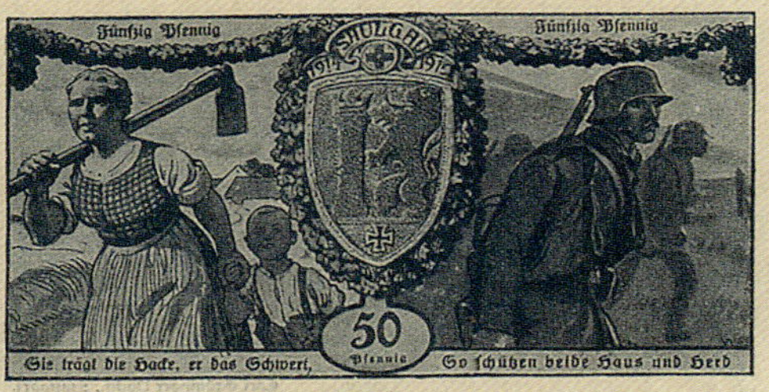

Verkehrsausgabe der Stadt Saulgau (Württemberg) über 50 Pfennig vom 15. Februar 1918.

melgebieten geschaffen. Wir wollen aber noch einmal kurz auf das „Reutergeld" eingehen, da dieser Begriff oft verwendet wird und viele Sammler gerne etwas über die Hintergründe dieser Ausgaben erfahren möchten.

In einer Zeit, in der bereits viele Städte und Gemeinden, ja sogar Vereine mit Serienscheinen Geschäfte machten, hatte ein gewisser Reinhold Wust aus Schwerin die Idee, möglichst viele Orte Mecklenburgs für die Ausgabe von Serienscheinen zu Ehren des Heimatdichters Fritz Reuter zu gewinnen. Seine Idee fand Anklang und 70 Städte und Gemeinden entschlossen sich, jeweils eine Serie „Reutergeld" herauszugeben. Fünf mecklenburgische Künstler wurden mit den Entwürfen beauftragt. Den Vertrieb übernahm die Reutergesellschaft unter der Leitung von Reinhold Wust. Interessant ist, dass die Reutergeldscheine erst nach Ablauf der Einlösungsfrist „in Umlauf" kamen bzw. verkauft wurden, um eventuellen Ansprüchen auf Einlösung in gültigem Geld vorzubeugen.

Neben dem heute noch sehr beliebten Reutergeld gab es aber auch andere große Serien, wie z. B. die der „Täglichen Rundschau" aus Berlin, die viele verschiedene Motive aus ganz Deutschland zeigt und heute kaum noch vollständig zu bekommen ist.

Es gibt Sammler, die versuchen, alle katalogisierten Scheine zusammenzutragen, was alles andere als einfach ist. Denn bei diesem Bildernotgeld gibt es zwar viel preiswerte Massenware, aber

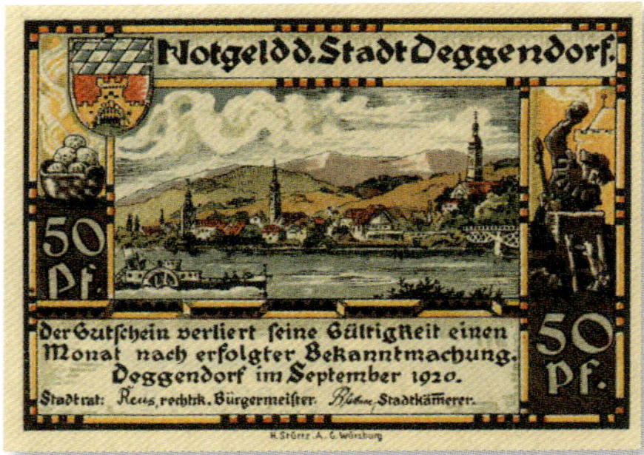

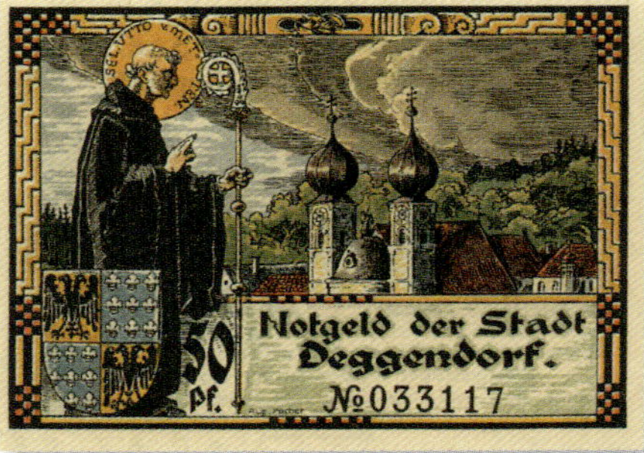

Kleingeldschein (Verkehrsausgabe) der bayerischen Stadt Deggendorf über 50 Pfennig vom September 1920.

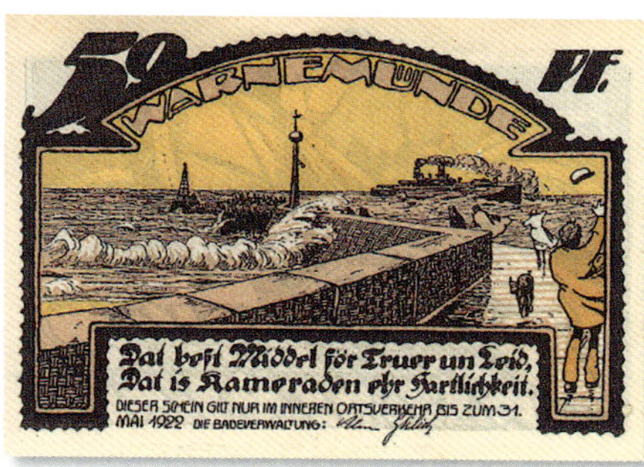

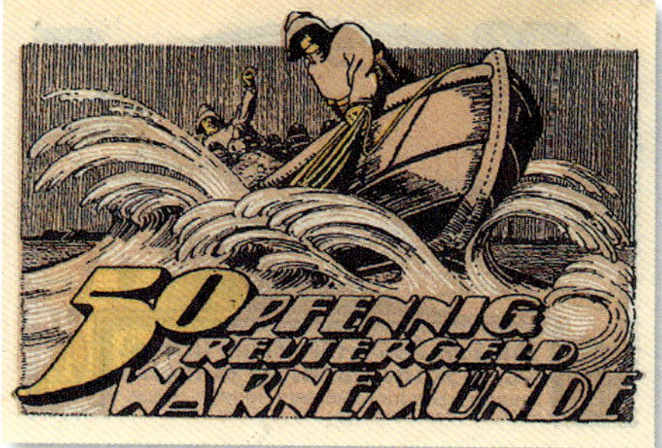

„Reutergeld" der Badeverwaltung Warnemünde über 50 Pfennig, gültig bis 31. Mai 1922 (ausgegeben im Juni 1922).

auch seltenere Serien und sogar echte Raritäten. Erfolgversprechend ist der Aufbau einer Sammlung, wenn es gelingt, ein größeres Los oder eine alte Sammlung zu erwerben, um die eigene Sammlung zu vervollständigen. Ohne Katalog ist man übrigens hilflos „verloren", denn man muss zumindest die Anzahl von Scheinen einer Serie kennen. Man sollte sich auch gut überlegen, ob man im Handel für wenig Geld gemischte Lose erwirbt, bei denen oft Scheine aus Serien fehlen, die man dann kaum wieder einzeln angeboten bekommt. Es gilt: Wer billig kauft, kauft doppelt. Man sollte sich also gut überlegen, ob man einfach kauft, was angeboten wird, selbst wenn man erst am Anfang einer Sammlung steht, oder von Anfang an besser gleich Dank eines Katalogs seine Sammlung gezielt auf- und ausbaut. Das spart das Geld, das ein Katalog kostet, gleich vielfach wieder ein. Der Fachhandel fordert für komplette Serien meist zwar etwas mehr Geld, doch was nützen günstig erworbene Einzelexemplare, die man nie zu Serien komplettieren kann.

Die Grenzen zwischen den verschiedenen Notgeldausgaben sind fließend und es sollte entschieden werden, wo sie gezogen werden. Gerade die meist preiswerten Serienscheine bieten Motiv- und Regionalsammlern ein schier unerschöpfliches Betätigungsfeld.

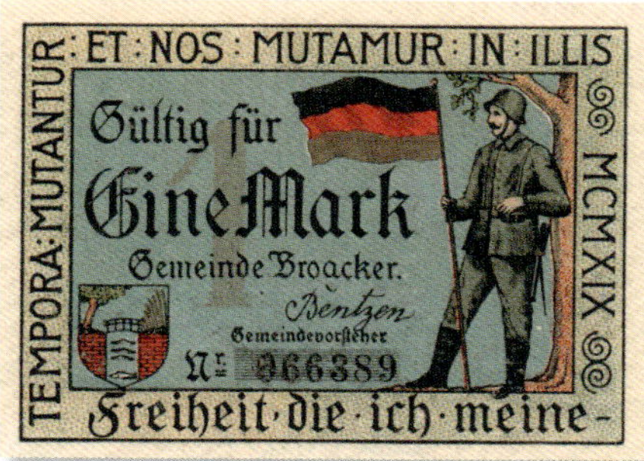

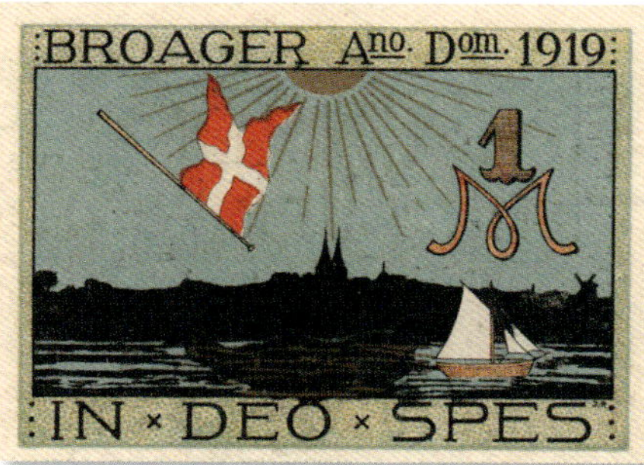

Abstimmungsschein der Gemeinde Broacker in Nordschleswig über 1 Mark von 1919.

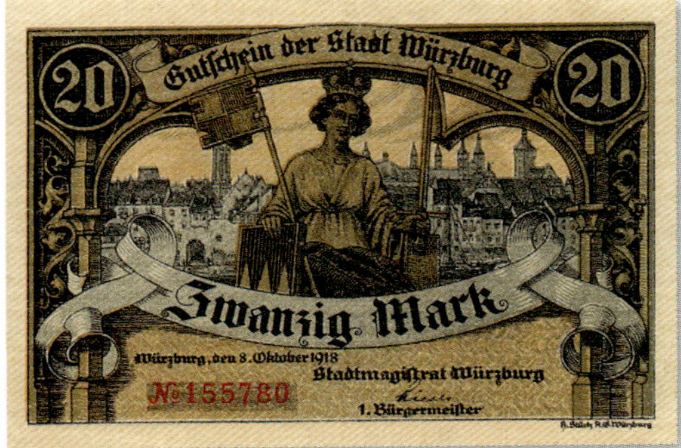

Schön gestalteter Großnotgeldschein der Stadt Würzburg über 20 Mark vom 8. Oktober 1918.

Großnotgeld 1918 – 1921

Unter Großnotgeld versteht man die Nachkriegsausgaben, die sich oft schon im Format von Verkehrsausgaben und Serienscheinen unterscheiden. Alle Scheine im Nennwert von 1 bis 100 Mark werden als Großnotgeld oder auch als Großgeldscheine bezeichnet. Auch diese Bezeichnungen gehen auf Dr. Arnold Keller zurück und werden verständlicher, wenn man bedenkt, dass die zur gleichen Zeit ausgegebenen Pfennigbeträge von ihm als Kleingeldscheine bezeichnet wurden.

Der entscheidende Unterschied zu den bisherigen Notgeldscheinen als Kleingeldersatz, die von der Reichsbank stillschweigend geduldet wurden, bestand darin, dass die Großnotgeldscheine mit Genehmigung und auf ausdrücklichen Wunsch der Regierung und der Reichsbank ausgegeben wurden. Dieses Notgeld nahm wertmäßig einen sehr großen Umfang an. Es sollte zunächst nur bis zum 1. Februar 1919 gültig sein, da die Reichsbank hoffte, bis zu diesem Zeitpunkt genügend Zahlungsmittel zur Verfügung stellen zu können. Tatsächlich waren viele Scheine aber auch darüber hinaus im Umlauf.

Wie sehr die Reichsbank auf die Unterstützung der Länder und Gemeinden angewiesen war, zeigt sich auch daran, dass diese sich bereit erklärte, die Hälfte der Einlösungskosten für gefälschte Notgeldscheine zu übernehmen.

Beim Großnotgeld finden sich neben vielen professionell hergestellten Stükken aus Druckereien auch noch sehr einfach hergestellte Scheine. Größere Städte hatten keine Probleme, eine geeignete Druckerei zu finden, die Notgeldscheine in brauchbarer und relativ fälschungssicherer Qualität herstellen konnte. Schwieriger war es für kleinere Gemeinden oder private Unternehmen. Heute steht den Sammlern ein sehr guter Katalog zum Großnotgeld von Anton Geiger zur Verfügung. Das war nicht immer so. Vor fast 70 Jahren hat Dr. Arnold Keller seinen Katalog „Das deutsche Notgeld, Großgeldscheine 1918 - 1921“ in 3. Auflage publiziert. In einem denkbar einfachen Spiritus-Umdruckverfahren wurden damals ganze 150 Exemplare hergestellt, die natürlich schnell vergriffen waren. Bis der Battenberg-Verlag in den 1970er Jahren Nachdrucke der Keller-Kataloge auf den Markt brachte, gab es nicht wenige Sammler, die Kellers Werke abfotografierten oder sogar von Hand oder mit der Schreibmaschine abschrieben. Heute sind nicht nur Kellers Originalkataloge aus den 1950er Jahren, sondern auch die Nachdrucke des Battenberg-Verlages gesuchte Raritäten.

Inflationsgeld 1922 – 1923

Zunächst schien es, als könne die Reichsbank die Zahlungsmittelknappheit in den Griff bekommen. Doch die Inflationslawine war größer und mächtiger als die Geldproduktion. Schließlich liefen die Notenpressen der Reichsdruckerei und vieler privater Druckereien bekanntlich auf Hochtouren. Eine Verlängerung der Umlauffristen für die ab 1918 ausgegebenen Notgeldscheine schien zunächst nicht mehr notwendig. Doch ab Sommer 1922 konnte der Geldbedarf trotz aller Anstrengungen nicht mehr gedeckt werden, es kam erneut zu Notgeldausgaben, die von der Reichsbank geduldet werden mussten. Entsprechend dem Tempo der allgemeinen Geldentwertung stiegen die Nennwerte der Scheine ständig an, zunächst lagen sie zwischen 50 und 1000 Mark, Anfang 1923 gab es bereits Notgeld über 5000 bis 50 000 Mark.

Die Inflation verlangte immer schneller nach höheren Nennwerten, so wie die Reichsbank aus 5000-Mark-Scheinen durch Überdruck 500-Milliarden-Mark-Scheine machte, so wurden auch Notgeldscheine durch Überdruck „aufgewertet". Im Falle eines „Aushilfsscheins" der Freien und Hansestadt Hamburg wurde aus einem Fünftausender durch einfachen Aufdruck 5 Millionen Mark.

Die Anzahl der Notgeldausgaben dieser Zeit (Grundtypen) wird heute auf 70 000 bis 80 000 Stück geschätzt. Neben den scheckähnlichen Notgeldausgaben gab es auch attraktive Scheine, die wie „richtige Banknoten" aussahen. Auch unter diesen Scheinen gibt es viel Interessantes zu entdecken. So findet man auf Kölner Scheinen die Unterschrift des damaligen Oberbürgermeisters und späteren Bundeskanzlers Dr. Konrad Adenauer.

Ab Juli 1923 spricht man von der sogenannten Hochinflation, die den größten Teil des deutschen Notgeldes ausmacht. Mit der Hochinflation kamen auch Scheine in Millionen-, Milliarden- und sogar Billionenbeträgen in Umlauf. Für diesen großen Bereich gibt es leider noch keinen aktuellen Katalog. In der Katalogreihe „Deutsches Notgeld" ist jedoch ein zweibändiger Nachdruck der Keller-Kataloge von 1958 erschienen.

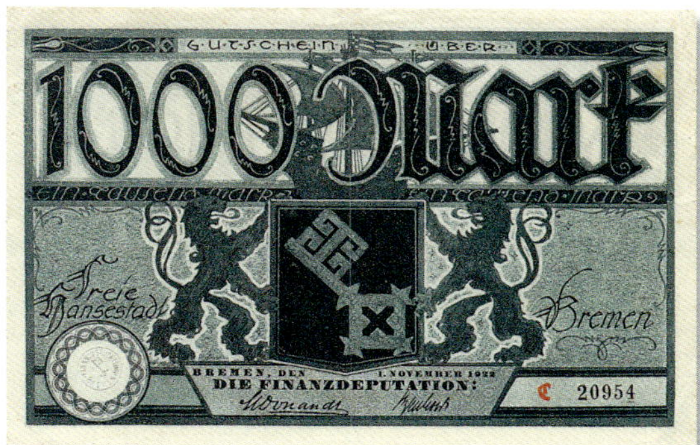

Notgeldschein der Finanzdeputation Bremen über 1000 Mark vom 1. November 1922.

Wertbeständiges Notgeld

Über das vom Staat ausgegebene wertbeständige Notgeld von 1923 wurde bereits berichtet. Es gab aber auch verschiedenste Notgeldausgaben, die nicht auf Mark und US-Dollar oder Gold lauteten.

Gegen Ende der Inflation gab es zahlreiche Versuche, die Währung zu stabilisieren, was zur Ausgabe des sogenannten Wertbeständigen Notgeldes führte. Diese Bezeichnung geht ebenfalls auf Dr. Arnold Keller zurück und ist leicht verständlich, wenn man bedenkt, dass das „normale Notgeld", das damals abends als Arbeitslohn ausgezahlt wurde, am nächsten Morgen oft schon wertloses Papier war. Beim Wertbeständigen Notgeld versuchte man die Wertbeständigkeit durch die Deckung z.B. in Gold oder in landwirtschaftlichen Produkten (wie z.B. beim Roggengeld) oder eben durch die Bindung an den US-Dollar zu erreichen, was schließlich mit der Einführung der Rentenmark in Deutschland auch zum Erfolg führte.

Städte und Gemeinden gaben ab Ende 1923 Zahlungsversprechen in US-amerikanischer Währung aus. Der US-Dollar war schon damals neben dem Britischen Pfund und dem Schweizer Franken eine der wichtigsten Weltwährungen. Für wenige 20-Dollars-Goldmünzen wurden ganze Mietshäuser verkauft. Wertbeständigem Geld in US-Dollar wurde mehr vertraut als Milliardenbeträgen auf wertlosen Reichsbanknoten.

Die Menschen waren der Inflation überdrüssig. Einfache Gemüter, die sich mit dem Kopfrechnen schwer taten,

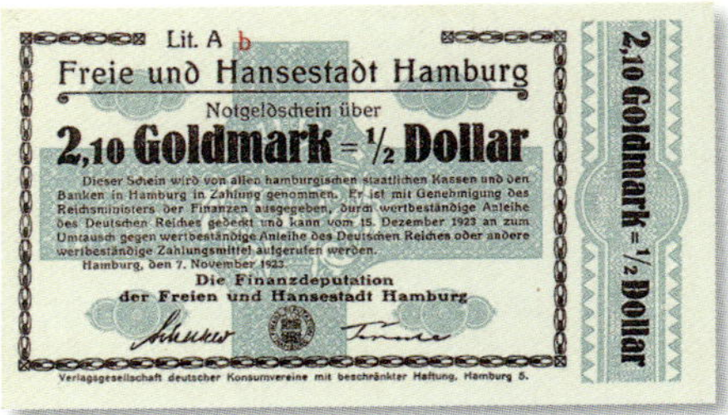

Wertbeständiges Notgeld der Finanzdeputation der Freien und Hansestadt Hamburg über 2,10 Goldmark = ½ Dollar vom 7. November 1923.

verzweifelten an den Millionen, Milliarden und Billionen. Man misstraute der unendlichen Papiergeldflut mit immer mehr Nullen und hatte längst begriffen: Wer auf Geld setzt, der verliert, wer Sachwerte hat, sitzt immer am längeren Hebel. So entstanden Sachgutscheine, spezielle Notgeldscheine, die auf eine bestimmte Menge von Waren lauteten, die jeder brauchte. Fett, Kohle, Holz, Leder, Roggen, Margarine, Mehl, Zucker, Getreide und sogar Ziegelsteine waren wertstabiler als Geld. Zahlungsversprechen, die auf eine bestimmte Menge solcher Waren lauteten, wurden gerne angenommen und sind heute allgemein selten, weil sie damals in aller Regel eingelöst wurden.

Auch zum Wertbeständigen Notgeld gibt es einen aktuellen Katalog in der Katalogreihe „Deutsches Notgeld", der für den interessierten Sammler unverzichtbar ist.

Notgeld von Bahn und Post

Innerhalb des Notgeldes stellen die Not- und Behelfsausgaben der deutschen Eisenbahnen, der Reichsbahn und der Reichspost einen eng umgrenzten

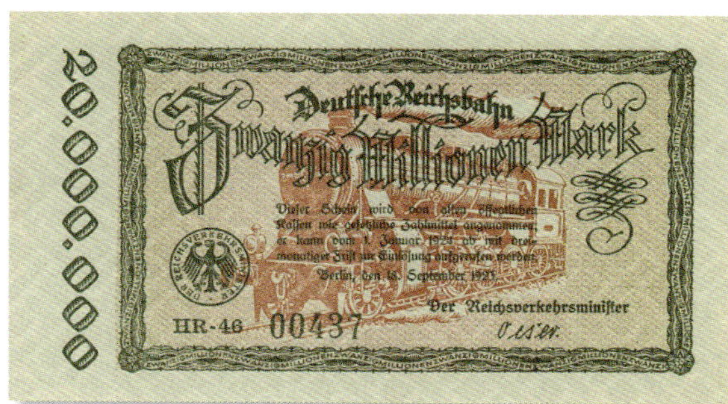

Notgeldschein der Deutschen Reichsbahn (Reichsverkehrsminister in Berlin) über 20 Millionen Mark vom 18. September 1923.

und sehr interessanten Bereich dar. Sowohl bei der Reichsbahn als auch bei den Privatbahnen und der Reichspost wurde das Wechselgeld immer knapper, was zu einer Vielzahl von speziellen Notgeldausgaben dieser Institutionen führte.

Sowohl das Reichsverkehrsministerium in Berlin als auch die einzelnen Reichsbahndirektionen gaben Notgeldscheine aus, deren Nennwerte schließlich in die Billionen gingen. Fast der gesamte Fern- und Reiseverkehr wurde damals mit der Bahn abgewickelt, da kaum ein Privatmann ein Auto besaß. An den Fahrkartenschaltern der Reichsbahn mussten täglich Unmengen an Bargeld eingenommen und ausgegeben werden, was mit fortschreitender Inflation immer schwieriger wurde. Auch die Staatsbetriebe Bahn und Post mussten über die notwendigen Zahlungsmittel verfügen, um ihren Betrieb aufrecht zu erhalten, insbesondere um die Löhne und Gehälter der vielen Beschäftigten auszahlen zu können.

Interessant ist, dass die Scheine des Reichsverkehrsministeriums in Berlin im gesamten Deutschen Reich gültig waren. Laut Gültigkeitsvermerk wurden die Scheine der ersten Ausgabe vom August 1923 an allen öffentlichen Kassen der Deutschen Reichsbahn und alle weiteren Ausgaben sogar an allen öffentlichen Kassen als gesetzliches Zahlungsmittel angenommen. Die Gültigkeit der Scheine einzelner Reichsbahndirektionen wie Köln, Stuttgart, Erfurt, Breslau oder Königsberg war dagegen auf die jeweilige Reichsbahndirektion – vergleichbar mit einem Regierungsbezirk – beschränkt. Die Notgeldscheine der Außenstelle Bayern des Reichsverkehrsministeriums wurden jedoch an allen bayerischen Reichsbahnkassen angenommen.

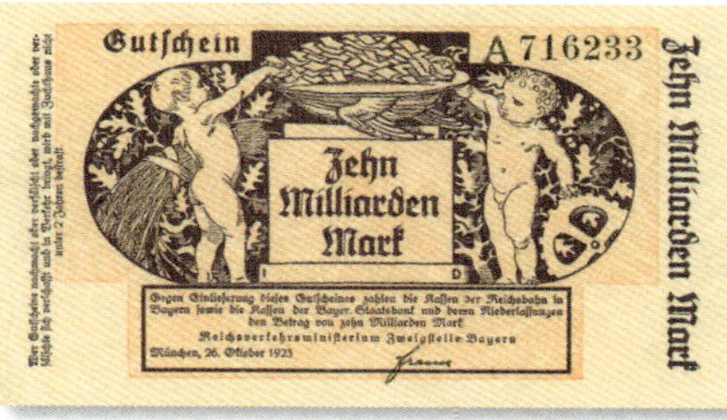

Notgeldschein der Zweigstelle Bayern des Reichsverkehrsministeriums in München zu 10 Milliarden Mark vom 26. Oktober 1923.

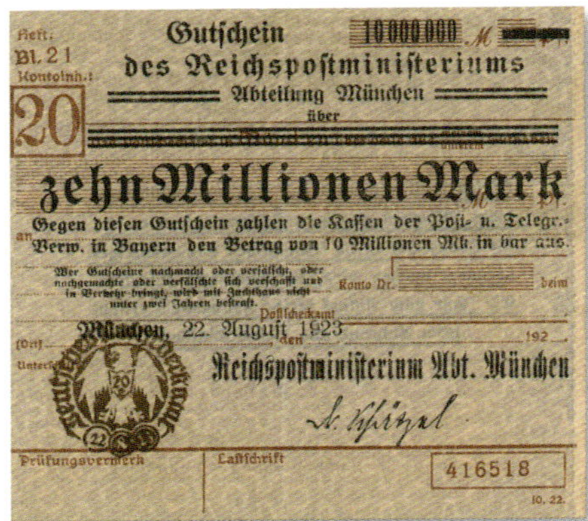

Heft:
Bl. 21
Kontoinh.:

Gutschein 10 000 000 M
des Reichspostministeriums
Abteilung München
über

20

zehn Millionen Mark

Gegen diesen Gutschein zahlen die Kassen der Post- u. Telegr.-Verw. in Bayern den Betrag von 10 Millionen Mk. in bar aus.

Wer Gutscheine nachmacht oder verfälscht, oder nachgemachte oder verfälschte sich verschafft und in Verkehr bringt, wird mit Zuchthaus nicht unter zwei Jahren bestraft.

Konto Nr. beim Postscheckamt

München, 22. August 1923

Reichspostministerium Abt. München

Prüfungsvermerk | Lastschrift | 416518

10. 22.

Gutschein der Abteilung München des Reichspostministeriums über 10 Millionen Mark vom 22. August 1923 ähnlich einem Scheck.

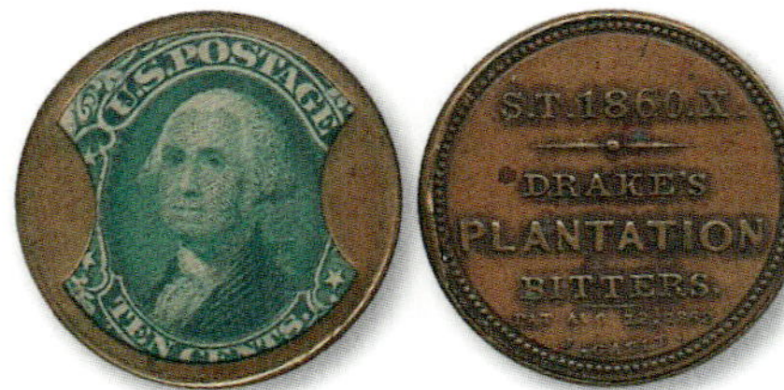

Sogenannte „Encased Postage Stamp" (Briefmarkenkapselgeld) mit einer Marke über 10 US-Cents (George Washington) von 1862.

In ähnlicher, wenn auch nicht ganz so umfangreicher Weise wurden Notgeldscheine auch von der Reichspost ausgegeben. Neben der Abteilung München des Reichspostministeriums brachten eine ganze Reihe von Oberpostdirektionen Notgeldscheine in Umlauf.

Die Scheine der Reichspost sind allgemein seltener als viele Ausgaben der Reichsbahn. Sie ähneln oft Postschecks. Ein aktueller Katalog zum Thema bietet beste Voraussetzungen für den Einstieg in dieses nicht nur für Eisenbahn- und Postfreunde hochinteressante Sammelgebiet. In den Sammlungen von Heimat- und Regionalsammlern sollten die Notgeldscheine der Reichsbahn und Reichspost ohnehin nicht fehlen.

Briefmarkennotgeld

Wenn zuvor von Notgeld der Post die Rede war, so ist dies nicht mit „Briefmarkennotgeld" zu verwechseln. Das ist ein ganz anderes Thema. Während die Notgeldscheine der Bahn und der Post auf einem Kreditanspruch beruhen, so ist eine Briefmarke – natürlich nur gültig und unentwertet – ein Anspruch auf eine Leistung bei der Post. Nichts liegt näher, als auch Briefmarken bei Kleingeldmangel als Behelfszahlungsmittel zu verwenden. Dies geschah beispielsweise schon während des Bürgerkrieges in den USA und des Burenkrieges in Südafrika.

Während des amerikanischen Bürgerkrieges (1861-1865) herrschte akuter Kleingeldmangel. Die als Kleingeldersatz verwendeten Briefmarken wurden im Zahlungsverkehr stark abgenutzt. Nach einer Idee von J. Gault wurden die Marken deshalb in Kapseln aus Messing oder in versilberte Kapseln eingelegt. Alle Kapseln wurden mit Werbung versehen, um deren Herstellung und Vertrieb zu finanzieren.

Gelegentlich wurden Briefmarken sogar ohne Gummierung auf widerstandsfähigem Papier als Geldersatz ge-

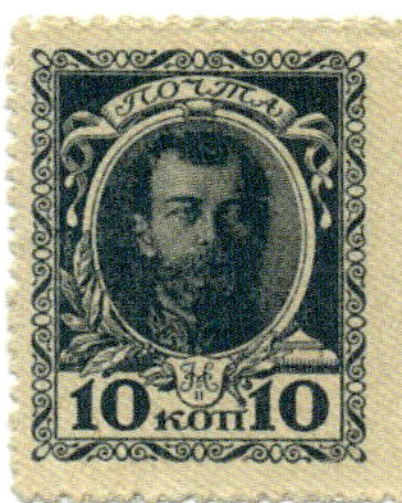

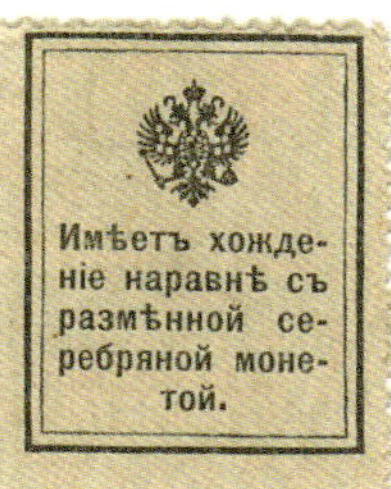

Russische Briefmarken der sog. „Romanov-Ausgabe" wurden im Ersten Weltkrieg auf Karton gedruckt, mit einem Text auf der Rückseite versehen und als Zahlungsmittel ausgegeben (hier 10 Kopeken 1915).

druckt, so zum Beispiel während des Ersten Weltkrieges in Russland. Briefmarken-Notgeld ist natürlich kein Papiergeld im eigentlichen Sinne, sondern allenfalls ein Geldersatz aus Papier. Neben Notmünzen und Notgeldscheinen wird das sogenannte „Briefmarken-Kapselgeld", das wie Münzen von Hand zu Hand ging, von Münz-, Briefmarken- und Notgeldsammlern gleichermaßen gesammelt. Wurden die Briefmarken nur in eine spezielle Papiertasche gesteckt, ist wieder eine größere Nähe zum Papiergeld gegeben. In Italien gab es sogar noch 1966 Briefmarkengeld.

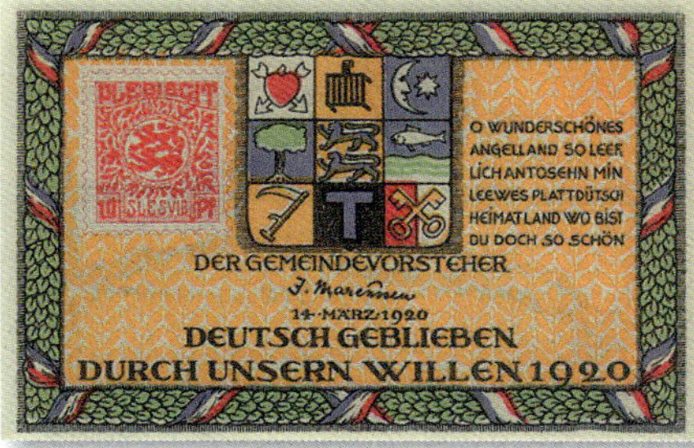

Abstimmungsschein der Gemeinde Holnis in Schleswig vom 14. März 1920 mit Plebiscit-Marke.

Selbst unter den Serienscheinen finden sich Stücke, die mit Marken beklebt sind, wie zum Beispiel der Abstimmungsschein der Gemeinde Holnis in Schleswig, der eine Plebiscit-Marke trägt (Plebiscit = Volksabstimmung).

Notausgaben und Lagergeld des Zweiten Weltkriegs

Die Reichsbank hatte aus den schlimmen Erfahrungen des Ersten Weltkriegs gelernt und die Ausgabe von Notgeldscheinen in den von deutschen Truppen besetzten Gebieten verboten. So kam es nur zu wenigen, meist illegalen Notgeldausgaben. Ein Teil der Notgeldscheine, die während und nach dem Krieg ausgegeben wurden, ist im Katalog „Die deutschen Banknoten ab 1871" verzeichnet. Dazu gehören auch die Notausgaben vom Frühjahr 1945.
Zwischen 1945 und 1949 entstanden in Deutschland zahlreiche kommunale und private Notgeldausgaben, die in dem Katalog „Das Papiergeld im besetzten Deutschland" von Michael H. Schöne zusammengefasst sind und ein eigenes Sammelgebiet bilden.
Für den Bereich der Lagergeldausgaben aus Konzentrations-, Kriegsgefangenen- und DP-Lagern (DP = Displaced Persons) gibt es verschiedene Kataloge, darunter auch „Das Geld des Terrors". Nicht nur in Deutschland, sondern in vielen Ländern gab es solche Ausgaben. Insbesondere Scheine aus Konzentrationslagern wie Oranienburg, Ravensbrück, Buchenwald oder Auschwitz sowie aus Ghettos wie Theresienstadt sind neben ihrer Funktion als Zahlungsmit-

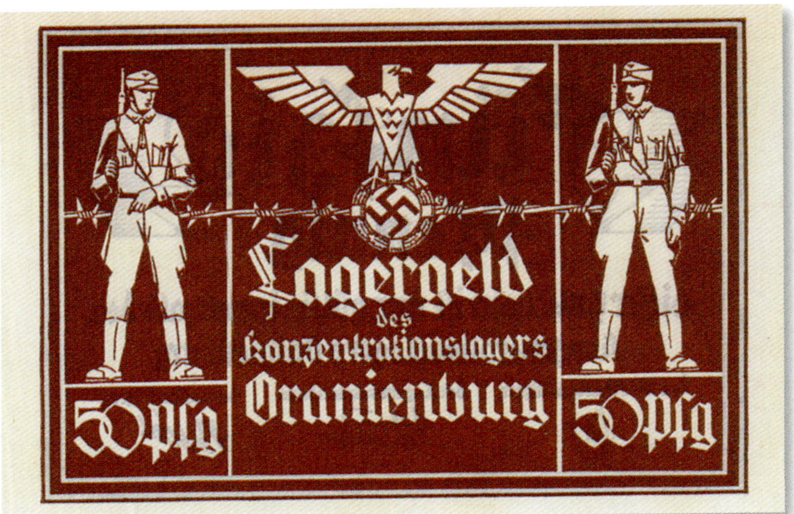

Gutschein des Konzentrationslagers Oranienburg über 50 Pfennig ohne Datum (1933), Rückseite.

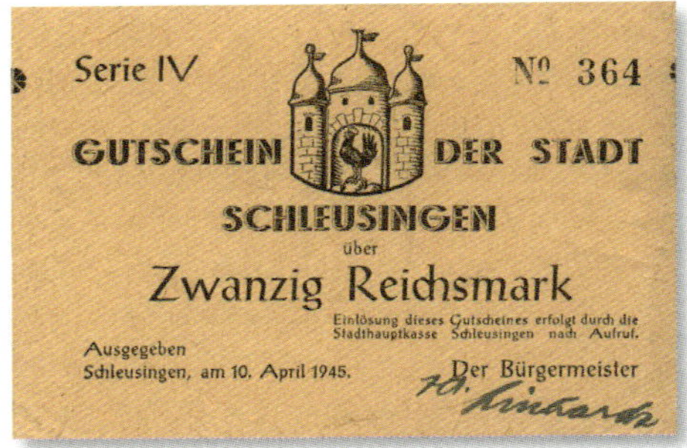

Notgeldschein der thüringischen Stadt Schleusingen über 20 Mark vom 10. April 1945.

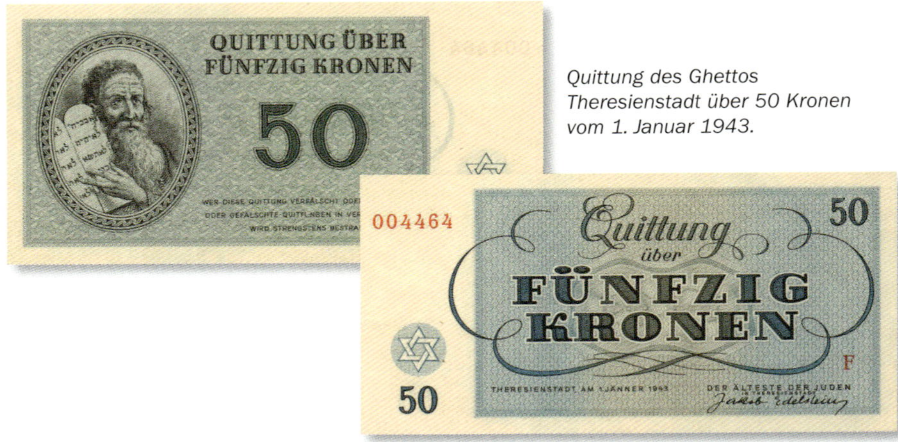

Quittung des Ghettos Theresienstadt über 50 Kronen vom 1. Januar 1943.

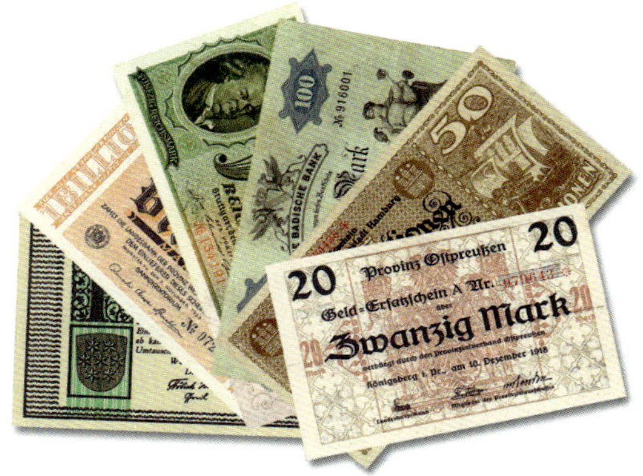

tel zeitgeschichtliche Dokumente eines der dunkelsten Kapitel der Menschheitsgeschichte und wie kaum ein anderes numismatisches Zeugnis mit unzähligen menschlichen Schicksalen verbunden. Die meisten dieser Geldscheine sind heute sehr selten.

Das Papiergeld der deutschen Länder 1871 – 1948

Die Überschrift wurde in Anlehnung an den gleichnamigen Katalog gewählt, der als Standardwerk für dieses wichtige Sammelgebiet gilt. An dieser Stelle sei noch einmal darauf hingewiesen, dass es auch nach 1871 Länderausgaben gab, sowohl von staatlichen als auch von privaten Notenbanken. Solche regionalen Ausgaben können nicht pauschal dem Notgeld zugerechnet werden. Wie eingangs erwähnt, hatten die Landes- und Privatbanknoten der Kaiserzeit eine entsprechende Deckung. Der erwähnte Spezialkatalog umfasst die Papiergeldausgaben der privaten Notenbanken, der Ländernotenbanken sowie der Provinzial- und Bezirksverwaltungen der deutschen Länder von der Reichsgründung 1871 bis in die Jahre nach dem Zweiten Weltkrieg. Darüber hinaus sind überregional gültige Notgeldscheine sowie Scheine verschiedener Handels- und Landwirtschaftskammern verzeichnet.

Während der Inflation gaben nicht nur Kommunen und private Unternehmen Notgeld aus, sondern natürlich auch Länder und Provinzen. So sind die Inflationswerte der Bayerischen Notenbank, die als eine der ehemaligen Ländernotenbanken des Deutschen Reiches noch bis 1934 im gesamten Reichsgebiet gültige Banknoten ausgeben durfte, zwar Länderbanknoten, aber aus der Not der Zeit entstanden. Die Ausgaben der Bayerischen Staatsbank, die kein Notenprivileg besaß, sind dagegen Ländernotgeldscheine.

Wie bereits mehrfach betont, sind die Grenzen bei der Zuordnung von Geldscheinausgaben fließend. Natürlich müssen wir hier auch die Scheine der Sächsischen Staatsbank, die zu den Notausgaben des Frühjahrs 1945 gezählt werden, zu den Länderscheinen zählen, und ebenso gibt es Länderscheine, die gleichzeitig Kleingeldscheine, Großnotgeld oder wertbeständiges Notgeld sind.

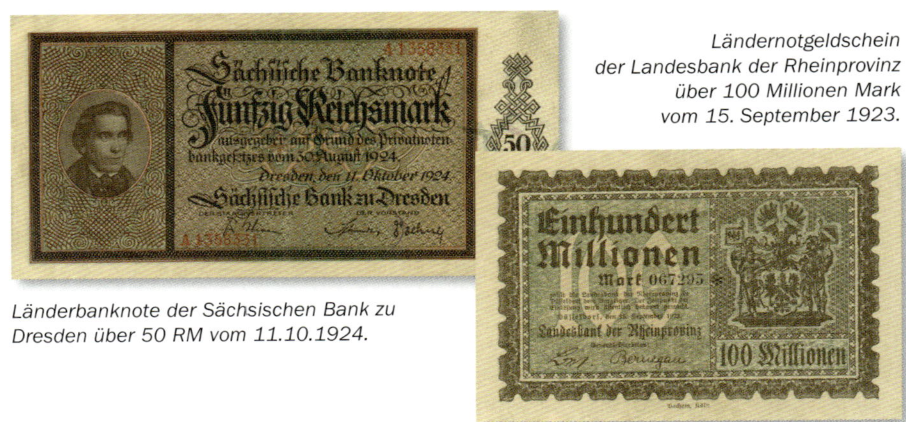

Ländernotgeldschein der Landesbank der Rheinprovinz über 100 Millionen Mark vom 15. September 1923.

Länderbanknote der Sächsischen Bank zu Dresden über 50 RM vom 11.10.1924.

Neben den staatlichen Papiergeldausgaben des Deutschen Reiches sind die Ausgaben der Länder hinsichtlich ihrer Umlauffähigkeit von besonderer Bedeutung. Die Notgeldscheine von Städten, Gemeinden und Firmen, die von einer weitaus größeren Zahl von Ausgabestellen ausgegeben wurden, waren dagegen nur regional sehr begrenzt umlauffähig. Der interessierte Regionalsammler wird sowohl Geldscheine seiner Heimatregion als auch Geldscheine seines Bezirkes, seiner historischen Provinz oder seines Landes sammeln, da diese zusammengenommen neben dem Reichsgeld in seiner Heimat umliefen und somit von überregionaler, aber auch regionaler Bedeutung waren.

Es gibt aber auch Sammler, die ausschließlich das Papiergeld der deutschen Länder des gesamten ehemaligen Deutschen Reiches sammeln und damit einen wichtigen Beitrag zur Erhaltung dieser wichtigen Zeugnisse der deutschen Geldgeschichte leisten.

Geldscheine besonderer Art

Wie wir bereits erfahren haben, müssen Geldscheine nicht immer aus Papier sein. Moderne Geldscheine werden aus Baumwolle hergestellt. Die bereits vorgestellten Polymerbanknoten erfreuen sich wachsender Beliebtheit. Immer mehr Länder entscheiden sich für die Einführung solcher Banknoten, da sie als langlebig und sehr fälschungssicher gelten. In Rumänien, das als erstes Land der Welt seine gesamte Banknotenserie auf Polymer-Kunststoff umgestellt hat, gibt es seither kaum noch Fälschungen. Primitive Fälschungen dieser Banknoten können nicht mit einem Tintenstrahldrucker oder in einem Kopierladen hergestellt werden. Es sind aber gerade diese primitiven Fälschungen von Euro-Banknoten, die unsere Polizei immer wieder beschäftigen. Polymerbanknoten hingegen fühlen sich ganz anders an als Papiergeld: Sie sind meist mit durchsichtigen, unbedruckten Fenstern versehen, in die ein leicht erkennbares Hologramm eingebracht wurde.

Polymerbanknoten sind sehr feuchtigkeitsbeständig, was besonders in tropischen Ländern von Vorteil ist. Der einzige Nachteil ist, dass sie bei starkem Knicken an den Bruchstellen Farbe verlieren, aber auch Banknoten aus Baumwollpapier sind nicht für die Ewigkeit gedruckt. Viele Sammler haben sich inzwischen ausschließlich auf die farbenprächtigen Polymerbanknoten aus aller Welt spezialisiert.

Bei den Notgeldscheinen gibt es viele Kuriositäten, auch was das Material betrifft. So prägte kein Geringerer als Dr. Arnold Keller den Begriff „Notgeld besonderer Art“. Gemeint sind damit zum Beispiel Geldscheine aus Stoff – Textilscheine waren schon im alten China bekannt. In Bielefeld erlebten sie als Notgeld eine Renaissance. Das Bielefelder Stoffgeld wird heute gerne gesammelt und ist immer noch erhältlich. Aber auch hier zahlen Spezialsammler manchmal Traumpreise für seltene Ausgaben. Immerhin gibt es rund 100 verschiedene Scheine, die zum Teil mit Borten und Spitzen verziert sind. Doch die Bielefelder Leinen-, Seiden- und Samtscheine waren nur zum Teil Verkehrsausgaben, vielmehr hatte man schon damals die Sammler im Visier.

Aus Leder wurden in der alten Gerberstadt Pößneck in Thüringen „Sohlengeld“, aber auch Lederscheine hergestellt. Ledergeld gab es auch in Osterwieck am Harz, wobei hier, wie in den USA, weiches Leder verwendet wurde. Auch Holz wurde als Rohstoff für Notgeld genutzt, um auch hier nur einige Beispiele zu nennen: In Österreich gaben einige Gemeinden Scheine auf Sperr- und Furnierholz aus, aber nur die

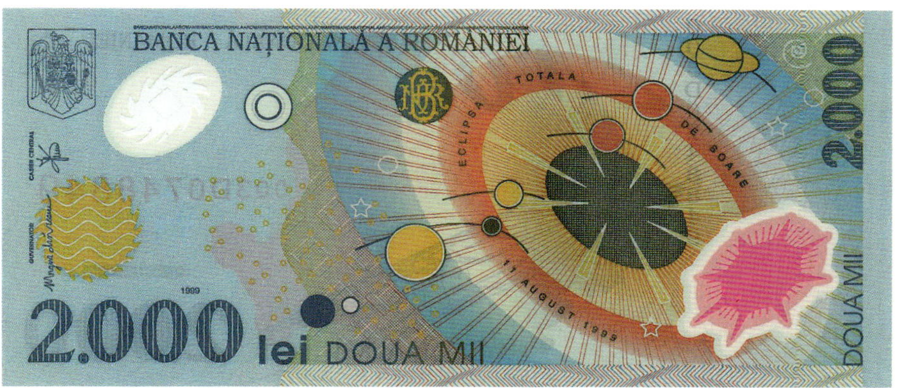

Sog. „Sonnenfinsternis-Note“ von Rumänien über 2000 Lei von 1999 aus Polymer-Kunststoff.

Ausgaben von St. Pölten und Zell bei Zellhof waren echte Zahlungsmittel. Hier sind die Grenzen zu den Münzen fließend, die als Notgeld auch nicht immer nur aus Metall bestanden.

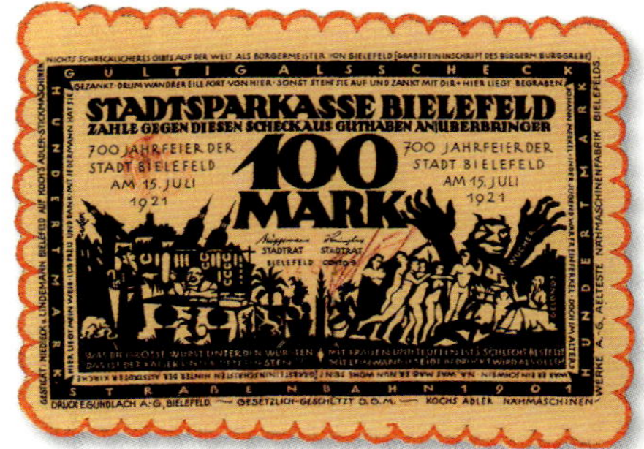

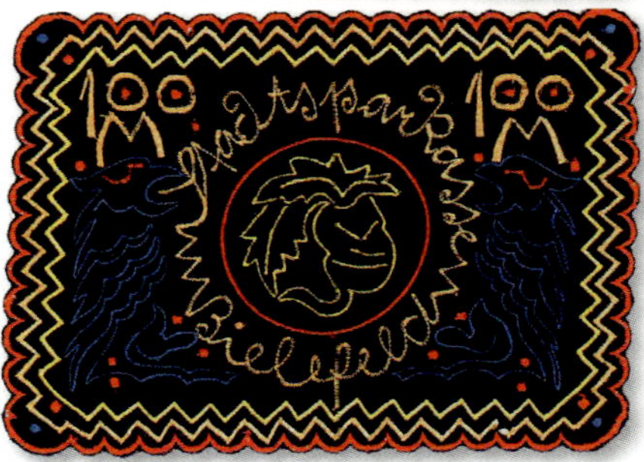

Seidenschein der Stadtsparkasse Bielefeld über 100 Mark vom 15. Juli 1921 mit bestickter Rückseite und mit Borte umrändelt.

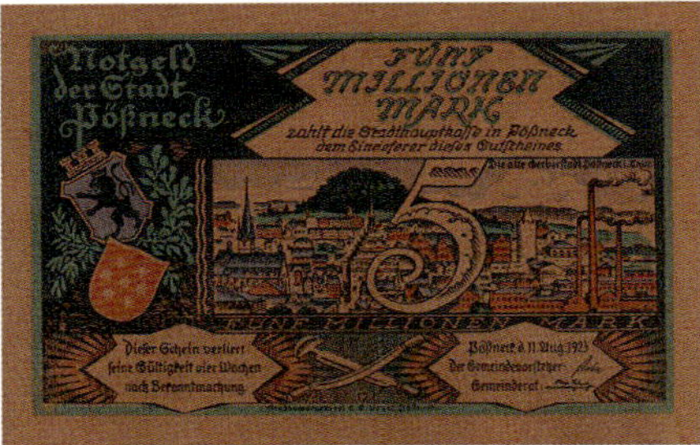

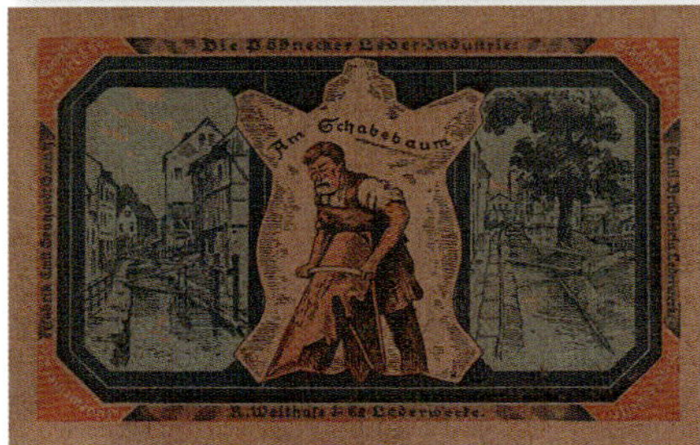

Pößnecker Ledergeld über 5 Millionen Mark vom 11. August 1923.

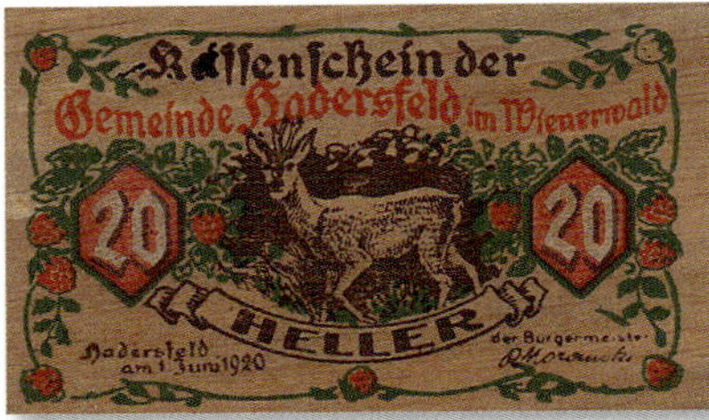

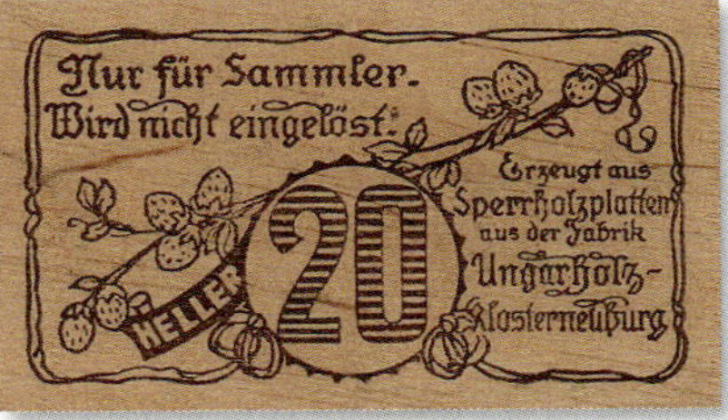

Notgeld der Gemeinde Hadersfeld im Wienerwald über 20 Heller von 1920 aus Sperrholz.

Mit großer Vorsicht sollten die Notgeldscheine von Lautawerk behandelt werden, die auf Aluminium gedruckt wurden. Sie waren für den Zahlungsumlauf eigentlich völlig ungeeignet, weil man sie wegen der dünnen Folie kaum benutzen konnte.

Es gibt noch viele andere sonderbare Materialien, die zur Herstellung von Notgeld verwendet wurden, doch wollen wir es hierbei belassen.

„Abnorme Werkstoffe" wäre aber in jedem Fall auch ein interessantes Gebiet für Sammler, und so wird auch hier auf die Katalogreihe „Deutsches Notgeld" verwiesen, in der ein Spezialkatalog hierzu erschienen ist.

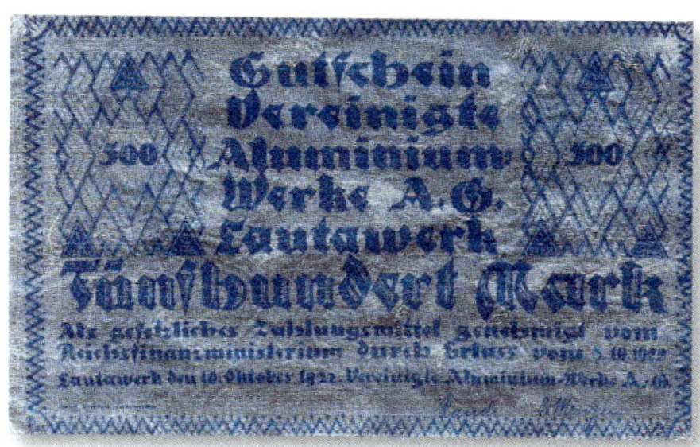

Aluminiumgeld der Vereinigten Aluminiumwerke Lautawerk AG (Brandenburg) über 500 Mark vom 10. Oktober 1922.

Randgebiete der Notaphilie

Zu den Randgebieten der Notaphilie gehören z. B. Werbe- und Testnoten. In den USA ist man zeitweise dazu übergegangen, die im Umlauf befindlichen Banknoten mit Werbeaufklebern zu versehen. Schließlich geht nichts so oft von Hand zu Hand wie kleine Dollarscheine. Geldscheine als Träger von Werbebotschaften sind in Europa dagegen kaum vorstellbar.

Der Begriff Werbebanknoten bezeichnet bei uns eine andere Art von Scheinen, die von Banknotendruckereien hergestellt werden, um für ihre eigene Arbeit zu werben. Viele kleine Länder sind nicht in der Lage, fälschungssichere Banknoten in großen Mengen und guter Qualität selbst herzustellen. Solche Werbescheine werden dann von leistungsfähigen Firmen wie der bekannten Londoner Firma Thomas De La Rue oder der weltweit tätigen deutschen Firma Giesecke & Devrient zur Selbstdarstellung genutzt.

Die Banknotendruckereien wollen mit solchen hauseigenen Werbebanknoten ihre Leistungsfähigkeit unter Beweis stellen, wie bei der Anwendung neuer Sicherheitsmerkmale zur Falschgeldbekämpfung. Daneben gibt es so genannte Testnoten, die von Firmen verwendet werden, die z. B. mit der Herstellung von Geldautomaten zu tun haben. So haben die Firmen Siemens Nixdorf und NGZ solche Testnoten gedruckt, um ihre Automaten zu testen. Sie sind nicht zu verwechseln mit den Specimen- oder Musternoten, von denen später noch die Rede sein wird.

Ein besonders interessanter Bereich sind die so genannten Propagandascheine. Nach der Inflationszeit wurden z.B. von rechten Parteien wertlos ge-

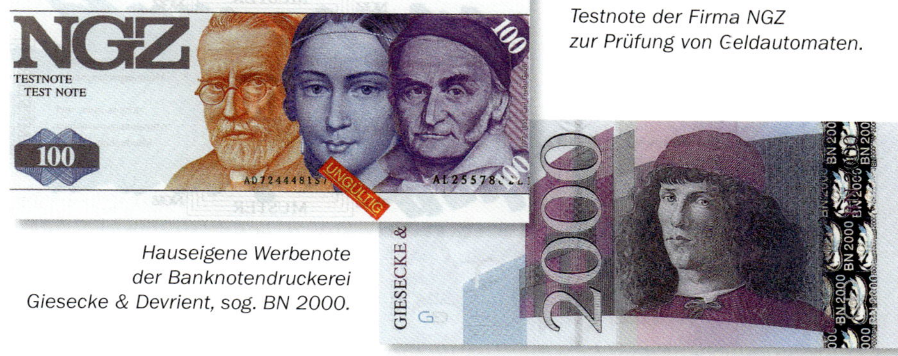

Testnote der Firma NGZ zur Prüfung von Geldautomaten.

Hauseigene Werbenote der Banknotendruckerei Giesecke & Devrient, sog. BN 2000.

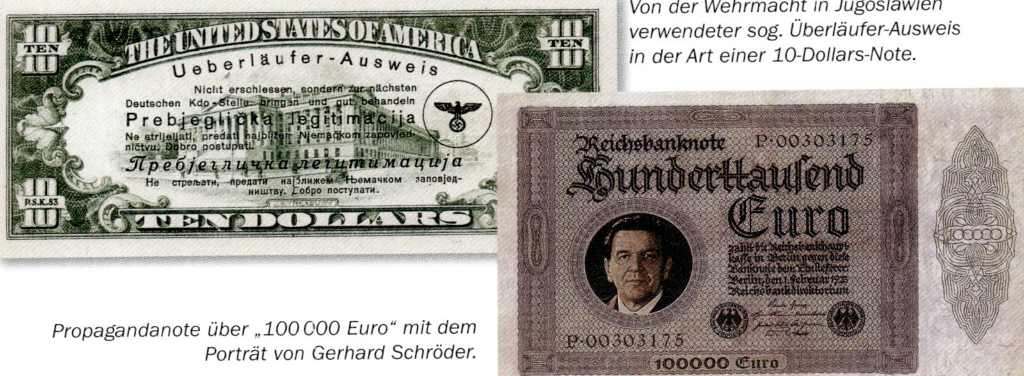

Von der Wehrmacht in Jugoslawien verwendeter sog. Überläufer-Ausweis in der Art einer 10-Dollars-Note.

Propagandanote über „100 000 Euro" mit dem Porträt von Gerhard Schröder.

wordene Geldscheine mit antisemitischer Hetze in den heftig geführten und oft von Ausschreitungen begleiteten Wahlkämpfen der „Weimarer Republik" eingesetzt. Diesem Thema widmet sich das Buch „Der Jude gab uns Silber, Gold und Speck ...". Es untersucht aber auch ganz allgemein die Funktion von Geld als Kommunikations- und Propagandamittel. Aus der Zeit des Zweiten Weltkriegs gibt es eine ganze Reihe von Propagandascheinen. So markierten Untergrundorganisationen im besetzten Polen umlaufende Geldscheine, etwa während des Warschauer Aufstands 1944. In anderen Fällen wurden von der Wehrmacht Flugblätter als „Überläufer-Ausweise" hergestellt, die Geldscheinen ähnelten und zur Desertion der gegnerischen Soldaten aufriefen. Es gibt aber auch moderne Propagandascheine aus der Bundesrepublik, die sich z. B. gegen die Politik der SPD richteten und das Konterfei von Helmut Schmidt oder später das des damaligen Bundeskanzlers Schröder zeigten.

Was es sonst noch gibt

Die Einteilung der Geldscheine in die verschiedenen Kategorien erfolgt nach bestimmten Gesichtspunkten, wobei Überschneidungen unvermeidlich sind. Gutscheine mit einem Zahlungsversprechen auf Waren sind kein Geld im eigentlichen Sinne, sondern eher Bezugsscheine. Auch im Katalog der deutschen Banknoten ab 1871 finden wir mit den Konversionskassenscheinen und Steuergutscheinen kein „richtiges Geld", sondern papiergeldähnliche Wertpapiere, die teilweise die Funktion von Geld übernommen haben.

Es gibt auch banknotenähnliche Scheine, die in keinem Katalog auftauchen, weil sie entweder nie eine große Bedeutung für den Zahlungsverkehr hatten und nicht im Namen eines Staates oder privilegierter Banken ausgegeben wurden, oder weil es sich um reine Fantasieprodukte handelt.

Im Zusammenhang mit der deutschen Geldgeschichte sind „Tauschgeld" und „Freigeld" – auch „Schwundgeld" genannt – von besonderem Interesse. Während es Tauschgeld auch heute

Deutsches Freigeld über 100 Mark vom 1. Januar1933 mit dem Porträt von Silvio Gesell.

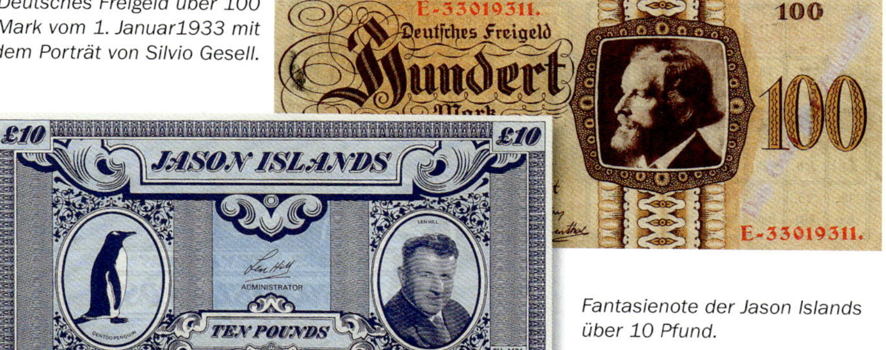

Fantasienote der Jason Islands über 10 Pfund.

noch gibt, scheiterte der Versuch, Schwundgeld einzuführen, zumindest in dem damals beabsichtigten Sinne. Der Kaufmann, Wirtschaftstheoretiker und Vorkämpfer des Internationalen Währungsfonds Silvio Gesell wollte mit seinem Freigeld, dessen Ausgabe angeblich sogar von einem „Reichswährungsamt" genehmigt war, das „Geld der Zukunft" schaffen. Die Idee war einfach. Durch die Einführung einer Geldsteuer sollte Steuergerechtigkeit hergestellt werden. Wer viel Geld hatte, sollte auch viel Steuern zahlen. Zu diesem Zweck sollten Geldscheine praktisch ihre Gültigkeit verlieren, wenn sie nicht zu festgesetzten Terminen mit einer Steuermarke versehen wurden. Ziel war es auch, mehr Geld in Umlauf zu bringen und so die Wirtschaftskrise und die hohe Arbeitslosigkeit zu bekämpfen. Wer Steuern sparen wollte, gab sein Geld lieber gleich aus. Die Nationalsozialisten verboten später alle Geldexperimente.

In der Praxis wäre das aufwendige Eintreiben der Steuern und das Bekleben der Scheine, aber auch die umständliche Kontrolle jedes einzelnen Scheins bei Zahlungsvorgängen natürlich kaum durchführbar gewesen. Aber vielleicht ist das kein schlechtes Vorbild für künftige Geldformen, die sich problemlos mit Computerchips ausstatten lassen?

Übrigens gibt es auch in unserer Zeit wieder Versuche, „Schwundgeld", also Geld, das an Wert verliert, als Regionalgeld in Deutschland zu etablieren. Beispiele hierfür sind der Bremer „Roland" oder der „Chiemgauer" aus Prien am Chiemsee.

Neben diesen Versuchen, Parallelwährungen einzuführen, gibt es aber auch reine Fantasiescheine, die nur für den Verkauf an Sammler bestimmt sind, manchmal aber auch höheren Zwecken dienen sollten. So gab Leonard W. Hill Fantasiescheine auf die Jason Islands, eine von ihm 1970 erworbene Inselgruppe der Falkland-Inseln aus, deren Verkaufserlös dem Schutz der dort lebenden Pinguine dienen sollte. Wir finden heute sogar Geldscheine von völlig unbewohnten Gebieten wie der Antarktis oder von reinen Fantasie-Staaten wie von Kamberra oder vom „Königreich Bayern".

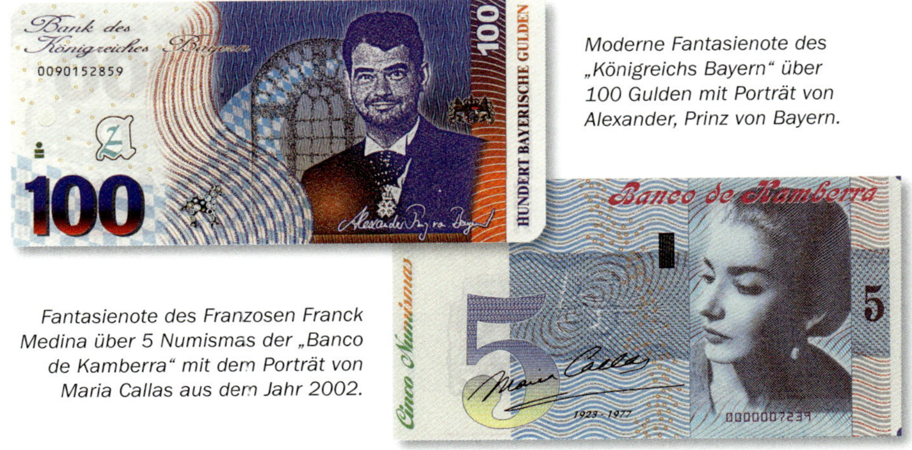

Moderne Fantasienote des „Königreichs Bayern“ über 100 Gulden mit Porträt von Alexander, Prinz von Bayern.

Fantasienote des Franzosen Franck Medina über 5 Numismas der „Banco de Kamberra“ mit dem Porträt von Maria Callas aus dem Jahr 2002.

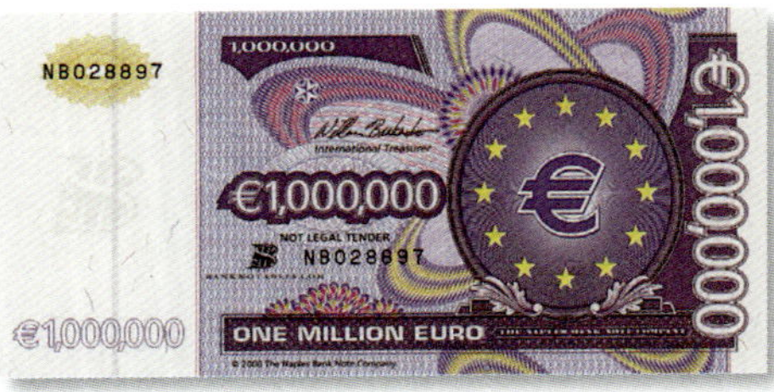

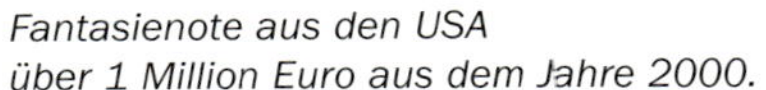
Fantasienote aus den USA
über 1 Million Euro aus dem Jahre 2000.

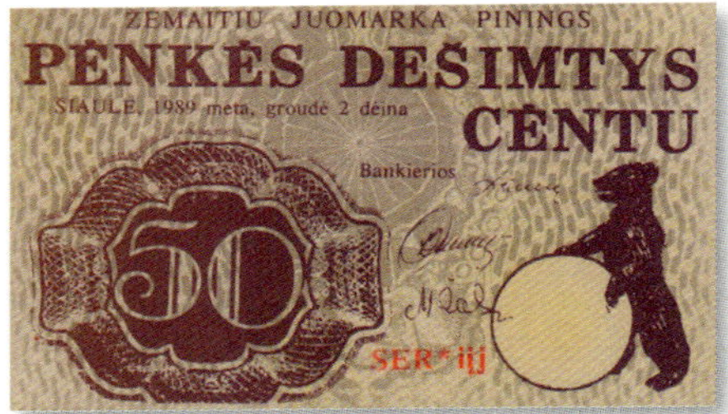

Litauen – vermeintliche neue Cent-Scheine von 1989.

In den Jahren der „Wende“ in Osteuropa gab es überall improvisierte Ausgaben. Die Einführung neuer Währungen dauerte geraume Zeit, viele primitiv aussehende Scheine waren tatsächlich Geld. Doch geschäftstüchtige Menschen verkauften auch schon mal Jahrmarktscheine oder Ausgaben zu Sportveranstaltungen als neues Geld, so in Litauen. Interessant ist, dass man sich im Falle des litauischen Cent-Scheinchens mit dem Bären des Klischees einer Berliner Verkehrsausgabe aus dem Jahre 1918 bediente.

Frei erfunden wurde beispielsweise auch Militärgeld der Bundeswehr, das angeblich im Kosovo ausgegeben wurde. Solch ein Schein wurde im Internet gezeigt, doch niemand bei der Bundeswehr wusste etwas darüber.

Aus den USA kommen Fanatsiescheine über Millionen in Dollar oder Euro. Es gibt sogar Mickey-Mouse-Scheine und viele andere „Sammlerausgaben“ aus den USA mit zum Teil typisch patriotischen Motiven.

Auch kuriose "Teuro-Eros"-Banknoten mit erotischen Motiven sind aufge-

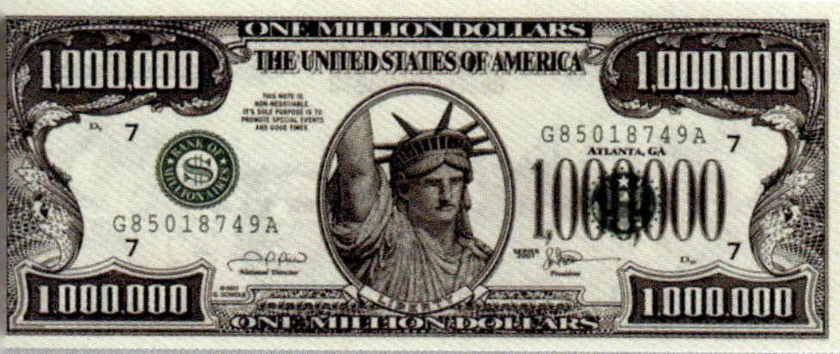

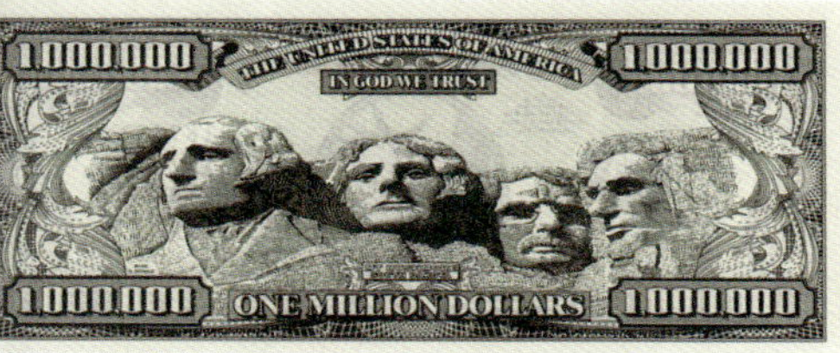

Fantasienote aus den USA über 1 Million Dollars aus dem Jahre 2001.

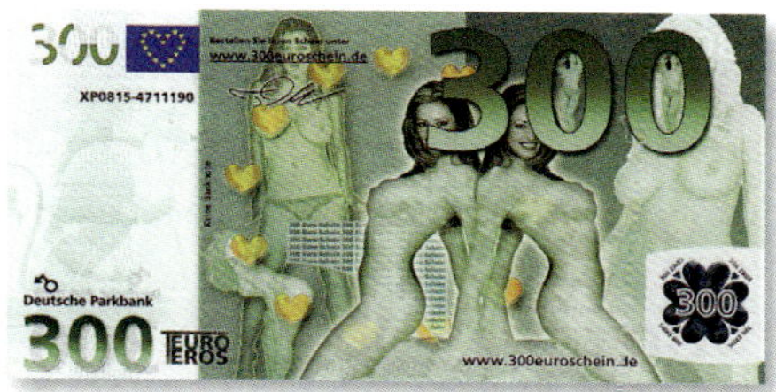

Fantasieschein der „Deutschen Parkbank" über 300 Teuro-Eros.

taucht, die normalerweise niemand für echtes Geld halten würde. Immerhin musste die erste „Ausgabe" eines 300-Eros-Scheins verboten werden, weil er den echten Euro-Banknoten ähnelte und einige dreiste Zeitgenossen tatsächlich erfolgreich damit im Supermarkt bezahlt hatten.

Ebenfalls ein weites Feld bilden Spott- und Scherzscheine. So wurden auch schon mal aus Reichsbanknoten „Reichswanknoten" und wertlos gewordene einseitige Inflationsscheine für den Aufdruck von „Todesanzeigen" für „Maria Reichsmark" missbraucht.

Viele Sammler interessieren sich auch für das sogenannte „Höllengeld". Dabei handelt es sich um oft sehr farbenprächtige Fantasiescheine, die vor allem aus China stammen. Dort ist es üblich, bei Bestattungsfeiern Geld zu verbrennen. Früher kauften die Chinesen große Mengen gebrauchter deutscher Inflationsscheine auf, die man dann auch als „Chinaware" bezeichnet hat. Als die Vorräte immer knapper wurden, haben sich die Chinesen mit ihrem „Höllengeld" sehr eigene Fantasiescheine geschaffen. Besonders beliebt sind große Formate und hohe Nennwerte, weshalb auch die Inflationsscheine mit ihren vielen Nullen aus Deutschland gerne verbrannt wurden. Je höher der „Wert",

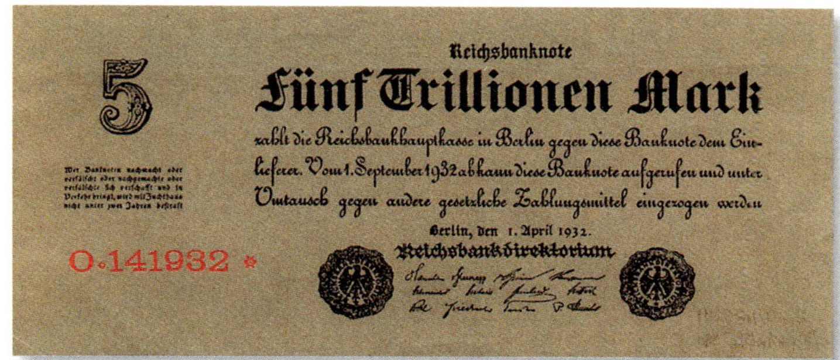

Scherzschein über 5 Trillionen Mark vom 1. April 1932.

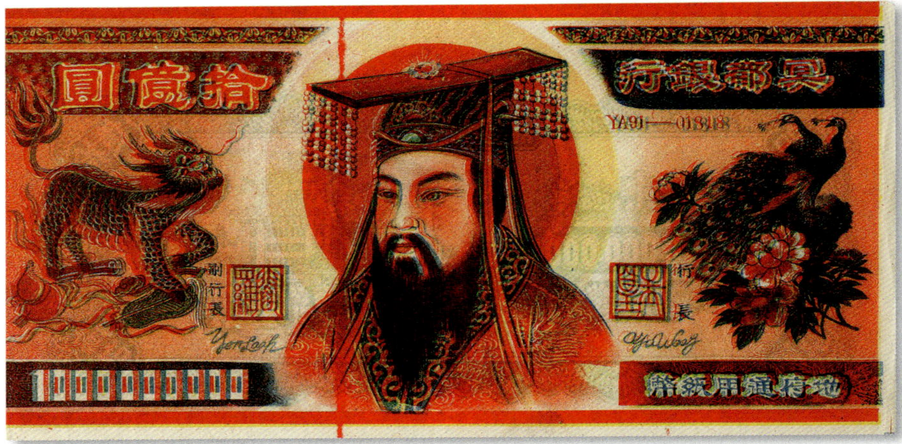

Chinesisches „Höllengeld" über 1 Milliarde ohne Währungsbezeichnung mit der Abbildung von Yanluo, dem König der Hölle sowie mit den chinesischen Glückszahlen 1 für Anfang oder Ursprung und 8 für Unendlichkeit in der Nummerierung.

der den Göttern beim Verbrennen geopfert wird, umso besser für den Verstorbenen, den der Reichtum dann in sein Leben nach dem Tod begleiten soll. Abgebildet ist oft Yanluo, der König der Hölle und Herrscher über das Jenseits. Auch ihm zu Ehren wird Höllengeld als Brandopfer dargebracht.

Man kann, wie gesagt, alles sammeln. Wer aber an der Bewahrung echter Zeugnisse der Geldgeschichte interessiert ist, sollte sich nicht auf Randbereiche beschränken, sondern sie als das betrachten, was sie sind, als Beiwerk. In eine Übersichtssammlung gehören durchaus auch alte Scheckformulare, die zum Teil denen ähneln, die heute noch verwendet werden. Sie sind oft nur als Blankoschecks vorhanden. Auch Wechsel sind ein beliebtes Randgebiet für Papiergeldsammler. Hier findet man die unterschiedlichsten Dokumente, auch solche, die „zu Protest" gingen, also nicht regulär eingelöst wurden. Nicht mehr weit ist der Weg zu den historischen Wertpapieren, die allerdings ein ganz eigenes Sammelgebiet darstellen, über die Scripophilie könnte man ein eigenes Buch schreiben. Ein weites Feld sind schließlich auch Lebensmittelkarten und Bezugsscheine aller Art. Auch derartige Rationierungsbelege sind wichtige Zeugnisse der Geschichte. Selbst Spendenbelege, Bausteine und sogar Lotterielose finden sich oft in Sammlungen, wobei der Sammler hier immer „Nieten" in der Hand hält, denn Lose, die gewonnen haben und ausbezahlt wurden, dürften kaum noch zu finden sein. Wir wollen es aber bei diesen Beispielen belassen.

Wer die Wahl hat, hat die Qual

Wir haben eine kleine Reise in die Geschichte des Papiergeldes unternommen und dabei verschiedene Epochen der deutschen und ausländischen Geldgeschichte gestreift. Mehr ist im Rahmen eines solchen Büchleins nicht möglich. Gleichzeitig wurden an verschiedenen Stellen Literaturhinweise gegeben, was bei Fachbüchern eigentlich unüblich ist, sich aber bei einem solchen „Handbuch" als nützlich erwiesen hat. Wenn es gelungen ist, mit diesen knappen und sicher nicht erschöpfenden Ausführungen den einen oder anderen Leser für das Sammelgebiet „Geldscheine" zu interessieren, so wäre das Ziel dieser Publikation erreicht. Wenden wir uns nun abschließend ganz praktischen Fragen der Sammlertätigkeit zu. Auch zu diesem Thema gibt es einige ältere Literatur, aber wie in der Einleitung versprochen, sollen nun Tipps vom Sammler für Sammler folgen. Praktische Sammlertipps wurden bereits in den vorangegangenen Kapiteln „eingestreut", wo es sich anbot. Der Leser möge einige Wiederholungen entschuldigen. Einige der hier angesprochenen Themen hätten sicher auch in anderen, früheren Kapiteln behandelt werden können. Was dem erfahrenen Sammler banal erscheinen mag, kann für den Anfänger aber sehr hilfreich sein.

Banknoten bestimmen

Die Bestimmung moderner Münzen ist nicht immer einfach, insbesondere wenn sie nicht mit lateinischen Buchstaben und arabischen Ziffern versehen sind. Noch schwieriger ist es, alte Münzen zu identifizieren. Von Münzen aus der Antike oder dem Mittelalter ganz zu schweigen. Selbst die Prägungen des 18. Jahrhunderts stellen viele Anfänger vor unlösbare Rätsel, weil die Umschriften nur in lateinischer Sprache und oft stark abgekürzt sind. Bei den meisten Banknoten haben wir diese Schwierigkeiten nicht. Moderne Weltbanknoten sind oft auch mit den uns vertrauten arabischen Ziffern versehen, auch der Aussteller ist meist in lateinischer Schrift angegeben, oft in Englisch, Französisch oder einer anderen für uns „lesbaren" Sprache. Aber „meistens" heißt: nicht immer. Die Schrift auf chinesischen oder arabischen Banknoten ist oft schwer zu entziffern. Hier braucht man etwas Übung und vor allem gute Literatur.

Ohne Literatur geht nichts

Sammler, die sich „nur" dem deutschen Papiergeld und den deutschen Nebengebieten wie Kolonien oder Besatzungsausgaben widmen wollen, benötigen den schon oft zitierten Standardkatalog zum deutschen Papiergeld ab 1871. Einige Worte zu diesem Werk und seinen Autoren. Sein Vorgänger war der sogenannte "Rosenberg-Katalog", der erstmals 1970 von Harry Rosenberg herausgegeben wurde, der seit 1954 auf St. Pauli seinen berühmten "Harry's

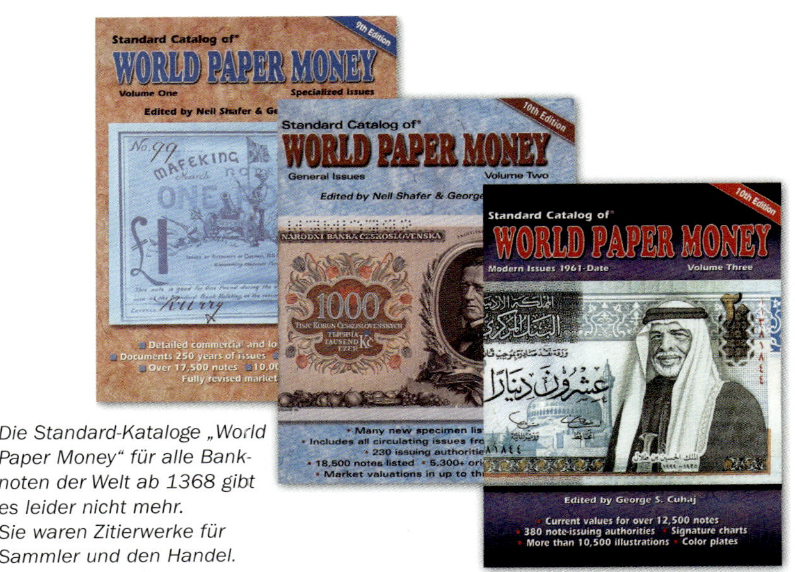

Die Standard-Kataloge „World Paper Money" für alle Banknoten der Welt ab 1368 gibt es leider nicht mehr. Sie waren Zitierwerke für Sammler und den Handel.

Hamburger Hafenbasar" betrieb. Der Laden war voll mit Kuriositäten, die Seeleute aus aller Welt mitbrachten, bei Harry zu Barem machten und dann auf der nahen Reeperbahn wieder ausgaben. Im Laufe der Jahre sammelten sich immer mehr Münzen und Geldscheine an, und der Hafenbasar wurde auch zur Ankaufstelle für alte Geldscheine aus der Hamburger Bevölkerung. Ein Katalog musste her, damit der Verkauf der vielen Scheine angekurbelt werden konnte und Sammler einen Leitfaden hatten. Bereits die erste Auflage wurde von dem bekannten Hamburger Numismatiker Manfred Mehl verfasst, der Sammlern auch durch andere Papiergeld- und Münzkataloge bekannt ist. Das handliche Format – kaum größer als eine Postkarte – und der günstige Preis machten das etwas mehr als 80 Seiten dünne Heft schnell zu einem Erfolg und trugen dazu bei, das Papiergeldsammeln in Westdeutschland populär zu machen. Anfangs waren längst nicht alle Banknoten abgebildet und der Katalog beschränkte sich nur auf die wichtigsten Ausgaben und Varianten. Nach dem Tod von Harry Rosenberg übernahm sein Sohn Holger die Herausgabe des Katalogs, der weiterhin von Manfred Mehl bearbeitet wurde. Nach dem frühen Tod von Holger Rosenberg im Frühjahr 2001 übernahm Hans-Ludwig Grabowski ab der 11. Auflage die Bearbeitung. Bereits ab der 12. Auflage wurde der bisherige Titel „Die Banknoten des Deutschen Reiches ab 1871" in „Die deutschen Banknoten ab 1871" geändert, da die Banknoten der Bundesrepublik und der ehemaligen DDR nichts mehr mit dem Deutschen Reich zu tun haben. Im Laufe der Jahre wurde der Katalog immer umfangreicher, da immer mehr Sammelgebiete aufgenommen wurden, die bisher nicht katalogisiert waren, aber für deutsche Sammler von großem Interes-

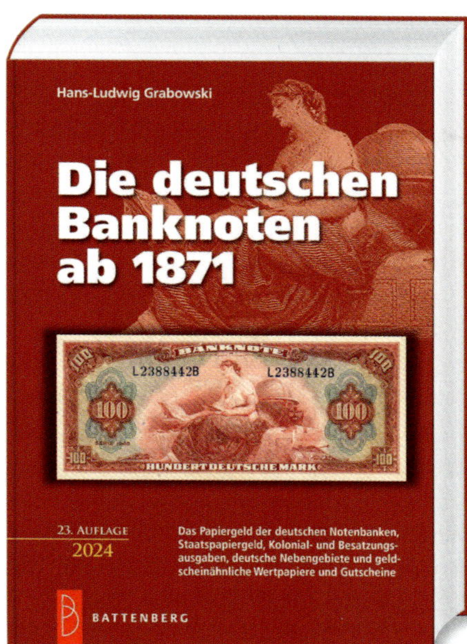

Die aktuelle 23. Auflage des Standardwerks „Die deutschen Banknoten ab 1871" 2024.

Eine wichtige Ergänzung des Kataloges zum deutschen Papiergeld seit der Reichsgründung 1871 ist ein Katalog zum altdeutschen Papiergeld, der lange Zeit fehlte. Nicht zu vergessen ist die wichtige Katalogreihe zum deutschen Notgeld. Bitte beachten Sie auch die Literaturhinweise im Anhang.

Welche Bücher sind noch notwendig und wünschenswert? Viele Jahre lang war der dreibändige Weltkatalog „Standard Catalog of World Paper Money" aus den USA das weltweite Nachschlage- und Zitierwerk für Sammler und Händler. Er enthielt alle wichtigen Ausgaben von den frühen chinesischen Banknoten der großen Ming-Dynastie ab 1368 bis zur Gegenwart. Ein Band war den Banknoten bis 1960 gewidmet,

se sind. Seit der 19. Auflage entstand ein völlig neu gegliederter Katalog, nun unter dem Namen seines Verfassers Hans-Ludwig Grabowski, der mit der Aufgabe der alten Nummerierung endlich auch jahrzehntelange Fehler beseitigen konnte.

Der aktuelle Katalog ist klar strukturiert und hat nunmehr ein Niveau erreicht, das bei Briefmarkenkatalogen schon lange Standard ist. Mit seinen zahlreichen Sammelgebieten, den Angaben zum jeweiligen historischen Kontext, den vielen farbigen Abbildungen und den Bewertungsangaben ist der Katalog mit seinem Umfang von derzeit über 860 Seiten nicht nur ein Schwergewicht, sondern auch ein unverzichtbares Hilfsmittel für jeden Deutschland-Sammler geworden.

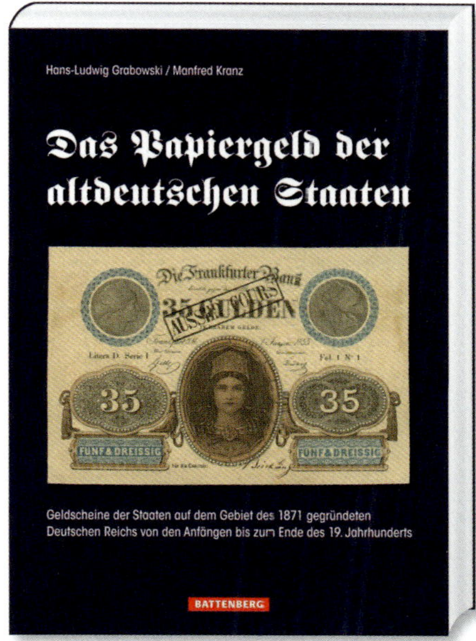

Aktueller Katalog zum Papiergeld der altdeutschen Staaten auf dem Gebiet des 1871 gegründeten Deutschen Reichs.

ein Band den modernen Ausgaben ab 1961 und ein Band den sogenannten Spezialausgaben aus aller Welt. Da ständig neue Ausgaben hinzukommen und die modernen Weltbanknoten mit Abstand am häufigsten gesammelt werden, erschien jedes Jahr eine Neuauflage des Standardwerks „Modern Issues". Leider gibt es keine Neuauflagen dieser Kataloge mehr, da der Verlag verkauft wurde und die neuen Eigentümer anderen Verlagsbereichen den Vorzug gaben. Dies gilt auch für den mehrbändigen Katalog „World Coins", der ebenfalls von diesem Verlag herausgegeben wurde. Die Kataloge waren sehr umfangreich und daher nicht ganz billig. Ein Nachteil war auch, dass man immer einen ganzen Weltkatalog kaufen musste, auch wenn man nur wenige Länder sammelte. Die Nachfolge beim Papiergeld haben – wie könnte es anders sein – digitale Kataloge angetreten. Mit „The Banknote Book" hat der US-Amerikaner Owen W. Linzmayer eine sehr gute Alternative geschaffen, die auch den deutlich gestiegenen Ansprüchen an die Qualität der Katalogisierung gerecht wird. Inzwischen gibt es über 300 Einzelkapitel mit mehr als 11 000 Seiten für über 100 000 Grundtypen und Varianten von Banknoten aus aller Welt. Der Sammler kann sich entscheiden, ob er einzelne Länder zum kleinen Preis oder ein Gesamtpaket erwerben möchte, und hat dann über www.greysheet.com Zugang zu den Katalogen im PDF-Format. Das Internet bietet heute auf verschiedenen Seiten eine Fülle von Informationen für Sammler. Wir werden später darauf zurückkommen.

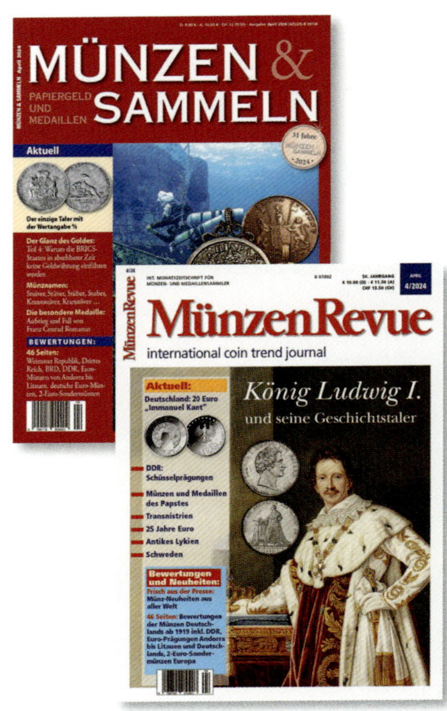

Darüber hinaus sollte sich jeder Sammler einige grundlegende Nachschlagewerke zulegen, wie z. B. das „Papiergeldlexikon" von Albert Pick, das leider nur noch antiquarisch erhältlich ist. Über das Online-Magazin www.geldscheine-online.com werden jedoch wöchentlich neue Stichworte aus dem Papiergeldlexikon veröffentlicht.

Wer sich dem Sammeln ausländischer Banknoten verschrieben hat, wird trotz der Weltkataloge bzw. der einzelnen Kapitel von „The Banknote Book" nicht umhin kommen, sich auch Literatur der Ausgabeländer zu besorgen. Diese Kataloge sind in der Regel detaillierter und vermitteln oft auch Hintergrundwissen. So wie der Katalog „Die deutschen Banknoten ab 1871" weltweit von Sammlern deutscher Banknoten genutzt wird, gibt es beispielsweise auch Kataloge für argentinische, chinesische, englische, französische, griechische, italienische, kroatische, niederländische, norwegische, polnische, schweizerische, spanische, tschechische, türkische oder US-amerikanische Banknoten. Die Beschaffung dieser Literatur ist nicht immer einfach, aber in Fachzeitschriften wie „Münzen & Sammeln" und auf Geldscheine-Online werden viele Neuerscheinungen mit Bild, Rezension, Preis und Bezugsadresse vorgestellt. Oft ist es auch möglich, Katalogliteratur direkt von Händlern aus den betreffenden Ländern auf großen Börsen zu erhalten. Im Anhang finden sich im Literaturverzeichnis zahlreiche Hinweise auf aktuelle Papiergeldkataloge aus Deutschland und aller Welt.

Zu vielen beliebten Sammelgebieten gibt es heute schon ganz ausgezeichnete Kataloge. Wenn die Zahl der Geldscheinsammler weiter steigt, ist zu hoffen, dass solche Werke auch für andere Länder und Spezialgebiete erscheinen werden. Oft regen neue Bücher auch zur Beschäftigung mit neuen Gebieten an, was zu einer größeren Nachfrage und damit leider auch zu steigenden Preisen führt. So manches früher kaum beachtete Sammelgebiet ist durch neue Katalogliteratur wieder „zum Leben erweckt" worden und ehemals preiswerte Scheine wurden deshalb zu begehrten Sammlerstücken. Es empfiehlt sich daher, auch diesen Aspekt bei der Wahl der eigenen Sammelinteressen zu berücksichtigen.

Natürlich lohnt es sich immer, bei Auslandsreisen in Fachgeschäften und Museen nach interessanten Büchern zu suchen. Gerade bei Katalogen sind Fremdsprachenkenntnisse oft nicht unbedingt erforderlich, viele sind reich bebildert, enthalten Detailabbildungen zu Variantenangaben und dergleichen.

Ohne Literatur geht es wirklich nicht. Das mag vermessen klingen, aber im Handel gibt es immer wieder Kunden, die mangels Fachliteratur gar nicht wissen, was sie eigentlich suchen. Manche geben viel Geld für Münzen und Banknoten aus, sparen aber an Fachbüchern und Fachzeitschriften – mit fatalen Folgen, von denen beim Thema „Banknoten im Handel" noch die Rede sein wird. Vor allem Sammler, die sich für Banknoten-Neuheiten aus aller Welt interessieren, sollten natürlich wissen, was es Neues gibt. Seit vielen Jahren gibt es in Deutschland die Fachzeitschrift „DER GELDSCHEINSAMMLER", die seit 2002 mit der Zeitschrift „MÜNZEN & SAMMELN" fusioniert ist.

Auch in der „MünzenRevue" finden sich zahlreiche Beiträge zu Banknoten und Wertpapieren. Es gibt auch US-amerikanische Fachzeitschriften und Banknoten-Rubriken in ausländischen Sammlerzeitschriften. Aber schon wegen der Fülle des deutschen Papiergeldes und der Tatsache, dass der deutsche Sammlermarkt neben dem der USA der größte der Welt ist, gehören diese Publikationen zur „numismatischen Weltliteratur" und werden deshalb auch in vielen nicht deutschsprachigen Ländern gelesen. Die Zeitschriften sind übrigens in vielen Bahnhofsbuchhandlungen, aber auch in guten Münzhandlungen erhältlich. Auf Sammlerbörsen kann man sie auch direkt beim Verlag erwerben, ältere Ausgabe sogar deutlich günstiger. Wer einmal „Feuer gefangen" hat, wird diese Zeitschriften als Sammler bald nicht mehr missen wollen und kann sie natürlich auch abonnieren.

Erhaltungsgrade von Geldscheinen

Wenden wir uns nun einem wichtigen und zugleich schwierigen Gebiet zu: den Qualitätskriterien für Geldscheine. Im Gegensatz zu Gold- oder Silbermünzen hat Papiergeld keinen Materialwert. Umso wichtiger für die Bestimmung des Sammlerwertes ist daher neben der Häufigkeit und Beliebtheit des Scheins sein Erhaltungszustand, der in Erhaltungsgraden ausgedrückt wird.

Mit Geld, ob Münzen oder Banknoten, ist man in der Geschichte nie zimperlich umgegangen. Geld war und ist ein Gebrauchsgegenstand, auch wenn es bei den Münzen inzwischen viele Ausgaben gibt, die – wie die Serienscheine – nur noch für Sammler hergestellt und verkauft werden. Es gibt zwar in bescheidenem Umfang auch „Gedenkbanknoten", die nicht für den Zahlungsverkehr bestimmt sind – wir haben eine aus der DDR vorgestellt –, die Masse der ausgegebenen Banknoten sowie Gedenkbanknoten war und ist für den Zahlungsverkehr bestimmt.

Oftmals verliert ein frisch von der Bank oder Kasse kommender Geldschein beim ersten Kontakt mit dem Benutzer durch einen Knick seine „Jungfräulichkeit" und ist damit schon nicht mehr ideal, nämlich bank- oder kassenfrisch. Beobachten Sie selbst, wie ein nagelneuer Geldschein im Handumdrehen geknickt, gefaltet und in ein kleines Portemonnaie gesteckt wird. Werfen Sie einen Blick in Ihr eigene Geldbörse und suchen Sie nach einem makellosen „kassenfrischen" Schein! Sie werden kaum eine Banknote finden, die keine Mängel aufweist. Selbst eine druckfrische Banknote, die Sie aus einem Geldautomaten ziehen, hat an der Längsseite einen kleinen halbkreisförmigen Bug, der durch die Mechanik des Geldautomaten verursacht wird. Geldscheinsammler wünschen sich für ihre Sammlung den Idealzustand einer Banknote, doch das ist leichter gesagt

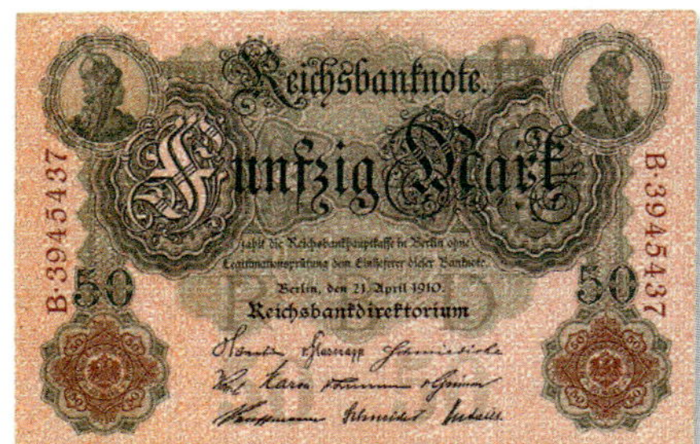

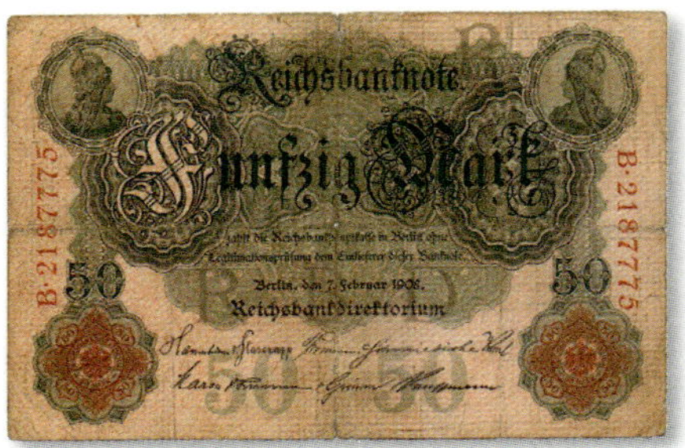

Reichsbanknote über 50 Mark, links in Erhaltung II vom 21. April 1910 und rechts vom 7. Februar 1908 in Erhaltung IV mit starker Verschmutzung, kleinen Einrissen, runden Ecken und einem kleinen Loch in der Mitte.

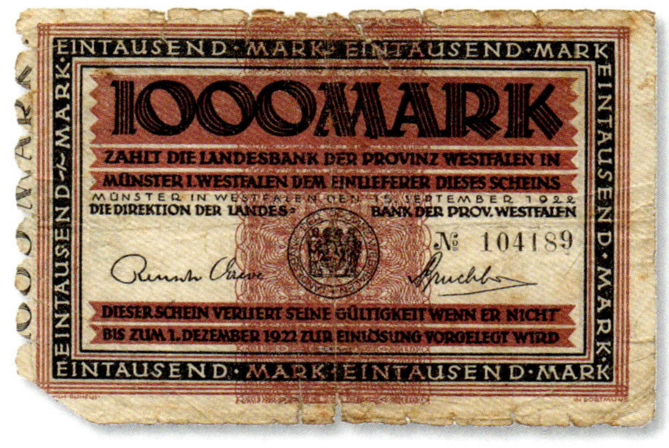

Notgeldschein der Landesbank der Provinz Westfalen über 1000 Mark vom 15. September1922 in Erhaltung V mit vielen Einrissen, Verschmutzung und einer fehlenden Ecke.

als getan. Nagelneue Euro-Banknoten kann man problemlos bei einer Bank bekommen, wenn man danach fragt. Aber bei Banknoten, die vor 20, 50 oder 100 Jahren im Umlauf waren und oft lange Zeit wirklich von Hand zu Hand gingen, also zirkulierten, sind solche kassenfrischen Exemplare immer die Ausnahme. Viele „gute Scheine", also solche, die einmal einen hohen Wert und damit eine hohe Kaufkraft hatten, sind kaum ungebraucht zu bekommen, es sei denn, der Zufall hat sie vor Gebrauchsspuren bewahrt. Anders verhält es sich beim Inflationsgeld, wo ganze Bündel unangetastet blieben, weil die Scheine schon bald – weder einzeln noch in Bündeln zu 100 Stück – kaum noch eine nennenswerte Kaufkraft besaßen.

In den meisten Katalogen finden wir Preise für mehrere Erhaltungsgrade, da ungebrauchte Scheine in der Regel viel seltener und damit teurer sind als gebrauchte. Nur manchmal sind gebrauchte Scheine gar nichts mehr wert, weil es genügend gute Exemplare gibt, und manche Verkehrsausgaben von Notgeldscheinen wurden früher einfach nachgedruckt, weshalb in diesen speziellen Fällen die „kassenfrischen" Nachdrucke billiger sind als die gebrauchten Originale.

Von den Geldscheinen des 19. Jahrhunderts und früher gibt es teilweise keine erhaltenen Exemplare mehr, ihre Ausgabe ist dann nur noch aus Akten erschließbar. Von vielen frühen Ausgaben existieren nur noch stark beschädigte Exemplare, die mangels besserer Stücke manchmal schon ein kleines Vermögen wert sind. Seit Geldscheine gesammelt und gehandelt werden, gibt es auch ein Verständnis von Erhaltungsgraden, im Prinzip, muss man hinzufügen. Es gibt die verschiedensten Definitionen, aber im Laufe der Zeit haben sich in Deutschland die Erhaltungsgrade von 1 bis 5 oder I bis V herausgebildet.

I = kassenfrisch „kfr.", UNC

Ein Geldschein, der keine Gebrauchsspuren aufweist, weder geknickt noch in irgendeiner Weise beschädigt oder verschmutzt ist, wird so eingestuft. Im Idealfall sollte er direkt von der Druckerei an die „Kasse" und von dort in das Album des Sammlers gelangt sein. Aber auch Scheine aus druckfrischen Bündeln können vom Kassierer beim Zählen leicht beschädigt werden. Viele moderne Weltbanknoten werden in kassenfrischer Erhaltung angeboten. Die international gebräuchliche Erhaltungsstufe ist UNC = Uncirculated.

II = leicht gebraucht (l. gebr.), EF
Ein Geldschein, der noch nahezu perfekt erhalten ist und keine scharfen Knicke oder gar Einrisse aufweist, wird als „leicht gebraucht" bezeichnet. Eine horizontale oder vertikale Knickfalte ist zulässig, jedoch keine Verschmutzung. Die Ecken dürfen nicht abgerundet sein, das Papier muss fest, glatt und sauber sein. Wie bereits erwähnt, sind in den Banken seit vielen Jahren Geldautomaten und Zählmaschinen im Einsatz, die auf druckfrischen Scheinen Spuren hinterlassen. Wird ein Geldschein dadurch stärker beschädigt, kann er von Sammlern nicht mehr uneingeschränkt der Erhaltung „I" zugeordnet werden. Kritisch wird es bei Faltspuren. Oft werden Geldscheine unmittelbar nach Erhalt gefaltet und geknickt. Für die Erhaltung „II" ist nur eine leichte, nicht durchgehende und tiefe Knickfalte zulässig. International wird die Erhaltung EF bzw. XF = Extra Fine verwendet.

III = gebraucht (gebr.), VF
Gebrauchte Scheine weisen aufgrund ihrer Verwendung im Zahlungsverkehr stärkere Gebrauchsspuren wie gleichzeitige vertikale und horizontale Knickfalten, Schmutzränder oder Schmutzflecken sowie eine leichte Knitterung des gesamten Papiers auf. Die Ecken dürfen leicht abgerundet sein, die Banknote darf jedoch keine Risse oder Löcher aufweisen. International gebräuchlich ist VF = Very Fine.

IV = stark gebraucht (st. gebr.), F
Eine solche Note weist bereits stärkere Verschmutzungen auf, kann stark zerknittert sein, Risse und sogar fehlende Ecken haben. Trotz aller Verschmutzungen und Knicke dürfen jedoch keine größeren undurchsichtigen Flecken oder Löcher vorhanden sein. International wird F = Fine verwendet.

V = ungenügend, VG/G
Dieser Erhaltungszustand ist in den Alben der Sammler selten anzutreffen und betrifft meist nur Scheine, von denen nur noch wenige erhalten sind. Solche Scheine sind stark zerrissen, haben größere Löcher, es fehlen großflächig Ecken, manchmal bestehen sie nur noch aus zwei Teilen, die mit Klebeband zusammengehalten werden. Ebenfalls kaum sammelwürdig sind Scheine, die z.B. durch Sonneneinstrahlung ihre Farbe verloren haben oder großflächig undurchsichtige Flecken aufweisen. Geldscheine in diesem Zustand sind meist völlig wertlos, bei einigen Geldscheinen des 19. Jahrhunderts sind aber auch solche Fragmente noch sammelwürdig. International verwendet man die Erhaltungsgrad VG = Very Good bis G = Good.

Die Erhaltungsgrade werden z. B. auch im Katalog zu den deutschen Banknoten ab 1871 verwendet, wo allerdings das „V" fehlt. Aber Vorsicht, es gibt noch viele weitere und umfassendere Definitionen zu diesem Thema. Manche Sammler streiten sich zum Beispiel, wie

lang Risse sein dürfen, damit die Note noch III oder nur IV ist. Aber nicht nur das, es gibt auch „Zwischenerhaltungsgrade", oft finden wir Angaben wie II - III oder III+ und I- (AU = About Uncirculated), um nur einige Beispiele zu nennen, die keiner großen Erklärung bedürfen.
Die Erhaltungsgrade spielen natürlich auch deshalb eine große Rolle, weil von der Einschätzung des Erhaltungszustandes eines Geldscheins auch dessen Wert abhängt. So ist es nicht verwunderlich, wenn bei einem Handel der Anbieter seinen Schein „schön redet", um einen höheren Preis zu rechtfertigen, und der Interessent ihn eher „schlecht redet", um den Preis zu drücken. Nach dem Tausch oder Kauf wird den neuen Eigentümer jedoch nichts mehr daran hindern können, sein neues Schmuckstück etwas besser einzuschätzen, als es vielleicht wirklich erhalten ist.
Es gibt etliche Sammler, die nur die unzweifelhafte Erhaltung „I" sammeln wollen und lieber auf wichtige Stücke verzichten, die ihnen in leicht gebrauchter oder gebrauchter Erhaltung angeboten werden. Hier muss man sich jedoch, unabhängig von den hohen Anschaffungskosten, vom Prinzip der Vollständigkeit verabschieden. Viele Geldscheine sind heute nur noch in gebrauchten Erhaltungen erhältlich. Darüber hinaus ist eine gebrauchte Banknote natürlich auch ein Beleg für ihre Verwendung im Zahlungsmittelumlauf und damit in doppelter Hinsicht ein Stück Zeit- und Geldgeschichte. Man sollte sich also gut überlegen, welche Ansprüche man an seine eigene Sammlung stellt.

Insbesondere Philatelisten, die bei Briefmarken nicht nur die Vorderseite, sondern auch die Rückseite mit und ohne Gummierung akribisch prüfen, stellen an Geldscheine oft kaum erfüllbare Qualitätsanforderungen, selbst wenn sie wirklich frisch von der Bank kommen. Kleinste Dellen von der Zählmaschine und winzige umgebogene Ecken führen bei ihnen oft zu Reklamationen. Salopp gesagt: Qualität muss sein, aber man sollte es auch hier nicht übertreiben. Es ist schwierig, einen allgemeingültigen Rat zu geben. Aber vielleicht so viel: Man sollte die bestmögliche Qualität anstreben. Klasse statt Masse – das gilt auch für Geldscheinsammlungen. Man sollte niemals billige gebrauchte Massenware kaufen, wenn es die Scheine auch in gutem Zustand für wenig Geld gibt. Die wird sich später kaum wieder verkaufen lassen. Wer dagegen zu hohe Qualitätsansprüche hat, wird kaum historische Geldscheine sammeln können. Auch bei großen finanziellen Möglichkeiten werden viele Scheine nur in mäßiger Qualität zu beschaffen sein. Das Maß der Dinge muss jeder Sammler für sich selbst finden. Aber auch hier hilft oft ein Blick in die Kataloge. In der Regel werden die Preise in „kassenfrisch" und „gebraucht" angegeben. Zwischenstufen und damit auch Zwischenpreise muss man selbst festlegen oder aushandeln, je nachdem, wie man den Erhaltungszustand des Stückes einschätzt. Dabei sollte man aber immer ehrlich zu sich selbst sein, was die Qualitätseinschätzung angeht. Wem nützt es, wenn man sich selbst betrügt und sich nach Katalogpreisen „reich" rechnet? Bei Scheinen, zu denen ein Katalog keinen Preis angibt und „LP“ (Liebhaberpreis) vermerkt ist, bedeutet dies, dass es praktisch fast aussichtslos ist, diesen Schein überhaupt, geschweige denn in idealer Erhaltung zu bekommen. Ist nur ein Preis für „I“ angegeben, nicht aber für „III“, sollte man diesen Schein ebenfalls nur in kassenfrischer Erhaltung erwerben, da er in gebrauchter Erhaltung praktisch nichts wert ist. Oder der Schein ist nie in Umlauf gekommen und daher theoretisch nur in kassenfrischer Erhaltung vorhanden.

Über kaum einen Punkt streiten sich Sammler untereinander und mit Händlern mehr als über die Erhaltung. Nicht zuletzt deshalb, weil zwischen den Preisen für einzelne Qualitätsstufen oft „Welten“ liegen. Nicht selten ist ein als Typ häufig vorkommender Schein in Erhaltung „III“ schon fast nichts mehr wert, während für „I“ nicht nur das Doppelte, sondern das Zehnfache oder mehr bezahlt wird. Machen Sie hier die „Nagelprobe“ und schauen Sie in aktuelle Kataloge, die meist der wichtigste Maßstab für Handel und Sammler sind.

Noch ein letzter Tipp zum Thema Erhaltungen: Allein mit dem Auswendiglernen der bereits aufgeführten, zugegebenermaßen dürftigen Definitionen der Erhaltungsgrade ist noch nichts gewonnen. Auch hier gilt: Übung macht den Meister. Erst im Austausch mit anderen Sammlern oder auch Händlern bekommt man ein Gefühl für die Grenzen der einzelnen Erhaltungsstufen.

Nicht nur bei Münzen, sondern auch bei Geldscheinen nimmt das aus den USA stammende „Grading“ rasant zu. Verschiedene Gradingfirmen, wie zum Beispiel PMG (Paper Money Guaranty) bieten die fachgerechte Bestimmung, Erhaltungsbewertung und Versiegelung in einem Halter aus Kunststoff an. Dabei wird die Erhaltung nach einem in den USA entwickelten 70-Punkte-System bewertet. Auch wenn so mancher Sammler damit hadert, dass er die

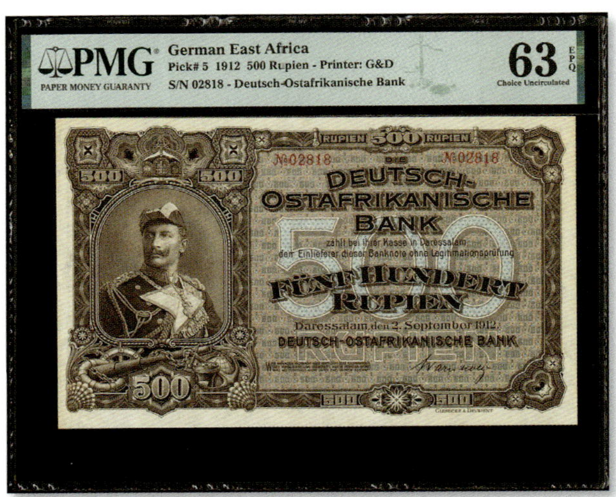

Ein äußerst seltener 500-Rupien-Schein der Deutsch-Ostafrikanischen Bank von 1912, der von PMG mit dem Erhaltungsgrad 63 von 70 möglichen Punkten „bewertet“ wurde, erzielte Ende 2023 bei einer international renommierten Auktion einen neuen Preisrekord.
Abb. Heritage Auctions.

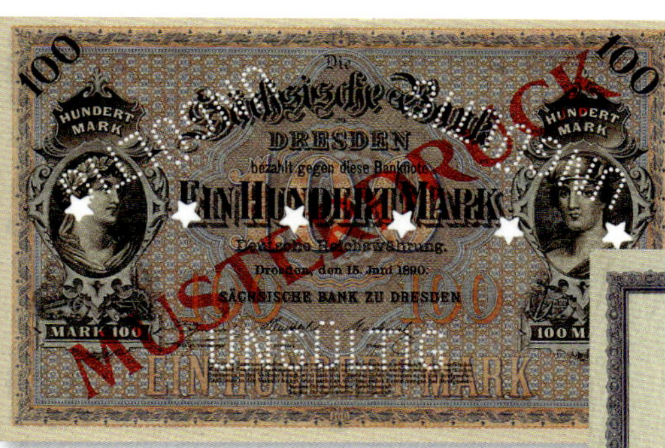

Beidseitiger Musterdruck der Sächsischen Bank zu Dresden über 100 Mark von 1890 mit rotem Überdruck, Perforation und zusätzlicher Sternlochung.

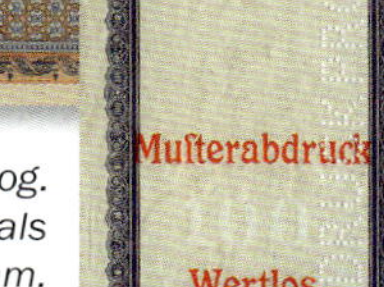

Einseitiges Muster zum sog. „Langen Hunderter", der erstmals mit Datum von 1908 in den Umlauf kam.

Punkte-Bewertung nicht nachvollziehen und er die Scheine dann auch nicht mehr in Hand nehmen kann, so bietet das Grading doch viele Vorzüge und ist auf dem Vormarsch. Seitdem auch Anleger, die selbst keine Numismatiker und Sammler sind, Münzen und Banknoten für sich entdeckt haben, wird das Grading immer häufiger eingesetzt. Für Auktionshäuser und Käufer bietet es eine zuverlässige Bestimmung und Echtheitsgarantie. Zudem schützt die Versiegelung die Objekte vor äußeren Einflüssen. So „gegradet" landen viele Stücke in den Tresoren von Investoren, aber auch immer mehr Sammler wissen die Vorzüge des Gradings als zweifelsfreie Bestimmung des Erhaltungszustandes zu schätzen. Längst erzielen gegradete Stücke auf Auktionen deutlich höhere Preise als solche, die nicht in einer Plastikhülle mit Bestimmungsangaben, Hologramm und Bewertung der Erhaltung stecken.

Abschließend noch eine Warnung: Geldscheine können mit verschiedenen Mitteln behandelt werden, um ihre Erhaltung zu verbessern. Dies wird später noch ausführlicher behandelt. Manche Geldscheine sind so geschickt bearbeitet und „geschönt", dass man ihnen ihren wahren Erhaltungszustand nicht sofort ansieht. Hier kann man schnell hereingelegt werden, vor allem, wenn man nur den Beteuerungen des Verkäufers oder Tauschpartners glaubt und den Schein nicht selbst in Augenschein nimmt. Man sollte nicht versäumen, sich auf Börsen, bei Vereinstreffen und Händlerbesuchen immer wieder interessante Geldscheine anzuschauen, besonders im Hinblick auf die Erhaltung und deren Definition. Nur so wird man bald ein sicheres Gefühl im Umgang mit diesem Thema bekommen.

Muster, Druckproben, Essays und mehr

Früher wenig beachtet und sogar geschmäht, heute aber begehrte Sammlerstücke sind die Muster- oder Specimen-Scheine. Auch hier gibt es feine

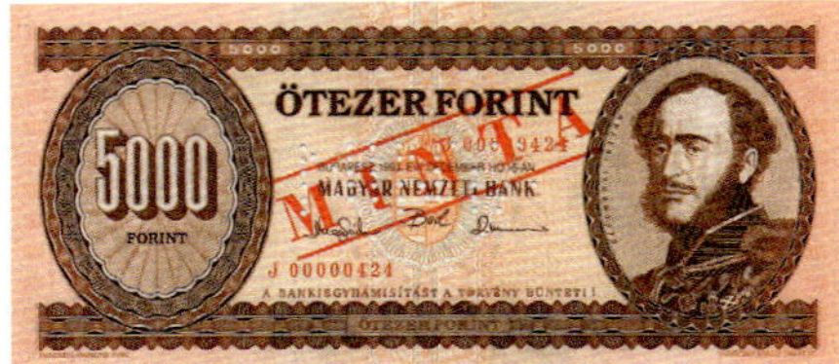

Musternote der Ungarischen Nationalbank über 5000 Forint vom 16. Dezember 1993 mit Perforation und Überdruck „MINTA“.

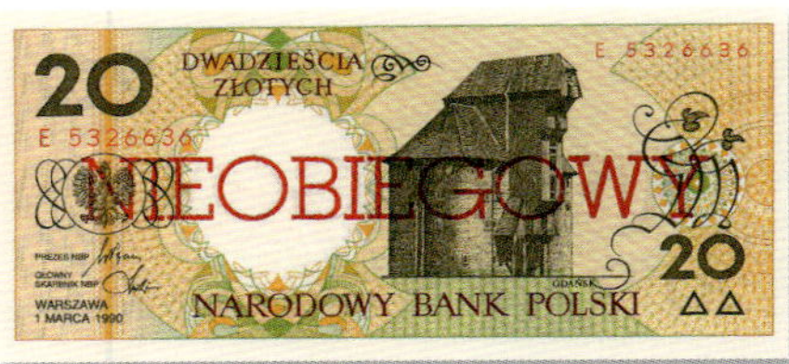

Mit Überdruck versehene „Verhinderte Ausgabe“ der Polnischen Nationalbank über 20 Złotych vom 1. März 1990 mit Danziger Krantor.

Unterschiede. Als Muster bezeichnet man in der Regel vollständig ausgeführte Drucke von tatsächlich ausgegebenen Banknoten oder Notgeldscheinen zur Begutachtung oder als Vergleichsexemplare, meist mit dem Aufdruck oder der Perforation „MUSTER“, „SPECIMEN“ usw. sowie mit oder ohne Kontrollnummer (Nullen oder fortlaufende Nummern). Früher wurden oft Vorder- und Rückseite als separate Muster gedruckt.

Musterbanknoten werden in den Druckereien hergestellt, um die technische Qualität der Banknoten zu testen, aber auch um sie den Verantwortlichen in den Banken und Verwaltungen zur Begutachtung oder als Vergleichsstücke für die Falschgelderkennung vorzulegen. Sie sind natürlich in der Regel viel seltener als die später tatsächlich für den Umlauf ausgegebenen Banknoten ohne Musterkennzeichnung und daher Höhepunkte vieler Sammlungen.

Nicht ganz so selten sind deutsche Reichsbanknoten sowie Reichskassen- und Darlehnskassenscheine aus laufenden Serien, die nach der Inflation mit „MUSTER“ überdruckt und von der Reichsbank an Sammler abgegeben wurden. Es handelte sich dabei nicht um Muster im eigentlichen Sinne, da

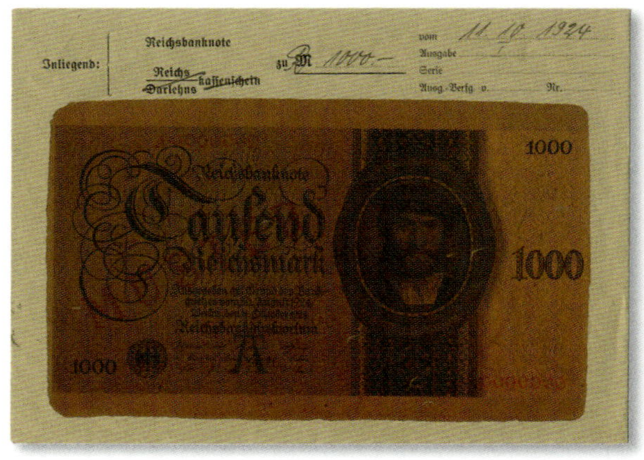

Original-Briefumschlag der Deutschen Reichsbank mit einer Reichsbanknote zu 1000 Reichsmark von 1924, die mit dem Überdruck „MUSTER“ abgegeben wurde (Sammlung des Geheimen Finanzrats Otto Karl Seiffert).

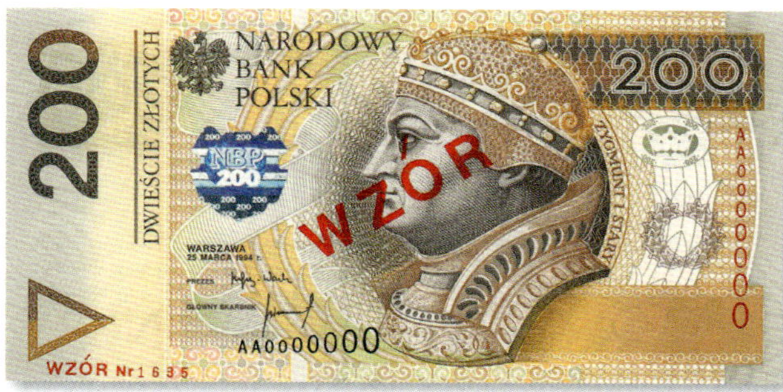

Muster einer 200- Złotych-Note der Polnischen Nationalbank von 1994 mit Überdruck „WZÓR“ und gesonderter Muster-Nummerierung.

der Musterüberdruck lediglich der Entwertung diente.

Bei ausländischen Banknoten finden wir häufig Muster mit Bezeichnungen wie „SPECIMEN“, „ESSAY“ oder auch Angaben in den Landessprachen wie „SYNISHORN“ (Island), „PROOV“ (Estland), „WZÓR“ (Polen), „NEPLATNÉ“ (Tschechisch) oder „MINTA“ (Ungarn). International hat sich aber vor allem „SPECIMEN“ durchgesetzt.

Muster- und Specimen-Banknoten gibt es von einigen Ländern auch in größerer Stückzahl. So sind viele Geldscheine des ehemaligen Protektorats Böhmen und Mähren und der Tschechoslowakei bis 1953 als vermeintliche Muster häufiger und preiswerter als solche aus oder für den Umlauf. Sie wurden nachträglich aus Restbeständen speziell für Sammler mit der Perforation „SPECIMEN“ gekennzeichnet und verkauft.

Von fast allen ausgegebenen polnischen Banknoten gibt es auch Scheine mit „WZÓR“ oder „SPECIMEN“, meist als Aufdruck. Bei einigen sehr seltenen Banknoten ist es heute eher möglich, ein Muster als eine umgelaufene Banknote zu erhalten. Bei häufigen Banknoten sind die Muster jedoch entsprechend teuer und begehrt.

Von der 1990 von der deutschen Firma Giesecke+Devrient für die Polnische Nationalbank hergestellten Serie mit Stadtansichten, die nie ausgegeben wurde, waren auf dem Sammlermarkt lange Zeit nur Banknoten mit dem Überdruck „NIEOBIEGOWY“ erhältlich. Musternoten gibt es aber auch von verschiedenen Notgeldscheinen, manchmal ist dort auch nur „Entw.“ vermerkt, was nicht „Entwertet“, sondern „Entwurf“ bedeutet.

Ob man nur „echte“ Scheine aus dem Umlauf in die Sammlung aufnimmt oder im Falle der Tschechoslowakei bzw. Böhmens und Mährens auch solche „Muster“, bleibt jedem Sammler selbst überlassen. Bei den Protektoratsgeldscheinen streben viele Sammler nach doppelter Vollständigkeit und wollen möglichst zu jedem „Muster“ auch eine gelaufene Banknote in die Sammlung aufnehmen. Das ist nicht ganz einfach und eigentlich „verkehrte Welt“, denn die Regel ist genau umgekehrt. In den letzten Jahren sind die Preise für tschechische Banknoten – egal ob aus dem Umlauf oder Muster – deutlich gestiegen.

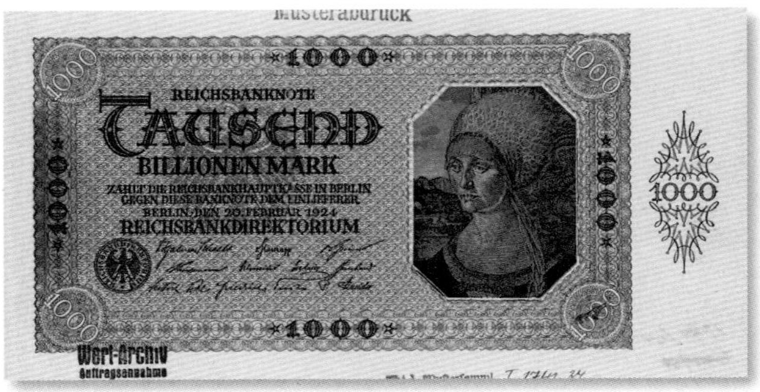

Essay einer nicht mehr ausgegebenen Reichsbanknote über 1000 Billionen Mark vom 20. Februar 1924 aus der Mustersammlung der Deutschen Reichsbank.

Moderne Musterscheine gibt es zum Teil auch direkt bei verschiedenen Notenbanken zu kaufen.

Als Druckproben werden Stücke eingestuft, welche oft nur einseitig oder nur mit Unter- oder Überdruck ausgeführt wurden, um den eigentlichen Druckvorgang aus drucktechnischer Sicht vorzubereiten. Es handelt sich also meist um absichtlich hergestellte unfertige Probedrucke (manchmal sogar mit mehrfach wiederholten Druckvorgängen auf einem Schein). Auch diese sind natürlich nicht so häufig zu finden und gelangen nur selten in Sammlerhände. Aus der Inflationszeit gibt es sie jedoch etwas häufiger, so z.B. bei den Scheinen der Landesbank der Provinz Westfalen.

Druckproben zu dann doch nicht ausgegebenen Banknoten nennt man Essays. Derartige Essays sind auch von Reichsbanknoten bekannt. Im Katalog „Die deutschen Banknoten ab 1871“ sind etliche nicht ausgegebenen Noten und Essays aufgeführt. Hier finden sich verschiedene Druckproben ebenso wie Entwürfe von Banknoten, die nie zur Ausführung gelangten. Solche Noten werden auch als „verhinderte Ausgaben“ bezeichnet.

Nicht ausgegebene, aber bereits gedruckte Noten waren ursprünglich für den Zahlungsverkehr bestimmt. Essays dienten dagegen lediglich als Vorlage zur Vorbereitung der Ausgabe neuer Banknoten. Es versteht sich fast von selbst, dass Essays und insbesonders Künstlerentwürfe zu Geldscheinen absolute Raritäten sind.

Gelegentlich werden Kupfertiefdrucke von Banknotenmotiven in limitierter Stückzahl angeboten, teilweise mit Künstlersignatur. Diese haben jedoch nichts mit Mustern, Druckproben oder Essays zu tun, sondern sind allenfalls interessante und meist seltene Belege rund um das Papiergeld.

Wie bereits erwähnt, Musterscheine, Druckproben und Specimen können, müssen aber nicht selten sein. Auch im Hinblick auf mögliche Manipulationen muss darauf hingewiesen werden, dass immer dann Vorsicht geboten ist, wenn es sich um Überdrucke handelt. Was früher schon leicht war, ist heute ein Kinderspiel. In fast jedem Haushalt stehen Computer mit Tintenstrahl- oder Laserdruckern, mit denen man schnell einen Aufdruck, wie „MUSTER“ auf eine Note „zaubern“ kann!

Sicherlich gäbe es in diesem Zusammenhang noch vieles zu berichten, z. B. über einseitig bedruckte Banknoten, die keineswegs immer Probedrucke sein müssen. Man findet sie beim Notgeld und bei den späten deutschen Inflationsbanknoten mit relativ kleinen Milliardenwerten vom Oktober 1923. Viele dieser Scheine wurden sogar zu Notizblöcken verarbeitet. Auch die frühen englischen Pfundnoten sind nur einseitig bedruckt.

Immer wieder findet man auch Halbfabrikate von Banknoten, so genannte unfertige Drucke oder sogar Makulatur. Solche Stücke sind interessant, wenn man sich mit der Herstellung von Banknoten beschäftigt. Vor allem aus dem Generalgouvernement gibt es viele solcher Stücke. Manchmal sind die Scheine unfertig, weil Siegel und Nummern noch nicht aufgebracht wurden. Es gibt sogar ganze Druckbogen aus dieser Zeit, sowohl mit fertigen als auch halbfertigen Scheinen.

Im Museumsshop des Geldmuseums der Deutschen Bundesbank in Frankfurt am Main konnten ganze Druckbogen von Bundesbanknoten und später auch von Euro-Banknoten erworben werden. Andere Länder folgten diesem Beispiel, so verkaufte z. B. auch die Litauische Nationalbank ganze Druckbogen oder Teile davon.

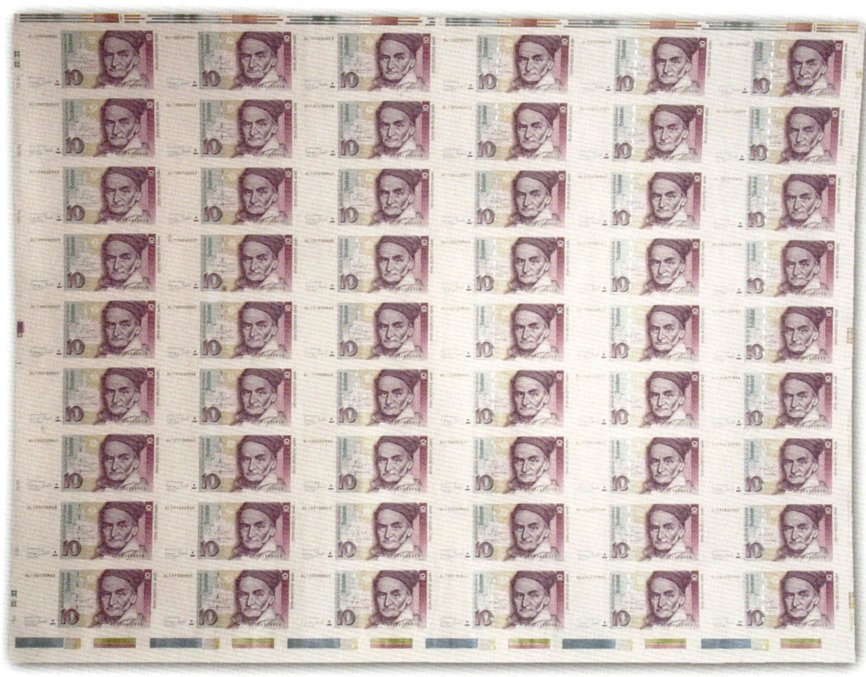

Kompletter Druckbogen von 10-DM-Banknoten.

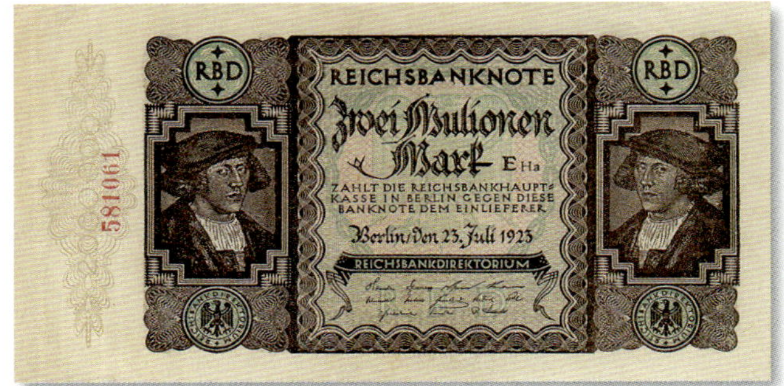

Der Fehldruck „Zwei Mulionen Mark" von 1923 ist durch Beschädigung der Druckplatte entstanden.

Fehldrucke, Fehlschnitte und Kuriositäten

Eine thematische Sammlung kann sich mit den verschiedenen Drucktechniken bei der Herstellung von Geldscheinen beschäftigen. Dazu gibt es bei den „normalen" Scheinen reichlich Material zur Auswahl. Aber auch fehlerhafte Geldscheine werden gerne gesammelt, denn wo Menschen arbeiten, passieren Fehler. Selbst bei den streng kontrollierten DM-Scheinen oder den Euro-Banknoten gibt es immer mal wieder einen „abnormalen" Schein. Das können Fehler sein, die während des Druckvorgangs als „Fehldrucke" entstanden sind, manchmal passieren aber auch Fehler beim Zuschneiden des Geldes und es entstehen sogenannte „Fehlschnitte". Bei Fehlschnitten ist generell Vorsicht geboten. Dort, wo heute noch komplette Druckbogen von Banknoten erhältlich sind (z. B. bei Euro-Banknoten), werden daraus manchmal nachträglich „Fehlschnitte" hergestellt, um sie gewinnbringend an Sammler zu verkaufen.

Fehlschnitte mit „Ohren" (überstehendes Papier an den Ecken), d. h. Fehlschnitte, die durch umgeknickte Ecken von Druckbogen vor dem Zuschneiden

Fehlschnitt einer 50-DM-Banknote.

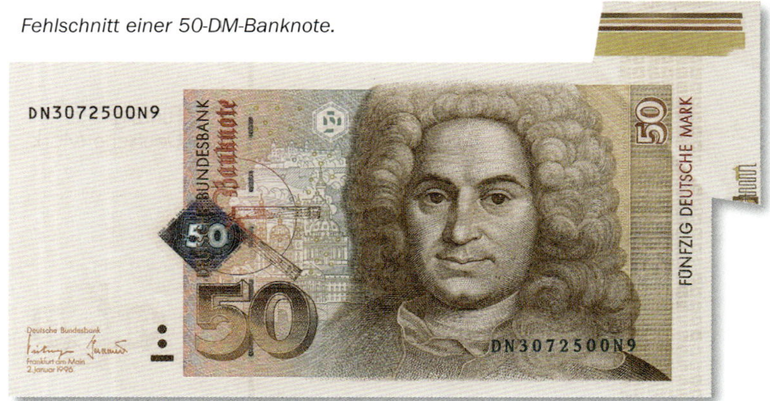

entstanden sind, sind in der Regel als echte Fehlschnitte anzusehen. Fehlschnitte mit „verschobenem Druckbild", die gerade durch die Scheine verlaufen oder sogar teilweise zwei unterschiedlich nummerierte Banknoten zeigen, sind dagegen leicht aus ganzen Druckbogen herzustellen und mit Vorsicht zu genießen. Auch Druckzufälligkeiten und Beschädigungen der Druckplatten führen immer wieder zu abnormalen Geldscheinen. So verließen Reichsbanknoten über 2 Millionen Mark vom 23. Juli 1923 mit der Aufschrift „Zwei Mulionen Mark" aufgrund einer Plattenbeschädigung unbemerkt die Druckerei.

Fehldrucke gibt es von Banknoten vieler Länder, und auch bei den aktuellen Euro-Banknoten taucht hin und wieder ein solcher „Ausschuss" oder sogar ein echter Fehlschnitt mit geknickter Ecke auf. Laien meinen oft, ein solcher Schein sei entweder nicht echt und daher wertlos oder als Besonderheit für Sammler gleich ein Vermögen wert. Dem ist nicht so, denn der Sammlerkreis ist begrenzt. Dennoch wird nicht selten ein Aufschlag von mindestens 100 % auf den Nennwert oder den Katalogpreis verlangt und auch bezahlt. Manche Fehldrucke erzielen bei Auktionen sogar Spitzenpreise.

Fehldrucke und Fehlschnitte werden von den meisten Sammlern neben den regulären Banknoten gesammelt, aber nur selten konzentriert sich ein Sammler ausschließlich auf dieses Thema.

Gerne werden auch Scheine mit besonderen Kontrollnummern in die Sammlung aufgenommen. So hatten es Holger Rosenberg Banknoten mit der Kontrollnummer „000001" angetan, die als erste Note der gesamten Banknotenproduktion eines Typs natürlich sehr selten sind. Andere Sammler begnügen sich mit so genannten schönen Kontrollnummern wie fortlaufenden Zahlen (z. B. „2345678") oder mit Radar-Nummern, die von vorne und hinten gleich zu lesen sind, wie etwa „12300321". In China erzielen Geldscheine mit der Glückszahl „8" besonders hohe Preise, während Geldscheine mit der für Chinesen Unglück verheißenden Zahl „4" von Sammlern gemieden werden.

Falschgeld

Falschgeld ist fast so alt wie das Geld selbst. Die unerlaubte Herstellung von Geld, sowohl von Münzen als auch von Banknoten, nennt man „Falschmünzerei". Zu allen Zeiten wurde dieses Vergehen hart bestraft. In früheren Jahrhunderten wurden Falschmünzer in siedendem Öl gekocht, gerädert oder auf andere grausame Weise mit dem Tode bestraft. Kleinen Betrügern wurde die Hand abgehackt. Doch die großen Herren, die gekrönten Häupter, die ihre Untertanen mit Falschgeld betrogen, blieben ungestraft. Philipp IV. von Frankreich wurde sogar der „Falschmünzerkönig" genannt. Aber es gab noch weitaus bedeutendere Herrscher, die ihm in der Verbreitung von Falschgeld in nichts nachstanden, wie zum Beispiel der preußische König Friedrich II, im Volksmund „der Große" genannt. Das Thema Falschgeld scheint heute aktueller denn je zu sein, könnte man

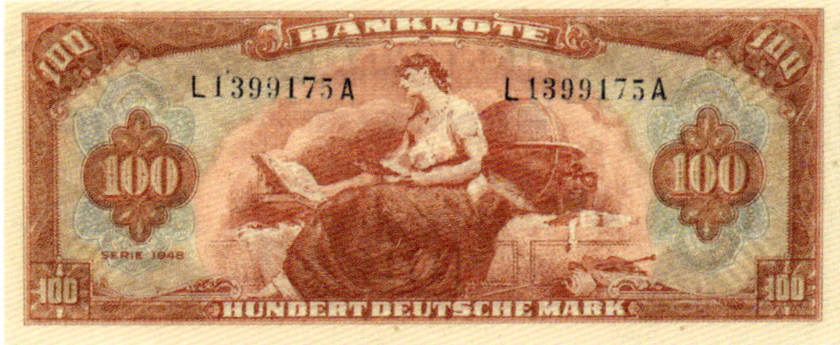

Zeitgenössische Fälschung des „Roten Hunderters" der Bank deutscher Länder von 1948.

meinen, liest man doch immer wieder, dass die im Umlauf befindlichen Falschgeldmengen im Euro-Raum, aber auch in den USA, zunehmen. Münzen zu fälschen lohnt sich heute kaum noch. Banknoten zu fälschen, war dagegen wegen des hohen Nennwerts und des fehlenden Materialwerts schon früher attraktiv. Über das spannende Thema Falschgeld sind viele Bücher geschrieben worden, so dass wir uns hier nicht mit allgemeinen Aussagen dazu aufhalten wollen.

Nicht nur auf deutschen Geldscheinen des 20. Jahrhunderts findet sich ein „Straftext", der Hinweis auf Zuchthaus- oder Freiheitsstrafen für das Fälschen oder Verfälschen von Geld und dessen Verbreitung. Doch Kriminelle lassen sich bekanntlich nicht vom Strafgesetzbuch abschrecken, auch wenn Auszüge daraus auf den Banknoten abgedruckt sind. Wohl aus diesem Grund hat die EZB beim Euro auf einen solchen Hinweis verzichtet, der zudem in allen Sprachen der Euro-Teilnehmerstaaten hätte angebracht werden müssen.

Es lohnt sich jedoch, einen solchen Text auf historischen Banknoten zu lesen. Häufig findet man die Formulierung „fälscht" oder „verfälscht". Diese Präzisierung des Fälschungsbegriffs ist wichtig, denn es gibt „Totalfälschungen", bei denen ein Geldschein gefälscht wur-

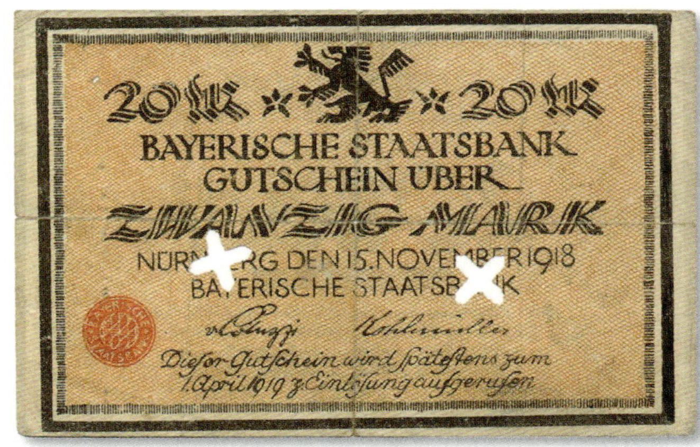

Vollständig handgezeichnete Fälschung eines Notgeldscheins der Bayerischen Staatsbank über 20 Mark vom 15. November 1918.

de, aber auch „Verfälschungen“, bei denen echte Geldscheine manipuliert wurden, um ihnen einen höheren Wert zu verleihen. In den Wirren der Inflation machten findige Betrüger zum Beispiel aus einem Milliardenschein kurzerhand einen Billionenschein, um ihre Mitbürger zu täuschen. Auch frei erfundene Überdruckprovisorien waren keine Seltenheit. Geht man davon aus, dass auch die Reichsbank selbst wertlos gewordene Scheine verwendete, sie mit einfachen Überdrucken versehen ließ, um sie dann zu einem Vielfachen des Nennwertes auszugeben, so machten sich auch findige Fälscher diesen Umstand zunutze, indem sie echte, aber wertlose Banknoten manipulierten. In der Regel schritt die Inflation damals aber so schnell voran, dass sich die aufwendige und zeitraubende Fälschung von Banknoten kaum gelohnt hätte.

Auch die nach dem Zweiten Weltkrieg von den Alliierten im besetzten Deutschland ausgegebenen Geldscheine wurden gefälscht und manipuliert, was insofern leicht war, weil diese keine Bilder aufwiesen, teilweise wie die US-Dollars die gleiche Größe hatten und auch der farbliche Gesamteindruck der verschiedenen Werte oft täuschend ähnlich war.

Die Fälscher bedienten sich oft einfachster Mittel und zeichneten Banknoten sogar vollständig nach.

Da es kaum etwas gibt, was Sammler nicht sammeln, werden natürlich auch zeitgenössische Fälschungen gerne in die Sammlung aufgenommen, zumal diese in der Regel selten sind, da sie bei Entdeckung sofort aus dem Verkehr gezogen wurden.

Der Staat als Falschmünzer

Die größten privaten Falschmünzer richteten jedoch bei weitem nicht so viel Unheil an wie diejenigen, die ihr „Handwerk“ im Auftrag eines gekrönten Hauptes oder eines Staates ausübten. Falschgeld als Kriegslist und vor allem als Geldquelle setzte der preußische König Friedrich II. im Siebenjähri-

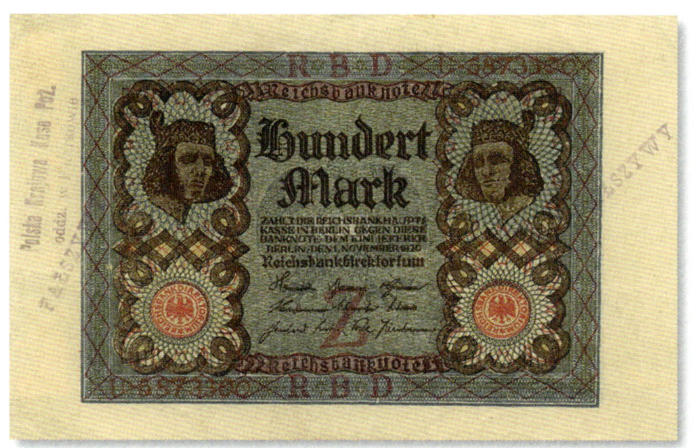

In Polen angehaltene Fälschung einer Reichsbanknote zu 100 Mark vom 1. November 1920.

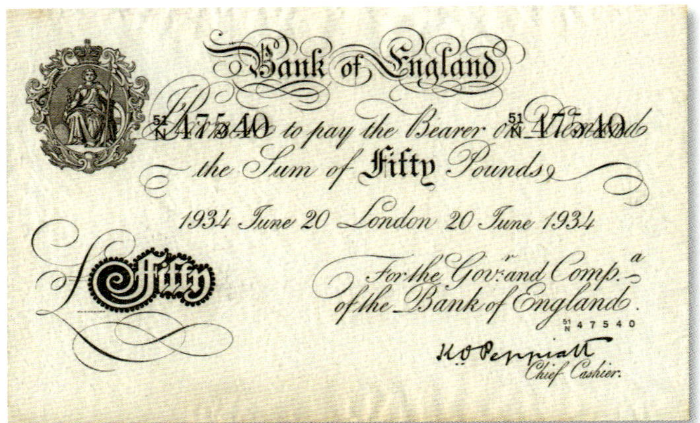

Im Konzentrationslager Sachsenhausen gefälschte Note der „Bank of England" über 50 Pfund vom 20. Juni 1934.

gen Krieg ein. Preußen selbst war während der Kontinentalsperre 1806-1812 von englischem Falschgeld betroffen. Napoleon soll auf seinem Russlandfeldzug große Mengen Falschgeld mitgeführt haben. Im Ersten Weltkrieg fälschten die Briten Banknoten der Deutsch-Ostafrikanischen Bank.

Während des Zweiten Weltkrieges kam es zu einer beispiellosen Falschgeldproduktion in staatlichem Auftrag. Die Idee, ausländisches Geld nachzudrukken, wurde von der SS im Konzentrationslager Sachsenhausen bei Oranienburg in die Tat umgesetzt. Beauftragt wurde der SS-Hauptsturmführer Bernhard Krüger, nach dem das „Unternehmen Bernhard" benannt wurde. Heute liegen mehrere authentische Berichte überlebender Häftlinge vor. In der vom übrigen Lager streng abgeschirmten „Falschgeldfabrik" arbeiteten neben besonders fähigen Häftlingen auch kriminelle Geldfälscher, die eigens zu diesem Zweck ins Lager gebracht worden waren. Nachdem es gelungen war, auch den „Rohstoff" für Banknoten, nämlich perfekt nachgeahmtes Banknotenpapier, herzustellen, konnte mit der Produktion großer Mengen falscher englischer Pfundnoten begonnen werden. Auch das Codesystem der Bank of England für die Nummerierung der Scheine wurde geknackt. Nach mehreren Anläufen gelang es, Banknoten herzustellen, die so täuschend echt waren, dass sie von Banken im Ausland problemlos akzeptiert wurden. Bei einigen "Blüten" hatten selbst die Spezialisten der Bank of England Mühe, sie als solche zu erkennen. Der ursprünglich geplante Abwurf der Scheine über England, der die dortige Wirtschaft schädigen sollte, wurde von Hitler verboten. Stattdessen wurden mit dem Geld kriegswichtige Rohstoffe im Ausland gekauft und Agenten bezahlt. Der berühmteste Empfänger gefälschter Pfundnoten war der Topagent „Cicero", ein gebürtiger Albaner, der als Kammerdiener des britischen Botschafters in Ankara tätig war. Er erhielt mehr als 300 000 Pfund Sterling, die sich nach dem Krieg beim Versuch, sie im südamerikanischen Exil einzulösen, allesamt als Fälschungen erwiesen. Der betrogene Betrüger war so dreist, 1962 die Bundesrepublik Deutschland als Rechtsnachfolger des Deutschen Reiches auf Schadensersatz zu verklagen, allerdings ohne Erfolg. Kurz vor Kriegsende hatte man den Restbestand der gefälschten Pfundnoten in Holzkisten verpackt und im Toplitzsee versenkt. Die gigantische Fälschung von Pfundnoten hatte der britischen Wirtschaft großen Schaden zugefügt, das gesamte Währungssystem musste nach dem Krieg umgestellt und neue Banknoten eingeführt werden. Bei Sammlern sind die gefälschten Pfundnoten heute jedoch sehr begehrt.

Fälschungen zum Schaden der Sammler

Seit vielen Jahren erfreut sich das Sammeln von Geldscheinen wachsender Beliebtheit, gleichzeitig werden viele interessante Scheine immer knapper und teurer. Dies ruft natürlich Fälscher auf den Plan, die begehrte Sammlerstücke nachahmen. Während Briefmarken schon vor dem Zweiten Weltkrieg immer wieder gefälscht wurden, gibt es Fälschungen von Banknoten zum Nachteil der Sammler erst seit einigen Jahrzehnten.

Geldscheine zu fälschen ist ein schwieriges Unterfangen, selbst recht häufige Banknoten wie die 1000-Mark-Scheine von 1910, die gebraucht sehr günstig zu haben sind, können von Privatpersonen wegen der schon damals sehr guten Sicherheitsmerkmale kaum nachgemacht werden. Nachträgliche Fälschungen historischer Geldscheine sind daher äußerst selten. Ganz anders sieht es aus, wenn es darum geht, ein echten Geldschein zu manipulieren.

Nach der Besetzung Polens durch die Wehrmacht im September 1939 wurden die umlaufenden 100-Złotych-Banknoten der Jahre 1932 und 1934 von den deutschen Behörden beschlagnahmt. Mit roter Farbe wurde auf die polnischen Banknoten die Aufschrift „Generalgouvernement für die besetzten polnischen Gebiete" gedruckt. So überdruckt kamen sie wieder in Umlauf und wurden später durch völlig neue 100-Złotych-Scheine von 1940 und 1941 ersetzt. Ein solcher überdruckter Schein kostet heute in guter Erhaltung bis zu

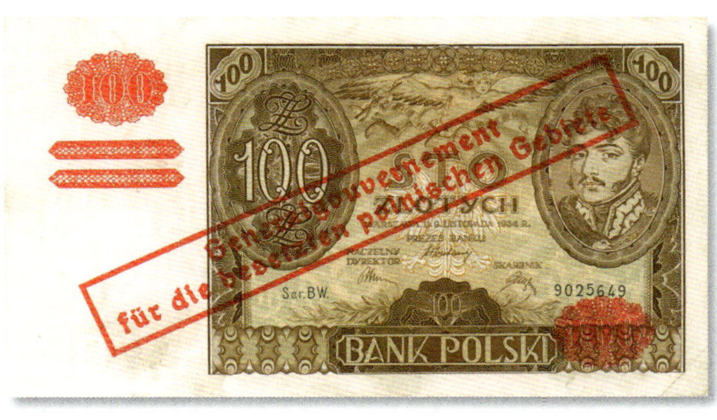

100-Złotych-Note der Bank Polski mit gefälschtem roten Überdruck aus der Zeit der deutschen Besatzung im Generalgouvernement.

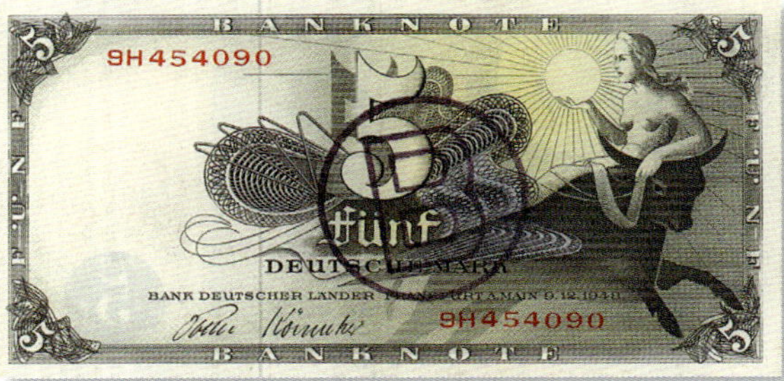

Note der Bank deutscher Länder (Europa auf dem Stier) über 5 Deutsche Mark vom 9. Dezember 1948 mit B-Stempel. Original gestempelt wurden nur Scheine der Serien 1 bis 6, der abgebildete Schein ist aus der Serie 9 (Zahl vor dem „H“).

500 Euro. Allerdings gibt es sowohl zeitgenössische polnische Fälschungen des Überdrucks als auch moderne Fälschungen zum Nachteil der Sammler. Der Grundschein ist schon für wenige Euro zu haben. Deshalb gab es schon um 1980, als das Sammeln von Banknoten auch in Polen immer mehr Liebhaber fand, recht gute Sammlerfälschungen. Das Risiko, entdeckt und wegen Betrugs und nicht wegen „Falschmünzerei“ oder Geldfälschung belangt zu werden, war und ist relativ gering. Glücklicherweise gibt es beim Papiergeld keine „Massenfälschungen“ zum Nachteil der Sammler, sondern immer nur Einzelstücke. Anders sieht es bei den Münzen aus, wo ein Sammler seltene Stücke kaum mehr gutgläubig ohne Expertise erwerben kann. Seit den 1960er Jahren gibt es eine regelrechte „Fälschungsplage“. Wollen wir hoffen, dass die Papiergeldsammler davon verschont bleiben.

Leider gibt es auch sehr primitive Manipulationen, die vom Sammler nicht sofort bemerkt werden. Auch hier einige Beispiele. Die Reichsbanknote über 100000 Mark vom 1. Februar 1923 (DEU-93b) mit einem kleinen „T“ unten links ist in guter Erhaltung deutlich teurer als ohne. Ein solches „T“ wurde schon vor Jahrzehnten mit einfachen Mitteln, den sogenannten Rubbelbuchstaben, aufgebracht und die Manipulationen dann gewinnbringend an Sammler verkauft.

Sehr viele Banknoten, die nach der Währungsreform 1948 für West-Berlin in Umlauf gebracht und mit einem B-Stempel versehen wurden, sind vor über 50 Jahren, als die Nachfrage immer größer wurde, nachträglich gekennzeichnet worden. Diese Handstempel sind oft undeutlich. Die B-Scheine sind deutlich seltener als die normalen Scheine, aber es gibt einen guten Grund, warum ihr Katalogpreis nicht mehr extrem höher als der des Grundtyps angesetzt wird. Es gibt zu viele Fälschungen, die bis heute unerkannt in den Sammlungen liegen und vielleicht nie als solche entdeckt werden. Ein alter, längst verstorbener Sammler wusste zu berichten, mit welch einfachen Mitteln ein „B“ auf den Noten angebracht wurde. Man benutzte einen aus rohen Kartoffeln geschnittenen Stempel. Im Computerzeitalter ist heute natürlich noch viel einfacher.

In den letzten Jahren werden auch vermehrt Fantasiestempel auf echten Banknoten angebracht, um diese dann zu überhöhten Preisen an Sammler verkaufen zu können. Besonders hervorzuheben sind hier die meist aus Polen und Osteuropa stammenden Stempel auf Wehrmachtsscheinen, auf Reichskreditkassenscheinen und auf Besatzungsausgaben z. B. für das Generalgouvernement (aber auch auf Reichsbanknoten), die heute noch recht günstig zu haben sind. Da wird dann auch schon mal aus dem „OKW" (Oberkommando der Wehrmacht) das „Obercommando der Wehrmacht" und der Schein gleich für ein Vielfaches angeboten. So zieren manche „Prachtstücke" die Alben der Sammler, die in keinem Katalog zu finden sind und bei näherer Betrachtung auch keine historische Berechtigung haben.

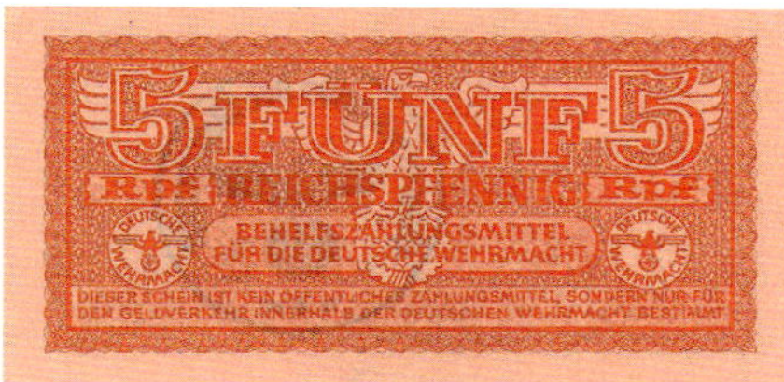

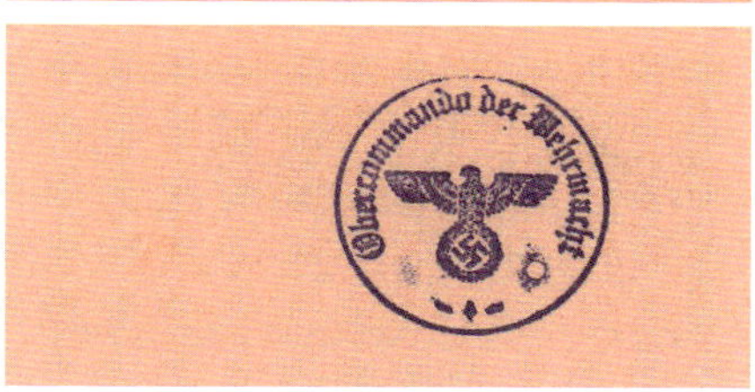

Behelfszahlungsmittel der Deutschen Wehrmacht über 5 Reichspfennig mit rückseitigem Stempel „Obercommando der Wehrmacht".

Bei den Notgeldscheinen, besonders bei den Verkehrsausgaben von 1914, gibt es eine Vielzahl von Belegen, die mit einfachster Drucktechnik hergestellt wurden. Hier gibt es bereits einige primitive Fälschungen, die auf modernen Laserdruckern hergestellt wurden. Daneben tauchen immer wieder Fantasieausgaben auf, da insbesondere bisher unbekannte Notausgaben von Sammlern hoch geschätzt werden. Manchmal verraten sich die Fälscher, indem sie moderne Computerschriften verwenden, die damals noch nicht gebräuchlich waren. Oft suchen sie auch nicht nach „Altbeständen" von Papier, sondern verwenden aktuelles Material, das von Fachleuten schnell erkannt wird.

Ein letzter Tipp zu diesem Thema. Oft ist auch die Quelle beim Erwerb von Geldscheinraritäten wichtig. Sehr seltene Scheine haben heute schon eine „Geschichte", sie wurden irgendwann einmal aus „guter Quelle" versteigert, blieben viele Jahre bei einem Sammler, um dann wieder verkauft zu werden.

Viele renommierte Münzauktionshäuser bieten auch Papiergeld an. Die Echtheitsgarantie des Fachhandels gilt natürlich nicht nur für Münzen. Sollte ein seriöser Händler selbst einmal von einer Fälschung getäuscht worden sein, wird er diese anstandslos zurücknehmen. Ein gesundes Misstrauen sollte man vor allem bei teuren Scheinen über 1000 Euro haben, wenn man den Verkäufer nicht kennt, zum Beispiel auf den beliebten Flohmärkten oder im Internet. Denn auch hier lauern manchmal dunkle Machenschaften. Nicht selten sieht man den Verkäufer nie wieder oder seine Identität bleibt verborgen und man kann nichts reklamieren.

Im Zweifelsfall sollte man einen Fachmann zu Rate ziehen oder die Finger von einer vermeintlichen Rarität lassen, vor allem wenn der Preis verlockend niedrig ist. Heute kennt jeder Flohmarkthändler einschlägige Kataloge, aber wir wollen nicht zu viel Angst vor Fälschungen und Manipulationen verbreiten. Wie bereits erwähnt, sind moderne Fälschungen historischer Banknoten äußerst selten, und zeitgenössische Fälschungen werden von Sammlern sogar als interessante Zeitzeugnisse gesucht.

Unterbringung der Sammlung

Wie man seine Geldscheinsammlung am besten aufbewahrt und präsentiert, hängt von vielen Faktoren ab, unter anderem vom Umfang und der Art des gesammelten Materials und natürlich auch vom persönlichen Geschmack. Schon seit frühester Zeit wurdenGeldscheinsammlungen in Alben aufbewahrt, manche in wenig ansprechenden, andere in schönen Leder- oder Leinenalben. Auf diese Weise aufbewahrt, kommen Notgeldsammlungen und andere Sammlungen manchmal noch heute in den Handel. Es gibt aber auch schlimme Laster der Vergangenheit. So war es zeitweise üblich, Geldscheine in Fotoalben einzukleben, manchmal mit sogenannten Fotoecken, die den Banknoten nicht schadeten, oft aber auch mit kleinen Papierstreifen (Falzen), die mit Büroleim versehen wurden. Im schlimmsten Fall haben Sammler die Scheine sogar direkt in ein Fotoalbum eingeklebt.

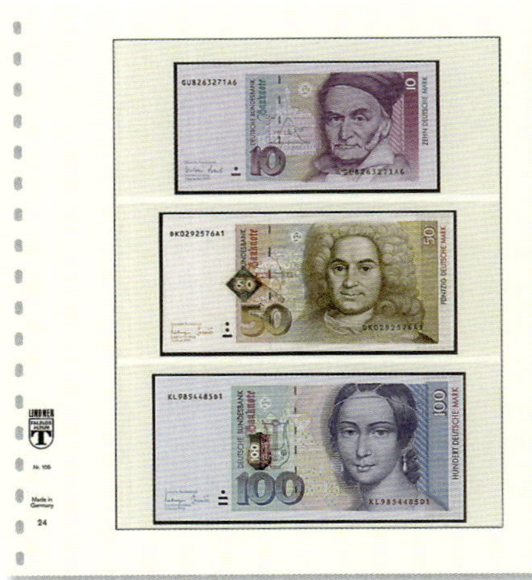

Gefüllte Seite eines Vordruckalbums für Banknoten der Bundesrepublik Deutschland.

Aus Kostengründen wurden früher Geldscheinsammlungen oft in gebrauchten Briefumschlägen aufbewahrt. Man war sparsam und verwendete meist „gelaufene" Briefe, auf denen sogar noch die Briefmarken klebten, was manchmal zu philatelistischen Überraschungen führt. Doch all diese Systeme haben sich nicht bewährt. Heute gibt es preiswerte Plastikhüllen aus Kunststoff, der den Geldscheinen nicht schadet.

Briefmarkenalben werden auch zur Aufbewahrung von Scheinen verwendet. Diese Art der Aufbewahrung ist nicht schlecht, man sollte jedoch keine normalen Alben verwenden, sondern solche, die für die Aufbewahrung von Ganzsachen und Blöcken bestimmt sind. Es gibt Alben in verschiedenen Größen, solche mit fester Seitenzahl und solche mit Klemm- oder Schraubverschluss. Letztere ermöglichen die Unterbringung von Blättern mit unterschiedlichen Einteilungen, was oft sehr nützlich ist, da man in seiner Sammlung in der Regel Geldscheine in verschiede-

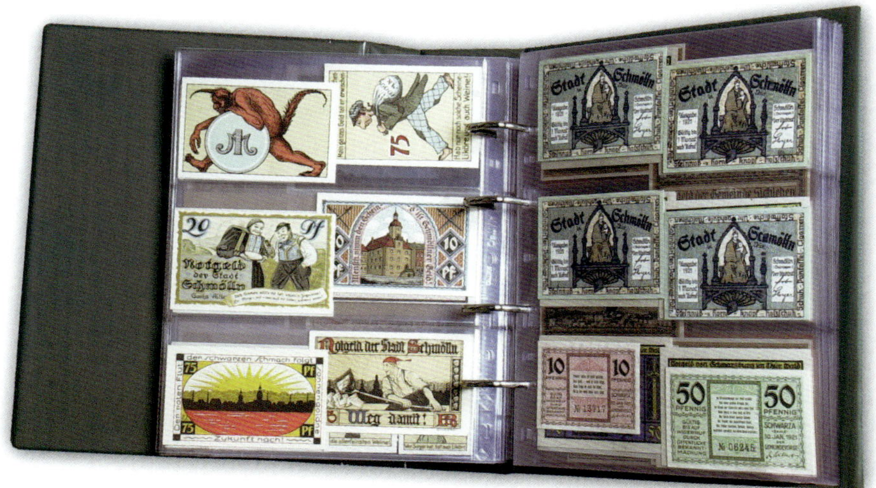

Praktisches, variables Album mit Klarsichthüllen unterschiedlicher Einteilung (durchgehende Hüllen oder Hüllen mit zwei, drei, vier oder mehr Fächern für verschiedene Formate), hier mit Serienscheinen in dreigeteilten Hüllen.

nen Größen hat. Der Briefmarken- und Münzenfachhandel hat hier verschiedene Angebote. Wenn nicht alles vorrätig ist, kann es bei den großen Herstellern mit Hilfe von Prospekten innerhalb weniger Tage beschafft werden. Am besten fragt man den Händler, welche Artikel er empfehlen kann. Bei Händlern mit einem guten Angebot an Banknoten kann man sich auch dafür interessieren, wie die Geldscheine vom Verkäufer selbst aufbewahrt und präsentiert werden.

Eine recht aufwendige und nicht billige Form der Unterbringung sind Alben mit Zwischenblättern aus Karton und Einzelseiten in verschiedenen Größen, die sich ideal für Geldscheine eignen. Es gibt ganze Seiten, z. B. für sehr große Banknoten oder Bogenteile, aber auch Seiten mit zwei, drei oder vier Fächern. Einige haben im Kunststoffteil noch Felder, die man mit einem Kärtchen beschriften kann. Aber auch Einlageblätter aus Papier oder Karton können beschriftet werden. Große Briefmarkenalben haben sich für verschiedene Sammelgebiete, insbesondere für Kleingeld- und Serienscheine, bewährt. Der Sammler kann dann vorsorglich Platz für einige noch fehlende Scheine lassen. Manche Sammler schneiden sich sogar Papierbögen in Originalgröße zu und beschriften diese z. B. mit einer Katalognummer. Ein „Traumschein" kann auch als Kopie eingelegt werden, in der Hoffnung, diese eines Tages gegen ein echtes Stück eintauschen zu können.

Schwieriger wird es, wenn nicht von vornherein klar ist, welche Scheine man sammeln will und in welche Breite oder Tiefe sich eine Geldscheinsammlung entwickeln wird. Konkret: Bei den Serienscheinen, aber auch beim Großnotgeld wäre eine Einordnung in ein solches Album möglich, aber bei einem Album mit fester Seitenzahl müsste man immer wieder umsortieren, wenn neue Scheine hinzukommen. Es gibt z. B. auch sehr preiswerte Alben mit dünnen Plastikseiten im Querformat. Hier kann man einzelne Scheine unterbringen und ganze Seiten neu einfügen.

Im Briefmarkenhandel gibt es auch Steckkarten, die man in Sammelboxen sammeln kann. Diese Art der Aufbewahrung ist sinnvoll, da man zusätzlich Trennkarten mit sogenannten Reitern einlegen und diese z. B. nach Sammelgebieten beschriften kann. Sammelboxen gibt es in verschiedenen Größen, man sollte sich die Prospekte oder Internetseiten der großen Hersteller von Sammelzubehör ansehen und sich gut überlegen, welches System für die eigene Sammlung am besten geeignet ist. Sammelt man z. B. ein Gebiet, in dem einige sehr große Geldscheine vorkommen, ist die Unterbringung in solchen Boxen nicht mehr möglich. Wer nicht immer nur einen Geldschein anschauen, sondern in einem Album blättern möchte, für den sind Sammelboxen ohnehin nicht geeignet. Für einige Sammelgebiete gibt es auch sogenannte Vordruckalben, wie sie Briefmarkensammler seit mehr als Hundert Jahren kennen. Hier sind auf den Albenseiten entsprechende Taschen für die Geldscheine vorbereitet, die gleichzeitig im Hintergrund abgebildet sind. Auf einen Blick sieht der Sammler, was wohin gehört und was noch fehlt. Für die Euro-Banknoten erschienen sie bereits kurz nach der Ausgabe des neuen Geldes. Aber auch für die Banknoten der Bundesrepublik und der DDR gibt es Vordruckalben. So schön Vordruckalben auch sind, ein Nachteil ist, dass man keine zusätzlichen Varianten oder z. B. auch Musterbanknoten unterbringen kann, sondern immer nur einen Schein pro Typ.

Bei den Briefmarken gibt es für ganz Europa und viele andere Länder Vordruckalben mit Jahresnachträgen, die sich aber nur bei entsprechend hohen Auflagen lohnen. So wird der Geldscheinsammler für die meisten Gebiete selbst etwas zusammenstellen oder seine Scheine in neutralen Alben unterbringen müssen. Letztere haben den Vorteil der flexiblen Verwendbarkeit und zeigen zudem auch die Rückseiten der Banknoten, die oft sogar grafisch ansprechender gestaltet sind als die Vorderseiten.

Man kann aber auch eigene Albenseiten gestalten und sich dabei viel von den Philatelisten abschauen. Denn viele Briefmarkensammler wollen keine vorgefertigten Alben, sondern gestalten ihre Alben individuell. Auf die neutralen Albenseiten werden sogenannte Klemmtaschen geklebt, die aus schwarzem Karton oder Kunststoff mit einer dünnen Klarsichthülle bestehen und in Streifen unterschiedlicher Höhe im Briefmarkenhandel angeboten werden. Etwas Vorsicht ist bei älteren Mappen aus PVC geboten. Einige Sammler haben damit sehr schlechte Erfahrungen gemacht, da die erste Generation dieser Hüllen noch mit einem hohen Anteil an Weichmachern hergestellt wurde, die den Banknoten unter Umständen schaden können. Auch einfache Klarsichthüllen oder Prospekthüllen aus dem

Büro sind nicht zu empfehlen, da die Scheine darin immer wieder verrutschen.

Nicht jeder Sammler findet auf Anhieb die ideale Aufbewahrungsform für seine Schätze. Da Alben nicht billig sind, wäre eine Fehlinvestition schlecht, das Geld ist besser in interessante Stücke investiert. Im Handel gibt es seit vielen Jahren ein umfangreiches Angebot für Briefmarken- und Ansichtskartensammler, sowohl von namhaften Herstellern, die Markenprodukte liefern, als auch Sonderangebote aus Importen oder Restposten aus Altbeständen, z.B. aus der Auflösung von Briefmarkenhandlungen. Auch wenn die Markenprodukte zum Teil erheblich teurer sind als die „Schnäppchen", ist folgendes zu bedenken: Für eine in der Regel mehr oder weniger schnell wachsende Sammlung werden immer wieder neue Hüllen und Alben benötigt, die bei den Markenherstellern auch nach Jahrzehnten noch in gleicher Ausführung erhältlich sind. Bei Zufallskäufen unbekannter Produkte kann das schnell anders aussehen.

Für Markenprodukte spricht auch, dass sie hervorragende Qualität liefern, insbesondere was die Unbedenklichkeit der verwendeten Materialien im Vergleich zu bedrucktem Papier betrifft. Übrigens: Erfahrungsaustausch ist oft die billigste Investition. Wer sich mit anderen Sammlern trifft, sollte diese auch nach der Unterbringung ihrer Sammlung fragen. Für besonders wertvolle Banknoten empfiehlt sich die dauerhafte Aufbewahrung in stabilen, schadstofffreien Klarsichthüllen ohne Weichmacher.

Die Unterbringung der Alben oder Sammelboxen ist eine andere Frage. Sicherheit ist wichtig. Wer den Platz und eine entsprechend gute Sammlung hat, sollte über die Anschaffung eines geeigneten Wertgelasses nachdenken, z.B. Panzer- oder Stahlschrank. Auf die Frage des Versicherungsschutzes kann und soll hier nicht näher eingegangen werden, nur so viel: Man sollte das mit seinem Versicherungsvertreter besprechen. Es gibt bestimmte Regeln für den Versicherungsschutz von Sammlungen, die von den verschiedenen Gesellschaften sehr unterschiedlich gehandhabt werden. Insbesondere Sammler, die zu Hause in größerem Umfang kursgültige Banknoten, auch in anderen Währungen, also nicht nur Euro, aufbewahren, müssen klären, inwieweit diese von der Versicherung eventuell als Bargeld angesehen werden, für das es in der Hausratversicherung nicht sehr hohe Freigrenzen gibt.

Dass die Sammlung an einem trockenen Ort aufbewahrt werden sollte, ist eigentlich eine Selbstverständlichkeit. Besonders gute und alte Geldscheine sollten wie alte Briefmarken immer lichtgeschützt aufbewahrt werden. In Alben ist das natürlich gewährleistet, aber einen alten Talerschein im Bilderrahmen ins Wohnzimmer zu hängen, ist keine gute Idee, die Farben würden schnell verblassen und der Schein deutlich an Wert verlieren.

Reinigung und Pflege von Geldscheinen

Auch dies ist wieder ein „heißes Kapitel“, und Verlag und Autoren weisen gleich zu Beginn ausdrücklich darauf hin, dass die folgenden praktischen Hinweise zwar alle erprobt und meist auch allgemein anerkannt sind, dass aber für misslungene Reinigungs- und Restaurierungsversuche jede Haftung ausgeschlossen ist. Papiergeldsammler möchten ebenso wie Münzsammler das Erscheinungsbild ihrer Sammelobjekte verbessern, was aber nur in gewissen Grenzen möglich ist. Der objektive Erhaltungszustand eines Geldscheins kann nicht verändert werden und aus einem gebrauchten Schein wird nie eine druckfrische Banknote. Viele Gebrauchsspuren wie Knicke und Risse können nicht rückgängig gemacht werden. Mit etwas Geschick und Glück kann man aber grobe Verschmutzungen entfernen und den Gesamteindruck des Scheins optisch verbessern. Oft entpuppt sich ein kaum ansehnlicher Geldschein als durchaus sammelwürdig, wenn die schlimmsten Flecken und Gebrauchsspuren beseitigt sind. Allerdings sind hier die Erfolgsaussichten schon wegen des empfindlichen Materials, Papier oder Baumwolle, deutlich geringer als etwa bei Münzen.

Bedenken Sie: Geldscheine sind Gebrauchsgegenstände, die mit den verschiedensten Dingen in Berührung kommen und oft mehr oder weniger starke Verschmutzungen aufweisen. Anders als bei Münzen ist es bei alten Geldscheinen schwierig, festzustellen, um welche Art von Flecken es sich handelt. Daher muss man oft experimentieren, auf gut Glück etwas ausprobieren, von dem man nicht weiß, ob es hilft, nicht schadet oder den Schein sogar unbrauchbar macht. Das Reinigen und Säubern von Geldscheinen kann bis zu einem gewissen Grad erlernt werden, aber praktische Fertigkeiten kann man sich nur durch Ausprobieren aneignen, nicht durch Lesen.

In einigen Büchern über die Münzpflege wird auch die Behandlung von Geldscheien behandelt. Ein ganz wichtiger Rat: Alle möglichen Experimente anfangs nur mit preiswerten Geldscheinen durchführen, von denen jeder Sammler bald einige Dubletten besitzt, die nicht für den Verkauf oder Tausch geeignet sind. Ohne Erfahrung und Übung wäre es töricht, mit teureren Geldscheinen zu experimentieren, besonders mit solchen aus der Zeit vor 1900. Viele Geldscheine aus der Kaiserzeit sind schon sehr robust und vertragen einiges, aber bei alten Geldscheinen ist nicht einmal klar, inwieweit sie überhaupt mit Wasser oder Lösungsmitteln in Berührung kommen dürfen. Briefmarkensammler haben es da einfacher, in guten Katalogen findet man immer einen Hinweis, ob eine Marke wasser- oder benzinempfindlich ist. So verwenden Philatelisten z. B. oft fettfreies Spezialbenzin zur Bestimmung des Wasserzeichens.

Bevor auf spezielle Reinigungsmethoden eingegangen wird, noch ein Tipp: Viele Geldscheine sind zerknittert, haben große und starke, manchmal mehrfache Falten. Das verleitet Anfänger immer wieder dazu, mit ihnen das zu tun, was man mit Wäsche auch macht: man greift zum heißen Bügeleisen.

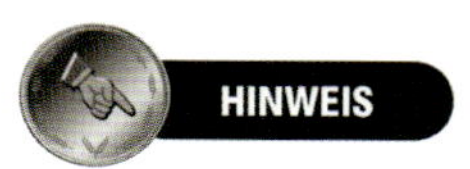

Warnung: Versuchen Sie nicht, geknitterte Banknoten mit dem Bügeleisen zu behandeln. Bei vielen gebügelten Scheinen sind die Folgen verheerend, da sich Farbe und Papier bzw. Baumwolle unterschiedlich ausdehnen.

Vor Bügeln wird nachdrücklich und gleich zu Beginn unseres Exkurses gewarnt. Oft schadet man den Scheinen damit mehr, als die Sache nutzt. Meist wird auch nicht die niedrigste, sondern eine hohe Stufe des Eisens gewählt. Oft sind die Scheine durch unterschiedliche Ausdehnung von Papier und Druckfarben dann noch unansehnlicher als vor der Behandlung.

Geldscheine wurden nicht nur von Hausfrauen, sondern auch von Bankbeamten oft beschriftet, im günstigsten Fall für den Sammler mit einem Bleistift. Hier bietet sich das Radieren mit einem normalen weichen Radiergummi an. Aber Vorsicht, nicht wie in einem Schulheft hin und her reiben, sondern die Note immer nur vorsichtig zum Rand hin mit dem Radiergummi bearbeiten, sonst kann sie leicht einreißen. Ein kleiner Bleistiftstrich ist nicht so schlimm wie ein großer Riss. Einige Papiergeldhändler beschriften leider auch heute noch ihre Ware mit Bleistift. Oft schreiben sie nicht nur den Preis, sondern auch eine Katalognummer und den Erhaltungszustand an den Rand des Scheins. Schlechter sieht es mit Kopierstift, Kugelschreiber oder Tinte aus. Hier kann man versuchen, den Geldschein mit Alkohol, d. h. mit hochprozentigem Ethylalkohol (Ethanol) 70% aus der Apotheke zu behandeln, indem man die betroffene Stelle betupft und einreibt. Für diese Arbeit sol te man eine spezielle Glasplatte verwenden, ebenso wie für andere Reinigungsarbeiten, bei denen Wasser verwendet wird. Man muss nur aufpassen, dass man nicht aus einem kleinen Tupfer einen großen Fleck macht.

Viele Flecken lassen sich mit Alkohol entfernen. Wird jedoch die geringste Veränderung der Druckfarbe festgestellt, so ist die Behandlung sofort einzustellen. Man taucht den Geldschein in klares, lauwarmes Wasser und lässt ihn trocknen. Wie, wird später erklärt.

Stark zerknitterte und verschmutzte Scheine können vorsichtig in warmem Wasser mit etwas Spülmittel eingeweicht werden. Moderne Geldscheine nehmen dadurch kaum einen Schaden, aber wie gesagt: höchste Vorsicht bei Geldscheinen vor 1900. Oft lösen sich auch grobe Verschmutzungen im Seifenwasserbad schnell ab oder auf. Nun kann man vorsichtig versuchen, den auf einer Glasplatte liegenden Schein mit einem weichen Pinsel zu bearbeiten. Auch hier empfiehlt es sich, unbedingt von innen nach außen zum Rand hin zu arbeiten, um Risse zu vermeiden. Nach erfolgreicher Behandlung wird die Banknote zum Spülen auf der Glasplatte belassen. Die Note muss gründlich abgespült werden, am besten mit viel fließendem Wasser, besonders wichtig, wenn weitere Chemikalien verwendet wurden. Zum Auffrischen der Farben wird dem Spülwasser gerne ein kleiner „Schuss" Essig zugegeben. Auch nach der Verwendung von Säuren, wie z. B. Essig, sollte der Schein noch einmal gründlich mit klarem Wasser abgespült werden, da die Säure auf Dauer großen Schaden anrichten kann. Etwas gewagter ist der Versuch mit einer stärkeren Lauge. Es gibt eine Reihe von Waschmitteln, die Enzyme enthalten, z. B. „Ariel". In eine sehr dünne Lösung von einem halben Löffel auf einen halben Liter lauwarmes Wasser kann man einen verschmutzten Geldschein einlegen und etwas einweichen lassen. Danach wieder mit dem Pinsel reinigen und abspülen. Aus eigener Erfahrung bringt diese Behandlung bessere Ergebnisse als die Verwendung von Flüssigseife oder Spülmittel.

Trotzdem ist Vorsicht geboten. Bei der geringsten sichtbaren Veränderung gilt: Geldschein sofort aus dem Bad nehmen und gründlich spülen. Zur Entfernung von Fettflecken hat sich folgende Methode bewährt. Reinbenzin aus der Apotheke wird mit Magnesiumoxid vermischt, das als „Magnesia usta" ebenfalls in der Apotheke erhältlich ist. Diesen weißen Brei streicht man auf die betroffene Stelle und lässt das Benzin verfliegen. Danach werden die Reste der Magnesia mit einer weichen Bürste oder einem Pinsel vorsichtig entfernt, ebenfalls von innen nach außen. Feuerzeugbenzin oder Benzin von der Tankstelle darf wegen der darin enthaltenen Zusätze, wie z. B. Fett, auf keinen Fall verwendet werden!

Der Einsatz von handelsüblichen Rost- und Blutfleckenentfernern kann bei eindeutig identifizierten Verschmutzungen ebenfalls versucht werden, jedoch sollte immer vorsichtig mit einer geringen Konzentration der Mittel begonnen werden. Vor Lösungsmitteln wie Toluol, das auch Kerzenwachs auflöst, muss dringend gewarnt werden. Diese und andere organische Lösungsmittel (Aceton, Farbverdünner) können die Druckfarben anlösen, was verheerende Folgen für den behandelten Geldschein hätte.

Gewagt und nicht ganz ungefährlich ist es, Geldscheine mit stärkeren Chemikalien im Wasserbad zu behandeln. Ammoniak und Wasserstoffperoxid eignen sich hervorragend, um Kaffeeflecken, aber auch Pflanzenfarben oder Obst- und Weinflecken zu entfernen. Experimentieren Sie zunächst nur mit einfachen Flecken. Hier gilt die Regel: Viel hilft viel, kann aber auch viel zerstören. Wir beginnen also immer nur mit einem kleinen „Schuss" dieser Chemikalien, beim Ammoniak (25%) mit wenigen Tropfen auf ein Glas Wasser, ebenso beim Wasserstoffperoxid, wo es mit einer 3%igen Lösung aus der Apotheke auch etwas mehr sein darf. Wenn nach einigen Minuten nichts passiert, kann man die Konzentration erhöhen. Oft kann man mit diesen Stoffen recht gute Ergebnisse erzielen, aber es empfiehlt sich, diese Behandlung immer erst nach einer einfachen Wasserbehandlung durchzuführen. Also: Zuerst in lauwarmes Wasser mit etwas Spülmittel tauchen und mit einem weichen Pinsel behandeln, wenn dann noch viele Flecken sichtbar sind, die Behandlung in „Chemiebädern" wiederholen. Ein Patentrezept kann natürlich nicht gegeben werden, da oft nicht klar ist, um welche Art von Flecken es sich handelt. Das Ammoniakbad („Salmiakgeist") ist keine ungefährliche Substanz und reizt die Schleimhäute schon in Konzentratio-

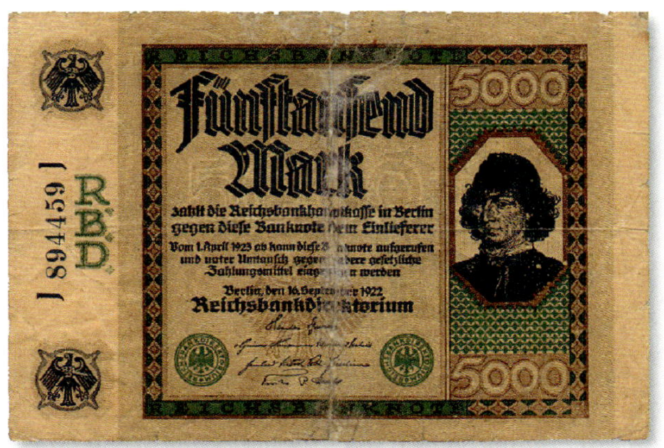

Missglückter Versuch einer Reparatur mit selbst hergestellter Papiermasse.

nen unter 25% stark. Salmiakgeist ist in vielen Haushaltsreinigern enthalten. Wer keine Erfahrung im Umgang mit diesen Stoffen hat, fragt in der Drogerie oder Apotheke unter Angabe des Verwendungszwecks nach, eine 10%ige Lösung tut es allemal. In der Regel erhält man dort eine fachkundige Beratung über den Umgang mit dieser Substanz, die sich auch hervorragend zur Beseitigung von Schimmelflecken eignet.

Immer wieder findet man Geldscheine mit Brandflecken. Diese lassen sich leider nicht mit chemischen Mitteln entfernen. Behandelt man Scheine mit Brandflecken, so kann an deren Stelle ein Loch entstehen, was den Gesamteindruck des Objektes keinesfalls verbessert. Bei allen Experimenten muss immer mit Verlusten gerechnet werden. Man muss sich vorher gut überlegen, ob dieses Risiko vertretbar ist. Bei Scheinen, die z.B. in Katalogen mit mehr als 50 Euro bewertet sind, sollte man solche Versuche lieber unterlassen und einen Fachmann (Papierrestaurator) um Hilfe bitten.

Schließlich kann man auch mit Hilfe von Wäschestärke „lappige" Geldscheine etwas auffrischen. Danach müssen sie an der Luft trocknen. Und wie gesagt, kein Bügeleisen verwenden, sondern die Scheine lieber in dicken Büchern längere Zeit pressen. Gute Dienste leisten auch sogenannte Trockenhefte, die im Fachhandel erhältlich sind. Diese Hefte aus besonders festem und saugfähigem Löschpapier sind bei Briefmarkensammlern seit Jahrzehnten beliebt und bewährt. Es gibt sogar Pressen für diese Hefte bzw. mit eigenen Einlagen, die nicht viel kosten. Man kann aber auch zwei stabile Spanplatten verwenden, in denen das Trockenheft mit Bastelzwingen fixiert wird.

In verschiedener Sammlerliteratur finden sich Rezepte für die Reparatur von Rissen mit selbst hergestellter Papiermasse. Solche Restaurierungsvorschläge sollen hier nicht gemacht werden, da das Risiko, einen noch brauchbaren Geldschein vollständig zu zerstören, oft größer ist als der Nutzen. Restauratoren sind Fachleute mit großer Sachkenntnis und Berufserfahrung, denen man die

Reparatur wertvoller Banknoten überlassen sollte, auch wenn sie vielleicht nicht ganz billig ist.
Auch eine „grafische Bearbeitung" von Banknoten kann nicht empfohlen werden. Es gibt nur wenige begabte Laien, die mit Farbstift und Tusche auf einer stark abgenutzten und chemisch verstärkten Banknote erfolgreich etwas nacharbeiten können. In vielen Fällen schadet ein solches Nachzeichnen von Hand mehr als es nützt. Es ist auch nicht ratsam, stark beschädigte Banknoten am Rand einfach durch Abschneiden einiger Millimeter zu begradigen. Solche beschnittenen Geldscheine sind zwar häufiger anzutreffen, doch wird der „Schummel" in der Regel bemerkt.
Selbstklebende Bänder, wie z. B. „Tesafilm", die sich hervorragend für Büro- und Bastelzwecke eignen, sollten auf keinen Fall für die Reparatur von Banknoten verwendet werden. Diese Produkte sind seit vielen Jahren auf dem Markt und helfen im Alltag in vielen Situationen, haben aber auf Banknoten nichts zu suchen. Die darin enthaltenen klebrigen Chemikalien dringen mit der Zeit in die Banknote ein und lösen die Druckfarben an. Manche Streifen fallen nach Jahren ab und hinterlassen einen schmierigen Film und einen fettigen braunen Streifen an den Stellen, an denen sie einst geklebt haben. Sehr kleine Risse sollten, wenn überhaupt, mit Briefmarken-Klebebändern geschlossen werden, auch wenn das Pergament nicht ganz durchsichtig ist. Im Fachhandel gibt es auch spezielle Dokumenten- oder Fotoklebebänder, die das Papier nicht angreifen sollen, aber auch nicht ganz durchsichtig sind.

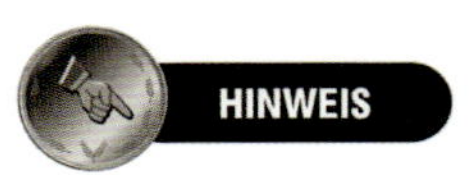

Warnung: Verwenden Sie niemals die in Haushalt und Büro so beliebten glasklaren Selbstklebebänder zur Reparatur von Geldscheinen. Sie können nach Jahren oft mehr Schaden als Nutzen anrichten.

Lassen Sie sich trotz aller Warnungen nicht entmutigen, auch hier gilt: Probieren geht über Studieren. Bewahren Sie häufige und schlecht erhaltene Geldscheine auf und machen Sie damit Ihre eigenen Reinigungsexperimente. Und trotz aller Risiken – der Erfolg wird Sie oft nachhaltig belohnen. Das Reinigen und „Schönen" von Geldscheinen ist übrigens unter Sammlern keineswegs unumstritten. In Auktionskatalogen oder Händlerlisten finden sich sogar häufig Vermerke wie „überarbeitet" oder „geschönt".

Technische Geräte für Geldscheinsammler

Einige der im vorigen Kapitel aufgeführten Geräte und Chemikalien müssen im Laufe der Zeit angeschafft werden. Ansonsten benötigt ein Geldscheinsammler aber eigentlich keine technischen Geräte. Das wenige Handwerkszeug, das man braucht, hat man in der Regel zu Hause. Eine starke und große Lupe ist immer nützlich.
Sehr zu empfehlen sind sogenannte Fadenzähler, wie sie in Druckereien verwendet werden und im Bürofachhandel preiswert erhältlich sind. Natürlich braucht man auch eine gute Lichtquelle

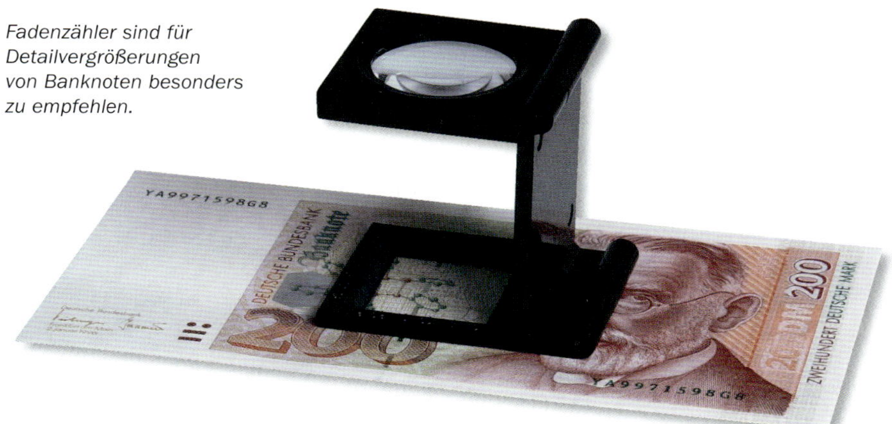

Fadenzähler sind für Detailvergrößerungen von Banknoten besonders zu empfehlen.

am Arbeitsplatz, wo das Material gesichtet und sortiert wird. UV-Lampen gibt es im Handel recht preiswert zu kaufen. Es muss nicht gleich ein Profi-Gerät sein, wie man es in Banken findet. Eine Handlampe für wenige Euro genügt. Das Experimentieren mit UV-Lampen macht Spaß und dient keineswegs nur der Erkennung von „modernem" Falschgeld. Denn auch bei vielen alten Banknoten gibt es einiges zu entdecken: UV-aktive Stellen, Farben und Aufdrucke, eingestreute Faserstreifen und vieles mehr. Geklebte und geschönte Banknoten können mit UV-Licht leicht erkannt werden, was besonders bei teuren Scheinen nützlich ist.

Ein durchsichtiges Plastiklineal empfiehlt sich zum Messen der Scheine und verschiedener Details. Oft entscheiden z. B. auch Größenunterschiede bei Kontrollnummern über die Zuordnung zu einer Variante. In vielen Katalogen sind die Formate von Banknoten angegeben, die Toleranzen sind meist gering. Fehlen am Rand einige Millimeter, kann der Schein beschnitten sein! Interessant ist aber auch, dass z. B. bei den Banknoten des Kaiserreichs und der „Weimarer Republik" das Druckbild eines Grundtyps unterschiedlich groß sein kann und manchmal sogar um mehrere Millimeter abweicht. Wer Notgeldscheine sammelt, kommt um ein Plastiklineal nicht herum.

Empfehlenswert ist auch die Verwendung von LED-Leuchtplatten (Light Pads) zur Bestimmung von Wasserzeichen und von modernen elektronischen Mikroskopen aus dem Handel für Sammelzubehör für schärfste Details.

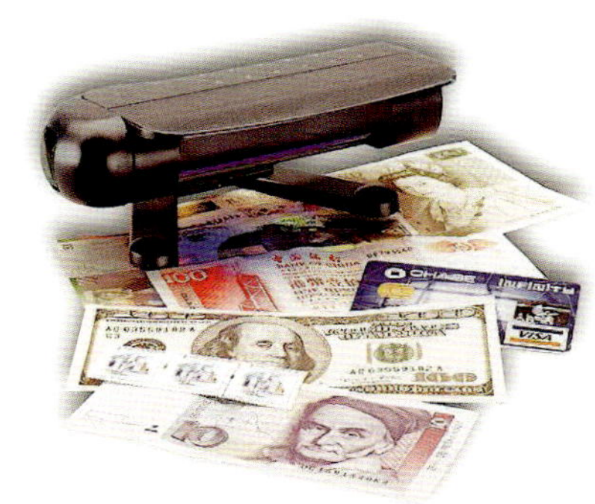

UV-Lampe zur Prüfung von Banknoten.

Geldscheine im Handel

Briefmarken- und Münzsammler, die sich für das Sammeln von Geldscheinen entschieden haben, werden in diesem Kapitel nicht viel Neues finden. Sie haben bereits Erfahrungen mit Händlern, Börsen und Auktionen gesammelt und benötigen keine weiteren Erläuterungen. Wenn es dennoch den einen oder anderen guten Tipp für diesen Leserkreis gibt, ist das erfreulich. Oft ist der Schuhkarton mit alten Geldscheinen, der irgendwo auftaucht, der Grundstock für eine Sammlung oder man bekommt eine kleine Sammlung geschenkt. Wie auch immer - wer sich nicht nur auf das Ordnen und „Erforschen" des Vorhandenen beschränkt, wird bald den Wunsch verspüren, weitere Objekte zu erwerben. Oft kommen Zuwendungen von Verwandten, Freunden oder Arbeitskollegen, die von dem Hobby wissen.

Banken als Bezugsquelle

Aber woher Nachschub bekommen? Möglichkeiten gibt es viele, aber ohne die Angebote ddes Handels kommt man bald nicht mehr aus, selbst wenn man viel ins nahe Ausland reist. Früher gab es in den beliebten Urlaubsparadiesen Francs, Lire, Drachmen und Peseten, heute kursieren dort wie bei uns Euroscheine. Doch die Deutschen sind Reiseweltmeister, sie fahren nicht nur – wie noch in den 1950er und 1960er Jahren – nach Österreich, Spanien und Italien, sondern in die ganze Welt. Dort ist es in der Regel nicht nur am einfachsten, sondern auch am billigsten, kursgültige Banknoten in hervorragendem Zustand zu bekommen. Man bezahlt nur den Kurswert und keine Händlermargen. Allerdings sollte man sich vorher erkundigen, inwieweit es Ausfuhrbeschränkungen für nationale Zahlungsmittel gibt. Aus Tunesien beispielsweise, einem auch bei Deutschen beliebten Urlaubsland, dürfen keine Zahlungsmittel, also weder Münzen noch Banknoten, ausgeführt werden.

Manchmal kehren Geldscheinsammler von Urlaubsreisen zurück und kaufen bei einem Händler dann die Banknoten, die sie im besuchten Land einfach nicht in guter Erhaltung finden konnten. Oft verstehen Bankangestellte und Wechselstubenbesitzer im Ausland nicht einmal das Anliegen und können sich auch nicht vorstellen, was „bankfrisch" oder "kassenfrisch" sein soll. Sie staunen nur und können es nicht verstehen, wenn der Sammler sein Anliegen mit immer neuen englischen Formulierungen wie „not used money", „fresh money" oder „uncirculated notes" zu verdeutlichen versucht. Mit rührender Hilfsbereitschaft werden dann manchmal aus einem Bündel einige weniger stark zerknitterte Scheine herausgezogen, die noch irgendwie glattgestrichen werden, aber für die Sammlung kaum geeignet sind. Einige National- und Zentralbanken bieten dagegen einen hervorragenden numismatischen Service. Sie halten nicht nur kursgültige Banknoten für Sammler in einwandfreier Erhaltung und spezieller Verpackung bereit, sondern bieten z. B. auch Druckbogen zum Verkauf an. Häufig werden sogar Specimen und au-

ßer Kurs gesetzte Einzelnoten und Serien oder Gedenkbanknoten angeboten. Je nach Struktur und Funktion der Bank umfasst das Angebot für Sammler auch Münzen und Literatur. Selbst ausgefallene Sammlerwünsche werden von einigen Banken erfüllt, wie z. B. von der Bank of England, die Banknotenserien mit identischen Nummern anbot. Neben den ständigen Verkaufsangeboten gibt es auch sporadische Verkaufsaktionen der Noten- und Zentralbanken.
Ähnlich verhielt es sich in Irland, wo ein Souvenir-Set, bestehend aus Münze und Geldschein, für Sammler angeboten wurde. Die bulgarische Nationalbank hatte ihre Tresorbestände durchforstet und viele Banknoten, auch aus dem frühen 20. Jahrhundert, zum Verkauf freigegeben. Es ist davon auszugehen, dass der numismatische Service vieler Banken in Zukunft nicht nur Münzen, sondern zunehmend auch Banknoten umfassen wird. Es lohnt sich, vor einer Urlaubsreise im Internet bei der jeweiligen Notenbank nachzuschauen, ob und wo ein solches Angebot besteht. Leider versenden nicht alle Zentralbanken, die ihre Banknoten an der Kasse verkaufen, diese auch per Post, vor allem nicht ins Ausland. Einige deutsche Sammler haben kassenfrische Devisen, also ausländische Banknoten, bei deutschen Wechselstellen, Banken oder Reisegeldstellen zu sehr günstigen Euro-Kursen erhalten. Wer ein Hobby erfolgreich betreiben will, muss sich etwas einfallen lassen. Das gilt nicht nur für das Sammeln von Banknoten.

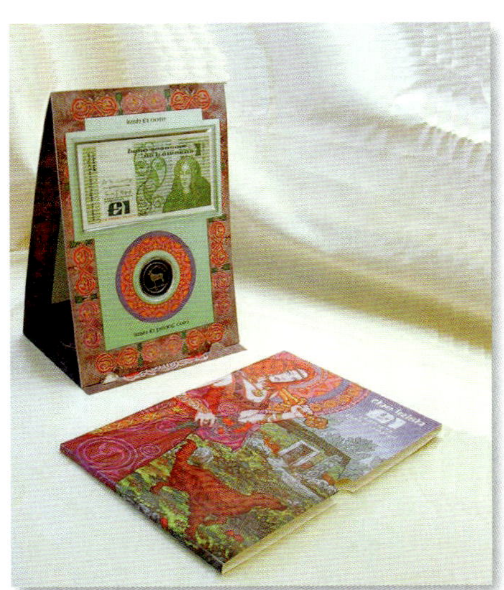

Irischer „Souvenirsatz" mit Banknote und Münze in einem besonderen Folder.

Papiergeld-Fachhandel

Papiergeldhändler gibt es schon seit mehr als 100 Jahren. Schon Anfang der 1920er Jahre waren Serienscheine sehr gefragt. Bald führten Briefmarkenhändler sie in ihrem Sortiment, aber auch reine Papiergeldhandlungen entstanden überall in Deutschland. Nach der Inflation wurden auch die Scheine dieser Zeit gesammelt und von verschiedenen Firmen angeboten. Viele gaben sogar Preislisten in Katalogform heraus, wie die Firma Max Grimm in Bernburg/Saale.
Für dieses kleine Heftchen wurden immerhin 30 Pfennig verlangt, zugleich erhielt der Kunde nicht nur einen recht guten Katalog, sondern eine hervorragende Einleitung zum Thema „Ueber das Sammeln von Geldscheinen" von Dr. Arnold Keller.

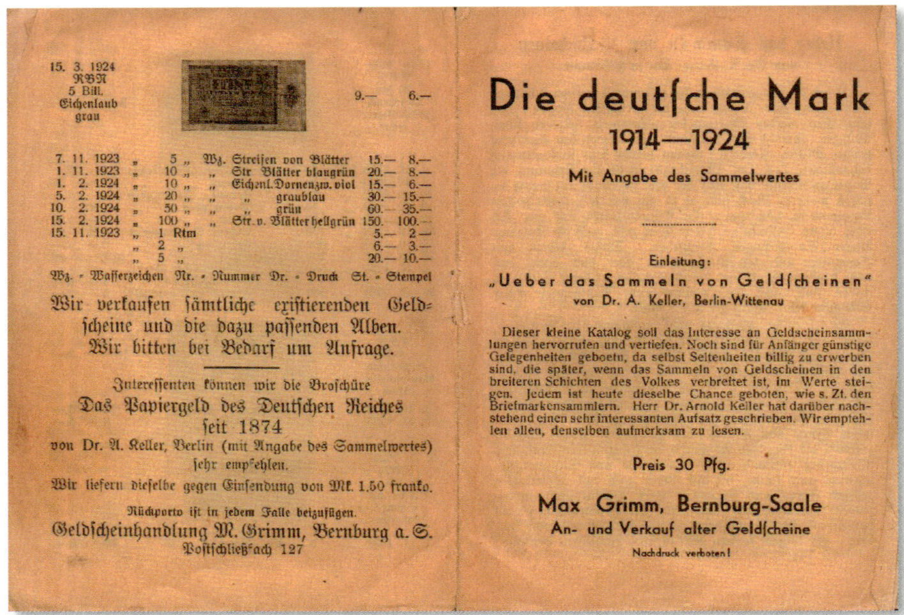

15. 3. 1924 RBN 5 Bill. Eichenlaub grau		9.—	6.—
7. 11. 1923	„ 5 „ Wz. Streifen von Blätter	15.—	8.—
1. 11. 1923	„ 10 „ „ Str Blätter blaugrün	20.—	8.—
1. 2. 1924	„ 10 „ „ Eichenl. Dornenzw. viol	15.—	6.—
5. 2. 1924	„ 20 „ „ „ graublau	30.—	15.—
10. 2. 1924	„ 50 „ „ „ grün	60.—	35.—
15. 2. 1924	„ 100 „ „ Str. v. Blätter hellgrün	150.	100.—
15. 11. 1923	„ 1 Rtm	5.—	2—
	„ 2 „	6.—	3.—
	„ 5 „	20.—	10.—

Wz. = Wasserzeichen Nr. = Nummer Dr. = Druck St. = Stempel

Wir verkaufen sämtliche existierenden Geldscheine und die dazu passenden Alben. Wir bitten bei Bedarf um Anfrage.

Interessenten können wir die Broschüre
Das Papiergeld des Deutschen Reiches seit 1874
von Dr. A. Keller, Berlin (mit Angabe des Sammelwertes)
sehr empfehlen.

Wir liefern dieselbe gegen Einsendung von Mk. 1,50 franko.

Rückporto ist in jedem Falle beizufügen.

Geldscheinhandlung M. Grimm, Bernburg a. S.
Postschließfach 127

Die deutsche Mark
1914—1924
Mit Angabe des Sammelwertes

Einleitung:
„Ueber das Sammeln von Geldscheinen"
von Dr. A. Keller, Berlin-Wittenau

Dieser kleine Katalog soll das Interesse an Geldscheinsammlungen hervorrufen und vertiefen. Noch sind für Anfänger günstige Gelegenheiten geboetn, da selbst Seltenheiten billig zu erwerben sind, die später, wenn das Sammeln von Geldscheinen in den breiteren Schichten des Volkes verbreitet ist, im Werte steigen. Jedem ist heute dieselbe Chance geboten, wie s. Zt. den Briefmarkensammlern. Herr Dr. Arnold Keller hat darüber nachstehend einen sehr interessanten Aufsatz geschrieben. Wir empfehlen allen, denselben aufmerksam zu lesen.

Preis 30 Pfg.

Max Grimm, Bernburg-Saale
An- und Verkauf alter Geldscheine
Nachdruck verboten!

Alte Angebotsliste zu deutschen Geldscheinen aus den 1920er Jahren.

Heute gibt es in Deutschland, wie in den meisten Ländern der Welt, neben den reinen Papiergeldhändlern auch viele Münz- und Briefmarkenhandlungen, die oft als Nebensortiment auch Papiergeld führen. Einige Firmen haben sich nach dem Zweiten Weltkrieg auf Papiergeld spezialisiert, und verschiedene Auktionshäuser und Firmen befassen sich intensiv mit dem An- und Verkauf sowie der Versteigerung von Geldscheinen. In Fachzeitschriften wie „Münzen & Sammeln" mit „Der Geldscheinsammler" finden sich zahlreiche Adressen (Bezugsquellenverzeichnis) und Anzeigen von Firmen, die Papiergeld anbieten. Schon aus diesem Grund empfiehlt es sich für jeden Sammler, eine solche Zeitschrift regelmäßig zu lesen oder zumindest ab und zu zu kaufen. Was die Preise betrifft, so muss jeder Händler auch etwas verdienen. Er lebt von seiner Handelsspanne, aber bei einem Fachhändler zu kaufen, bedeutet keineswegs, dass man dort unbedingt teuer einkauft. Viele Fachhändler haben Kontakte zu Kollegen in aller Welt, auch zu Zentral- und Nationalbanken, und können z. B. bei Großeinkäufen so günstig kalkulieren, wie es „Hobbyhändler" nicht können.

Einige Händler unterhalten ein Ladengeschäft, andere betreiben ausschließlich einen Versandhandel und empfangen Kunden nur nach vorheriger Terminvereinbarung in ihren Geschäftsräumen. Wieder andere reisen von Messe zu Messe, sowohl in Deutschland als auch weltweit, und pflegen dort die Kontakte zu ihren Lieferanten und

Kunden oder handeln ausschließlich im Internet. Schließlich gibt es Unternehmen, die ein sehr breites Sortiment anbieten, während andere ein kleineres, aber spezialisiertes Sortiment führen.

Besonders seltene und hochwertige Objekte werden heute gerne bei Auktionen angeboten. Fast alle Auktionshäuser, die Münzen und Medaillen versteigern, bieten auch Geldscheine an. Auch Briefmarkenhändler versteigern Papiergeld. Die Versteigerung ist eine besondere Form des Handels. Hier werden Gegenstände öffentlich, freiwillig und an den Meistbietenden verkauft. Das Fernsehen und die Zeitungen berichten gelegentlich über solche Auktionen, besonders dann, wenn wieder einmal ein Bild eines berühmten Malers für viele Millionen unter den Hammer gekommen ist. Aber keine Angst, bei Münz- und Papiergeldauktionen geht es nicht um Millionenbeträge, sondern oft nur um Kleinstbeträge von unter 50 Euro pro Angebot. Man braucht also keine Schwellenangst vor solchen Verkaufsveranstaltungen zu haben, sondern sollte sich eine solche Versteigerung einmal selbst ansehen.

In Fachzeitschriften und den Online-Magazinen Geldscheine-Online.com und Muenzen-Online.com wird laufend über Auktionen berichtet. Neben Firmenname, Adresse, Auktionsort und Auktionsdatum findet man dort auch eine Vorschau, welche besonderen Stücke zum Verkauf stehen. Meist gibt es auch einen Nachbericht, in dem die wichtigsten Auktionsergebnisse vorgestellt werden. Darüber hinaus veröffentlichen die Zeitschriften häufig Marktanalysen mit Schlussfolgerungen für das Marktgeschehen, in denen Auktionsergebnisse gemeldet und interpretiert werden.

Die meisten Versteigerungen finden in einem „Lokal“ statt, d.h. in einem öffentlich zugänglichen Saal, manchmal in den Geschäftsräumen des Unternehmens, oft auch in Räumen von Gaststätten und Hotels. Daneben gibt es auch Fernauktionen, bei denen die Gebote nicht in einem Saal, sondern per Post abgegeben werden. Im Vorfeld werden Auktionskataloge erstellt, die man kostenlos oder gegen eine Schutzgebühr bei den Unternehmen anfordern kann und im Internet veröffentlicht werden. In diesen Katalogen ist das Angebot nach Gebieten geordnet und mit Schätzpreisen versehen. Diese können Mindestverkaufspreise sein, aber oft beginnt die Versteigerung auch darunter, manchmal bei 80 oder 90 %. Natürlich kann man heutzutage auch online mitbieten und immer beliebter werden LiveBid-Auktionen im Internet, die von professionellen Anbietern durchgeführt werden.

Es gibt verschiedene allgemeine Grundsätze für Auktionen, aber die Einzelheiten können sehr unterschiedlich geregelt sein. An einer Auktion kann man persönlich oder als Fern-, Telefon- oder Online-Bieter teilnehmen. Wer das höchste Gebot abgibt, erhält den Zuschlag. Bei manchen Unternehmen haben die Saalbieter Vorrang, bei anderen erhält bei gleichem Gebot der Fernbieter den Zuschlag. Nachzulesen ist das alles in den Versteigerungsbedingungen, die zwingend in den Katalogen stehen und auch im Saal aushängen müssen. Das klingt alles sehr kompliziert, ist es aber nicht. Auch hier kann man nur empfehlen: Probieren geht über Studieren. Gehen Sie einfach einmal zu einer solchen Auktion, schauen Sie sich alles an und fragen Sie die Mitarbeiter, die Ihnen das wirklich nicht sehr komplizierte Verfahren sicher schnell und unkompliziert erklären können. Ein letztes Wort zu den Versteigerungen: Es ist völlig falsch zu glauben, dass man auf Auktionen immer nur teuer einkauft. Nur ein Argument, das diese Behauptung widerlegt: Auf Auktionen trifft man immer auch Händler in großer Zahl. Sie kaufen, um Geld zu verdienen und zahlen meist, aber nicht immer, ein geringeres Aufgeld. Der Anteil des Internethandels und der Online-Auktionen am gesamten Fachhandel hat in den letzten Jahrzehnten stark zugenommen. So kann man bequem von zu Hause aus Angebote vergleichen, Bestellungen aufgeben oder bei Auktionen mitbieten.

Wichtig zu wissen ist auch, dass die Ausrufpreise immer „netto" sind, ebenso wie die Zuschlagspreise, also der Preis, für den ein Auktionsstück schließlich zugeschlagen, also verkauft wird. Dazu kommt noch ein „Aufgeld", in der Regel um die 20 %, das ist die Gewinnspanne des Verkäufers, und die Mehrwertsteuer. Alles zusammen ergibt den Endpreis, den der Käufer zu zahlen hat. Wie gesagt, es gibt keine einheitlichen Versteigerungsbedingungen und Prozentsätze, auch die Mehrwertsteuersätze können im Ausland ganz anders sein als bei uns, was wichtig zu wissen ist, wenn man an einer ausländischen Auktion teilnehmen will.

Kurswert von Geldscheinen

Lassen Sie uns die Frage nach Wert und Preis nicht zu theoretisch betrachten. Wichtig ist: Was ist eine Banknote wert und was muss man als Sammler dafür bezahlen? Im Gegensatz zu Edelmetallmünzen hat Papiergeld keinen materiellen Wert. Selbst eine schlecht erhaltene, sammelunwürdige Goldmünze hat noch ihren Metallwert. Bei Banknoten hingegen ist das bedruckte Papier an sich nichts wert. Gesammelt werden aber nicht nur alte, ungültige Banknoten, sondern auch Neuausgaben. Kursfähige, gültige Banknoten haben einen Nennwert, egal wie gut oder schlecht sie erhalten sind. Selbst stark beschädigte Banknoten werden von den ausgebenden Banken in der Regel umgetauscht, wenn deutlich mehr als 50 % erhalten sind.

Bei Banknoten, die im Ausgabeland noch als Zahlungsmittel zugelassen sind, ist zu beachten, dass sie nicht problemlos in Euro umgetauscht werden können. Es gibt Währungen, deren Aus- und Einfuhr verboten oder streng reglementiert ist. In diesen Fällen ist es schwierig, sie im Ausland überhaupt wieder zu Geld zu machen. Andere Währungen sind nur in einem begrenzten Gebiet gültig, z. B. Banknoten von den Färöer-Inseln, die nur wenige dänische Banken in „echte" Kronen umtauschen. Ähnlich verhält es sich mit Banknoten der britischen Kanalinseln oder der Isle of Man, die selbst in Großbritannien nur schwer „loszuwerden" sind. Wer viel in der Welt unterwegs ist, weiß selbst, in welchen Ländern es besser ist, in Deutschland zu tauschen als vor Ort, bzw. bei welchen Währungen es sich nicht lohnt, sie bei uns zu kaufen.

In den meisten europäischen Ländern herrschen heute geordnete Währungsverhältnisse. Die meisten Währungen sind voll oder teilweise konvertibel, d.h. sie können problemlos in „harte Währungen“ umgetauscht werden. Vor 1990 gab es dagegen in vielen Ostblockländern staatliche Zwangskurse, so z.B. in der DDR 1 DM = 1 Mark, während man „schwarz“ problemlos das Fünffache bekam. Aber auch heute noch gibt es viele außereuropäische Länder, in denen dies der Fall ist.

Ungültige Scheine – wertlos?

Nicht jeder außer Kurs gesetzte Geldschein ist wertlos. Die Deutsche Bundesbank und die Landeszentralbanken in Deutschland tauschen z.B. noch unbegrenzt alle DM-Zahlungsmittel ab 1948 in Euro um. Die Umtauschfristen für Münzen und Banknoten der Altwährungen sind im Euro-Raum jedoch sehr unterschiedlich geregelt. In einigen Euro-Ländern sind die alten Geldscheine fast bis „in alle Ewigkeit“ gültig. So kann eine österreichische 1000-Schilling-Banknote noch in 100 Jahren in gültiges Geld umgetauscht werden. Auch die niederländischen Guldenscheine haben noch viel Zeit bis zu ihrer endgültigen Wertlosigkeit.

Leider finden sich in den meisten Katalogen keine Hinweise auf die Einlösbarkeit ungültiger Zahlungsmittel. Viele Staaten, wie z.B. Dänemark, sind beim Ankauf ungültiger Banknoten sehr kulant. Die Dänische Nationalbank löt alle seit Sommer 1945 ausgegebenen Banknoten problemlos zum Nennwert ein. In den USA sind sogar Scheine aus dem 19. Jahrhundert noch einlösbar, aber selbst bei schlechtem Erhaltungszustand ist der Sammlerwert heute schon deutlich höher als der Gegenwert in umlaufenden Dollarnoten. Auf jeden Fall lohnt es sich, bei höheren Werten von Staaten, die traditionell eine „harte“ Währung hatten, immer abzuklären, ob noch Umtauschmöglichkeiten für bereits nicht mehr kursfähige Banknoten bestehen. Auf Auskünfte von Geschäfts- oder Reisebanken sollte man sich nicht unbedingt verlassen. Sie kaufen nur kursfähiges Geld, manchmal auch ausgefallene Währungen, und haben dafür Unterlagen. Oft kann man die Frage durch einen Blick ins Internet schnell selbst klären, ansonsten schickt man im Computerzeitalter eine E-Mail mit Bild und bekommt sicher eine Antwort. Bei der Schweiz hingegen wird nicht davon ausgegangen, dass alte Frankenscheine wertlos sind. Die Schweizerische Nationalbank unterscheidet Banknoten im Umlauf und „zurückgerufene, aber noch umtauschbare Banknoten“. Zurückgerufene Banknoten sind kein offizielles Zahlungsmittel mehr. Wertlose Banknoten sind dagegen alle früheren Ausgaben, die SNB selbst bezeichnet sie ohne Umschweife als solche. Eine 1000-Franken-Note der zweiten Serie ab 1910 mit Erstausgabe vom 16. September 1911 wurde immerhin erst am 1. Oktober 1958 aufgerufen, um dann am 1. Oktober 1978 wertlos zu werden. Doch wirklich „wertlos“ sind solche Scheine, besonders in guter Erhaltung, natürlich nicht, denn es gibt Sammler, die bereit sind, dafür einiges an gültigen Scheinen „hinzublättern", worauf auch die SNB Besitzer solcher Scheine ausdrücklich hinweist. Damit wären wir bei dem Thema „Wert und Preis" für ungültige Geldscheine.

Sammlerwert und Katalogpreis

Auf die Frage, was denn eine alte Münze wert sei, die nicht aus Gold oder Silber bestehe, pflegte ein alter Berliner Münzhändler ganz undiplomatisch und direkt zu antworten: „So viel, wie ein Narr dafür auszugeben bereit ist". Obwohl kein Händler seine Kunden als Narren bezeichnen sollte, ist diese Aussage im Kern richtig. Ein ungültiger Geldschein hat keinen Gebrauchswert mehr, er hat auch keinen materiellen Wert. Man kann damit nichts „anfangen", aber Sammler sehen das anders.Der eine freut sich über ein teures Gemälde an der Wand, der andere über eine seltene Briefmarke oder einen Geldschein im Album, der immerhin ein nicht ganz unwichtiges Zeugnis der Geschichte ist. Lassen wir aber solche „philosophischen" Fragen beiseite. Wichtiger ist die Frage, wie der Kaufpreis oder der Wert von Banknoten bestimmt wird. Die Antwort ist verblüffend einfach: Der Wert ergibt sich aus Angebot und Nachfrage. Es gibt Banknoten, die extrem selten sind, aber kaum gesammelt werden. Andere Geldscheine sind häufiger, aber dennoch sehr begehrt und entsprechend teuer. Dass dabei der Erhaltungszustand eine ganz entscheidende Rolle spielt, wurde bereits erläutert.

Viele Anfänger glauben, dass man alle Preise für Banknoten in Katalogen nachschlagen kann, zumal die meisten Kataloge Preisangaben enthalten, meist sogar für mehrere Erhaltungsgrade. Zu diesen Katalogpreisen muss jedoch folgendes gesagt werden. Sie sind nur Richtpreise, also Größenordnungen, die von den Autoren zu einem bestimmten Zeitpunkt festgelegt wurden. Sie dürfen keinesfalls als Dogma betrachtet werden.

Wer die Philatelie kennt, weiß sehr wohl, dass hier seit Jahrzehnten eine enorme Diskrepanz zwischen „Katalogwert" und tatsächlichem Handelswert besteht. Aber sowohl bei Münzen als auch bei Geldscheinen enthalten die meisten Kataloge Wertangaben, die man schon als realistisch bezeichnen kann.

Geldscheinsammler gibt es nicht nur in Deutschland. Die Weltbanknotenkataloge von Albert Pick kamen lange Zeit aus den USA. In den Vereinigten Staaten werden nicht nur US-Banknoten, sondern auch andere Gebiete wie z. B. Lateinamerika und die Karibik gerne gesammelt, während bei uns wiederum Gebiete, für die sich US-amerikanische Sammler weniger interessieren, auf Interesse und große Nachfrage stoßen. Das allein erklärt, warum man in US-Dollar angegebenen Preise nicht einfach in Euro umrechnen kann. Es gibt zum Teil erhebliche Abweichungen nach oben und unten. In der heutigen Welt mit ihren hervorragenden Kommunikationsmöglichkeiten ist der Markt für Banknoten, wie für andere

Waren auch, enger und vernetzter geworden. US-amerikanische Händler und Sammler kaufen bei uns und anderswo, was günstig angeboten wird und umgekehrt. Das gilt natürlich auch für viele andere Länder der Welt, in denen der Wohlstand ein solches Hobby zulässt. Es ist auch ein Trugschluss zu glauben, dass nur die Banknoten der reichen Hartwährungsländer knapp und begehrt sind. Seit der „Wende" sind die Preise für Länder, die im Westen nur auf mäßiges Interesse stießen, zum Teil extrem gestiegen. Was früher für wenig Geld in den Westen ging, wird heute zurückgekauft. Auf allen internationalen Auktionen sind russische, polnische, tschechische oder andere osteuropäische Sammler und Händler präsent und kaufen Münzen und Geldscheine zu Preisen, die früher kaum vorstellbar waren.

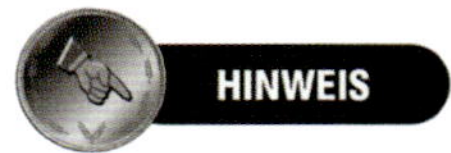

Denken Sie immer daran: Katalogpreise sind nur Richtpreise. Es gibt Abweichungen nach oben und nach unten. Aktuelle Kataloge enthalten zwar relativ realistische Preise, diese sind jedoch kein Dogma.

Preisunterschiede sind auch regional verständlich. Die Scheine des eigenen Landes werden immer am meisten gesammelt. Die Deutschen sammeln vor allem Deutschland, die Franzosen eben Frankreich und in Amerika sammelt man die USA und deren „Nebengebiete". Für sehr seltene französische Geldscheine bekommt man in Frankreich sicher mehr als bei uns, dafür kann dort die sogenannte Massenware deutlich preiswerter sein. Auch innerhalb Deutschlands gibt es kleine regionale Preisunterschiede. In Bayern ist das Interesse an bayerischem Notgeld natürlich größer als in Hamburg und umgekehrt.

Abschließend ein letzter Aspekt zum Thema Sammlerwert und Kaufpreis. Angebot und Nachfrage bestimmen das Marktgeschehen, bei Geldscheinen steht zumindest bei den klassischen Materialien einem begrenzten Angebot eine in den letzten Jahrzehnten extrem gestiegene Nachfrage gegenüber. Ein Blick in einen alten „Rosenberg-Katalog" macht dies deutlich. In der 1. Ausgabe von 1970 wurde die bereits vorgestellte werthöchste deutsche Banknote – 100 Billionen Mark vom 15. Februar 1924 – kassenfrisch mit 600 DM bewertet. Heute wird derselbe Schein mit 10 000 Euro notiert. Bei der Firma M. Grimm in Bernburg hätte man allerdings in den 1920er Jahren für einen kassenfrischen Schein noch 150 RM bezahlen müssen. Geldscheine, die noch in den 1970er Jahren um die 50 DM gekostet haben, sind mit der gestiegenen Nachfrage aus Sammlerkreisen oft auf mehrere hundert Euro und mehr im Preis geklettert. Insgesamt kannte die Entwicklung bei guten Reichsbanknoten, auch bei der sogenannten „Durchschnittsware", bisher meist nur eine Richtung: nach oben. Welche Chancen und Risiken es für Geldscheine als Wertanlage gibt, wird noch zu diskutieren sein. Wichtig ist an dieser Stelle noch einmal zu erwähnen, dass die allermeisten Bewertungen in deutschen Papiergeldkatalogen realistisch sind. Auf dem Markt werden die Katalogpreise oft nur geringfügig unterschritten, bei selteneren Stücken kann es aber auch vorkommen, dass mehr verlangt wird und bei Auktionen erhält der den Zuschlag, der am meisten bietet. Die jahrzehntelang künstlich überhöhten Katalogpreise in den Briefmarkenkatalogen, die trotz der noch in sehr großen Mengen vorhandenen Bestände eine Wertsteigerung vortäuschten, die es in Wirklichkeit nicht gab, haben der Philatelie in Deutschland schwer geschadet. Briefmarkensammler wundern sich daher oft, dass bei Geldscheinen oder auch Münzen tatsächlich realistische Bewertungen in den Katalogen zu finden sind und ein Händler auf dieser Basis nicht von vornherein einen Rabatt von 50 % oder mehr gewähren kann.

Bei Katalogpreisen sollte man immer darauf achten, dass die Angaben aus einem aktuellen Katalog stammen. Leider gibt es auch schwarze Schafe, die beim Ankauf mit alten Katalogen argumentieren, um weniger bezahlen zu müssen, und beim Verkauf die Preise nach den neuesten Katalogen festlegen, da diese in der Regel höher sind. Ein erfahrener Sammler hat aber auch andere Möglichkeiten, Ankaufspreise und Angebote von Privatpersonen und Händlern zu überprüfen. Da der Kreis der Banknotensammler ständig wächst, wurde der Deutschland-Katalog in den letzten Jahren umfangreich überarbeitet und stark erweitert.

Gleichzeitig gibt es immer wieder „Modeerscheinungen", die auch im Papiergeldhandel eine gewisse Rolle spielen. Es gibt Bereiche, die mal mehr, mal weniger gefragt sind. Einen großen Aufschwung erlebte die Gemeinde der Papiergeldsammler in Ost und West, als Mitte der 1970er Jahre der Silberpreis stetig anstieg und im Januar 1980 nach einer groß angelegten Spekulation mit 54 US-Dollars pro Feinunze den höchsten Preis der Geschichte erreichte. Entsprechend teuer wurden auch schlecht erhaltene Silbermünzen. Doch einmal Sammler - immer Sammler: Viele, die sich zuvor nur in bescheidenem Maße für Papiergeld interessiert hatten, griffen zu Geldscheinen. Die Folge war, dass die Inflationsscheine, aber auch das gängige Bildernotgeld immer knapper und teurer wurden.

Nach dem Ende der DDR um 1990 explodierten die Preise für Münzen dieses Gebiets. Auch einige Geldscheine wurden empfindlich teuer, doch die „Auflagenhöhe" ist bei Papiergeld selten bekannt, oft sehr groß und nicht wie bei Münzen speziell für Sammler exakt festgelegt und publiziert. Zugleich gibt es gerade in Umbruchzeiten immer die große Frage, welcher Nachschub aus offiziellen und inoffiziellen Quellen kommen könnte.

Die gesamte letzte Serie mit allen Banknoten von 5 bis 100 Mark der DDR hatte einen Nominalwert von 185 Mark. Die Scheine waren problemlos bei der Währungsunion 1990 im Verhältnis 2:1 umtauschbar, man bekam also 92,50 DM dafür. Viele Sammler aus der DDR hatten sich einen kassenfrischen Satz der letzten Ausgabe aufgehoben und stellten nach einiger Zeit fest, dass sie die Serie nun für einen Bruchteil bei Papiergeldhändlern kaufen konnten. Zu viele perfekt erhaltene Scheine blieben uneingelöst, aus den Reserven der Staatsbank wurden schließlich 6000 Serien für Sammler versteigert, und die von illegalen Schatzsuchern aus einem Stollen bei Halberstadt „befreiten" Scheine drückten den Preis weiter. Es soll bei diesen Beispielen bleiben.

Tausch- und Händlerpreise

Zu Katalogpreisen wurde schon einiges gesagt, auf deren Grundlage man z.B. Tauschgeschäfte mit anderen Sammlern machen kann, aber anders als bei Briefmarken wird in Vereinen und auf Börsen fast nur gekauft und verkauft. Was die Preise im Handel betrifft, so ist es selbstverständlich, dass Händler eine angemessene Gewinnspanne in den Verkaufspreis einkalkulieren müssen. Sie können z. B. gültige Banknoten nur zum Kurs abgeben, weil sie auch die entsprechende Mehrwertsteuer abführen müssen. Auch reine Tauschgeschäfte können Händler nur in Ausnahmefällen tätigen, schließlich müssen sie auch diverse Kosten in bar bezahlen. Die Preise sind, wie kann es in einer Marktwirtschaft anders sein, von Händler zu Händler unterschiedlich, die meisten orientieren sich aber an den gängigen Katalogpreisen und versuchen, diese nach Möglichkeit als Obergrenze zu betrachten. Im Hobbybereich wurde auch ohne Rabattgesetz schon in der Vergangenheit kräftig gehandelt. Manche Anbieter kalkulieren ihre Preise so hoch, dass sie schnell einen gewissen Rabatt gewähren können, andere gewähren nur bei größeren Abnahmemengen Rabatte im Bereich von wenigen Prozenten. Wie die Preisgestaltung und Handelspraxis bei einzelnen Händlern aussieht, wird der Sammler schnell selbst herausfinden. Nur ein Hinweis: Guter Service und Kundendienst haben ihren Preis. Zeit ist Geld, und wenn ein Papiergeldspezialist sich die Zeit nimmt, den Kunden ausführlich zu beraten, sollte gerade der Einsteiger dies zu schätzen wissen. Oft entsteht zwischen dem professionellen Banknotenhändler und dem Sammler ein Vertrauensverhältnis, das über Jahre und nicht selten ein ganzes Sammlerleben hält.

Manche Sammler haben den „Händler ihres Vertrauens" noch nie gesehen, mit ihm nur korrespondiert oder telefoniert, andere besuchen ihn regelmäßig in seinem Geschäft oder treffen ihn auf Börsen. Manche Zeitgenossen halten es für besonders schlau, schon beim ersten Kontakt mit einem Händler das Gespräch auf die Frage nach Rabatten zu lenken, Preisangaben zu kritisieren und Erhaltungsangaben in Zweifel zu ziehen. Dies ist jedoch keine gute Basis für eine vertrauensvolle Zusammenarbeit über einen längeren Zeitraum. Häufig bieten Händler einem guten Kunden von sich aus Preisnachlässe oder Ratenzahlungen an oder versuchen, ein vom Kunden lange gesuchtes Stück zu beschaffen. Ein solches Entgegenkommen kann auf lange Sicht weitaus vorteilhafter sein als ein paar Euro, um die man gefeilscht hat. Schließlich hängt die Bereitschaft zu Preisverhandlungen auch davon ab, wie der Verkäufer die Ware eingekauft hat. Vor allem bei sehr teuren Stücken sind die Margen mitunter sehr gering, viel geringer als bei gängigen und preiswerten Materialien.

Besonders aktive Sammler, die viel Zeit und Geld in ihr Hobby investieren, werden nicht nur einen, sondern viele Händler aufsuchen und sich auch Auktionskataloge und Preislisten besorgen. Preisvergleiche sind immer sinnvoll, aber nur bei Standardmaterial möglich. Bei seltenen und ausgefallenen Gebieten und Einzelstücken ist dies natürlich schwierig, wenn nicht gar unmöglich. Wie bereits ausführlich erläutert, hängt der Wert und auch der Kaufpreis entscheidend vom Erhaltungszustand ab. Auch hier gilt: Vergleichen und Erfahrungen sammeln. Die Beurteilung der Qualität ist trotz aller allgemein anerkannten Kriterien immer subjektiv. Manche Firmen „schönen" ihre Angebote, andere schätzen die Qualität eher pessimistisch ein, um Reklamationen zu vermeiden.

Geldscheinbörsen und Sammlertreffen

Gelegenheiten, neues Material zu erwerben, findet der Sammler nicht nur auf Auktionen oder im Fachhandel, sondern auch auf Börsen. Dies sind kleinere oder größere, professionell organisierte Verkaufsveranstaltungen, bei denen sich oft Sammler und Händler aus der ganzen Welt treffen. In vielen größeren Städten finden Börsen statt, oft mehrere pro Jahr von verschiedenen Veranstaltern. Besucher können dort Münzen und Papiergeld von Händlern und anderen Sammlern erwerben. Börsen gibt es für Sammlerartikel aller Art, also mit einem Angebot von Münzen, Briefmarken, Geldscheinen, Ansichtskarten und vielem mehr. Die wichtigste Börse für Geldscheinsammler ist derzeit die „MIF Paper Money Fair" im niederländischen Maastricht, die jeweils im Frühjahr und im Herbst stattfindet. Sie ist der international bedeutendste Marktplatz für Papiergeld aus aller Welt. Auch auf der „Numismata", der größten europäischen Münzenbörse, die jährlich in München und Berlin stattfindet, gibt es ein reichhaltiges Angebot an Papiergeld. Die genauen Termine finden sich in Fachzeitschriften und im Internet.

Wer selbst schon etliche Dubletten angesammelt hat, kann auf Börsen auch einen Tisch beim Veranstalter mieten und selbst als Verkäufer auftreten. Manche entdecken ihr Verkaufstalent, werden Hobbyhändler und finanzieren mit dem Gewinn aus ihrer Handelstätigkeit den Neuerwerb für die eigene Sammlung. Innerhalb gewisser Grenzen hat

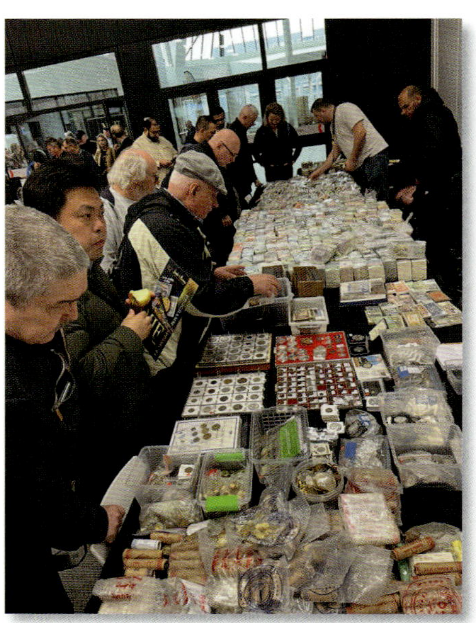

Impression von der MIF Paper Money Fair 2023 in Maastricht.

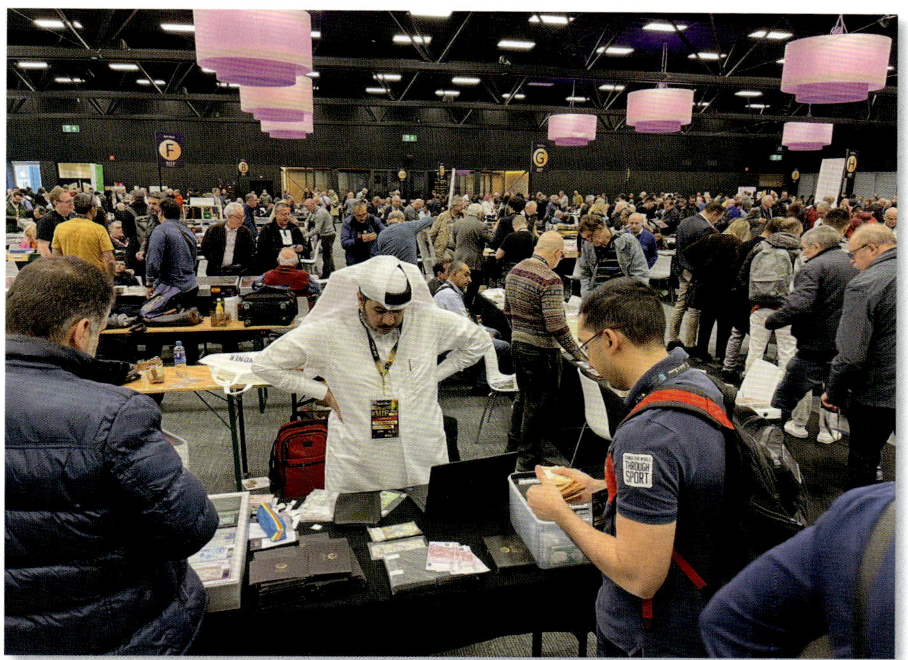

Impression von der MIF Paper Money Fair 2023 in Maastricht.

niemand etwas dagegen, nicht einmal der Fiskus. Wer jedoch intensiv und mit Gewinnerzielungsabsicht handelt, kann unter Umständen erheblichen Ärger mit dem Finanzamt bekommen und zur Kasse gebeten werden. Das gilt auch für Internetgeschäfte, auf die wir noch zu sprechen kommen.

Aber auch auf den beliebten „Flohmärkten", auf denen Privatleute, Trödler und nicht selten auch professionelle Münzhändler einen Stand mieten, findet man immer wieder Geldscheine. Solche Flohmärkte gibt es überall auf der Welt, als Sonntagsmarkt, aber auch als ständige Einrichtung, so in Paris, Amsterdam oder London. Münzenmärkte, natürlich immer mit einem Angebot an Banknoten, gibt es manchmal nicht nur in prächtigen Hallen, sondern fast unter freiem Himmel, wie in Warschau oder Moskau. Sammlerglück ist, wenn man das lang Gesuchte nicht nur findet, sondern auch noch günstig erwerben kann. Doch solche „Sternstunden" werden seltener, je fortgeschrittener ein Sammler ist. Echte „Schnäppchen" gibt es zwar immer wieder, aber sie sind eher die Ausnahme. Auch wenn manche Händlerstände nicht sehr professionell aussehen, wissen die meisten Verkäufer sehr wohl, was sie haben. Sie wälzen ebenso wie die Sammler Kataloge, kennen Auktionsergebnisse, lesen meist mehrere Fachzeitschriften und beraten sich ständig mit fachkundigen Kollegen. Gerade im Ausland macht man immer wieder die Erfahrung, dass

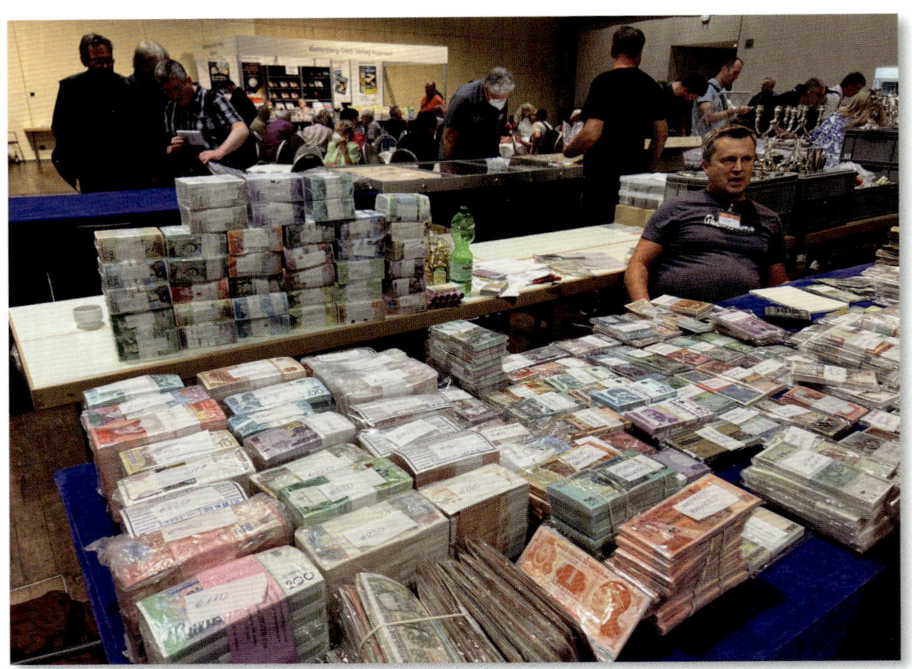

Händlertisch mit modernen Weltbanknoten zur „World Money Fair“ 2022 in Berlin.

manche Anbieter aus Vorsicht und Angst, etwas zu „verschenken“, lieber gleich den höchsten Katalogpreis verlangen, unabhängig vom Erhaltungszustand. Sammlervereine veranstalten oft spezielle Tauschabende, hier geht es meist gemächlicher zu, aber wenn man in einer fremden Stadt ist, sollte man, wenn es sich ergibt, solche Tauschtage oder Sammlerabende besuchen. Es besteht immer die Chance, etwas zu finden, was man schon lange sucht.

Geldscheine als Wertanlage?

Viele Geldscheine sind für wenig Geld zu haben, aber etliche kosten viel und einige sogar sehr viel Geld. Die Frage ist natürlich berechtigt: Eignen sich historische Geldscheine als Wertanlage?

Erwarten Sie keine eindeutige Antwort auf diese Frage, zu komplex ist das Problem, zu viele Faktoren spielen eine Rolle. Manchmal bekommt man von seriösen Numismatikern auf diese Frage die Antwort: „Wenn Sie Geld anlegen wollen, gehen Sie zur Bank oder zu einem Vermögensberater“. Unter Geldanlage versteht man in der Regel, Kapital sicher und gewinnbringend anzulegen. Wer auf hohe Gewinne spekuliert, muss auch ein hohes Risiko eingehen. Wer mit Sachverstand und etwas Glück das richtige Papiergeld sammelt, zum richtigen Zeitpunkt das Richtige kauft, kann sein Geld über einen längeren Zeitraum sinnvoll und sehr gewinnbringend anlegen. Das steht außer Frage. Aber Vorsicht: Wer vor 20 Jahren eine Banknote für 500 Euro gekauft hat, die er heute für 1000 Euro verkaufen kann, sollte sich nicht einreden, er habe 100 Prozent Gewinn gemacht. Rechnerisch stimmt das zwar fast, wenn man die Inflation und den damit verbundenen Kaufkraftverlust außer Acht lässt, aber bei einer Verzinsung von nur wenig mehr als 3% hätte er mit anderen Anlageformen mehr „rausholen" können.

Es ist kein Geheimnis: Seit der Euro in der Finanzkrise 2008 ins Wanken geriet und die Nullzinspolitik zum Alltag wurde, suchen immer mehr Anleger nach alternativen Anlageformen. Der Goldpreis ist seitdem stark gestiegen, Immobilienpreise sind lange explodiert, aber auch historische Münzen und Banknoten haben Anleger längst als sichere Anlageobjekte entdeckt. Davon profitieren nicht zuletzt die Grading-Firmen, die Sammlerobjekte und deren Echtheit bestimmen, bewerten und versiegeln. Gleichzeitig werden auf Auktionen immer neue Rekordergebnisse erzielt, die noch vor wenigen Jahren kaum vorstellbar waren. Doch nicht jeder kann sich seltene und teure Stücke leisten. Das war früher so und ist heute nicht anders. Der einzige Unterschied ist, dass sich die Schere zwischen den Preisen für Massenware und den Preisen für Raritäten immer weiter geöffnet hat. Lohnt es sich also überhaupt, günstigere Banknoten zu kaufen, oder sind auch diese im Wert gestiegen, wenn auch nicht proportional zu den Raritäten? Als Faustregel gilt: Seltene historische Geldscheine verlieren nicht an Wert, sondern werden immer teurer! Sammler, die erhebliche Summen in den Aufbau ihrer Geldscheinsammlung investiert haben und weiterhin investieren, haben bisher gute Erfahrungen mit dem sogenannten „klassischen Material" gemacht. Denn anders als bei Briefmarken oder gar Münzen, wo Jahr für Jahr eine fast unüberschaubare Flut von Neuheiten auf den Sammlermarkt drängt, sind Geldscheinserien über einen längeren Zeitraum im Umlauf. Das klassische deutsche Material wird immer knapper, und die Zahl der Sammler wächst noch. „Nachschub" gibt es aber bei den älteren Banknoten nicht, im Gegenteil: Die wirklich teuren Scheine sind fast alle in festen Händen, und auch die mittlere Ware wird immer knapper. Serienscheine zum Beispiel waren in den 1960er Jahren noch spottbillig. Oft bekam man eine ganze Serie für 50 Pfennig oder eine Mark (in Ost und West). Auch die „Mittelware" der Reichsbanknoten war sehr preiswert. Wer damals Papiergeld gekauft hat, kann heute einen erheblichen Wertzuwachs feststellen, hat vielleicht eine Traumrendite erzielt. Wer in den 1970er Jahren Reichssilbermünzen der „Mittelware" gekauft hat, wird keine so gute Bilanz ziehen können.

Schwierig zu beurteilen ist auch, ob man als Sammler viele kursgültige Banknoten gleich bei Erscheinen kauft und dann weglegt. Dabei kann man einiges verlieren, wie im Falle der letzten DDR-Banknotenserie, die nicht in DM umgetauscht wurde. Nicht wenige Sammler sammeln Neuheiten aus aller Welt und scheuen sich nicht, auch die höchsten Werte eines Landes in ihre

Sammlung aufzunehmen. Doch viele Währungen der Welt unterliegen zum Teil enormen Inflationsraten, hier als Beispiel einige Nachfolgestaaten der Sowjetunion. Einige von ihnen gaben in den 1990er Jahren Banknoten aus, die damals 10 oder 100 US-Dollar entsprachen. Zehn Jahre später waren sie nur noch ein Zehntel davon wert.

Das Horten von sehr hohen Nennwerten, wie z.B. 500-Euro-Scheinen, die nicht mehr ausgegeben werden, ist aus finanzieller Sicht nicht sehr ratsam. Aber das ist subjektiv. Wahrscheinlich werden sie aber aufgrund ihrer Seltenheit immer am schnellsten im Wert steigen. Ein letztes Gedankenexperiment zu dieser Frage: Wer beispielsweise 1925 einen druckfrischen 1000-Rentenmark-Schein auf die Seite gelegt hätte, wäre heute im Besitz einer Top-Rarität. Im aktuellen Katalog „Die deutschen Banknoten ab 1871" wird dieser Schein mit immerhin 5000 Euro bewertet. Was aber wäre heute ein Grundstück wert, das man 1925 im Berliner Umland zu Quadratmeterpreisen von 0,10 RM hätte kaufen können? Man sollte, und das scheint ein ganz wichtiger Ratschlag zu sein, Investitionen in die eigene Sammlung immer mit Augenmaß tätigen. Wer nur die Vermehrung seines Kapitals im Sinn hat, ist bei einer Bank oder einem Vermögensberater besser aufgehoben als in Sammlerkreisen.

Den finanziellen Rahmen, in dem man sich bei seinem Hobby bewegt, muss jeder für sich selbst abstecken. Immer mehr Geld wird in Freizeit und Urlaub investiert, wer lieber etwas sammelt, das er bei Bedarf sogar wieder zu Geld machen kann, ist auch nicht schlecht dran. Das Wichtigste ist jedoch, dass man Freude daran hat. Sammler sind bekanntlich glückliche Menschen.

Im Zusammenhang mit deutschem Papiergeld ist zu bedenken, dass mit der Einführung des „Euro" die eigenständige deutsche Papiergeldgeschichte zu Ende gegangen ist. Deutsche Geldscheine stellen somit ein historisch abgeschlossenes Sammelgebiet dar. Im Gegensatz zu anderen beliebten Sammelobjekten, wie z. B. den vor Jahren noch sehr populären Telefonkarten, bei denen immer neue Ausgaben in unüberschaubarer Vielfalt eine klare Abgrenzung des Sammelgebietes und eine wertbeständige Entwicklung der Sammlung verhindert haben, sind historische Geldscheine heute neben der Freude an der Bewahrung historischer Zeugnisse zumindest auch eine mögliche Form der Geldanlage. Bereits vor Jahrzehnten hatten sich in der Schweiz Unternehmen auf das Angebot von Kapitalanlagen in historische Papiergeldsammlungen spezialisiert. Wie bei keinem anderen Sammelgebiet sind die Marktpreise für Banknoten in den letzten Jahrzehnten real stetig gestiegen, was das wachsende Interesse an diesem Hobby widerspiegelt. Da historische Geldscheine nicht mehr hergestellt werden (im Gegensatz zu populären Sammelobjekten, die oft nur eine Modeerscheinung darstellen), werden sie auch immer seltener. Es empfiehlt sich daher, möglichst früh mit dem Sammeln von Papiergeld zu beginnen. Es gibt auch noch genügend preiswerte Ware, um eine lohnende Sammlung aufzubauen und jahrelange Freude am Hobby zu haben.

Immer mehr deutsche Geldscheine finden ihre Liebhaber im Ausland, vor allem in den USA, in Osteuropa und in Asien. Damit verlassen große historische Bestände unwiederbringlich Deutschland, was in naher Zukunft zu weiteren Wertsteigerungen führen wird. Nicht zuletzt bietet das umfangreiche, gut recherchierte und mit aktuellen Marktpreisen versehene Katalogangebot ideale Voraussetzungen für den Start einer eigenen Geldscheinsammlung. Ob deutsche Geldscheine oder die faszinierende Vielfalt der Banknoten aus aller Welt - das Sammeln von Geldscheinen übt einen ganz besonderen Reiz aus, dem man sich, wenn man ihm einmal verfallen ist, nur schwer entziehen kann.

Sammlervereine

Sammlervereine und numismatische Gesellschaften gibt es schon lange. Eine „Massenbasis" erhielten sie Ende der 1950er Jahre, als die Zahl der Münzsammler stetig zunahm. Heute gibt es kaum eine größere Stadt, in der es keine solchen Vereine gibt. Auch wenn sie sich meist „Münzverein" nennen, gehören die Geldscheinsammler dazu, deren Zahl in den letzten Jahrzehnten ebenfalls zugenommen hat.

In vielen Ländern gibt es numismatische Gesellschaften, die sich auch mit Papiergeld beschäftigen. Spezielle Vereinigungen von Papiergeldsammlern gibt es beispielsweise in Kanada (Canadian Paper Money Society) oder in Großbritannien, wo 1961 die „INTERNATIONAL BANK NOTE SOCIETY" (IBNS) gegründet wurde. Ein überregionaler Sammlerverein in Deutschland ist der DGW, der „Deutsche Geldschein- und Wertpapiersammler e.V.", der aus dem 1979 in der DDR gegründeten Arbeitskreis „Geldscheine und Wertpapiere" hervorgegangen ist.

In Fachzeitschriften und Online-Magazinen findet man nicht nur Auktionstermine und Händleradressen, sondern auch umfangreiche Veranstaltungs- und Terminkalender. Gerade vor Urlaubsreisen sollte man sich diese ansehen, vielleicht kann man einen Ausstellungsbesuch mit dem Besuch bei einem oder mehreren Händlern verbinden und den Abend als Gast in einem Verein verbringen? Und noch eine abschließende Bemerkung: Wenn man einem Heimatverein einige Zeit oder gar viele Jahre die Treue gehalten hat, möchte man die Treffen nicht mehr missen. Man kann sich Vorträge anhören oder einfach nur mit alten Sammlerfreunden plaudern. Nur eines gelingt meist nicht: dort noch etwas für die eigene Sammlung zu finden. Nach Jahren kennt man nicht nur die Gesichter der Sammlerfreunde, sondern auch den Inhalt ihrer Tauschalben. Aber oft bringt der eine oder andere auch gezielt etwas mit, man wird dann begrüßt mit: „Du sammelst doch ..., vielleicht brauchst du das?" Ein fortgeschrittener Sammler mit einem sehr kleinen, speziellen Sammelgebiet wird ähnliche Erfahrungen mit Händlern machen, oft wird er schon beim Betreten des Geschäftes zwar freundlich, aber resigniert mit „Leider nichts für Sie dabei" begrüßt. Viele Sammler kommen damit gut zurecht, andere nicht, die dann mit

Eifer und Leidenschaft ein neues Sammelgebiet erschließen.
Mit der zunehmenden Bedeutung des Internets in den letzten Jahrzehnten hat leider auch die Bedeutung der Vereine abgenommen. Viele von ihnen leiden heute unter Überalterung und Nachwuchsmangel. Vereine, die sich heute nicht im Internet präsentieren und so auf ihre Themen und ihr Engagement aufmerksam machen, werden in Zukunft kaum noch eine Chance haben. So wie die Wirtschaft nicht allein alle Probleme einer Gesellschaft löst, wird auch das Internet mit seiner ständig wachsenden Informationsflut nicht automatisch neue Generationen engagierter Sammler hervorbringen. Auch die Numismatik braucht Nachwuchs und Nachwuchs braucht Förderung!

Nachwuchsförderung und Zukunft des Sammelns

Ohne Nachwuchsförderung sterben die Vereine. Das gilt auch für Sammlervereine. Generell muss der Sammlernachwuchs gefördert werden, damit das Interesse an der Numismatik auch in Zukunft erhalten bleibt. Der gesellschaftliche Wandel spielt dabei eine wichtige Rolle. Wenn junge Menschen damit aufwachsen, ihre gesamte Kommunikation nur noch über das Smartphone zu erleben, dann lernen sie die historische Bedeutung von Briefmarken nicht mehr kennen und werden sich kaum noch für sie interessieren und sie sammeln. Wird es dem Geld ähnlich ergehen, wenn übereifrige Zwangsdigitalisierer das Bargeld zugunsten digitaler Währungen abschaffen wollen? Wird es in Zukunft noch Münz- und Banknotensammler geben, wenn die Menschen längst keine Münzen und Scheine mehr in ihren „Brieftaschen" haben, sondern nur noch Plastikkarten? Die Antwort lautet in beiden Fällen ja. Die Geschichte des Geldes ist viel älter und hat viel mehr historische Zeugnisse hinterlassen als die vergleichsweise junge Geschichte der Postwertzeichen. Auch Banknoten gibt es nicht so lange wie Münzen. Im Vergleich zu Briefmarken gibt es jedoch einen wesentlichen Unterschied. Für Geld kann man fast alles kaufen, auch Briefmarken. Für Briefmarken kann man eine einzelne Beförderungsleistung kaufen, aber sonst nichts, auch kein Geld. Geld, in welcher Form auch immer, wird uns im täglichen Leben als allgemein gültiger Wertmaßstab begleiten, und die Zeugnisse der Geldgeschichte sind zugleich auch wichtige Zeugnisse der Menschheitsgeschichte.
Als Verlag für Sammlerliteratur liegt uns natürlich auch die Nachwuchsförderung am Herzen. So haben wir u. a. eine sehr interessante Initiative zum Einsatz historischer Geldscheine im Geschichtsunterricht an Schulen in Hessen und Thüringen sowie die Nachwuchsarbeit des Münzvereins Neumarkt in der Oberpfalz durch die kostenlose Bereitstellung von Fachliteratur, Münzen, Münzblistern und Geldscheinen aktiv unterstützt.
Um die Zukunft des Sammelns muss einem nicht bange sein. Viele Aktivitäten haben sich bereits ins Internet verlagert und mit dem Online-Magazin Geldscheine-Online.com trägt der Verlag dazu bei, dass das Thema auch im Netz

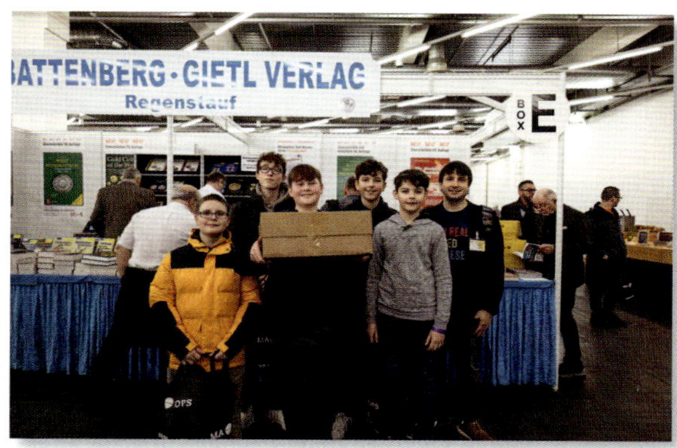

Mitglieder der Jugendgruppe des Münzvereins Neumarkt/Opf. erhalten auf der Numismata 2024 in München ein Paket des Battenberg Gietl Verlags mit kostenloser Fachliteratur, Münzen und Geldscheinen. Foto: S. Harrer.

mit umfassenden Informationen und interessanten Fachbeiträgen präsent ist. Auch das ist eine ganz wichtige Form der Nachwuchsförderung, wenn man bedenkt, dass Jugendliche nicht zu den klassischen Zeitschriftenabonnenten und Buchkäufern gehören und sich lieber im Internet informieren. Kataloge und Bücher werden aber auch in Zukunft für Sammler unverzichtbar bleiben, wenn sie ernsthaft ihrem Hobby nachgehen wollen.

Geldscheinausstellungen und Museen

Papiergeld aller Art sowie Dokumente zur Wirtschafts- und Alltagsgeschichte finden wir in vielen kleinen Regionalmuseen, die oft mit viel Liebe und ohne große finanzielle Zuwendungen der öffentlichen Hand betrieben werden. Im In- und Ausland finden wir Banknoten meist auch in den größeren Museen mit numismatischer Dauerausstellung. Eine der bedeutendsten und mit über 350000 Stücken umfangreichsten Papiergeldsammlungen der Welt, die von Albert Pick aufgebaut wurde, befindet sich heute im Besitz der Giesecke + Devrient Stiftung Geldscheinsammlung in München. Sie beherbergt Kostbarkeiten, die nur sehr selten zu sehen sind. Die Deutsche Bundesbank lädt in ihr schönes Geldmuseum ein, in dem man mit Hilfe modernster Medien die Welt des Geldes erkunden kann. Die Besucherinnen und Besucher erwartet eine Dauerausstellung und wechselnde Sonderausstellungen, z.B. zum Thema „Der Euro im Entwurf: So hätten unsere Banknoten auch aussehen können“. Das Geldmuseum der Deutschen Bundesbank befindet sich in Frankfurt am Main, hat sehr besucherfreundliche Öffnungszeiten und der Eintritt ist sogar frei. Weitere Informationen finden Sie auf den Internetseiten „www.geldscheinsammlung.de“ und „www.geldmuseum.de“. Mit rund 250.000 Geldscheinen besitzt die Bundesbank übrigens auch eine der größten Geldscheinsammlungen, die einst von Dr. Arnold Keller aufgebaut wurde. In Fachzeitschriften und auf Geldscheine-Online finden sich nicht nur Termine und Hinweise auf Ausstellungen, sondern auch

Berichte darüber. Dem Thema Sammeln und Internet ist das nächste Kapitel gewidmet, nur so viel vorab: Bei Urlaubsreisen kann man schon mal einen Museumsbesuch einplanen und recherchieren, was eventuell für Geldscheinsammler interessant sein könnte, denn viele National- und Staatsbanken haben auch ein Geldmuseum.

Eines der schönsten Geldmuseen befindet sich in Stockholm, ganz in der Nähe des königlichen Schlosses. Hier findet man einzigartige Raritäten, auch auf dem Gebiet des Papiergeldes. Natürlich bieten auch das British Museum und das Geldmuseum der Bank of England viele Banknoten. Die Nationalbanken Litauens und Lettlands haben sehr liebevoll gestaltete Ausstellungen, die zu besuchen auch für Kinder viel Spaß macht. Sie sind museumspädagogisch so gut aufbereitet, dass der Besuch auch für Laien ein interessantes Erlebnis ist. Oft haben die Museen, so auch die Bundesbank, einen entsprechenden „Museumsshop", in dem man nicht nur Ausstellungskataloge, sondern auch andere interessante Dinge erwerben kann.

Sammlerfreuden und Computer

Nur wenige Erfindungen in der Geschichte der Menschheit waren so revolutionär wie die Einführung der EDV und des Computers. Was vor rund einem halben Jahrhundert zaghaft begann, beherrscht heute unser Leben. Auch der Geldverkehr wird heute von der Computertechnologie beherrscht. Man kann von zu Hause aus Geldgeschäfte aller Art tätigen, Geld überweisen oder Aktien kaufen. Es gibt Kredit- und Geldkarten, die mit Geldbeträgen aufgeladen werden. Die Masse des Geldes, das im 19. Jahrhundert noch aus Metall bestand oder mit Metall gedeckt war, existiert heute physisch gar nicht mehr. Nur ein Bruchteil des vorhandenen Geldes wird geprägt oder gedruckt, das „große Geld" liegt auf Konten. Auch Aktien, die man früher im Depot verwahrte, existieren heute meist nicht mehr als schön gedrucktes Wertpapier, sondern nur noch als Datei in den Computern der Banken und Börsen.

Mit „Scan & Go" kann der Kunde im Supermarkt nicht nur in Selbstbedienung einkaufen, sondern auch bezahlen, indem er sich selbst „abkassiert".

Ob in 100 Jahren noch mit Münzen und Scheinen bezahlt wird oder alles nur noch elektronisch abläuft, kann niemand vorhersagen. Es zeichnet sich aber immer deutlicher ab, dass Bargeld neben digitalen Währungen und Bezahlmethoden auch in Zukunft Bestand haben wird. Allein schon deshalb, weil die Verwendung von Geld auch dann möglich sein muss, wenn die Energieversorgung – aus welchen Gründen auch immer – ausfällt. Stellen Sie sich vor, Sie stehen mit einem vollen Einkaufswagen an der Supermarktkasse, die Kartenzahlung funktioniert nicht – was übrigens nicht selten vorkommt – und Sie haben kein Bargeld.

Wenden wir uns aber nun einigen praktischen Fragen zu, die mit dem Computer und dem Sammeln zu tun haben. Computerfreunden braucht man die hervorragenden Möglichkeiten der Informationsbeschaffung im Internet nicht zu erklären. Viele junge Leute werden diese Zeilen vielleicht sogar belächeln, aber das Hndbuch ist für alle Altersgruppen geschrieben und soll auch Senioren, die dieser Technik eher skeptisch gegenüberstehen, Mut machen und Anregungen geben.

Informationsbeschaffung im Internet

Dass man sich im Internet Informationen aller Art beschaffen kann, ist allgemein bekannt. Doch selbst erfahrene, ältere Numismatiker wissen oft nicht, dass die meisten Münzstätten und Emissionsbanken eigene Seiten im „Netz" haben, die einen Besuch lohnen. Es gibt heute nur noch sehr wenige National-, Staats- oder Emissionsbanken, die keine eigene Homepage haben. Einige sind stets aktuell und bieten auch für Numismatiker eine Fülle von Informationen und Angeboten, andere sind erschreckend unaktuell und langweilig. Geschäftsbanken hingegen haben meist perfekte, professionell gestaltete und gepflegte Websites. Viele Seiten sind auch Prestigeobjekte. Oft findet man bei den Geschäftsbanken eines Landes das, was man auf der offiziellen Seite der Staatsbank vermisst. Auf eine Auflistung der Internetadressen der einzelnen Banken wurde hier bewusst verzichtet, da sich diese häufig ändern und schnell veralten. Es empfiehlt sich, die Hilfe von Suchmaschinen in Anspruch zu nehmen und nach Möglichkeit nach dem Banknamen zu suchen, der auch auf den Banknoten angegeben ist.

Viele Informationen bieten die Online-Magazine des Battenberg Gietl Verlags „www.Geldscheine-Online.com" und „www.Muenzen-Online.com". Hier finden sich aktuelle Meldungen über Neuheiten, hochwertige Fachartikel, Leserbriefe, Auktionshinweise, Termine, Hinweise auf Fachliteratur und vieles mehr, was für Sammler interessant ist.

Über beide Online-Magazine werden regelmäßig, in der Regel wöchentlich, kostenlose Newsletter verschickt.

Auktionshäuser versenden ihre Kataloge in gedruckter Form, veröffentlichen sie aber auch auf ihren Internetseiten. Der Katalogversand auf CD-ROM hat sich nicht durchgesetzt.

Abschließend sei darauf hingewiesen, dass es auch im Internet eine Reihe von Möglichkeiten der Sammlungsverwaltung gibt, die man nutzen kann. Allerdings muss jeder Sammler für sich selbst entscheiden, ob er Informationen über Inhalt, Umfang und damit auch Wert seiner Sammlung einem anonymen Datenserver anvertrauen möchte. Auch hier schreitet die Entwicklung rasch voran und es gibt bereits Gemeinschaftsprojekte, an denen Sammler weltweit mitwirken, um Kataloge für verschiedene Sammelgebiete zu erstellen, über die eine individuelle Sammlungsverwaltung möglich ist.

Kauf per „Mausklick“

Nicht nur Nationalbanken und Münzanstalten, numismatische Vereine und Börsenveranstalter sind im Internet präsent, sondern auch die meisten großen und kleinen Fachhändler. Hier kann man „elektronisch“ einkaufen, die Ware suchen, anschauen und in einen virtuellen Warenkorb legen. Bezahlt wird per Rechnung oder ebenfalls elektronisch. Immer mehr Auktionshäuser stellen ihr gesamtes Angebot ins Netz, und man kann direkt online mitbieten. Sogar staatliche Banken nehmen inzwischen Bestellungen per E-Mail entgegen. Nur noch wenige Händler verschicken wie früher Angebotslisten oder Prospekte. Ohne Internet geht kaum noch etwas. Viele Angebote von geprüften Fachhändlern im Bereich Numismatik findet man auf „www.mashops.de“. Hier kann man diese vergleichen und direkt bestellen. Die meisten „Händler“ tummeln sich aber inzwischen bei Internet-Auktionen, vom seriösen Fachhändler bis zum privaten Anbieter, der seine Dubletten zu Geld machen will.

Internetauktionen

Das größte Internetauktionshaus der Welt ist „eBay“. Es wurde 1995 von Pierre Omidyar in den USA gegründet, um einen „virtuellen Marktplatz“ zu schaffen. Inzwischen ist die Zahl der Nutzer weltweit auf über 130 Millionen gestiegen. In Deutschland ist das Unternehmen seit rund 25 Jahren aktiv und bietet auch viele Münzen, Geldscheinen, aber auch Literatur und Sammelzubehör an. Jeder kann hier kaufen und verkaufen, nach sehr gut durchdachten Regeln, über die der Administrator des Online-Auktionshauses wacht. Wenn hin und wieder in den Medien von schlimmen Betrugsfällen berichtet wird, ist es für die Betroffenen sicher kein Trost, wenn der Auktionator darauf hinweist, dass auch im normalen Handel viel betrogen und geschummelt wird. Doch mit gesundem Menschenverstand und der nötigen Vorsicht sowie dem genauen Studium der Regeln ist die Gefahr, „über den Tisch gezogen“ oder gar um viel Geld betrogen zu werden, nicht allzu groß. Dennoch gibt es immer wieder dubiose oder gar betrügerische Angebote von manipulierten Geldscheinen, über die auch Geldscheine-Online schon mehrfach berichtet hat.

Wer Interneterfahrung hat, sollte die Seite „www.ebay.de“ aufrufen und dann MÜNZEN ansteuern, denn dort sind auch die umfangreichen Papiergeldangebote zu finden.

In klassischen Händlerkreisen wird die rasante Entwicklung des Internethandels oft mit Argwohn beobachtet. Natürlich sind die vielen privaten Anbieter und „Schwarzhändler“ ein Problem, aber Konkurrenz belebt das Geschäft und nicht wenige Händler verkaufen heute schon mehr über das Internet als im eigenen Laden, weil dort ganz andere Käuferschichten angesprochen werden, wie z. B. Jugendliche, die man sonst in den Vereinen kaum findet.

Teure und seltene Münzen und Geldscheine werden nur selten über Internetauktionen angeboten. Viele Sammler bevorzugen den traditionellen Weg über einen Händler oder ein Auktionshaus. Sie vertrauen auf deren Erfahrung und Kundenstamm und akzeptieren, dass deren Dienstleistung mit einer angemessenen Handelsspanne oder Auktionsgebühr bezahlt werden muss. Natürlich gibt es auch Händler, die mit ihrem guten Namen für die Echtheit und Qualität der Ware bürgen, nicht nur im „normalen Geschäft", sondern auch im Internet. Gerade die Frage der Qualität und Echtheit ist hier problematisch. Selbst bei hervorragenden Bildern, die heute eingestellt werden können, ist eine schlüssige Antwort auf die Frage echt oder falsch kaum möglich. Grading-Dienste haben hier einiges zum Besseren verändert.

Gleichzeitig stört viele Sammler, dass im Internet im Prinzip jeder alles zum Verkauf anbieten kann. Die Auktionsplattformen sind praktisch nur Vermittler, die die Einhaltung der Regeln überwachen und kontrollieren, dass bei ihnen nicht bestimmte, verbotene Waren angeboten werden. Doch wie sollen sie die Seriosität und vor allem die Echtheit eines Angebots überprüfen? Manche Verkäufer haben nicht die geringste Sachkenntnis und bieten das, was in Sammlerkreisen salopp als „Müll" bezeichnet wird, mit den schönsten Worten als Raritäten an. Oft werden auch Preise verlangt, die jenseits von Gut und Böse liegen. Immer wieder werden Fälschungen nicht als solche erkannt und teuer wie echte Stücke angeboten. Manche Verkäufer sind fair und vorsichtig und weisen ausdrücklich darauf hin, dass sie keine Garantie für die Echtheit übernehmen können. Diese klaren und ehrlichen Worte sollten aber nicht davon abhalten, immer wieder die Angebote im Internet zu durchstöbern. Man kann dort durchaus sehr interessante und gute Stücke für seine Sammlung finden, so wie man auch auf dem Flohmarkt manchmal ein „Schnäppchen" machen kann. Was die finanzielle Abwicklung von Internetgeschäften betrifft, so hat z.B. eBay ein hervorragendes System entwickelt, das Käufer und Verkäufer gleichermaßen schützt. Die spektakulären Fälle, in denen Kriminelle ahnungslose Käufer über den Tisch ziehen, über die gelegentlich in den Medien berichtet wird, sind eher selten und kommen auch im „realen Handel", nicht nur im Internet, immer wieder vor. Der virtuelle Marktplatz im Internet macht es möglich, auf der ganzen Welt die ausgefallensten Sammlerstücke aufzuspüren. Schon die Suche kann viel Freude bereiten.

Es gibt Sammler, die vieles selbst über das Internet verkaufen, und zwar mit Erfolg und oft auch mit Gewinn, den sie dann gerne wieder in die Sammlung investieren. Verboten ist das natürlich nicht, aber wenn solche Geschäfte einen gewissen Umfang annehmen, kann der Fiskus schon aufmerksam werden. Kriminalpolizei und Steuerfahndung schauen immer öfter und genauer auf Internetauktionen. Mit einem eigenen Computerprogramm können die Finanzbehörden feststellen, wer gelegentlicher „Hobbyhändler" ist und wer „richtigen" Handel ohne Gewerbeschein betreibt. Im letzteren Fall kann man sehr unangenehme Erfahrungen mit dem Finanzamt machen und mit Steuernachforderungen konfrontiert werden. Inzwischen sind Internetauktionen sogar angehalten, alle Verkäufer an das Finanzamt zu melden, die eine bestimmte Umsatzobergrenze pro Monat überschreiten.

Geldscheine im Computer

Was auch immer man sammelt: Ein gewisser Überblick über Vorhandenes und Fehlendes ist notwendig, vor allem, wenn die Sammlung einen gewissen Umfang erreicht hat. Vor allem der Sammler, der noch voll im Berufsleben steht und viele familiäre oder gesellschaftliche Verpflichtungen hat, kauft manchmal etwas, was sich später als bereits vorhanden herausstellt. Nur wenige Menschen haben bis ins hohe Alter ein fotografisches Gedächtnis und benötigen keine Fehl- und Bestandslisten. Die meisten Sammler behelfen sich mit Notizen in Katalogen. Viele Deutschland-Sammler haben immer einen neuen Katalog dabei, führen aber akribisch Buch über die Sammlung in einer älteren Ausgabe, schon weil man nicht immer alles in den neuen Katalog übertragen will. Wieder andere benutzen Loseblattsammlungen, Notizbücher oder Karteikarten. Zunehmend trifft man aber auch jüngere und ältere Sammler mit Tablets auf Börsen, die ihre Sammlung in Tabellen oder Datenbanken verwalten. Das ist nicht nur für das Sammeln selbst nützlich, sondern auch im Notfall, wenn es z.B. um Versicherungsschutz geht. Die meisten Versicherungen erkennen Katalogeinträge als Nachweis für den Besitz von Objekten an, dies sollte aber mit dem Versicherungsvertreter besprochen werden. Gleichzeitig ist es ratsam, immer den Erhaltungszustand in den Unterlagen zu vermerken, ebenso den Kaufpreis, den man am besten verschlüsselt.

Computerfreunde werden über Karteikarten und Notizzettel nur lächeln können, sie benutzen sicher ein spezielles Sammlungsverwaltungsprogramm, das sie selbst entwickelt oder erworben haben. Damit können sie in Sekundenschnelle den Katalogwert ihrer Sammlung ermitteln und gleichzeitig Fehl- und Bestandslisten ausdrucken und an andere Sammler oder Händler weiterleiten. Gerade junge Leute werden schnell behaupten, dass eine echte Sammlungsverwaltung ohne Computer kaum denkbar ist.

Ältere Sammler, die sich für moderne Technik nicht besonders interessieren, werden erstaunt sein, wie einfach es heute ist, mit einem Scanner hervorragende Abbildungen von Geldscheinen zu erstellen, die man speichern, ausdrucken und per E-Mail an Freunde versenden kann. Allein das richtige Fotografieren von Münzen und Banknoten nahm früher in einem Handbuch wie diesem ein ganzes Kapitel ein. Heute genügt ein einfacher PC, um sich seinen eigenen farbigen Sammlungskatalog zusammenzustellen, zu verwalten und auszudrucken. Spaß macht es auch, zum Beispiel einen Euro-Schein mit dem eigenen Konterfei zu versehen und an Freunde zu verschicken. Aber Vorsicht: Bei solchen Experimenten gibt es einiges zu beachten. Weder die EZB noch die Deutsche Bundesbank verbieten grundsätzlich, ihre Banknoten zu Werbezwecken zu kopieren und abzubilden, solange sie einseitig bedruckt sind. Von der Deutschen Bundesbank ist zu erfahren, dass die Frage der Abbildung von Banknoten oder Teilen davon zu Werbe- und anderen Zwecken" längst EU-weit geregelt ist. Hierzu gibt es einen Beschluss des Rates der Europäischen Zentralbank (EZB) vom 20. März 2003, der im Amtsblatt der EU Nr. L 78/16 vom 25. März 2003 veröffentlicht wurde.

Reproduktionen von Banknoten, die von der Öffentlichkeit mit echten Euro-Banknoten verwechselt werden könnten, gelten als „unrechtmäßig". Zulässig sind dagegen einseitige Reproduktionen, deren Länge und Breite mindestens 125 % bzw. höchstens 50 % der entsprechenden echten Banknote betragen. Für beidseitig bedruckte „Blüten" sind die Mindest- bzw. Höchstgrößen auf 50 % bzw. 200 % festgelegt. Andere Länder haben ähnliche Regelungen, einige verbieten sogar grundsätzlich die Abbildung von Banknoten zu diesem Zweck. Selbst im Internet findet man bei einigen Notenbanken immer wieder Abbildungen von Banknoten, die mit einem Kopierschutz versehen sind. Andere Länder, wie z.B. Schweden, stellen selbst neue Banknoten nur in stark verfremdeter Form vor. Darüber hinaus gibt es eine Reihe weiterer Einschränkungen und Gebote, die zum Teil für den Nichtjuristen schwer verständlich sind, wie z.B. die Gestaltungselemente betreffend. Klar ist aber, dass Materialien, die nicht mit Papier verwechselt werden können, nicht beanstandet werden. Niemand würde mit einem „Kaffeebecher" bezahlen wollen, der mit einem 500-Euro-Schein bedruckt ist, und ein Handtuch als 100-DM-Schein würde nie als Geld angesehen werden. Wie sieht es aber aus, wenn man einen 500-Euro-Schein einscannt und im Computer speichert? Hier könnte es Ärger geben: Auch zum Thema elektronische Medien sagt die Verordnung etwas, was viele Sammler nicht wissen. Wer eine echte Banknote ins Internet stellen will, muss sie mit SPECIMEN in entsprechender Größe beschriften, sogar die Schriftart ist vorgegeben: Arial oder eine ähnliche Schrift. Gleichzeitig darf die Auflösung der elektronischen Reproduktion in Originalgröße 72 Punkte pro Zoll (dpi) nicht überschreiten. Dänemark z.B. verlangt die gleiche Auflösungsgrenze, wer „bessere" Bilder mit guten Geräten macht, könnte Ärger bekommen.

Aber kein Staatsanwalt dürfte etwas dagegen haben, wenn man fleißig alte Reichsbanknoten oder Notgeldscheine in hoher Auflösung auf seinem Computer speichert. Nur mit dem Speicherplatz könnte man Probleme bekommen. Manche Münzsammler prüfen z.B. die Echtheit von Münzen durch Vergleich mit elektronischen Bildern, ähnliches ist auch bei Geldscheinen möglich.

Tandem „Opa – Enkel"

Sowohl junge als auch ältere Computerfreunde werden ihren Rechner sehr schnell für die Informations- und Materialbeschaffung und die Verwaltung der Geldscheinsammlung zu nutzen wissen. Es lohnt sich auch, mit anderen Sammlern über diese Fragen zu sprechen und zu sehen, was der eine oder andere sich Neues ausgedacht hat. Und nicht nur das. Manchmal liegt der gute Rat auch ganz nah: zum Beispiel in der Familie. Was für Opa ein Problem ist, kann der Enkel oder die Schwiegertochter vielleicht im Handumdrehen lösen.

In den Fachgeschäften, auf den Börsen und in den Vereinen sieht man vor allem ältere Herren. Frauen sind selten, obwohl es sie als Münzhändlerinnen, Autorinnen, Redakteurinnen, Wissenschaftlerinnen in Museen und natürlich als Sammlerinnen gibt. Eine „Frauenquote" lässt sich beim „Sammeln" aber nicht durchsetzen, Psychologen mögen sich fragen, warum, aber es ist erwiesen, dass Männer eher zum Sammeln neigen als Frauen.

Immer wieder ist zu hören, dass die Jugend fehlt. Es gibt keinen Nachwuchs, sagen Händler und Verbandsfunktionäre. Das Problem ist nicht neu, denn wer 100 Jahre alte Münzzeitschriften durchblättert, wird feststellen, dass auch damals schon über das mangelnde Interesse der jungen Generation geklagt wurde. Jedenfalls haben junge Leute oft „aktivere Interessen" wie Sport, Motorrad- und Autofahren, Tanzen und Reisen im Sinn. Wenn sie verheiratet sind und Kinder haben, haben sie oft zu wenig Zeit und nicht das Geld, sich intensiv einem nicht billigen Hobby zu widmen. Und so wird man wohl auch in der Zukunft vor allem ältere Herren bei Tauschabenden und Auktionen antreffen, die sich dann im Alter intensiv ihren Interessen widmen können.

Ein Trauma für viele ergraute Männer, die im Laufe ihres Lebens eine schöne Sammlung zusammengetragen haben, ist, dass sich weder ihre Kinder noch ihre Enkel dafür interessieren. Was sie interessiert, ist allenfalls der auf dem Markt erzielbare Verkaufswert. Tatsächlich gibt es nur selten Sammler-Tandems: Vater und Sohn, noch seltener ganze Sammler-Dynastien. Das ist schade, aber wohl nicht zu ändern. Auch hier ein guter Rat: Niemals Druck auf Kinder oder Enkel ausüben. Man ist Sammler oder nicht. Manchmal hat der Vater Briefmarken gesammelt, der Sohn lieber Münzen oder Geldscheine. Da gibt es schon Gemeinsamkeiten.

Aber zurück zum Thema Computer. Hier kann man durchaus eine „Generationsbrücke" schaffen, über die Kinder auch dem Opa helfen und einiges erklären können. Auch wenn der Enkel trotz diverser gemeinsamer Internetbesuche kein gesteigertes Interesse an Opas Sammlung zeigt, kann die gemeinsame Beschäftigung mit einer Sache viel Spaß machen, was ja auch schon ein Erfolg wäre.

Erfreulich ist aber auch, dass durch die vielfältigen Informationsangebote und Bezugsmöglichkeiten im Internet auch viele jüngere Menschen ihre Leidenschaft für das Sammeln von Papiergeld entdeckt haben. Besonders beliebt bei jungen Sammlern sind farbenfrohe Banknoten aus aller Welt, die nach eigenen Länder- oder Motivvorlieben gesammelt werden können und oft sogar preiswert in bester Erhaltung zu haben sind.

Nachwort

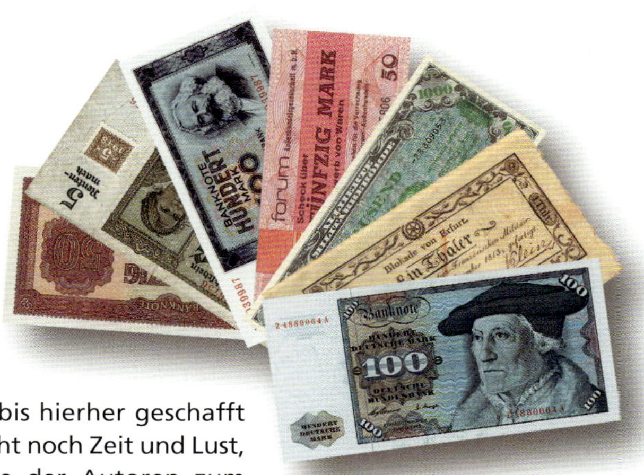

Der Leser, der es bis hierher geschafft hat, findet vielleicht noch Zeit und Lust, die letzten Worte der Autoren zum Thema Geldscheinsammeln zu lesen. Über einige Aspekte dieses interessanten Hobbys wurde berichtet, aber über viele Dinge könnte man noch viel mehr sagen. Über die Herstellung der Banknoten, die Drucktechniken und andere technische Fragen wurde wenig gesagt. Wirtschaftliche Fragen des Geldes, des Geldwertes und der Inflation wurden allenfalls gestreift. Zu Wertpapieren, Aktien, Kuxen, Schuldverschreibungen und Wechseln wurde kaum etwas gesagt. Auch Rationierungsbelege wie Lebensmittelkarten, Bezugsscheine und Bezugsscheine hätten als Sammlungsobjekte näher betrachtet werden können.

Schon bei der Auswahl der Themen mussten Grenzen gezogen werden, manche inhaltlichen Aspekte konnten nur oberflächlich gestreift werden. Es wurde großer Wert darauf gelegt, nicht nur Wissen und Fakten zu vermitteln, sondern auch praktische Anregungen zu geben, die zur Beschäftigung mit Geldscheinen aller Art anregen und zum Aufbau einer interessanten Sammlung beitragen können.

Wenn es gelungen ist, auch nur ein wenig Begeisterung für das Sammeln von Geldscheinen zu wecken und Anregungen zu geben, wäre ein wichtiges Ziel des Buches erreicht, das nur noch übertroffen werden kann, wenn auch erfahrene Sammler noch etwas Neues darin finden konnten. Vielleicht gefällt das Büchlein sogar kritischen Lesern, die zwar manches zu bemängeln haben, aber spüren, dass es mit Freude und Begeisterung geschrieben wurde.

Der größte Wunsch der Verfasser dieser Zeilen wäre jedoch, dass ein Fünkchen der eigenen Freude am Papiergeldsammeln bei anderen nicht nur ein Strohfeuer auslöst.

Literaturhinweise:

Alle Bücher in dieses Verzeichnis aufnehmen zu wollen, die zum Thema Papiergeld veröffentlicht wurden, ist unmöglich. Wir beschränken uns daher auf eine kleine Auswahl an Katalogen zu deutschen Geldscheinen, zu Weltbanknoten und zu Ländern, die für deutsche Sammler interessant sein können. Die Nennung erfolgt in alphabetischer Reihefolge nach Autoren und Titeln.

Bajer, Jan:
„Papirová platidla Československa 1919 – 1993, České republiky, Slovenské republiky 1993 – 2003" (Das Papiergeld der Tschechoslowakei 1919 – 1993 sowie der Tschechischen und Slowakischen Republik 1993 – 2003), Prag 2003

Barac, Borna:
„Banknotes of the States of the Former Yugoslavia 1767 – 2002" (Die Banknoten der Staaten des ehemaligen Jugoslawien), Zagreb 2002

Bender, Klaus W.:
„Geldmacher – Das geheimste Gewerbe der Welt", Weinheim 2004

Bühn, Mathias:
„Das Papiergeld von Sachsen 1772-1949 – Spezialkatalog mit allen Varianten", 4 Bände oder CD-ROM, Pirna 2019

Deutsche Bundesbank:
„Frühzeit des Papiergeldes",
Frankfurt am Main 1970

Deutsche Bundesbank:
„Deutsches Papiergeld 1772 – 1870", Frankfurt am Main 1963

Deutsche Bundesbank:
„Das Papiergeld im Deutschen Reich 1871 – 1948", Frankfurt am Main 1965

Deutsche Bundesbank:
„Die Noten der Deutschen Bundesbank", Frankfurt am Main 1964

Deutsche Bundesbank:
„Von der Baumwolle zum Geldschein – Eine neue Banknotenserie entsteht", Frankfurt am Main 1996

Dießner, Hans-Jürg Alfred:
„Billionenscheine – Die Ausgaben der Deutschen Reichsbank und die Notausgaben der Hochinflation 1923/1924", Goldbach 2022

Dießner, Hans-Jürg Alfred:
„Deutsches Notgeld, Band 11: Das deutsche Notgeld von 1914/1915", Regenstauf, 2010

Eck, Thomas van:
„Das Papiernotgeld der preußischen Rheinprovinz", Düsseldorf 2000

Engelhardt, Claus:
„Die deutschen Militärausgaben im besetzten Frankreich 1914 – 1915", Regenstauf 2011

Engelhardt, Claus:
„Die Friedensausgaben der Deutsch-Ostafrikanischen Bank 1905 – 1918", Regenstauf 2010

Fengler, Heinz:
„Geschichte der deutschen Notenbanken vor Einführung der Mark-Währung – Papiergeld der altdeutschen Staaten", Regenstauf 1992

Fernau, Werner:
„Betriebsgeld der Landwirtschaftlichen Produktionsgenossenschaften der DDR 1963 – 1970, Schweßwitz 1995

Franquinet / Hammer / Schoenawa:
„Litzmannstadt – Ein Kapitel deutscher Geldgeschichte", Regenstauf 2010

Friedberg / Friedberg:
„Paper Money of the United States from Colonial Times to the Present" Das Papiergeld der Vereinigten Staaten von der Kolonialzeit bis in die Gegenwart), Clifton 2021

Geiger, Anton:
„Deutsches Notgeld, Band 3: Das deutsche Großnotgeld 1918 – 1921, Katalog aller Notgeldscheine im Nennwert von 1 bis 100 Mark", Regenstauf 2010

Gerber, Josef:
„Die letzten deutschen Geldscheine – Spezialkatalog und Wissenswertes zur letzten Banknotenserie der Deutschen Bundesbank", Regenstauf 2005

Gerke, Günter:
„Das Geld der mageren Jahre – Als alle Milliardäre waren", Bielefeld 1998

Grabowski, Hans-Ludwig:
„Das Geld des Terrors – Geld und Geldersatz in deutschen Konzentrationslagern und Gettos 1933 bis 1945", Regenstauf 2008

Grabowski, Hans-Ludwig:
„»Der Jude nahm uns Silber, Gold und Speck ...« – Für politische und antisemitische Propaganda genutzte Geldscheine in der Zeit der Weimarer Republik und des Dritten Reichs", Regenstauf 2015

Grabowski, Hans-Ludwig:
„Deutsches Notgeld, Band 5+6: Deutsche Kleingeldscheine, Amtliche Verkehrsausgaben 1916 – 1922", Regenstauf 2004

Grabowski, Hans-Ludwig:
„Deutsches Notgeld, Band 9: Notgeld der besonderen Art – Geldscheine aus Stoff, Leder und sonstigen ungewöhnlichen Materialien", Regenstauf 2005

Grabowski, Hans-Ludwig:
„Deutsches Notgeld, Band 10: Das Papiergeld der deutschen Länder von 1871 bis 1948", Regenstauf 2006

Grabowski, Hans-Ludwig:
„Die deutschen Banknoten ab 1871 – Das Papiergeld der deutschen Notenbanken, Staatspapiergeld, Kolonial- und Besatzungsausgaben, deutsche Nebengebiete und geldscheinähnliche Wertpapiere und Gutscheine", Regenstauf 2024

Grabowski, Hans-Ludwig:
„Kennzeichen »Jude« – Antisemitismus, Entrechtung, Verfolgung, Vernichtung und die Rationierung von Nahrungsmitteln und Verbrauchsgütern für Juden in Großdeutschland und den besetzten Gebieten 1939 bis 1945", Regenstauf 2014

Grabowski, Hans-Ludwig:
„Kleiner deutscher Papiergeldkatalog von 1871 bis heute – Deutschland, Österreich und Liechtenstein", Regenstauf 2011

Grabowski, Hans-Ludwig:
„Konkordanzliste der deutschen Banknoten ab 1871", Regenstauf 2019

Grabowski / Gerber:
„Gedenkbanknoten der Welt – Commemorative Banknotes of the World", Regenstauf 2011

Grabowski / Godeau / Busch:
„Katalog der 0-Euro-Souvenirscheine / Catalogue of 0-Euro-Souvenir Notes / Catalogue des Billets Souvenirs 0-Euro", Regenstauf 2020

Grabowski / Huschka / Schamberg:
„Ausländische Geldscheine unter deutscher Besatzung im Ersten und Zweiten Weltkrieg", Regenstauf 2006

Grabowski / Kranz:
„Das Papiergeld der altdeutschen Staaten – Geldscheine der Staaten auf dem Gebiet des 1871 gegründeten Deutschen Reichs von den Anfängen bis zum Ende des 19. Jahrhunderts", Regenstauf 2020

Grabowski / Mehl:
„Deutsches Notgeld, Band 1+2: Deutsche Serienscheine 1918 – 1922", Regenstauf 2009

Grasser / Pick:
„Das Bielefelder Stoffgeld 1917 – 1923", Berlin 1972

Hartmann / Thiel (Hrsg.):
„Der schöne Schein – Symbolik und Ästhetik von Banknoten", Regenstauf 2014

Hejzlar, Pavel
„Papirová platidla na územií Čech, Moravy a Slovenska 1900 – 2019", Prag 2019

Hoffmann / Reichenberger:
„Das Notenbuch – Katalog der deutschen Banknoten ab 1874", Regenstauf 1992

Huschka, Henning:
„Ersatzgeld und geldähnliche Belege in der DDR", Regenstauf 2013

Jaksch / Pick:
„Katalog des österreichischen Notgeldes 1916 – 1921", Berlin 1977

Kahnt / Pontzen / Schöne / Walz:
„Die Geschichte der Deutschen Mark in Ost und West", Regenstauf 2003

Karpinski, Klaus-Jürgen:
„Ostpreussisches Papiergeld vom 19. Jahrhundert bis 1923", Regenstauf 2009

Keller, Arnold:
„Das Papiergeld der Deutschen Kolonien", Münster 1967

Keller, Arnold:
„Deutsches Notgeld, Band 7+8: Das Notgeld der deutschen Inflation 1923", Berlin 1958, Nachdruck, Regenstauf 2004

Keller / Lehrke:
„Deutsche Wertpapierwasserzeichen", Berlin 1955, Reprint, Regenstauf 2012

Kodnar / Künstner:
„Katalog der österreichischen Banknoten ab 1759", Salzburg 2018

Kodnar / Künstner:
„Katalog des österreichischen Notgeldes 1914 – 1924", 2 Bände, Salzburg 2017

Koppatz, Jürgen:
„Geldscheine des Deutschen Reiches", Berlin 1988

Labry, Yann:
„Die Biletov der MMM-Bank", Regenstauf 2009

Leisering, Peter:
„Geldgeschichten aus der DDR", Regenstauf 2011

Millczak, Czeslaw:
„Katalog Polskich pieniedzy papierowych od 1794" (Katalog des polnischen Papiergelds ab 1794), 2 Bände, Warschau 2012

Müller, Manfred:
„Deutsches Notgeld, Band 4: Die Notgeldscheine der deutschen Inflation von August 1922 bis Juni 1923", Regenstauf 2010

Müller, Manfred:
„Deutsches Notgeld, Band 12: Das wertbeständige Notgeld der deutschen Inflation 1923/1924", Regenstauf 2011

Müller / Geiger / Grabowski:
„Deutsches Notgeld, Band 13: Das Papiergeld der deutschen Eisenbahnen und der Reichspost", Regenstauf 2016

Newman, Eric P.:
„The Early Paper Money of America", Virginia Beach 2022

Parchimowicz, Janusz:
„Katalog banknotów polskich" (Katalog der polnischen Banknoten), Stettin 2023

Persijn / Jungmann-Stadler:
„Kostbarkeiten aus der HYPO-Geldscheinsammlung", Regenstauf 1994

Pick, Albert:
„Briefmarkengeld", Braunschweig 1970

Pick, Albert:
„Papiergeld – Ein Brevier für Sammler", Niedernhausen 1980

Pick, Albert:
„Das Papiergeld Bayerns, Staatspapiergeld, Banknoten und Notgeld – Geschichte und Katalog", Regenstauf 1989

Pick, Albert:
„Papiergeldlexikon", Regenstauf 1992

Pick / Rixen:
„Papiergeld-Spezialkatalog Deutschland", Regenstauf 1998

Pick / Shafer / Cuhaj:
Standard Catalog of World Paper Money, Vol. I: Specialized Issues, Iola 2013

Pick / Schmidt:
Standard Catalog of World Paper Money, Vol. II: General Issues, Iola 2016

Pick / Siemsen:
„Das Lagergeld der Konzentrationslager und D.P.-Lager 1933 – 1947", Regenstauf 1993

Pick / Siemsen:
„Notgeld Zweiter Weltkrieg", München 1979

Ramjoie, Peter:
„Die Abstempelungen der deutschen Geldscheine in Ost-Belgien", Berlin 1973

Reichsdruckerei:
„Das Deutsche Staatspapiergeld", Berlin 1901, Reprint, Regenstauf 1993

Richter, Rudolf:
„Notgeld Österreich: Österreich-Ungarn 1914 – 1918", Regenstauf 1996

Richter, Rudolf:
„Notgeld Österreich: Deutsch-Österreich und Nachfolgestaaten mit Nebengebieten ab 1918", Regenstauf 1993

Richter, Rudolf:
„Notgeld Österreich: Lagergeld", Regenstauf 1997

Richter, Rudolf:
„Papiergeld-Spezialkatalog Österreich 1759 – 2010", 2011

Richter / Kunzmann:
„Die Banknoten der Schweiz", Regenstauf 2003

Rosseljong / Thielen:
„Le Papier-Monnaie Luxembourgeois", 2023

Rupertus, Günter:
„Das Papiergeld von Baden 1849 – 1948", Ludwigshafen 1988

Schmidt, Tracy L.:
„Standard Catalog of World Paper Money, Vol. III: Modern Issues 1961 – Date", Iola 2019

Schöne, Michael H.:
„Das Papiergeld im besetzten Deutschland 1945 bis 1949", Regenstauf 1994

Schöne, Michael H.:
„Das Papiergeld in der Freien Stadt Danzig 1920 bis 1939", Pirna 2003

Schöne, Michael H.:
„Die Militärmark-Scheine der Alliierten von 1944 bis 1948 in Deutschland", Pirna 2021

Tieste, Reinhard:
„Katalog des Papiergeldes der deutschen Kriegsgefangenenlager im 1. Weltkrieg", Bremen 2007

Tieste, Reinhard:
„Kleingeldersatz aus Papier, Verkehrsausgaben, 1915 – 1922", Bremen 2010

Topp, Jochen Jos.:
„Das Papiernotgeld von Westfalen", Dülmen 1998

Tronjeck, Matthias:
„Reichsbanknoten Spezialkatalog", Berlin 1997

Walz, Karlheinz:
„Fälscher & Falschgeld: Fälschung, Verbreitung, Verfolgung – auf der Spur des falschen Geldes und seiner Hersteller", Regenstauf 2012

West, Pam (Vicent Duggleby):
„English Paper Money, Including Polymer, Treasury and Bank of England from 1694", Surrey 2023

Ziesenhenne, Horst:
„Notgeldscheine Franken 1916 – 1923", Bayreuth 2001

Internetadressen:

An dieser Stelle sollen nur einige wichtige Adressen aus dem Internet aufgeführt werden, die für Geldscheinsammler interessant sein können.

banknote.ws
Bank Note Museum

banknotebook.com
The Banknote Book bei Greysheet

banknoten.de
Online-Shop für Banknoten aus aller Welt

banknotesworld.com
Banknotenforum und Galerie

battenberg-gietl.de
Der führende deutschsprachige Fachverlag für Numismatik mit den Sammlerjournalen „MünzenRevue" und „Münzen & Sammeln" (inkl. „Der Geldscheinsammler") sowie einem umfangreichen Buchprogramm

bundesbank.de
Deutsche Bundesbank

colleconline.com
Sammlungsverwaltung
und Online-Ausstellung

colido.de
Sammlungsverwaltung neu gedacht

colnect.com
Sammlungsverwaltung für Briefmarken, Münzen, Geldscheinen und mehr

delcampe.de
Auktionsplattform für Sammler

dgwev.de
Deutscher Geldschein-
und Wertpapiersammler e.V.

ebay.de
Internet-Auktionen auch für Geldscheine (siehe unter Münzen)

ecb.int
Europäische Zentralbank

euro-souvenirscheine.de
Sammlerseite zu 0-Euro-Souvenirscheinen

gap-banknoten.de
Online-Shop für Banknoten aus aller Welt

geldmuseum.at
Geldmuseum der Oesterreichischen Nationalbank

geldmuseum.de
Geldmuseum der Deutschen Bundesbank

geldschein.at
Österreichische Banknoten von Gulden bis Euro

geldscheine-online.com
Online-Magazin für Geldscheinsammler
mit regelmäßigen Newsletter

geldscheinsammlung.de
G+D Stiftung Geldscheinsammlung

ma-shops.de
Plattform für den numismatischen Fachhandel

mifevents.com
MIF Paper Money Fair Maastricht

mriguide.com
MRI Banker's Guide to Foreign Currency

muenzen-online.com
Online-Magazin für Münzsammler
mit regelmäßigen Newsletter

pmgnotes.de
PMG Grading Papiergeld-Bewertungsdienst

theibns.org
International Bank Note Society

weltbanknote.de
Online-Shop für Banknoten aus aller Welt

worbes-velag.de
Online-Shop für Banknoten aus aller Welt

Wir bedanken uns bei folgenden Inserenten:

Weitere Handbücher für Sammler

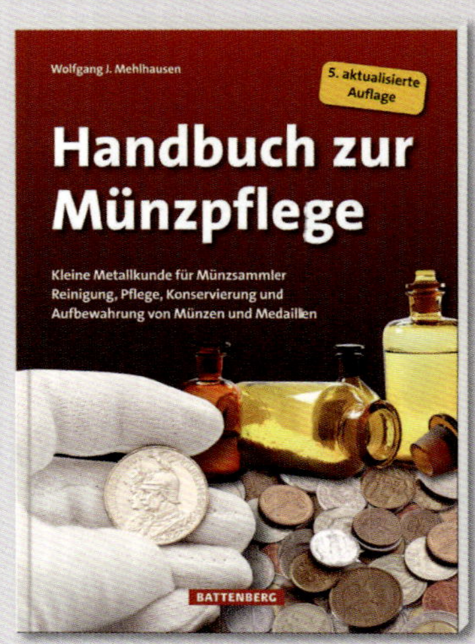

Die Behandlung von Münzen und Medaillen ist eine heikle Angelegenheit, bei der „gereinigte" Stücke buchstäblich verdorben oder doch zumindestens deutlich im Wert verringert werden können, wenn diese Reinigung unsachgemäß durchgeführt wird. Jeder Sammler ist daher gut beraten, sich umfassend zu orientieren, Rat vom Fachmann einzuholen, bevor er unansehnliche Stücke seiner Sammlung „aufpolieren" kann.
Der Autor dieses Handbuchs verfügt über langjährige Erfahrung in der sachkundigen Reinigung und Pflege von Münzen. Seine Hinweise und Ratschläge in diesem Buch können Anfänger vor groben Fehlern bewahren und auch den fortgeschrittenen Sammlern Tipps zum richtigen Umgang mit verschmutzten oder korrodierten Exemplaren ihrer Sammlung geben.

Wolfgang J. Mehlhausen
Handbuch zur Münzpflege
5. Auflage 2019, Broschur,
Format 14,8 x 21 cm, 168 Seiten,
durchgehend farbig
ISBN 978-3-86646-176-5 **Preis: 14,90 €**

Wolfgang J. Mehlhausen
Handbuch Münzensammeln
Ein Leitfaden für Münzsammler und solche, die es werden wollen
Tipps, Tricks und Infos vom Fachmann
Aktualisierte und erweiterte 6. Auflage
BATTENBERG

Neben Hinweisen zum Kauf, zur Aufbewahrung, Reinigung und Pflege von Münzen bietet dieser praktische Ratgeber auch viele Informationen zur „Fachsprache" der Münzsammler sowie zu den Themen Falschgeld und Münzfälschungen oder zu „Münzen als Wertanlage". Nach der Lektüre dieses Buches kann man viele Fehler, die oft aus Unkenntnis unterlaufen, vermeiden – und so das häufig zitierte „Lehrgeld" recht klein halten. Es ist das ideale Einsteiger-Werk mit vielen Tipps und Tricks vom Fachmann, Erläuterungen und Bestimmungshilfen zu Erhaltungsgraden und Qualität von Münzen.

Wolfgang J. Mehlhausen
Handbuch Münzensammeln
6. Auflage 2022, Broschur,
Format 14,8 x 21 cm, 192 Seiten,
durchgehend farbig
ISBN 978-3-86646-221-2 **Preis: 16,90 €**

Sammeln
battenberg
gietl verlag

Battenberg Gietl Verlag GmbH
Postfach 166 · 93122 Regenstauf · Tel. 0 94 02 / 93 37-0 · Fax 0 94 02 / 93 37-24
E-Mail: info@battenberg-gietl.de · www.battenberg-gietl.de
Erhältlich im Buch- und Fachhandel oder direkt beim Verlag.

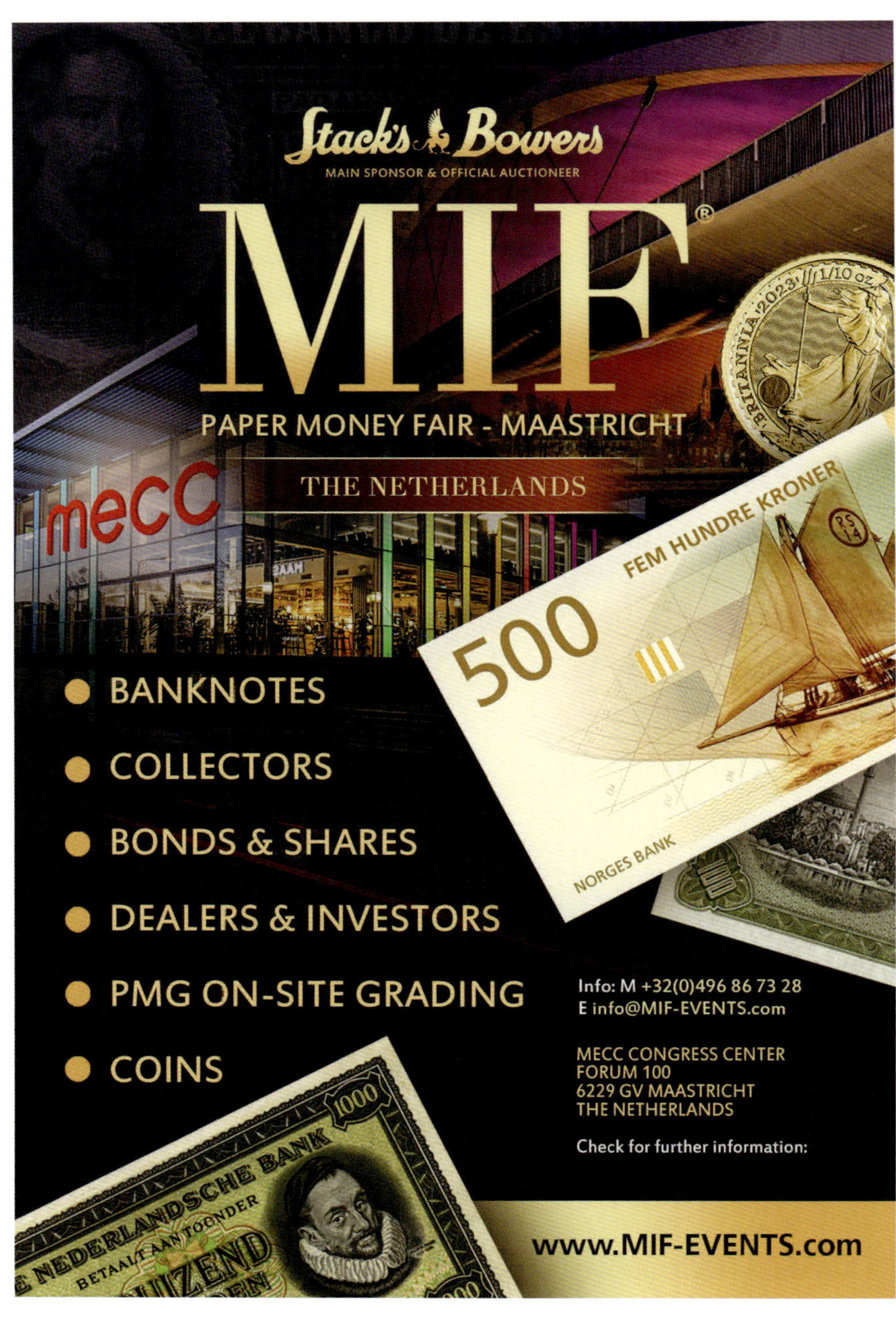
Stack's Bowers
MAIN SPONSOR & OFFICIAL AUCTIONEER
MIF®
PAPER MONEY FAIR - MAASTRICHT
THE NETHERLANDS
mecc
BRITANNIA 2023 1/10 oz
FEM HUNDRE KRONER
500
NORGES BANK
BANKNOTES
COLLECTORS
BONDS & SHARES
DEALERS & INVESTORS
PMG ON-SITE GRADING
COINS
Info: M +32(0)496 86 73 28
E info@MIF-EVENTS.com
MECC CONGRESS CENTER
FORUM 100
6229 GV MAASTRICHT
THE NETHERLANDS
Check for further information:
DE NEDERLANDSCHE BANK
BETAALT AAN TOONDER
1000
www.MIF-EVENTS.com

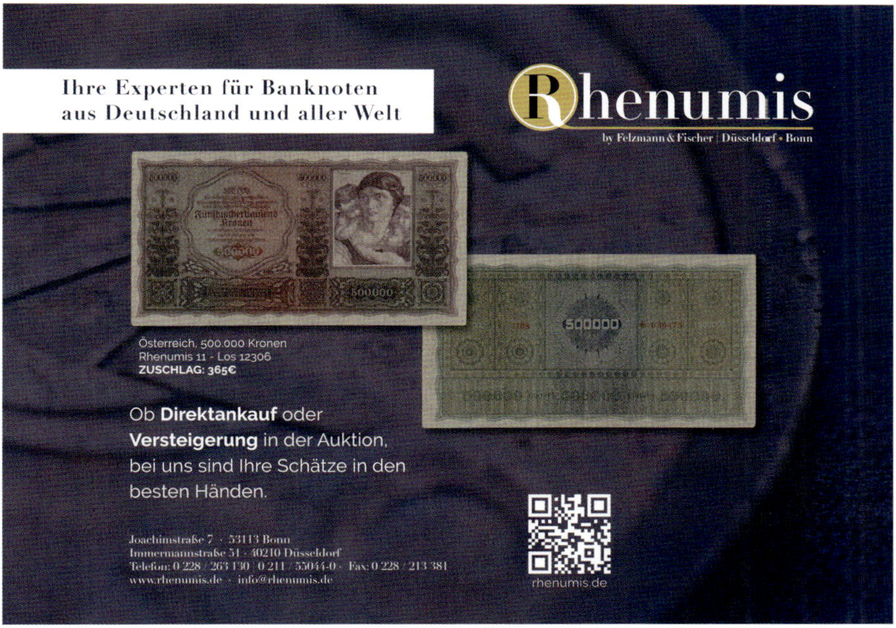

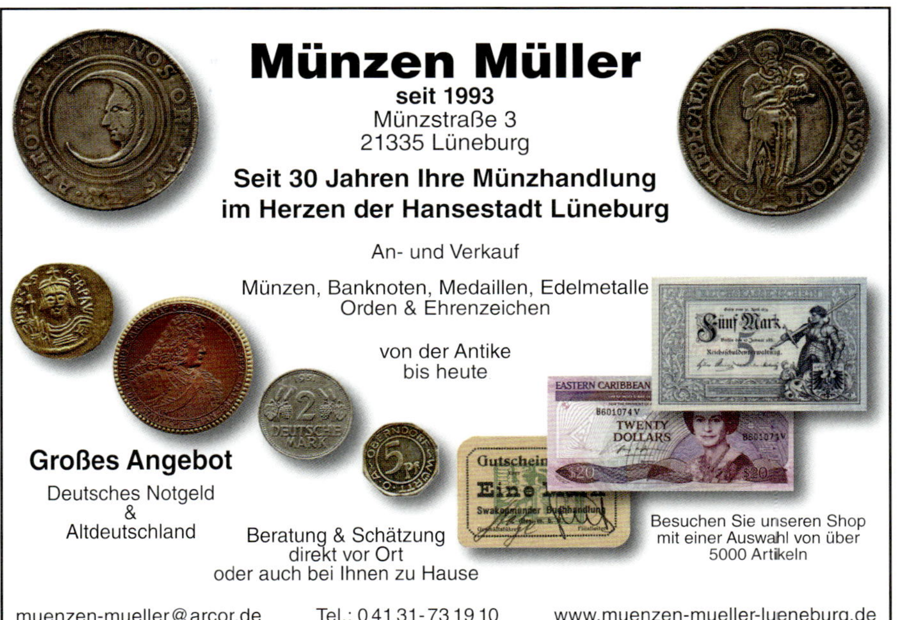
Münzen Müller
seit 1993
Münzstraße 3
21335 Lüneburg
Seit 30 Jahren Ihre Münzhandlung
im Herzen der Hansestadt Lüneburg
An- und Verkauf
Münzen, Banknoten, Medaillen, Edelmetalle
Orden & Ehrenzeichen
von der Antike
bis heute
Großes Angebot
Deutsches Notgeld
&
Altdeutschland
Beratung & Schätzung
direkt vor Ort
oder auch bei Ihnen zu Hause
Besuchen Sie unseren Shop
mit einer Auswahl von über
5000 Artikeln

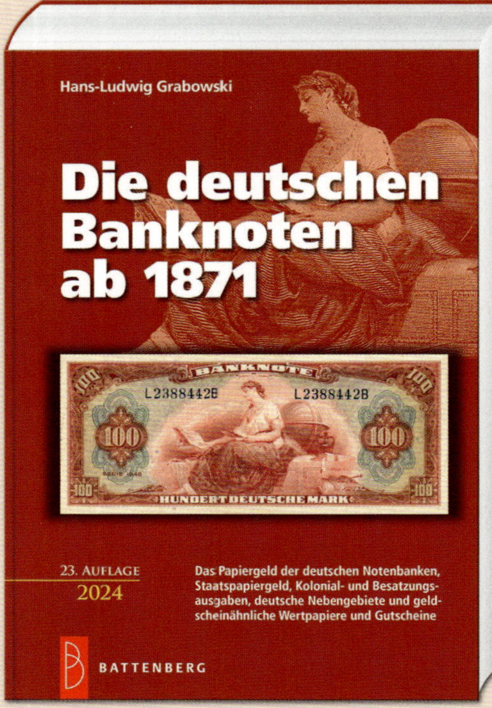

Alle Gebiete wurden komplett neu bearbeitet und einzeln mit eigenen Nummernkreisen katalogisiert und aktuell bewertet.

Ein Muss für jeden Geldscheinsammler.

Die Neuauflage trennt Haupt- und Nebengebiete unter Beibehaltung der Nummerierung, ist umfangreich überarbeitet und durch eine Konkordanzliste der deutschen Banknoten ergänzt.

Der Katalog beinhaltet:

- Deutsches Kaiserreich 1871 – 1918
- „Weimarer Republik" 1918 – 1933
- „Drittes Reich" 1933 – 1945
- Alliierte Besatzung 1945 – 1948
- Deutsche Demokratische Republik 1949 – 1990
- Bundesrepublik Deutschland 1949 – 1999
- Europäische Währungsgemeinschaft ab 2002
- Deutsche Länder- und Privatnotenbanken 1871 – 1930
- Deutsche Reichsbahn 1923
- Papiergeldähnliche Wertpapiere und Gutscheine 1933 – 1944
- Deutsche Besatzungsausgaben Erster Weltkrieg 1914 – 1918
- Deutsche Besatzungsausgaben Zweiter Weltkrieg 1939 – 1945
- Geldscheine deutscher Nebengebiete (Danzig, Memel, Saargebiet) 1922 – 1947

Hans-Ludwig Grabowski

Die deutschen Banknoten ab 1871

23. Auflage 2023/2024, 928 Seiten,
Format 14,8 x 21 cm, Hardcover
ISBN 978-3-86646-224-3

EUR 39,90

Sammeln
battenberg
gietl verlag

Battenberg Gietl Verlag GmbH
Postfach 166 · 93122 Regenstauf · Tel. 0 94 02/93 37-0 · Fax 0 94 02/93 37-24
E-Mail: info@battenberg-gietl.de · www.battenberg-gietl.de
Erhältlich im Buch- und Fachhandel oder direkt beim Verlag.

Geld- und Zeitgeschichte

„Drittes Reich" und Holocaust

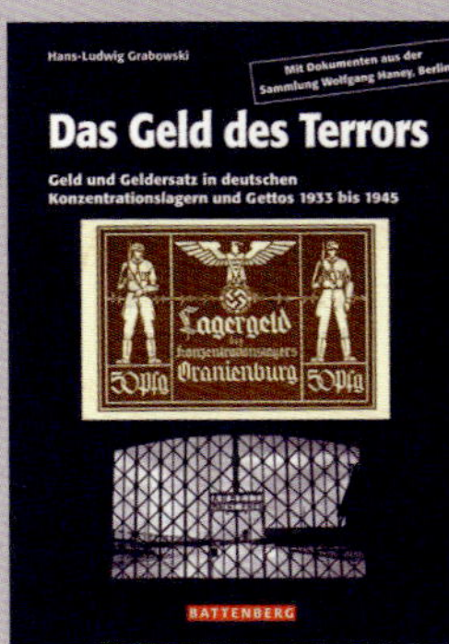

Hans-Ludwig Grabowski
Das Geld des Terrors
1. Auflage 2008, Hardcover, Format 17 x 24 cm, 456 Seiten, **durchgehend farbig**
ISBN 978-3-86646-040-9
~~**Preis: 39,90 €**~~
Neuer Preis: 19,90 €

> »Grabowski (...) schafft es immer wieder, der trockenen Wissenschaft aufregende Erkenntnisse abzutrotzen.«
>
> Andreas Zimniok (Münchner Merkur, 28.05.2010)

Hans-Ludwig Grabowski / Wolfgang Haney (Hrsg.)
Kennzeichen »Jude«
1. Auflage 2014, Hardcover, Format 17 x 24 cm, 352 S., **durchgehend farbig**
ISBN 978-3-86646-558-9
~~**Preis: 39,– €**~~
Neuer Preis: 19,90 €

> »Ein herausragendes Buch zur Geschichte des NS-Systems (...) Ein beeindruckendes, markverzehrendes, kenntnisreiches Werk!«
>
> Frank Willmann (Weltexpress.info, 31.03.2014)

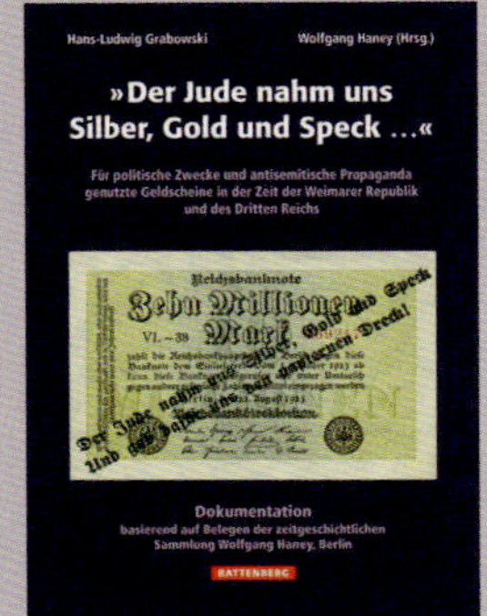

Grabowski / Haney (Hrsg.)
»Der Jude nahm uns Silber, Gold und Speck ...«
1. Auflage 2015, Hardcover, Format 17 x 24 cm, 280 S., **durchgehend farbig**
ISBN 978-3-86646-122-2
Preis: 29,90 €

> »Das Buch setzt den Mühen von Wolfgang Haney ein wunderbares Denkmal und wird hoffentlich auch von jenen zur Kenntnis genommen, die sich beruflich mit Nationalsozialismus und Holocaust befassen.«
>
> Helmut Caspar (Geldgeschichtliche Nachrichten, Nov. 2016)

Sammeln
battenberg
gietl verlag

Battenberg Gietl Verlag GmbH
Postfach 166 · 93122 Regenstauf · Tel. 0 94 02 / 93 37-0 · Fax 0 94 02 / 93 37-24
E-Mail: info@battenberg-gietl.de · www.battenberg-gietl.de

Erhältlich im Buch- und Fachhandel oder direkt beim Verlag.

Unentbehrlich für jeden Sammler!

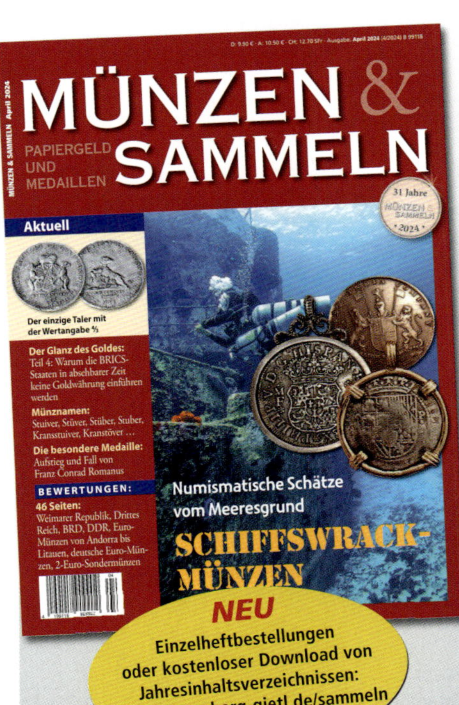

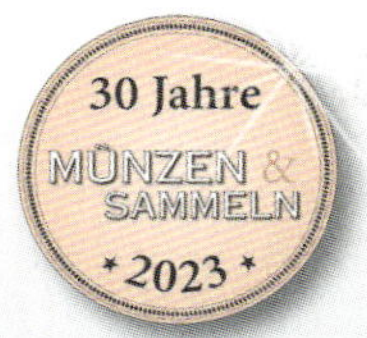

In der Zeitschrift für Münzen, Papiergeld und Medaillen finden Sie:

- aktuelle Bewertungstabellen Ihrer Münzen
- Nachrichten und Beiträge zu Münzgeschichte und Notaphilie
- Hinweise auf die wichtigsten Veranstaltungen, Börsen und Ausstellungen
- Tipps und Ratschläge für Ihre Münzsammlung
- Kostenlose Sammler-Kleinanzeigen
- Münzneuheiten aus aller Welt
- „Der Geldscheinsammler": **DIE** Rubrik für den Papiergeldsammler mit interessanten Beiträgen und aktuellen Informationen zur Notaphilie

… und vieles mehr!

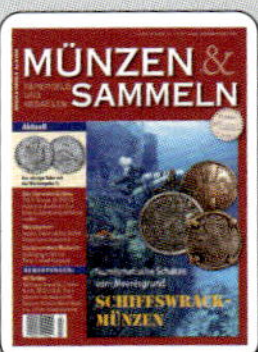

Auch als ePaper erhältlich!

Ihr direkter Draht zu uns:

Martina Singrün (Einzelheftbestellung, Abonnements, Händlerbezüge)
Tel. +49 (0) 94 02 / 93 37-28 | Fax +49 (0) 94 02 / 93 37-24 | E-Mail: martina.singruen@battenberg-gietl.de

Sandra Penar (Anzeigenverwaltung)
Tel. +49 (0) 94 02 / 93 37-18 | Fax +49 (0) 94 02 / 93 37-24 | E-Mail: sandra.penar@battenberg-gietl.de
Unsere aktuellen Mediadaten erhalten Sie gerne auf Anfrage.

Die Zeitschrift ist überall im Münzfach-, Zeitschriften- und Bahnhofsbuchhandel erhältlich!

Die Erfolgsreihe „Deutsches Notgeld"

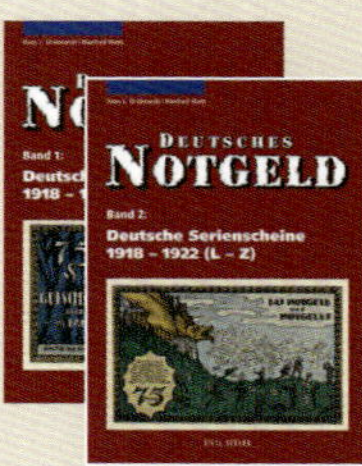

Grabowski / Mehl
Deutsche Serienscheine 1918 – 1922, Bd. 1 und 2
3. Auflage 2009, Broschur,
Format 14,8 x 21 cm, je 480 S.
durchgehend farbig
ISBN 978-3-86646-518-3
Preis: 45,– EUR

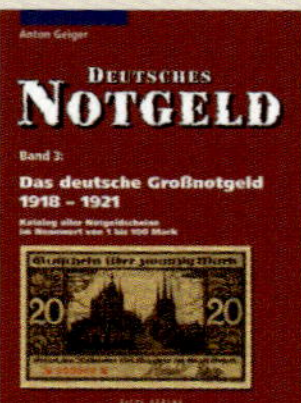

Anton Geiger
Das deutsche Großnotgeld 1918 – 1921, Bd. 3
3. Auflage 2010, Broschur,
Format 14,8 x 21 cm, 608 S.
ISBN 978-3-86646-533-6
Preis: 39,90 EUR

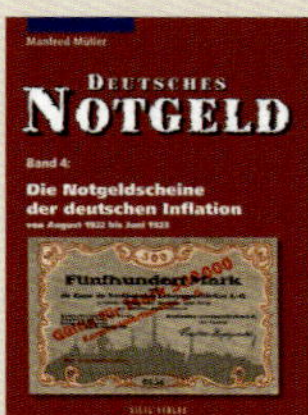

Manfred Müller
Die Notgeldscheine der deutschen Inflation 1922, Bd. 4
3. Auflage 2010, Broschur,
Format 14,8 x 21 cm, 760 S.
ISBN 978-3-86646-534-3
Preis: 39,90 EUR

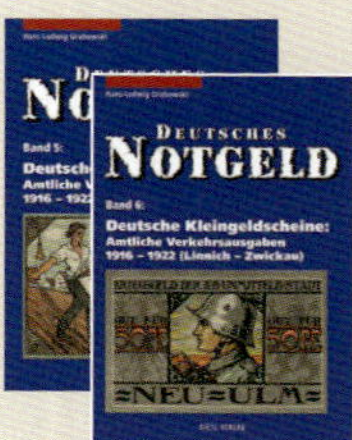

Hans-Ludwig Grabowski
Deutsche Kleingeldscheine 1916 – 1922, Bd. 5 und 6
1. Auflage 2004, Broschur,
Format 14,8 x 21 cm, je 448 S.
durchgehend farbig
ISBN 978-3-924861-85-8
Preis: 59,80 EUR

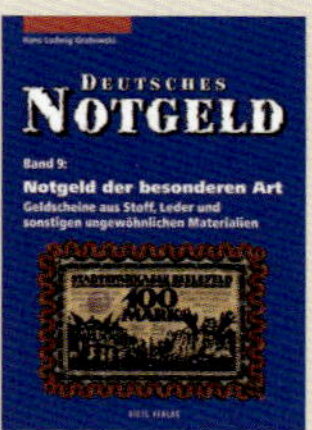

Hans-Ludwig Grabowski
Notgeld der besonderen Art, Bd. 9
1. Auflage 2005, Broschur,
Format 14,8 x 21 cm, 208 S.
durchgehend farbig
ISBN 978-3-924861-93-3
Preis: 29,80 EUR

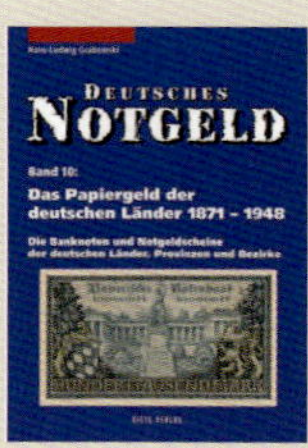

Hans-Ludwig Grabowski
Das Papiergeld der deutschen Länder 1871–1948, Bd. 10
2. Auflage 2006, Broschur,
Format 14,8 x 21 cm, 640 S.
durchgehend farbig
ISBN 978-3-86656-500-8
Preis: 39,80 EUR

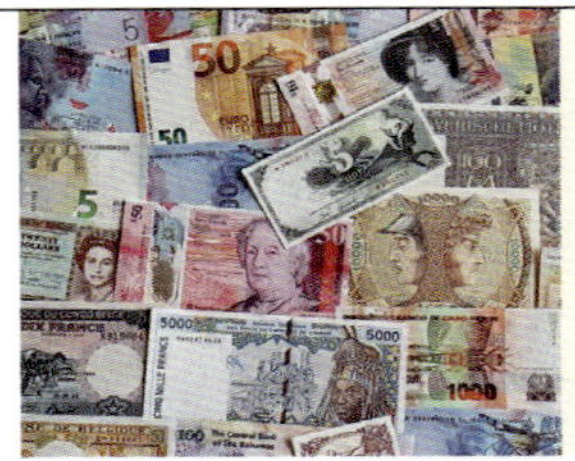

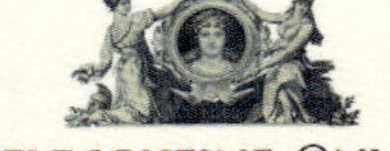

GELDSCHEINE-ONLINE

DAS ONLINE-MAGAZIN FÜR GELDSCHEINSAMMLER

NEWSLETTER ABONNIEREN

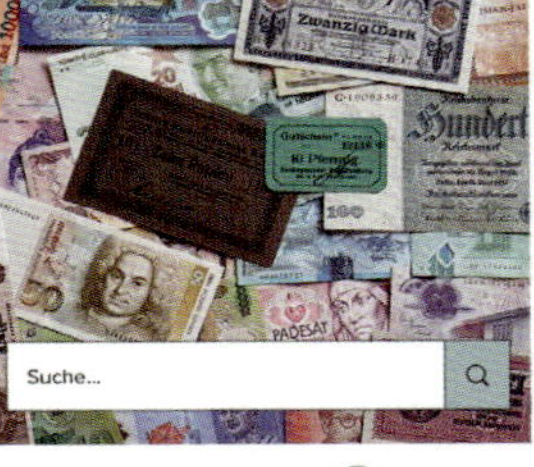

Suche...

START BLOG THEMEN ARCHIV MUSEUM HANDEL KATALOG TERMINE Mehr Anmelden

AKTUELLE BEITRÄGE THEMEN ZUM BLOG

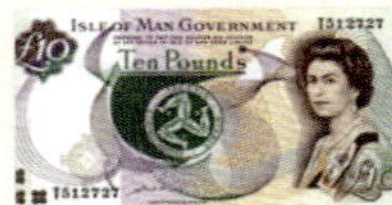

Aktuelles

Isle of Man: Umfrage zur Gestaltung neuer Münzen und Banknoten

Nachdem die Europäische Zentralbank von 10. Juli bis 31. August 2023 eine Online-Umfrage auf Basis von zuvor v...

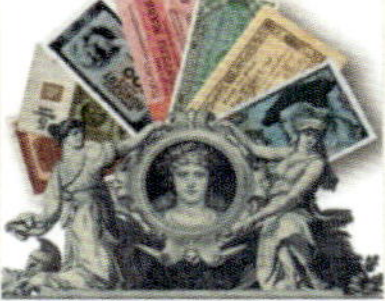

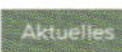

Geldscheine-Online.com

Allgemein

Geldscheine-Online wird immer beliebter!

Seit dem offiziellen Start von "Geldscheine-Online" im Juli

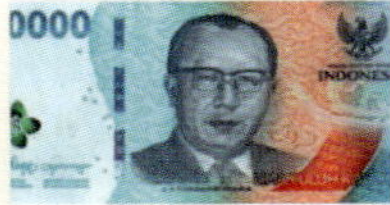

Aktuelles

Neue Weltbanknoten-Varianten: September 2023, Teil 1

Algerien, Bangladesch, Dominikanische Republik, Indien, Indonesien, Kolumbien, Malawi, Mexiko, Philippinen, Sambia, ...

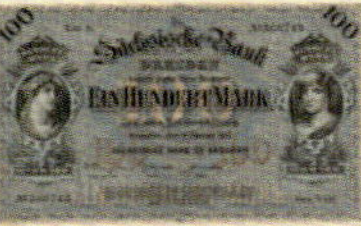

Aktuelles

Sächsische Bank zu Dresden 1890 bis 1922 – Handunterschriften und Serien: Bitte um...

Ende 2019 veröffentlichte der Deutsche Geldschein- und Wertpapiersammler e.V. (DGW) die erste Auflage des

Das Online-Magazin für Geldscheinsammler!

AKTUELLES • AUKTIONEN • FACHARTIKEL
FACHHANDEL • LESERPOST • LEXIKON • LINKS •
LITERATUR • MITGLIEDSBEREICH • MUSEUM •
NEWSLETTER • SAMMLUNGEN • TERMINE

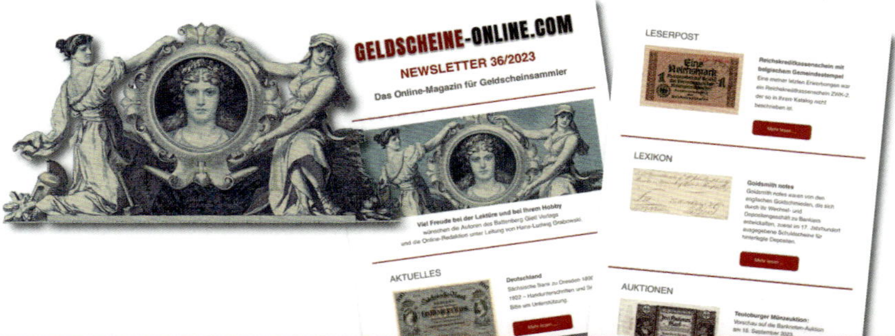

MIT REFERENZLISTE DER DEUTSCHEN BANKNOTEN!